Titus Simon | Peter-Ulrich Wendt
Lehrbuch Soziale Gruppenarbeit

Studienmodule Soziale Arbeit

Herausgegeben von
Ria Puhl | Regina Rätz | Eberhard Raithelhuber | Wolfgang Schröer | Titus Simon | Steve Stiehler | Mechthild Wolff

Die Reihe „Studienmodule Soziale Arbeit“ präsentiert Grundlagentexte und bietet eine Einführung in basale Themen der Sozialen Arbeit. Sie orientiert sich sowohl konzeptionell als auch in Inhalt und Aufbau der Einzelbände hochschulübergreifend an den jeweiligen Studienmodulen. Jeder Band bereitet den Stoff eines Semesters in Lehr- und Lerneinheiten auf, ergänzt durch Übungsfragen, Vorschläge für das Selbststudium und weiterführende Literaturhinweise.

Titus Simon | Peter-Ulrich Wendt

Lehrbuch Soziale Gruppenarbeit

2., überarbeitete Auflage

BELTZ JUVENTA

Die Autoren

Dr. Titus Simon, Prof. i. R., war Praktiker in der Jugend- und in der Verbandsarbeit, Professuren an der Fachhochschule Wiesbaden (1992–1996) und nachfolgend bis zur Pensionierung an der Hochschule Magdeburg-Stendal.

Dr. Peter-Ulrich Wendt ist seit 2009 Professor für Grundlagen und Methoden der Sozialen Arbeit an der Hochschule Magdeburg-Stendal und war zuvor 25 Jahre beruflich in der Kinder- und Jugendhilfe tätig.

MIX
Papier aus verantwortungsvollen Quellen
FSC® C089473

Dieses Buch ist erhältlich als:
ISBN 978-3-7799-3098-3 Print
ISBN 978-3-7799-3099-0 E-Book (PDF)

2., überarbeitete Auflage 2022

in der Verlagsgruppe Beltz · Weinheim Basel
Werderstraße 10, 69469 Weinheim

Herstellung: Ulrike Poppel
Satz: text plus form, Dresden
Druck und Bindung: Beltz Grafische Betriebe, Bad Langensalza
Beltz Grafische Betriebe ist ein klimaneutrales Unternehmen (ID 15985-2104-100)
Printed in Germany

Weitere Informationen zu unseren Autor_innen und Titeln finden Sie unter: www.beltz.de

Inhalt

Kapitel 1
Soziale Gruppenarbeit – zwischen Alltag und Allgemeingut?

Hilde ist Sozialarbeiterin/-pädagogin. Seit über 15 Jahren ist sie in der Sozialen Gruppenarbeit tätig. Befragt, ob ihr ein „typisches Beispiel" zur Sozialen Gruppenarbeit einfällt, erzählt sie von einer Mädchengruppe, d. h. von Freundinnen, die alle vereint hat, als Mädchen etwas zusammen machen zu wollen:

> Ihr Thema war, was die Mädchen „vielleicht so nicht gesehen haben, die gewünschte Rolle zu finden, mit all dem, was aus der Gesellschaft auf dich einströmt." Sie und eine Kollegin haben über neun Monate mit der Gruppe gearbeitet, „immer wieder Treffen durchgeführt, Sachen organisiert und sie organisieren lassen. Das fing damit an, dass wir erst mal zusammenkommen und gucken: Wer seid Ihr? Was bewegt Euch und wo soll es denn hingehen?"
>
> Es ging darum, abzustecken, „was unser Auftrag ist: Was ist das Potenzial der Gruppe und der Einzelnen?". Aus der unterschiedlichen Herkunft und den verschiedenartigen Erfahrungen der Mädchen hat sich ihr selbstgesteckter Plan entwickelt. *Hilde* folgt ihrem Grundsatz, „dass diejenigen, die in der Gruppe sind, auch vorgeben, wo es hingeht und was gemacht werden soll. Und ob ich das immer als den geraden oder richtigen Weg empfinde, spielt keine Rolle. Das ist dann der Weg und den werde ich begleiten." Die Mädchen hatten den Plan, irgendwo hinzufahren, und sie und ihre Kollegin sahen ihre Rolle darin, diese zu begleiten und ein Budget zur Verfügung zu stellen, das ausgereicht hat, um drei Tage nach X-Stadt zu fahren. Es sollte ein gemeinsamer Abschluss werden, denn einige Mädchen würden mit der Ausbildung beginnen und ihre Gruppe würde danach auseinandergehen; deshalb wollten sie noch einmal etwas zusammen machen: Für den Aufenthalt in X-Stadt stellten die Mädchen ein großes Programm mit zahlreichen Aktivitäten zusammen, die aufeinander aufbauten und denen *Hilde* und ihre Kollegin kaum folgen konnten. „Das war ein so tolles Erlebnis, dass ich mir gedacht habe: Toll, dass wir auch ausgehalten haben, danebenzustehen, und noch mal neue Diskussionen zuzulassen. Es ist wichtig, hin und wieder einen Schritt zurückzugehen."
>
> Das Feedback, das uns die Mädels auf der Rückfahrt gegeben haben, war: *„Das war so toll, wir konnten alles alleine machen und ihr habt uns sogar das Geld in die Hand gegeben."* *Hilde* vermutet, dass die Mädchen das ihnen überlassene Geld mit Verantwortung und der Haltung „jetzt habe ich die Macht" in Verbindung

gebracht haben. Ihnen wurde ermöglicht, Einfluss nehmen und in ihrem Sinne teilhaben zu können. Ihr und ihrer Kollegin ist es „ganz gut gelungen, das zu begleiten und die Kompetenz der Gruppe zu stärken, aber auch die des Einzelnen. Das ist ja letztendlich das gewesen, was für uns eine Rolle gespielt hat, zu schauen: Wie kann man bei den einzelnen Mädchen in der Gruppe verschiedene Dinge stärken, ausbauen und fördern?“ Es geht um ein Raum-Geben, damit die Mädchengruppe sich ausprobieren kann, und es war ihre Aufgabe, den Raum so zu gestalten, dass auch ein Scheitern ohne die Folgen möglich gewesen wäre, die die Mädchen davon abgehalten hätten, es noch einmal zu probieren. *Hilde* nennt das „die Chance, die wir bieten können … Wir können diese Räume schaffen, wir können diese Plattform schaffen, wo man die Möglichkeit zum Ausprobieren und Testen hat, wo man auch noch anders, als es z. B. die Schule zulässt, eine Rückmeldung bekommen kann, die wertschätzend ist.“

Ein einfaches Beispiel, ein Alltagsbeispiel, das *Hilde* schildert: Die Rede ist von Gemeinschaft, teilhaben, Einfluss nehmen, begleiten, Macht haben, Raum schaffen, von Erlebnis, Kompetenz und Gelingen. Ein Beispiel also, das nicht großsprecherisch von Besonderem berichtet, eher eines, das Soziale Gruppenarbeit als Regelfall sozialarbeiterischen/-pädagogischen Handelns darstellt. Viel klingt an von dem, was *Heinrich Schiller* (1966: 138 f.) die *fünf Prinzipien der Gruppenarbeit* nannte:

1. *Individualisieren:* Der Einzelne in der Gruppe hat Bedeutung als Individuum mit den ihm eigenen Möglichkeiten. Dabei darf der Blick auf die Gruppe nicht verstellt werden.
2. *Da beginnen, wo die Gruppe steht:* Die Gruppenleitung ermittelt den Entwicklungs- und Wissensstand der Gruppe, um Über- oder Unterforderung zu vermeiden.
3. *Entbehrlichkeit:* Da sich die Gruppe entwickeln, ausprobieren und zu sich selbst finden soll, muss die Gruppenleitung die Balance zwischen Einmischung und Rückzug halten.
4. *Programmgestaltung:* Durch einen Inhaltsrahmen wird der Gruppe die Möglichkeit zur Weiterentwicklung gegeben. Das fördert den Gruppenprozess.
5. *Grenzen setzen können:* Durch Grenzsetzung dem Einzelnen oder der Gruppe gegenüber kann sich die Gruppe insgesamt weiterentwickeln (vgl.: ebd.).

Mitte der 1960er Jahre, als Schiller dies formulierte, wurde optimistisch auch davon gesprochen, Gruppenarbeit könne sich zu *der* Methode der Sozialen Arbeit entwickeln. Vor einigen Jahren hat *Sabine Ader* freilich recht deutlich die auch von uns geteilte Auffassung vertreten, wonach eine konzeptionell bewusst gestaltete Arbeit mit Gruppen derzeit in Theorie und Praxis Sozialer Arbeit nicht besonders en vogue sei. Einen Indikator hierfür sah sie in dem Umstand, dass in den einschlägigen Veröffentlichungen zu methodischen Grundfragen Sozialer Arbeit kaum Bezüge zur Gruppenarbeit zu finden sind (vgl. Ader 2013: 436 f.). Deutliche Hinweise auf die Richtigkeit dieser Vermutung ergeben sich auch aus in mehrjährigen Abständen vorgenommenen Untersuchungen zur Frage, wer in den betrachteten Zeiträumen für die Hochschulausbildung rekrutiert wird. Selbst für die Vermittlung wichtiger Grundfertigkeiten wie Beratung, Gesprächsführung, Case Management, Einzelfallhilfe und Gruppenarbeit wurde selten entsprechend spezialisiertes Personal gesucht (vgl. Simon 2018: 31). Auch andere Hinweise sprechen eine deutliche Sprache: Im Rahmen einer qualitativen Feldstudie zur Sozialen Gruppenarbeit berichteten 2018 nur fünf der 49 befragten Fachkräfte der Sozialen Arbeit ausdrücklich davon, im Rahmen des eigenen Studiums intensiv in Kontakt mit Sozialer Gruppenarbeit gekommen zu sein (vgl. Wendt 2019).

Die in der fachlichen Wahrnehmung *auf den ersten Blick* eher geringe Bedeutung der Sozialen Gruppenarbeit lässt sich ein gutes Stück auch an der Zahl der Publikationen ablesen, die zu dieser Methode in den zurückliegenden Jahren erschienen sind. Zieht man alleine die Zahl der besprochenen Titel heran, die vom Rezensionsdienst *socialnet.de* seit 2000 zu Themen der Sozialen Arbeit insgesamt besprochen worden sind (rd. 18 600, Stand: 1. August 2018), dann fällt die Zahl der entsprechend indizierten Rezensionen zu Themen der Sozialen Gruppenarbeit (35) doch nur gering aus. Und werden z. B. die Jahresberichte sozialer Einrichtungen kritisch betrachtet, dann wirkt sie oft lediglich wie ein Aspekt unter vielen anderen, der im Zusammenhang z. B. mit individuellen Hilfen kurz erwähnt, meist aber kaum weiter ausgeführt wird.

Mit dem hiermit vorgelegten Lehrbuch, das vor allem für die modularisierten BA-Studiengänge sowie als Einführung in die Praxis gedacht ist, möchten wir dieser wenig erfreulichen und der Profession unangemessenen Entwicklung ein wenig entgegensteuern.

Menschen sind als soziale Wesen auf intensive Beziehungen angewiesen, von denen sich viele in mannigfaltigen Gruppenkonstellationen vollziehen. Die Arbeit mit Gruppen gehört zu den klassischen Methoden Sozialer Arbeit und bleibt aus zwei Gründen unverzichtbar:

1. Wann immer Akteure des sozialen Berufes mit den Angehörigen ihrer jeweiligen Zielgruppen zu arbeiten beginnen, geschieht dies entweder unmittelbar in Gruppen oder die ihr in Settings der Einzelfallhilfe begegnenden Menschen sind in relevanten Gruppenbezügen eingebunden, die – je nach Konstella-

tion – fördernde oder hemmende Einflüsse auf die helfende Beziehung haben können. Die Gruppen, in denen sich unterstützungsbedürftige Menschen befinden, können Fluch oder Segen sein. Manchmal sind sie beides.
2. Es hat sich im Zuge der jüngeren Professionsgeschichte als unabdingbar erwiesen, Gruppen zur Zielgruppe oder zur Arena sozialpädagogischer Interventionen zu machen. Die Methode der Sozialen Gruppenarbeit hat sich als brauchbar erwiesen. Sie erfuhr Modifikationen und Fortentwicklungen. Die aus der Forschung und der Praxis gewonnenen Erkenntnisse und Handlungskonzepte sind weit über den sozialen Beruf hinaus relevant geworden. Der Prozess der Methodenentwicklung dauert mittlerweile fast hundert Jahre an. Professionelle, moderne Gruppenarbeit oder -pädagogik besitzt ihre Wurzeln in Projekten der 1920er Jahre und erlebte zwischen den 1950er und 1970er Jahren des letzten Jahrhunderts ihre wohl stürmischste Entwicklung. Auch danach war sie niemals in Frage gestellt, weil in der Praxis unverändert relevant, wohl aber als *althergebrachtes Relikt* etwas ins Abseits geraten.

Inhalt und Systematik unseres Lehrbuches sollen dazu beitragen, diesen Eindruck als unzeitgemäß zu verwerfen, wozu die Argumente in zwei Teilen vorgelegt werden. Im ersten Teil, den *Titus Simon* verfasst hat, werden Geschichte, aus der Gruppenforschung stammende Modelle, die Leistungsfähigkeit von Gruppen sowie die Gefahren ihres manipulativen Charakters behandelt:

- Im nachfolgenden zweiten Kapitel wird die *Geschichte* von Gruppenarbeit und Gruppenpädagogik im Kontext der Berufs- und Methodenentwicklung Sozialer Arbeit dargestellt. Dabei wird auch das Problem der spätestens seit den 1970er Jahren unübersichtlich gewordenen Arbeitsansätze aufgegriffen.
- Das dritte Kapitel beschreibt die Gruppe als einen *Ort intensiver Wechselwirkungen.* Sie wird als soziales System begriffen, dessen Funktionsweisen anhand verschiedener Gruppenmodelle sichtbar gemacht werden.
- Wie in Gruppen *gelernt, geleitet und entschieden* wird, steht im Mittelpunkt des vierten Kapitels. Hierbei wird zum einen der Frage nachgegangen, inwieweit und unter welchen Bedingungen Gruppenleistungen denen von Individuen überlegen sind. Des Weiteren werden die verschiedenartigen Führungsstile und die darauf bezogenen theoretischen Überlegungen erläutert sowie die sozialpsychologischen Erklärungsmodelle der Abläufe von Entscheidungsprozessen vorgestellt.
- Das fünfte Kapitel behandelt die *dunkle Seite der Gruppe.* Es geht um die offensichtlichen und subtilen Manipulationen ihrer Mitglieder. Diese vollziehen sich über Konformitätsdruck, Vergleichsprozesse und die Macht einflussreicher Minoritäten. Gewürdigt wird nachfolgend die Arbeit von *Rupert*

Lay, der sich in besonderer Weise den Mechanismen von Manipulation und Manipulierbarkeit in Gruppen zugewandt hat. Zudem wird möglichen Funktionen rechtsextremer bzw. autoritärer Gruppenbildungen nachgegangen.
- Das sechste Kapitel leitet über zu den *Praxisbezügen*. Die Variabilität von Intensität und Struktur des Gruppengeschehens wird in einer Gegenüberstellung der Gruppenarbeit mit Jugendlichen und gruppendynamischer Trainings von Erwachsenen sichtbar gemacht. Dabei werden auch Unterschiede gering formierter gruppenpädagogischer Praxis und weitgehend geschlossener Trainingsgruppen beschrieben.

Der zweite Teil, verfasst von *Peter-Ulrich Wendt*, stellt Verfahren und Formen der Sozialen Gruppenarbeit vor:

- Zunächst wird im siebten Kapitel die *Bedeutung von Bildung und (sozialem) Lernen* in der Sozialen Gruppenarbeit herausgearbeitet, um
- im achten und neunten Kapitel die dazu dienlichen Verfahren vorzustellen. Je nach Perspektive handelt es sich um *diskurs-* oder *erfahrungs*orientierte Verfahren.
- Im zehnten bis 14. Kapitel werden die in der Sozialen Gruppenarbeit erfahrbaren *Schlüsselprozesse* erläutert, d. h. zentrale Handlungsweisen, mit Gruppen in professionellen Kontexten Sozialer Arbeit tätig zu sein. Differenziert werden (beispielhaft, keineswegs um Vollständigkeit bemüht) die Formen der Sozialen Gruppenarbeit dargestellt, so sie *prozess-*, *peer-*, *aneignungs-* oder *lösungsorientiert* sind oder *in Zwangskontexten* erfolgen.
- Im abschließenden 15. Kapitel werden schließlich Ansprüche an das professionellen Handeln in der Sozialen Arbeit formuliert, die sich im Konzept der *Navigation* verdichten, das befähigen soll, in einer spezifischen Situation entsprechend der gegebenen oder möglichen Schlüsselprozesse zu handeln (vgl. auch Wendt 2017: 416–424).

Im Rahmen einer Feldstudie wurden zwischen November 2015 und Juli 2018 insg. 49 Fachkräfte aus unterschiedlichen Arbeitsfeldern der Sozialen Arbeit zu ihren Erfahrungen mit Sozialer Gruppenarbeit befragt (darunter, wie gezeigt, *Hilde*). Die Befunde dieser Studie – v. a. aber die *Aussagen der Fachkräfte* – finden Eingang in diesen zweiten Teil dieses Lehrbuches[1]. Im Zuge der Bearbeitung des Textes für die 2. Auflage wurde das 8. Kapitel vollständig überarbeitet.

---

1 Dabei werden Namen und Orte anonymisiert und Zitate (z. B. wiedergegebene Aussagen) *kursiv* markiert.

Jedes Kapitel kann als Grundlage einer einzelnen seminaristischen Lehrveranstaltung verwendet werden. Es schließt mit Gedanken zur Praxis sowie Übungsfragen und Empfehlungen zu vertiefender Literatur; darüber hinaus wurden zusätzliche erläuternde Exkurse und Beispiele eingefügt.

Jedenfalls machen wir deutlich, dass Soziale Gruppenarbeit vielleicht Alltag Sozialer Arbeit sein mag, keinesfalls aber Allgemeingut, sondern *spezifische Kompetenz, mit Gruppen zu arbeiten.*[2]

Dank gilt Konrad Bronberger für das gründliche Lektorat und Elke Petersen-Wendt für ihre fachlichen Hinweise und Anregungen bei der Abfassung der Kapitel 7 bis 15.

Titus Simon und Peter-Ulrich Wendt, Oberrot und Northeim im Herbst 2021

---

2 Zu den unhintergehbaren Erfahrungen mit Sozialer Gruppenarbeit zählt auch, dass geschlechtsspezifische Zugänge in allen Handlungssituationen zu entwickeln sind (wie schon das Eingangsbeispiel zeigt). In diesem Buch wird auch durch die Schreibung deutlich werden, dass jenseits dieser Handlungsspezifik immer von Menschen jeden Geschlechts die Rede ist. Wo dies ausnahmsweise nicht ausdrücklich formuliert wird bzw. werden kann, sei hier ausdrücklich darauf hingewiesen.

In diesem Buch wird mit folgenden Abkürzungen gearbeitet:

Aufl.	Auflage
ausf.	ausführlich
Bd.	Band
bzw.	beziehungsweise
ebd.	ebenda
ex.	exemplarisch
dies.	dieselben
d. h.	das heißt
d. Verf.	die Verfasser
f.	folgende
ff.	fortfolgende
Hg.	Herausgeber
Herv.	Hervorhebung
ggf.	gegebenenfalls
i. d. R.	in der Regel
insb.	insbesondere
insg.	insgesamt
i. O.	im Original
KJHG	Kinder- und Jugendhilfegesetz (SGB VIII)
SGB	Sozialgesetzbuch
sog.	sogenannte/r
u. ä.	und ähnliches
u. a.	und andere, unter anderem
u. E.	unseres Erachtens
unveröff.	unveröffentlicht(er)
u. U.	unter Umständen
v. a.	vor allem
vgl.	vergleiche (siehe)
z. B.	zum Beispiel
zit.	zitiert
→	Verweis auf ein Kapitel im Buch

Teil I

Gruppenarbeit und Gruppenpädagogik (Titus Simon)

Kapitel 2
Gruppenarbeit und Gruppenpädagogik: Deren Geschichte im Kontext der Professions- und Methodenentwicklung Sozialer Arbeit

Der Mensch als soziales Wesen hat – anthropologisch betrachtet – in seiner Gattungsentwicklung durchgängige Gruppenerfahrungen. Der Terminus *Gruppe* weist auf die vielfältigen Formen der Vergesellschaftung hin – auf Familie, Bund, Nachbarschaft, Arbeitskreis, Stamm (Hofstätter 1990: 7)[3]. Wo sich Lebens- und Erlebenslinien mehrerer Wesen miteinander mehr oder minder dauerhaft verknoten, haben wir eine Gruppe vor uns (ebd.). Neben dem Individuum und dem Paar waren Kleingruppen, Horden und Stämme notwendige Voraussetzungen des Überlebens, der biologischen und der kognitiven Höherentwicklung. Unstrittig ist, dass jede Form des Lernens erfolgreicher verläuft, wenn sie sich als interaktiver Prozess mit anderen vollzieht. So fragen Langmaack und Braune-Krickau (2010): „Kann Robinson lernen?" und verweisen damit auf die das Lernen fördernden Dimensionen sowohl der Mensch-Umwelt-Beziehung als auch der interaktiven Prozesse innerhalb des Gruppengeschehens.

Arbeit mit Gruppen wurde innerhalb moderner schulischer und sozialpädagogischer Praxis naheliegend, denn:

- alle Akteure haben Gruppenerfahrungen;
- Gruppen haben eine zentrale Bedeutung für die Sozialisation einzelner sowie die Herausbildung von sozialen Strukturen;
- gesellschaftlich organisierte Arbeit hat meistens mit Gruppen zu tun;
- Gruppen können als Arena gesehen werden, in welcher sich helfende, unterstützende Prozesse für Menschen in Problemkonstellationen entwickeln lassen;
- Soziale Gruppenarbeit ist immer dort angezeigt, wo sich mehrere Menschen in einer ähnlichen Lebenssituation befinden oder ähnliche soziale Probleme zu lösen haben.

---

3 Peter Hofstätter galt ab den 1950er Jahren als Protagonist der wissenschaftlichen Gruppenpädagogik. In der NS-Zeit war er ein Vertreter der nationalsozialistischen Rassenlehre.

In sämtlichen überlieferten Formen früher Mildtätigkeit und auch in den Frühformen organisierter Erziehung und Hilfe waren Gruppen neben den einzelnen Individuen sowohl die Objekte helfender Bemühungen als auch die Arenen sozialen, schulischen und wissenschaftlichen Lernens. Eine systematische Auseinandersetzung mit und die Beforschung von Gruppen sind zentrale Bestandteile der Professionsgeschichte von Psychologie, Pädagogik und Sozialer Arbeit. Fokussiert auf den sozialen Beruf werden nachfolgend die Ursprünge professioneller Sozialer Arbeit skizziert und die Entwicklung der Gruppenarbeit hin zur Methode derselben in Erinnerung gerufen.

2.1 Die Ursprünge professioneller Sozialer Arbeit

Armenhilfe ist die älteste Form organisierter Hilfen für Mitmenschen. Sie ist anthropologisch betrachtet eine Abkehr vom *Wolfsprinzip* (Lutz/Sartorius/Simon 2017: 14) und somit ein Ausdruck von Kulturentwicklung. In dem Maße, wie Armut und Besitzlosigkeit in allen entwickelten Religionen der verschiedenen Kulturkreise idealisierend überhöht wurden, sah man in der Mildtätigkeit einen Ausdruck von Tugendhaftigkeit. Die Schaffung von privater, kirchlicher oder staatlicher Armenfürsorge war allerdings das Ergebnis sich weiter differenzierender Gesellschaften. Die institutionellen Wurzeln professioneller Sozialarbeit resultieren aus den Ansprüchen der Moderne, beginnend mit der Entwicklung von Industriegesellschaften und den daraus resultierenden sozialen Problemen und Konflikten, die nicht mehr ausschließlich hoheitlich-ordnungsrechtlich oder durch Ausgrenzung und Repression zu lösen waren.

Wesentlich weiter zurück reichen die Ursprünge moderner Erziehungslehre und der aus ihr resultierenden Praxis. Sie, die sich verstärkt seit dem 19. Jahrhundert vor allem Findel- und Waisenkindern sowie anderen bedürftigen Kindern zuwandte, brachte Vertreter hervor, die in vielfältiger Weise Frühformen gruppenpädagogischer Praxis implementierten. Nicht dazu zu rechnen ist der oft zitierte Rousseau, der Kindheit als zu schützendes und zu gewährendes Moratorium betrachtet. Das Kind lernt nicht in Gruppen, sondern in der Auseinandersetzung mit den Vorgängen in der Natur. Das Kind – hier in der Gestalt des Emile (Rousseau 1963) – muss sich alles Wissenswerte selbst erschließen. Gelingt dies, führt dies zu Selbständigkeit und Selbsttätigkeit.

Exkurs I: Gruppenbezüge in den Werken der Klassiker pädagogischen Denkens

Es ist sicherlich kein Zufall, dass vor allem jene frühen Vertreter des für den deutschsprachigen Raum relevanten pädagogischen Denkens den Wert der Arbeit in Gruppen erkannten, die selbst an führender Stelle in der Praxis gestanden hatten.

Das Wirken Heinrich Pestalozzis (1746–1827) wird vor allem durch seine Beiträge zur Stärkung der öffentlichen Erziehung und seine ganzheitliche Pädagogik geprägt, die eine „Bildung von „Herz, Kopf und Hand" umfassen müsse. Gemeint ist die Verbindung von sittlicher (Herz), geistiger (Kopf) und physischer (Hand) Entwicklung (Thesing 2001: 34). Als er 1799 in dem Schweizer Ort Stans eine Anstalt für verwaiste Kinder eröffnet, beginnt er mit der systematischen Umsetzung seiner in zwei Jahrzehnten entwickelten erzieherischen Ideen. Er ist bemüht, seinen Unterricht so zu elementarisieren, dass sowohl die Kinder untereinander als auch – in anderen Fällen – selbst wenig gebildete Mütter in die Lage versetzt waren, kleinere Kinder beim Lernen zu begleiten. Sowohl die Waisenhausgruppen als auch die bäuerlichen Familien betrachtete er als ein das Lernen förderndes Gruppenmilieu (Weimer 1992: 148 ff.).

Inspiriert vom Wirken Pestalozzis werden auch den Konzepten des als *Vater des Kindergartens* bekannt gewordenen Friedrich Wilhelm August Fröbel (1782–1852) deutliche Ansätze von Gruppenarbeit sichtbar. Neben seinen Verdiensten um die Entwicklung des Kindergartenwesens und einer eigens hierfür entwickelten Elementarpädagogik treten weitere Aktivitäten wie die Gründung von Bildungs-, Pflege- und Beschäftigungsanstalten in den Hintergrund. Grundlagen seiner Pädagogik sind Naturerforschung, Selbstexploration und -findung sowie die Religion. Obwohl, wie die meisten bedeutenden Pädagogen des 19. Jahrhunderts, pietistisch geprägt, betont er den Freiheitsbegriff und formuliert Grundlagen für eine freie Erziehung, in der das Geschehen in der Gruppe von wesentlicher Bedeutung ist. Gemeinsames Erzählen, Singen, Spiel und Bildbetrachtung, aber auch die Erledigung von gestalterischen Arbeiten sollen in der kindlichen Gemeinschaft geschehen.[4]

Auch in den nach 1810 gegründeten Armenschulen und „Rettungshäusern" sind neben der religiösen Unterrichtung sowie der Arbeits- und Sittlichkeitserziehung frühe Formen einer Gruppenarbeit sichtbar gewesen. Das bekannteste Rettungshaus für verwahrloste Kinder war wohl das 1833 in Horn bei Hamburg

4 Seine Nähe zu Protagonisten der 1848er Revolution führte 1851 zum Verbot von Kindergärten in Preußen (Weimer 1992: 168).

durch Johann Hinrich Wichern (1808–1881) gegründete „Raue Haus". Ausgangspunkte für Wicherns religiös begründete sozialreformerische Tätigkeit waren dessen Überlegungen zur sozialpädagogischen Betreuung von Randgruppenjugendlichen sowie zur Straffälligenhilfe. Das in der Horner Einrichtung begründete Konzept wurde – ungeachtet der konkreten Arbeitsform – von seinen Zielen her als richtungsweisend angesehen. Die Bekämpfung der *moralischen und religiösen Verwahrlosung* erfolgte in familienähnlichen Kleingruppen, in denen die Prinzipien von Pietät, Glauben und Arbeitsethos *mit Strenge* vermittelt wurden. Aufgenommen wurden nur Kinder und Jugendliche, die bereits straffällig geworden waren (Thesing 2001: 203). In Abkehr von der Massenverwahrung in den Erziehungs- und Korrektionsanstalten arbeitete das „Raue Haus" mit Gruppen mit maximal zehn Jugendlichen. Wichern selbst forderte stets noch kleinere Einheiten mit drei bis sechs Bewohnern (ebd.: 211), was allerdings nicht finanziert werden konnte.

Eine auf der Basis von Rechtsansprüchen basierende Soziale Arbeit hat ihren Ursprung in Deutschland letztendlich in der Gründung des Deutschen Reiches und der Herausbildung einer reichseinheitlichen Sozialgesetzgebung. Befördert durch diese modifizierte sich Fürsorge. Armenhilfe und Gesundheitsfürsorge hatten seit jeher eine herausragende Bedeutung. Aus diesen entwickelten sich im frühen 20. Jahrhundert familienergänzende und familienunterstützende Wohlfahrtstätigkeiten und das Amtswesen (Fürsorgeämter, Gesundheitsämter). In derselben Zeit modifizierte sich die traditionelle Waisen- und Findelkinderfürsorge. Präzisiert und forciert durch das 1922 beschlossene und 1924 in Kraft getretene Reichsjugendwohlfahrtsgesetz (RJWG) bekamen familien*ersetzende* Maßnahmen einen höheren Stellenwert. Eine Reaktion auf die Veränderungen der Arbeitsgesellschaft waren die Kleinstkinderschulen, Kindergärten und Kinderbewahranstalten, aus denen sich die vor- und außerschulischen Kindertageseinrichtungen unserer Zeit herausentwickelt haben.

Über Hilfen für beschäftigungslose und unausgebildete Jugendliche entstanden seit Ende des 19. Jahrhunderts jugendschützerische und jugendpflegerische Maßnahmen – Vorformen heutiger Jugendarbeit und Jugendsozialarbeit. Moderne, professionelle Sozialarbeit fußt letztendlich auf vier Wurzeln:

1. Meist in den Mittelpunkt gestellt wird Alice Salomon (1872–1948), die als Begründerin des sozialen Frauenberufs und neben ihren fachtheoretischen Leistungen mit der Gründung (1908) und langjährigen Leitung der Sozialen Frauenschule in Berlin wichtige Marksteine setzte. Salomon war eine Vertreterin *professioneller Wohlfahrtstätigkeit.* Den Begriff Sozialpädagogik hat

sie so gut wie nie für die Beschreibung ihrer Arbeit verwendet. Mit der Umgehung der Sozialpädagogik – die ja über deren Wurzeln in der Jugendbewegung sowie über die wissenschaftlich dominanten Akteure männlich akzentuiert war – vollzog sie eine eigenständige Variante einer sozialen Berufseinmündung für Frauen. Wissenschaftstheoretisch liegt ein besonderer Verdienst von A. Salomon darin, dass sie damit begann, das Thema Wohlfahrt in die zeitgenössische Volkswirtschaftslehre einzubringen. Wohlfahrt hatte für sie nicht nur die Funktion individueller Hilfeleistung oder der Etablierung eines bezahlten Frauenberufs, sondern sollte auch in seinen volkswirtschaftlichen Bedeutungen diskutiert werden. Auch der Aspekt der *gesellschaftlichen Bedingtheit* sozialer Problemlagen wird von A. Salomon herausgearbeitet. Mit dem Verweis auf die Wechselbeziehungen zwischen individueller Not und Umweltfaktoren trat sie sowohl einseitigen Schuldzuschreibungen als auch rigiden Ausgrenzungspraktiken entgegen.

2. Sieht man einmal von der frauenpolitischen Dimension des Wirkens von Alice Salomon ab, so stand sie in einer relativen Nähe zu den Vertretern der *Fürsorgewissenschaft*. Die mit dem Namen Hans Scherpner verbundene *Theorie der Fürsorge* basiert auf den von Christian Klumker 1918 vorgestellten Fallstudien zum deutschen Fürsorgewesen. Fürsorge ist für Scherpner organisierte Hilfeleistung der Gesellschaft an einzelnen ihrer Glieder, die den Anforderungen des Gemeinschaftslebens nicht gewachsen sind. Sie ist immer persönliche Hilfe und einzelfallbezogen. Die besonderen Verdienste der *Fürsorgewissenschaftler* ist zum einen die Konstituierung eines Rechtsanspruchs jedes Einzelnen und zum anderen die Entwicklung von Konzepten für eine lebensweltbezogene Anamnese: „*genaue Erforschung der persönlichen Lage als Ansatzpunkt*".
3. Oft vergessen werden die Aktivitäten von Carl Mennicke (1887–1959). Mennicke, der lange Vorsitzender des „Bundes Deutscher Sozialbeamter" war und später auch eine wichtige Rolle innerhalb der „Gilde Sozialarbeit" gespielt hat, gilt als ein entscheidender Weichensteller für die Konturierung der Sozialpädagogik zu einem Männerberuf. 1923 – das Reichsjugendwohlfahrtsgesetz (RJWG) war bereits verabschiedet, aber noch nicht in Kraft getreten – bot er erstmals an der Deutschen Hochschule für Politik in Berlin einen 15-monatigen Jugendpflegekurs an (bekannteste Absolventen waren sicherlich Mollenhauer und Poelchau). Frühe Schüler gründeten 1925 die emanzipations- und reformpädagogisch ausgerichtete „Gilde Sozialarbeit". Aus den Jugendpflegekursen ging 1927 die „Staatlich anerkannte Wohlfahrtsschule für männliche Sozialbeamte" hervor, in der herausragende Pioniere wie Siegfried Bernfeld (1925 mit der Schrift *Sisyphus oder die Grenzen der*

Erziehung in Erscheinung getreten), Herbert Francke, Walter Friedländer und Hans Muthesius lehrten.[5]

4. Bei der Darstellung der Geschichte professioneller Sozialer Arbeit wird der seit den 70er Jahren des 19. Jahrhunderts spürbare Einfluss der „Herbergen zur Heimath" und der nach 1882 gegründeten „Arbeiterkolonien" meist nicht in ihrer Relevanz für die Frühgeschichte des sozialen Berufes identifiziert. Dabei kann Friedrich von Bodelschwingh als Begründer des Konzeptes *Hilfe zur Selbsthilfe* oder – noch aktueller – von aktivierender Fürsorge gesehen werden (Simon 2005 a). Von Bodelschwingh hat auch um 1890 mit seinem „Kandidaten-Konvikt" eine der ersten professionellen Ausbildungen in Deutschland implementiert – und diese Ausbildung war sogar relativ anspruchsvoll und didaktisch durchdacht:

> „Die Arbeit der Kandidaten wurde so geteilt, daß sie des Vormittags in den verschiedenen Stationen der Anstalt tätig waren, während der Nachmittag der besonderen Ausbildung auf den zukünftigen Beruf vorbehalten blieb ... Alle 8 bis 12 Wochen wurde gewechselt, sodaß jeder die verschiedenen Arbeitsgebiete kennenlernte" (G. v. Bodelschwingh 1922: 255 f.).

Betrachtet man diese Grundsteine moderner sozialpädagogischer und sozialarbeiterischer Ausbildung genauer, so überrascht, dass deren Arbeitsansätze vorrangig am Einzelfall orientiert waren. Gruppenkonstellationen – etwa im Waisenhaus, in Familien oder in der Nachbarschaft – wurden wohl als *Rahmungen des Einzelfalls* gesehen. Eine Arbeit mit Gruppen stand nicht im Mittelpunkt der genannten frühen professionellen Schulen. In der Arbeit mit *gefährdeten* Kindern und Jugendlichen wurden Gruppen Altersgleicher vor allem unter dem Gesichtspunkt möglicher Gefährdungen betrachtet, die vom Gruppengeschehen und der Gruppenzugehörigkeit ausgingen. Es galt nicht, die Gruppe zu stabilisieren und zum Ausgangspunkt sinnvoller gemeinsamer Lern- und Entwicklungsprozesse zu machen. Der Einzelne musste vor den *schlechten Einflüssen* geschützt, von der Gruppe ferngehalten und diese *zerschlagen* werden, wenn sich hierfür pädagogische, straf- und ordnungsrechtliche Möglichkeiten boten.

---

5 Mit Beginn des Dritten Reiches gingen die Genannten – die einen gezwungenermaßen, die anderen aus eigenem Entschluss – unterschiedliche Wege. Siegfried Bernfeld und Walter Friedländer emigrierten in die USA. Herbert Francke passte sich an und wurde Landgerichtsdirektor in Berlin. Hans Muthesius arbeitete ab 1940 in der Wohlfahrtsabteilung des Reichsinnenministeriums. In dieser Funktion war er für die Jugendkonzentrationslager Moringen, Uckermark und Litzmannstadt verantwortlich. Ungeachtet dessen war er 1950 bis 1964 Vorsitzender des Deutschen Vereins für öffentliche und private Fürsorge.

Exkurs II: Gruppenpädagogische Dimensionen in der Kollektiverziehung Makarenkos

Im Zusammenhang mit der Suche nach neuen Wegen in der Arbeit mit *schwierigen Jugendlichen* erlebten Makarenkos Handlungskonzepte in den frühen 2000er Jahren eine, wenn auch nicht sehr stark wirksam werdende Renaissance. Seine nach der russischen Revolution begründete Kollektiverziehung von *jugendlichen Rechtsbrechern* wurde in der Vergangenheit vielfach kritisiert. Später schien sie in Vergessenheit geraten zu sein. War seine, oft als *Drill-* oder *Kommandeurs-Pädagogik* diskreditierte, erzieherische Tätigkeit in den Nachwendejahren höchstens noch Thema seminaristischer Veranstaltungen, so berufen sich aktuell einzelne Akteure in der Praxis wieder auf seine Arbeiten (exemplarisch: Otto 2009). Müller und Schwabe (2009: 54) erkennen eine neue Attraktivität des darin enthaltenen Arbeitsprinzips der Selbsterziehung Jugendlicher innerhalb eines Milieus, das Gemeinschaftsbildung zulässt.

Aus Verzweiflung über das Ausbleiben von Antworten der wissenschaftlichen Pädagogik auf die dramatischen Herausforderungen der damaligen Zeit postuliert er in den Wirren nach der russischen Revolution auf der Basis suchender, erforschender eigener Praxis eine *Partisanentheorie.* In der Schilderung des Aufbaus der Gorki-Kolonie werden Zeitspannen des Tastens, Lernens und des Irrtums beschrieben (Makarenko 1979). Die Entwicklung einer Erziehungsmethode könne lediglich aus Erfahrung gewonnen werden. Die wichtigste erzieherische Macht liegt für ihn im Gemeinschaftserleben der Kinder und Jugendlichen. Für ihn ist unvorstellbar, dass die Pädagogik lediglich auf dem aus seiner Solitärposition heraus agierenden Erzieher basieren könne. Als zentraler Begriff der Makarenko'schen Pädagogik gilt das *Prinzip der Kollektiverziehung.* Die Persönlichkeit eines Kindes oder eines Jugendlichen entfalte sich nicht so sehr im Verhältnis zwischen Erzieher und Zögling, sondern im sozialen Wechselspiel der Gruppe (ebd.: 55). Träger des kollektiven Lebens sollen Kinder und Erwachsene gleichermaßen sein. Wo es notwendig erscheint, tritt der Erwachsene als Autorität auf. Objekt der Erziehung ist nicht die Person, sondern das Kollektiv. Makarenko versteht hierunter einen zielbewussten Komplex von Individuen, die sich organisieren und Organe (im Sinne von Entscheidungsgremien) gebildet haben. Besondere Kennzeichen sind Unterordnung und verantwortungsvolle gegenseitige Abhängigkeit. Ausgangspunkt für wachsende Kameradschaftlichkeit, die zur Festigung des Kollektivs beiträgt, ist gemeinsame Arbeit. Wichtig sei dabei, dass die Arbeitserziehung zunehmend ihren Zwangscharakter verliere. Makarenko rät von der Einführung von Belohnungen und Bestrafungen ab. Die Qualität der Arbeit als Eigenwert müsse genügen. In der Bildung eines erfolgreichen Kollektivs liege die große Gefahr, dass die Mitglieder vorrangig auf den Nutzen für die eigene Gruppe schauen. Dem wirkt Makarenko in seiner praktischen Arbeit mittels der Herausarbeitung von drei zentralen Dimensionen der Kollektivbildung entgegen:

- Disziplin (hierzu umfangreich: Makarenko 1978 b),
- (wachsende) Selbstverwaltung,
- das Stellen weiterer, größerer Aufgaben.

Makarenko sieht in der Disziplin weder das Produkt der eingeführten Verhaltensregeln noch vorrangig das Resultat von Gehorsam. Er fordert vielmehr eine Disziplin, die aus der sozialen Erfahrung und dem praktischen kameradschaftlichen Zusammenwirken des Kollektivs wächst (Makarenko 1979: 99f.). Zur Entstehung von Disziplin kann auch beitragen, den Jugendlichen in wachsendem Maße Verantwortung zu übertragen. Deutlich betont er allerdings, dass das Gruppengeschehen – er nennt dieses stets das *Leben des Kollektivs* – neben der Bewältigung ernster Aufgaben immer auch von der Entwicklung fester Rituale und von Elementen des Spiels begleitet werden müsse (Makarenko 1978 a: 602).

2.2 Zur Geschichte der Gruppenpädagogik und der Sozialen Gruppenarbeit

Begriffe wie *Soziale Gruppenarbeit, Gruppenpädagogik* oder die aus der amerikanischen Professionsentwicklung stammende Bezeichnung *Social Group Work* werden häufig synonym verwendet. Das mag alltagspraktisch für ehren- und hauptamtliche Akteure in der Arbeit mit Gruppen keine Rolle spielen. Professionshistorisch existieren *feine Unterschiede.*

Gruppenpädagogik hat sich in verschiedenen Entwicklungssträngen seit den 1920er Jahren in Europa und den USA entwickelt. Sie hat Verhaltensweisen von Kleingruppen zum Gegenstand. Zugleich werden die Gruppe und die in ihr stattfindenden Prozesse zum Medium sozialpädagogischer Einflussnahme. Somit ist Gruppenpädagogik als wissenschaftliche Kategorie nicht denkbar ohne die Ergebnisse der Gruppenforschung und die Auseinandersetzung mit den inneren Wirkkräften von Gruppen, *Gruppendynamik* genannt. Die Einführung dieses Begriffs wird Kurt Lewin (1890–1947) zugeschrieben. Seine in Deutschland begonnene sozialpsychologische Forschung fokussierte nach seiner 1933 erzwungenen Migration in die USA auf die Kleingruppenforschung, deren Höhepunkt in der 1944 erfolgten Gründung des „Research Center of Group Dynamics" lag. Bereits fünf Jahre zuvor – 1939 – veröffentlichte Lewin seinen Aufsatz „Experimente über den sozialen Raum“ (deutsche Erstveröffentlichung in: Lewin 1953). Darin beschrieb er Gruppen als *soziologische Ganzheiten*, die als *dynamische Ganzheiten* mit jeweils eigenen Eigenschaften zu verstehen seien (Lewin 1953: 114).

In Deutschland kann von ersten gruppenpädagogischen Aktivitäten im Zusammenhang mit der Hausbildung von Jugendkultur gesprochen werden. Sie liegen also deutlich vor der Begründung der wissenschaftlichen Gruppenforschung. Allgemein wird dies zeitlich um die Wende des 19. zum 20. Jahrhundert mit dem Aufkommen des „Wandervogels“ festgemacht. Auch in der Arbeiterjugendbewegung gab es immer wieder gruppenbezogene freizeitpädagogische Aktivitäten, die sich allerdings noch nicht als systematisierte Gruppenarbeit verstanden. Krafeld (1984: 14) macht deutlich, dass die neu entstandenen Phänomene *Jugend* und *Freizeit* erst unter den Bedingungen der Trennung von Familie, Bildung und Arbeit entstehen konnten. Der Beginn einer eigenständigen Debatte um einen Sonderstatus von Kindheit und Jugend ist am ehesten in sozial-schwärmerischen, philanthropischen Strömungen zu verorten, deren Aktivitäten und Äußerungen sowohl als Reflex auf den gesellschaftlichen Wandel als auch als Auseinandersetzung mit den ersten auftretenden Bruchstellen im System *bürgerliche Familie* zu verstehen sind. So wurde von den Utopisten des frühen 19. Jahrhunderts, die insbesondere die gebildete Jugend und akademische Kreise ansprachen, im Hinausschieben des Erwachsenwerdens ein *Selbstschutz* gegen die unfrei machende Vereinnahmung von Jugend gesehen.

Frühe Formen neuerer Gruppenpädagogik resultierten somit aus der Praxis selbst organisierter Gruppen. Voraussetzung für deren Entstehen war die Herausbildung einer eigenständigen Jugendphase. Seit 1896 pflegten ältere Schüler des Steglitzer Gymnasiums, angeregt durch kritische Lehrer und unter dem Schutz eines von Erwachsenen gegründeten Fördervereins, größere Wanderungen zu unternehmen (Weimer 1992: 186). Dies fand bald Nachahmer an zahlreichen anderen Schulen, was 1901 auf Initiative von Karl Fischer zur Gründung besagten „Wandervogels“ führte, die erste Gesellungsform, die dem Grundsatz *Jugend führt Jugend* entsprach. Naturerleben, Gesang, Askese und ein breites Spektrum von – zum Teil höchst diffusen – lebensreformerischen Ideen können als Reaktion auf die dynamisch fortschreitende Entfremdung des prosperierenden Kapitalismus gesehen werden – oder aber als neue Form eines ihnen gemäßen Schon- und Erlebnisraumes, in welchem so lange jugendspezifische Erfahrungen gesammelt werden konnten, bis die zugehörigen Schüler und Studenten den Weg ins Berufsleben und zur Teilhabe an der Macht des Bürgertums fanden.

Die bis in die Vorphase des 1. Weltkriegs entstandenen Wandervogelbünde sahen sich zunehmend als Teil einer eigenständigen Jugendbewegung, die dem Prinzip der *Selbsterziehung* – d. h., der Erziehung des Einzelnen im Kontext von Gruppenerfahrungen – einen hohen Stellenwert einräumte (Simon 1996: 274).

Dieser vor allem aus Abkömmlingen des Bürgertums bestehenden Jugendbewegung können folgende Wesensmerkmale zugeschrieben werden (siehe hierzu auch Krafeld 1984: 28 ff.; Weimer 1992: 186):

- Sie war der Beginn einer eigenständigen Form der Jugendarbeit, die eine bewusste Trennung von Organisationen und Angeboten der Erwachsenen vollzog.
- Die beteiligten Akteure zogen sich bewusst aus Teilbereichen bestehender Realität zurück und erschlossen sich eine eigene, jugendspezifische Welt. Einer Jugend, die im Erwachsenenalter komplexer werdende Aufgaben in einer sich stürmisch modernisierenden Gesellschaft zu übernehmen hatte, sollte ein Moratorium eingeräumt werden.
- Die Wandervogelbewegung wurde somit zum Symptom und zum Symbol für die Suchbewegungen in einer zunehmend entfremdeten Welt. Zugleich fußte sie auf einer Abwehrhaltung gegenüber der traditionellen Erziehung im Kaiserreich.
- Aus ursprünglich eher cliquenhaften Gruppen hatten sich allmählich Erziehungsgemeinschaften herausgebildet. Man verfolgte mit dem auf Selbsterziehung angelegten Prinzip *Jugend führt Jugend* eine Abkehr von den traditionellen Erziehungsstilen, in denen festgelegte pädagogische Ziele und Werte dominierten. Selbsterziehung bedeutete auch, dass keine Trennung zwischen Erziehern und Erzogenen vorgenommen, sondern das Prinzip des gemeinsamen Lernens gepflegt wurde.
- Darin unterscheidet sich das Führungsprinzip des „Wandervogels" von späteren bündischen Gruppen oder der Hitlerjugend, in welchen das Prinzip *Jugend führt Jugend* so ausgestaltet wurde, dass ältere, *erfahrenere* Jugendliche jüngere zu führen hatten.

Zeitgleich entwickelten sich in den 1920er und frühen 1930er Jahren die Reformpädagogik in Deutschland sowie die Freizeitpädagogik in den USA *(Recreation Movement).*

Die eng mit der deutschen Reformpädagogik in Beziehung stehendenden Landschulheime praktizierten Gruppenunterricht. Georg Kerschensteiner, der Begründer der Arbeitsschulbewegung sah in diesem ebenfalls ein wichtiges pädagogisches Prinzip. Auch der *Jenaplan* des Reformpädagogen Peter Petersen setzte auf gruppenbezogene Gemeinschaftserziehung. Er verzichtete auf das traditionelle Klassensystem, schuf stattdessen *Stammgruppen,* die wiederum in verschiedene kleinere *Unterrichtsgruppen* aufgeteilt wurden. Kein Kind konnte sitzen bleiben und sollte eine jeweils individuelle Förderung in der Gruppe erhalten (Petersen u. a. 1958).

Wie bereits dargestellt, vernachlässigt die im ersten Viertel des letzten Jahrhunderts angelagerte Professionalisierungsdebatte die Entwicklung gruppenpädagogischer Konzepte. Dies kann auch als die herausragende fachliche bzw. konzeptionelle Schwäche von Alice Salomon (1872–1948) gesehen werden. Mit der 1908 in Berlin von ihr gegründeten ersten deutschen *Sozialen Frauenschule* ist zwar ein Meilenstein für die Entwicklung des sozialen Berufs gesetzt. In der in ihrem Wirkungskreis geführten Methodendebatte werden vorrangig einzelfall- oder familienfürsorgliche sowie kinderpflegerische Unterstützungsleistungen konzipiert und nachfolgend auch praktiziert.

Somit wird in den Jahren vor und nach dem 1. Weltkrieg Selbsthilfe zu einem weiteren Strang vorprofessioneller Sozialer Gruppenarbeit. Selbsthilfe – aus der Gruppe heraus – ist auch ein wichtiges Prinzip der Arbeiter- und Gewerkschaftsbewegung, Auch hier gibt es starke Wurzeln in dem Einwanderungsland USA, aber auch in England – wo frühe Spuren der Gemeinwesenarbeit in der *Settlement-Bewegung* des vorletzten Jahrhunderts zu finden sind – und nicht zuletzt in der deutschen Arbeiterbewegung.

Die in den USA schon damals *Social Movements* genannten Projekte praktizierten Gruppenarbeit informell, basierend auf politischen Überzeugungen und weniger auf einem theoretischen, fachlichen Fundament oder professionellem Handlungswissen. Ein wichtiger Meilenstein war 1935 die Gründung der *Sektion Gruppenarbeit* in der amerikanischen „National Conference for Social Work". Mit diesem Schritt wurde die Arbeit mit Gruppen als eigenständige Methode anerkannt.

Exkurs III: Der Gruppenbezug im Wirken von Janusz Korczak

Im historischen Spektrum allen pädagogischen Wirkens nimmt der jüdische Arzt und Pädagoge Janusz Korczak (1876–1942) eine herausragende Stellung ein. Dies ist allein schon auf seinen letzten Gang zurückzuführen, auf dem der große Humanist die ihm anvertrauten Kinder auf dem Weg vom Warschauer Ghetto zu jenem Umschlagplatz begleitet hat, von dem aus die Insassen des früheren Waisenhauses „Dom Sierot" in das Vernichtungslager Treblinka deportiert und höchstwahrscheinlich am 5. August 1942 ermordet wurden.[6] Es ist bezeugt, dass Korczak mehrfach die Möglichkeit gehabt hätte, die Kinder zu verlassen und sich zu retten. Er hat alle diesbezüglichen Angebote stets entschieden zurückgewiesen (Dauzenroth 2002: 47). Seine herausragende Stellung als mutiger Menschen- und Kinderfreund wird auch nicht dadurch geschmälert, dass manches, was mit ihm in Zusammenhang gebracht wurde, vermutlich Legende ist.

---

6 Dieses Datum gilt als sehr wahrscheinlich, belegt ist es nicht.

So sei er dem Auszug der Kinder aus dem Ghetto vorausgeschritten und habe noch zwei der kleinsten Kinder auf dem Arm getragen (ebd.: 44). Seine wohlwollend-kritische Biografin Hanna Mortkowicz-Olczakowa (1973: 262) zieht dies in Zweifel. Er habe allein schon aus Krankheitsgründen um diese Zeit wohl kaum mehr die Kraft gehabt, zwei Kinder über eine längere Strecke auf den Armen zu tragen. Derartige Relativierungen schmälern seinen Mut und sein Zeugnis menschlicher Größe keineswegs.

Korczak forderte stets eine *Pädagogik der Offenheit und Unabgeschlossenheit.* In seinem Buch „Wie man ein Kind lieben soll" formulierte er eine *Magna Charta Libertatis,* ein Grundgesetz für Kinder, bestehend aus drei Grundrechten (Thesing 2001: 103):

1. *Das Recht des Kindes auf seinen eigenen Tod.* Mit dieser schwer verständlichen Forderung wendet er sich gegen eine Überpädagogisierung des Alltags und jegliche Form der Dauerbehütung.
2. *Das Recht des Kindes auf den heutigen Tag.* Kinder, so Korczak, haben ein Recht auf ihre Kindheit, auf das jetzige, momentane Erleben. Damit wendet er sich gegen eine stets zukunftsorientierte Erziehung.
3. *Das Recht des Kindes, so zu sein, wie es ist.* Korczak widerspricht mit diesem Verlangen einer Sicht, wonach der Wert eines Menschen erst als Produkt von Bildung und Erziehung entstünde.

In den von ihm geleiteten Einrichtungen „Dom Sierot" und „Nasz Dom" entwickelte Korczak Erziehungskonzepte mit ausgeprägter Alltagsorientierung und einer besonderen Betonung von Gruppenarbeit. Er setzte Ideen einer Kinderrepublik um, deren Gemeinschaft sich in Klassen oder Schichten unterteilte, deren Zusammensetzung in einem Kinderparlament – Mortkowicz-Olczakowa (1973: 127) nennt es *Volksabstimmung* – beschlossen wurde. Die Gemeinschaft der Kinder gab sich Regeln und Institutionen. Wie Makarenko sah Korczak in gemeinschaftlicher Arbeit einen zentralen Erziehungsfaktor. Im Unterschied zu dem Begründer der Kollektiverziehung wandte sich letzterer strikt gegen jede Form des Zwangs und disziplinierende Ansätze. Er setzte auf Vertrauen und Ehrlichkeit als Basis tragfähiger Beziehungen (ebd.: 133). Für kurze Zeit – in den Jahren 1932 bis 1934 – war dem „Nasz Dom" eine Experimentalschule angegliedert, in der es weder Klingelzeichen noch festgelegte Pausen gab. War ein Schüler erschöpft, konnte er sich hinlegen oder den Klassenraum verlassen. Der Unterricht vollzog sich an dem entlang, was die Kinder selbst erlebt, gesehen und gehört hatten. Es gab keine Zensuren. Die Bewertung der Leistungen erfolgte durch Mitsprache der Kinder (Dauzenroth 2002: 29). In der Zusammenarbeit der Schüler mit den Lehrenden lagen die Ausgangspunkte selbstorganisierter Bildungs- und Erziehungsprozesse. Diese zweifellos frühe Form antiautoritärer Erziehung scheiterte letztendlich am Mangel und an einer keineswegs freundlich gestimmten Umwelt. In einem seiner zahlreichen, stets selbstkritischen Briefe schrieb er: „Ungeachtet der schweren Bedingungen ist es (das Waisenhaus; d. Verf.) immer noch eine Oase, die leider von dem bösen Sand der Wüste, die sich ringsum erstreckt, allmählich zugeschüttet wird“ (Mortkowicz-Olczakowa 1973: 36).

2.3 Impulse durch die Kleingruppenforschung

In den 1930er und 1940er Jahren vollzog sich eine Intensivierung der Gruppenforschung und gruppenbezogener Forschung. Diese war vor allem innerhalb der Sozialpsychologie angelegt. Deutsche Emigranten, wie der bereits im Zusammenhang mit der Entwicklung des Begriffs *Gruppendynamik* erwähnte Kurt Lewin, spielten dabei eine maßgebliche Rolle. Er und seine späteren Mitarbeiter White und Lippitt haben fortlaufend Forschungsergebnisse vorgelegt und auch ab Mitte der 1940er Jahre gezielt Ansätze des Gruppentrainings entwickelt. Angesichts der weltpolitischen Lage wurden vorrangig junge amerikanische Offiziere und Offiziersanwärter in diese – Trainingsgruppen oder T-Groups genannte – Ausbildungsformen integriert. Erklärtes Ziel war neben einem allgemeinen Forschungsinteresse die Stärkung ihrer Widerstandsfähigkeit vor dem Hintergrund der ihnen zwangsläufig in Einsätzen begegnenden Gräuel des Krieges. War diese frühe Forschungspraxis Lewins, die in die Gründung des „Massachusetts Institute of Technology“ (MIT) führte, vor allem auf Trainings für z. T. höchst unterschiedliche gesellschaftliche Gruppen ausgerichtet (SozialarbeiterInnen, Militärangehörige, Geschäftsleute, Teams in Fabriken, Lehrkräfte, zivilgesellschaftliche Akteure), begann die sich nun rasch entwickelnde *Kleingruppenforschung* einer Vielzahl an Phänomenen nachzugehen, die in Gruppenzusammenhängen Relevanz besitzen.

Für die Beschreibung der Entstehung von Kleingruppen wurden unterschiedliche Phasenmodelle entwickelt. Am häufigsten wird auf das Modell von Tuckman (1965, in: Crott 1979: 220) zurückgegriffen, der bei der *Gruppenentwicklung* folgende Schritte erkennt:

1. *Formierung:* Suche nach situationsadäquatem Verhalten innerhalb offener Eingangssituationen (forming);
2. *Sturm und Drang:* Konflikte zwischen Individuen und Untergruppen, eventuell auch Rebellion gegen Führungspersonen (storming);

3. *Normierung:* Herausbildung von Gruppennormen (norming);
4. *Aufgabenorientierung:* Rollenbeziehungen werden akzeptiert und im Sinne der Aufgabenbewältigung genutzt (performing).

Dieses Grundmodell wurde vielfältig modifiziert und ergänzt.

Schmidt-Grunert (2009) verweist unter Bezugnahme auf Bernstein und Lowy (1969)[7] auf ein häufig abgehandeltes fünfstufiges Modell, das aus folgenden Gruppenphasen besteht:

1. Orientierungsphase,
2. die Phase der Machtkämpfe und der Versuche, Kontrolle über das Gruppengeschehen zu erhalten,
3. Herstellung erster Formen von Vertraulichkeit und Intimität,
4. innere Differenzierung auf der Basis gesicherten Wissens und ausgeformter Rollen,
5. Beendigung, Ablösung und Trennung.

Generell geht man heute davon aus, dass es sich häufig nicht um einen linearen Ablauf handelt. Elemente der verschiedenen Phasen können auch in geänderter Abfolge auftauchen. Manchmal sind einzelne Phasen nur schwach oder gar nicht erkennbar.

Verstärkt wurde der Frage nachgegangen, wie der *Gruppenzusammenhalt* entsteht und wie er stabilisiert wird. Festinger (1950) beschreibt die von ihm so genannte Kohäsion als das Produkt aller Kräfte, die auf die Gruppe einwirken. Von besonderer Bedeutung sind die gegenseitige Attraktivität der Gruppenmitglieder und ihr Interesse am Tun oder der Aufgabe. Der Zusammenhalt wird gestärkt, wenn sich die Gruppe von anderen abgrenzt und ist umso kohäsiver, je weniger die Gruppenmitglieder von einer als feindlich empfundenen Umwelt erwarten können. In ihren berühmt gewordenen Ferienlagerexperimenten haben Sherif und Sherif (1953, in: Crott 1979: 230) gezeigt, dass der Gruppenzusammenhalt und das Gruppenbewusstsein auch jenseits von Sympathie erwachsen können. Wurde in der Gruppe ein starkes Wir-Gefühl entwickelt, vollzog sich Abgrenzung auch zu Außenstehenden, die Gruppenmitglieder ursprünglich als sympathisch eingeschätzt hatten (ebd.).

Früh begann die Auseinandersetzung mit den *Strukturen von Gruppen.* In zeitlicher Nähe zu Lewins Arbeiten mit und in T-Gruppen formulierte der aus Österreich in die USA emigrierte Jakob Moreno (1889–1974) neue Gruppenfor-

7 Die beiden Autoren rekurrieren ihrerseits auf das *Developmental Model,* das von den Bostoner Forschern Garland, Jones und Kolodny (1965) vorgelegt wurde.

schungskonzepte, die er als das *Psychodrama* und die *Soziometrie* bezeichnete. Morenos und Lewins Arbeiten liefen zusammen in der *Aktionsforschung* (Action Research), in der die Triade von Handeln, Forschen und Erziehen zusammengehalten werden sollte (König/Schattenhofer 2016: 12).

Damit Gruppen funktionieren, muss innerhalb dieser ein gewisses Maß an *Konformität* hergestellt sein. Einen wichtigen Beitrag zur Erklärung konformen Verhaltens lieferte Festingers Theorie der sozialen Vergleichsprozesse (Festinger 1954 in: Herkner 1983: 478). Über den Vergleich des eigenen Meinens und Verhaltens mit denen anderer Personen – etwa in Gruppen – entsteht Sicherheit, wenn diese Personen als *geeignet* erscheinen. In der Regel sind dies Personen, die einem in wichtigen Merkmalen ähnlich sind. Eine allmähliche Anpassung der Unsicheren an den Mehrheitskonsens in der Gruppe ist üblich. Aus diesem Zusammenhang resultierte ein weiteres Forschungsproblem, verbunden mit der Frage, welchen *Einfluss Minoritäten* in Gruppen ausüben, also Personen, die sich der Konformitätsentwicklung zum Zwecke der Stärkung der Gruppenkohäsion nicht anpassen.

Moscovici und Faucheux (1972, in: Herkner 1983: 492) haben in Forschungsreihen mit kleinen Gruppen herausgearbeitet, unter welchen Bedingungen Minderheiten einen starken Einfluss auf die Gruppe ausüben können. Von entscheidender Bedeutung ist, dass die Minderheit ihren Standpunkt konsistent und ausnahmslos vertritt und die Individuen ein ausreichendes Maß an sozialer Akzeptanz erfahren.

Die 1960er und die 1970er Jahre erlebten einen weiteren Boom der Kleingruppenforschung. Offene und verdeckte Machtstrukturen in Gruppen wurden erforscht (Witte 1994: 461 ff.). Immer wieder wurde der Frage nachgegangen, in welchen Bereichen das Leistungsvermögen von Gruppen über dem von Individuen liegt (ebd.: 507 ff.). Führung und Führungsverhalten in Gruppen wurden – auch im Übergang zur Entwicklung gruppendynamischer und innerhalb des Coachings verwendeter Verfahren und Techniken – immer wieder untersucht (Rahn 1987).

Auf der Basis von Gruppenmodellen wird im nachfolgenden Kapitel eine vertiefende Darstellung der *Gruppe als Ort intensivierter Wechselwirkung* vorgenommen. Die diesbezüglichen Ergebnisse sind ebenfalls ein Produkt der Kleingruppenforschung.

2.4 Die Rolle der sozialpädagogischen Gruppenarbeit nach 1945

Zwischen 1933 und 1945 hat es in Deutschland keine demokratische Gruppenarbeit gegeben. Die NS-Pädagogik hat gezielt mit Klein- und Großgruppen gearbeitet, allerdings mit einer ideologischen Ausrichtung an Wert und Unwert, Unter- und Überordnung, autoritärer Führung und dem Ziel körperlicher und vormilitärischer Ertüchtigung.

Sozialpädagogische Gruppenarbeit wurde – wie dargestellt – in dieser Zeit als zweite professionelle Methode neben der klassischen Einzelfallhilfe zuerst in der amerikanischen Sozialarbeit implementiert (Social Group Work). Die mittlerweile vor allem in den USA gemachten Erfahrungen mit Trainingsgruppen und die meist sozialpsychologisch begründeten Ergebnisse der Kleingruppenforschung wurden erst Jahre später in die wissenschaftliche Ausbildung der Zeit nach dem Zweiten Weltkrieg integriert. In Deutschland und in Österreich wurde Gruppenpädagogik nach dem zweiten Weltkrieg im Zusammenhang mit den amerikanischen „Re-Education-Programmen" importiert. Das, was gebraucht und auch zur Verfügung gestellt wurde, war vorrangig anwendungsorientiert. Aus diesem Grund wird über die Zeit zwischen 1945 und dem Beginn der 1960er Jahre auch von einer *Phase vorprofessioneller Gruppenarbeit* gesprochen.

Ziel war damals die Demokratisierung des Bildungswesens und die Einübung von Demokratie mit den im Dritten Reich aufgewachsenen deutschen Jugendlichen. Nach der Niederlage des Faschismus brachten vor allem Engländer und Amerikaner Gruppenpädagogik wieder nach Deutschland und gründeten auch entsprechende Ausbildungseinrichtungen. Zu nennen ist insbesondere das durch die Engländer gegründete Institut für Jugendgruppenarbeit, das zwischen 1948 und 2003 eng in Verbindung mit dem in Berlin-Charlottenburg gelegenen „Haus am Rupenhorn" stand, welches von den Engländern als Jugendleiterschule mit dem Ziel gegründet wurde, Nachwuchskräfte für eine demokratische Jugendarbeit im nachfaschistischen Deutschland zu rekrutieren.[8]

Die Säulen der von der amerikanischen Besatzungsmacht implementierten demokratischen Erziehung waren zum einen die Nachbarschaftsheime, die, wenngleich altersübergreifend konzipiert, einen deutlichen Schwerpunkt in der Jugendarbeit hatten. Wichtigste konzeptionelle Grundlage – und damit zweite

8 Seit 2003 befindet sich dort ein Standort einer jüdischen Privatuniversität. Die seitherige Arbeit des Hauses am Rupenhorn wird in der sozialpädagogischen Fortbildungseinrichtung im Jagdschloss Glienicke fortgeführt.

Säule – waren Konzepte Sozialer Gruppenarbeit, für die die amerikanische Kleingruppenforschung wichtige Grundlagen entwickelt hatte.[9]

Ein Jahr später gründete die amerikanische Besatzungsmacht in Hessen das „Haus Schwalbach". Dies geschah ebenfalls mit der Absicht, eine Bildungsstätte aufzubauen, in der Formen demokratischer Erziehung eingeübt und vermittelt werden sollten. Prägend für die Arbeit des Hauses Schwalbach war Magda Kelbers, welche als Leiterin viele Jahre lang mit mehreren Tausend Jugendlichen und Erwachsenen gruppenpädagogische Arbeit geleistet hat. Sie hatte als Emigrantin in einem *Education Settlement* im englischen Seaham Harbour[10] wichtige Grundzüge der Gruppenpädagogik erlernt und entwickelte diese später zu Grundsätzen für eine gruppenpädagogische Praxis weiter (Müller 1988: 60):

- dort beginnen, wo die Gruppe gerade steht,
- mit den Stärken der Individuen und der Gruppe arbeiten,
- das Tempo der Gruppenarbeit den Möglichkeiten der Gruppe anpassen,
- Raum für Entscheidungen geben,
- notwendige Grenzen positiv nutzen,
- die Zusammenarbeit vor die Profilierung der einzelnen Gruppenmitglieder stellen,
- weniger durch traditionelle Steuerungsformen wie Belohnung und Strafe, sondern vermehrt durch das Gruppenprogramm lenken,
- sich als LeiterIn allmählich überflüssig machen.

Die ursprüngliche Grundidee für die Arbeit im Haus Schwalbach war die eines *Leadership Training Centers.* Daraus wurde rasch ein wichtiger Ausbildungs- und Fortbildungsort für eine neue Generation von Sozialarbeitern und Sozialarbeiterinnen. Eine wichtige Multiplikationsfunktion hatten die „Schwalbacher Blätter". Die in zahlreichen Auflagen verbreite „Schwalbacher Spielkartei" dürfte Zehntausenden PädagogInnen in der Kinder-, Jugend- und Erwachsenenarbeit als hilfreiches Medium für die kreative Gruppenarbeit gedient haben. Über den Einfluss der Gruppenarbeit bekam die *Peergroup*-Arbeit – auch mit *auffälligen* Jugendlichen – einen hohen Stellenwert. Diese wurde sowohl in den Verbänden als auch in Nachbarschaftsheimen und Heimen der Offenen Tür praktiziert.

Die französische Militärregierung legte nach 1945 keine mit denen der

9 Auch Kurt Lewin sah sich dieser Aufgabe verpflichtet. Er war allerdings weitaus skeptischer als andere Begründer demokratischer Gemeinschaftserziehung und vertrat die Auffassung, es dauere Jahrzehnte, bis aus der im Geiste des Nationalsozialismus erzogenen Jugend Demokraten würden.

10 1940–1941 war sie als „Angehörige eines Feindstaates" auf der Isle of Man inhaftiert. Bis zu ihrer Rückkehr nach Deutschland war sie vorwiegend journalistisch tätig.

Engländer und Amerikaner vergleichbaren Programme auf. Sie untersagte in ihrer Besatzungszone sogar die Bildung von Pfadfinderorganisationen, da sie das Auftauchen paramilitärischer Verbände befürchtete (Simon 2013). Auf lokaler Ebene gab es vielfältige Behinderungen für die Neugestaltung der Jugendarbeit. Zunehmend setzten sich allerdings von Einzelpersönlichkeiten initiierte Jugendbildungsmaßnahmen durch, die in Abstimmung mit der französischen Militärregierung finanziell und organisatorisch vom badischen Kultus- und Innenministerium getragen wurden. Ihre Aktivitäten erstreckten sich auf Gruppenarbeit und Kursangebote. Anders als in der amerikanischen Zone konnten die badischen Jugendgremien keine Aktivitäten in Feldern der Jugendsozialarbeit entwickeln (ebd.).

In den 1960er Jahren ging eine weitgehende Etablierung der Arbeit mit Gruppen in unterschiedlichen Arbeitsfeldern vonstatten. Eine wissenschaftliche Fundierung erfuhr die deutsche Soziale Gruppenarbeit durch die Arbeiten von Gisela Konopka. Als Jüdin und der Arbeiterbewegung nahestehende Aktivistin fand diese nach ihrem breit angelegten Studium nach 1933 in Deutschland keine Anstellung. 1936 wurde sie wegen der Verbreitung illegaler Schriften verhaftet und ins Konzentrationslager Fuhlsbüttel gebracht. Nach Ihrer Entlassung arbeite sie noch kurze Zeit im Untergrund. Eine Fluchtodyssee führte sie über die Tschechoslowakei, Österreich, Frankreich und Portugal in die USA. Während sie ihren Lebensunterhalt als Reinigungskraft sicherte, studierte sie Social Work mit dem Vertiefungsgebiet Social Group Work an der School of Social Work in Pittsburgh. 1947 erhielt sie eine Professur an der Universität Minneapolis, arbeitete zu Fragen der Heimerziehung, in der Jugend- und unverändert in der Gruppenforschung. Als Expertin weilte sie mehrmals längere Phasen in Deutschland, bildete FürsorgerInnen, Leitungskräfte sowie NachwuchswissenschaftlerInnen aus und fort. Ihr 1968 auf Deutsch erschienenes Hauptwerk *Soziale Gruppenarbeit: ein helfender Prozess* gehörte über mehrere Jahrzehnte zu den Standardwerken wissenschaftlicher Ausbildung und Praxis. Sie brachte der deutschen Fachöffentlichkeit auch die amerikanisch geprägte Methodendebatte näher und legte eine Definition vor, auf die noch heute zurückgegriffen wird:

> „Soziale Gruppenarbeit ist eine Methode der Sozialarbeit, die den Einzelnen durch sinnvolle Gruppenerlebnisse hilft, ihre soziale Funktionsfähigkeit zu steigern und ihren persönlichen Problemen, ihren Gruppenproblemen oder den Problemen des öffentlichen Lebens besser gewachsen zu sein" (Konopka 1968: 35).

Gruppenpädagogik war bis in die 1960er Jahre hinein vor allem in der Jugendarbeit verortet, griff aber auch auf die Erwachsenenbildung und die beginnende Vorschulerziehung über.

Die Intensivierung der Kleingruppenforschung, Erziehungsstilexperimente und Erfahrungen aus dem Gruppentraining (nicht nur in der sozialen Arbeit, sondern in T-Gruppen in der Ausbildung, für Führungskräfte und selbst im Militär) stärkten den Stellenwert der Gruppendynamik und parallel hierzu auch der Gruppentherapie. Wurde die Gruppe ursprünglich als *Medium für helfende Prozesse* verstanden, so sah ein sich wandelndes Verständnis sie eher als eine Arbeitsmethode, die hilft, die *soziale Funktionalität ihrer Mitglieder* zu sichern.

Unverändert betrachtete Gisela Konopka Gruppenarbeit als zentrale Methode der Kinder- und Jugendarbeit, betonte aber auch deren Anwendung in freien Gruppen, in Nachbarschaften, im erweiterten Gemeinwesen oder im schulischen Rahmen (ebd.: 18). Gruppenpädagogik wurde nun als bewusste Nutzung und Steuerung von Gruppenprozessen verstanden. Sie unterschied sich damit von einer eher ungeplanten unprofessionellen Leitung von Gruppen.

Heute versteht man unter Gruppenpädagogik die Anwendung gruppendynamischer Konzepte im pädagogischen Kontext. Über die letzten Jahrzehnte hinweg erlangten dabei eine besondere Bedeutung:

- Gruppenmethodische Ansätze im *Schulbereich,* etwa in Form kooperativer, gemeinschaftsbezogener Formen.
- Gruppenarbeit in der *außerschulischen Bildungsarbeit;* diese kann auch innerhalb der Offenen Jugendarbeit und in der Verbandsarbeit verortet sein.
- Gruppenarbeit in der *Offenen Jugendarbeit* und in der *Verbandsarbeit,* diese vollzieht sich, wie nachfolgend noch zu zeigen sein wird, in höchst unterschiedlichen Ausgestaltungen.
- Gruppenarbeit mit „*Problemgruppen*“ in unterschiedlichen Formen. Vorrangiges Ziel hierbei ist das soziale Lernen. Die Gruppe wird hier als stabilisierender und motivierender Faktor für sozialbezogenes Lernen betrachtet (so bereits Konopka 1968).

Exkurs IV: Zum Begriff des sozialen Lernens in der Gruppe

Der Begriff *soziales Lernen* lässt sich aus wenigstens vier Zugängen ableiten:

1. Die reformpädagogische Diskussion um den *Gemeinschaftsbegriff.*
2. Soziales Lernen im Sinne der erwachsenenpädagogischen Modelle, die auf Lewins Grundverständnis von Gruppendynamik beruhen (in Deutschland zunächst: Brocher 1967). Soziales Lernen wurde hier allerdings nicht als Umsetzung von therapeutischen/gruppendynamischen Prozessen verstanden, sondern als Adaption der wissenschaftlichen Grundlagen in den pädagogischen Kontext.

3. Soziales Lernen als Sozialerziehung und Mittel zur gesellschaftlichen Veränderung. Über eine emanzipatorische Praxis sollen neue Erfahrungen vermittelt werden, die ihrerseits zur Entwicklung des Wesens von Gruppen wie auch der einzelnen Persönlichkeit beitragen.
4. Soziales Lernen vor dem Hintergrund und als Ausdruck einer *neuen Sensibilität* – sowohl bezogen auf das *Ich* als auch auf zwischenmenschliche Beziehungen.

2.5 Von der Inflation gruppenbezogener Ansätze zum Arbeitsprinzip in neueren methodischen Begründungszusammenhängen

Die 1960er und 1970er Jahre sind die Phase, in der sich eine unendliche Vielzahl von gruppenbezogenen Arbeitsformen entwickelte. Neben einer Forcierung der Sozialen Gruppenarbeit in der Sozialarbeit und im schulischen Kontext nahm die *angeleitete oder nicht angeleitete Selbsterfahrung in Gruppen* eine stürmische Entwicklung. Die gesellschaftspolitischen Veränderungen dieser Epoche haben in Teilen der Gesellschaft zu veränderten Lebensstilen geführt. Unter anderem wuchs das Bedürfnis nach Selbstexploration und -reflexion, dem mit einer Vielzahl an gruppendynamischen Angeboten begegnet wurde. Diese wurden sowohl von erfahrenen und in unterschiedlicher Weise ausgebildeten Trainern angeleitet oder aber vollkommen frei in unterschiedlichsten Zirkeln organisiert.[11] Die von Lutz Schwäbisch und Martin Siems (1974) herausgegebene *Anleitung zum sozialen Lernen für Paare, Gruppen und Erzieher* wurde hunderttausendfach verbreitet und erschien 2003 in 29. Auflage.

Die Inflation der Selbsterfahrungsgruppen und gruppendynamischen Aktivitäten rief vielfältige Kritik hervor. Hierbei waren wenigstens drei Hauptlinien auszumachen:

- Gesellschaftspolitische Beiträge zur generellen Kritik von sozialpädagogischen Methoden.
- Grundlegende Kritik, die vor allem auf dem Einwand basierte, Gruppenpädagogik und andere gruppenbezogene Arbeitsformen kultivierten zu stark den *Gruppenprozess an sich,* ohne zu fragen, welche Inhalte und welche Unterstützungsleistungen konkret in den Gruppenprozessen vermittelt wurden.

---

11 Gruppendynamische Trainings wurden auch außerhalb professioneller Sozialarbeit und der ihr zuzurechnenden Aus- und Fortbildung von Kirchengemeinden, Volkshochschulen, Selbsthilfegruppen oder von freien Gruppen durchgeführt.

- Methodische Kritik an einzelnen Formen und Ansätzen der Gruppenarbeit. Eine der *Grundlinien* kritischer Auseinandersetzung bestand im Konflikt um die Rolle von Trainern oder Gruppenleitern – oftmals verbunden mit der Frage, ob Selbsterfahrung ohne erfahrene fachliche Begleitung nun emanzipatorisch oder eher verantwortungslos sei.

Giere (1981) kritisierte die Theorielosigkeit von Gruppendynamik und warnte vor der Gefahr, dass die TeilnehmerInnen Abhängigkeiten entwickeln:

> „Die Folgebereitschaft von Teilnehmern in gruppendynamischen Seminaren erweist sich bezogen auf die Verheißung eines guten und glücklichen Daseins als Bedingung der Möglichkeit autoritärer Herrschaft (der Trainer; d. Verf.). Das ‚Abfüttern' von Teilnehmern mit strukturierten Spielen hat seine Entsprechung im Showbusiness" (ebd.: 180).

Bachmann (1981: 7 ff.) warnte vor den falschen Versprechungen, vor der Illusion, seelisches Leiden könne mittels der Methode der Gruppendynamik geheilt werden.

Die Grenzen zwischen Therapie und Training begannen früh unscharf zu werden. In den USA wurde seit den 1950er Jahren in spezifischen Formen der T-Groups mit Konfrontationstechniken gearbeitet, deren Ziel die Extinktion unerwünschter Verhaltensweisen war (etwa Aggression oder Drogengebrauch). Diese gelangten mit zeitlicher Verzögerung seit den frühen 1970er Jahren in der Bundesrepublik zur Anwendung (Simon 2015) und nahmen auch in die neueren Formen der Sozialtherapie Eingang. So wurde im Rahmen der Ausbildung in Formen des *Modellunterstützenden Rollentrainings* (MURT) in den 1970er Jahren ebenso mit massiven Konfrontationstechniken gearbeitet wie innerhalb der meist stufenförmig strukturierten stationären Suchttherapien früherer Tage (Synanon, Teen Challenge), in handlungszentrierten *Encounter-Gruppen* (Schulz 1971), *Aggressionslaboratorien* (Bödiker/Lange 1975) oder in der – in der Grauzone zwischen Encounter, Selbsterfahrung und Therapie angesiedelten – *Marathon-Methode*[12] (Grummt/Schruth/Simon 2010: 122).

Seit den 1990er Jahren franst die Methodendebatte aus. Die Trias „Einzel(fall)hilfe – Gruppenarbeit – Gemeinwesenarbeit" wird als zu eng empfunden, dominiert nicht mehr den Diskurs. In Marianne Meinholds *Rahmenmodell des methodischen Handelns* werden Ebenen wie der Arbeitskontext, neue Arbeits-

---

12 Diese wurde so genannt, weil sich die TeilnehmerInnen in Selbsterfahrungsprozessen begegneten, die oftmals über mehrere Tage angelegt und in ihren extremen Ausformungen nur von kurzen Schlaf-, Ruhe- und Essenspausen unterbrochen waren.

prinzipien und Verfahren und Techniken eingeführt (Meinhold in: Heiner u. a. 1996: 186 ff.). Sozialräumliche Orientierung und Ressourcenarbeit sind die favorisierten Arbeitsprinzipien. Im *Methodenbuch Soziale Arbeit* (Michel-Schwartze 2007) stehen Empowerment, Hilfeplanung, Ressourcenorientierung, Konzeptentwicklung und Sozialraumanalyse als Steuerungsmodelle im Mittelpunkt. Die klassischen Methoden finden hier keine Erwähnung, scheinen sich in ihrer isolierten Form überlebt zu haben. Dabei ist festzustellen, dass die Einzel(fall)hilfe in ihrer weiterentwickelten Form des Case-Managements plötzlich wieder Aktualität besitzt, zumal dann, wenn sie um die Dimension des Empowerment erweitert wird (Stimmer 2000: 53). Und die einstmals als *politisch* und *disruptiv* geltende und somit vor allem Entscheidungsträgern *verdächtige* Gemeinwesenarbeit bekommt in Konzepten der Stadtteil- und Sozialraumorientierung neuen Aufwind. Auch wenn Kritiker sie als *funktional* und *entpolitisiert* bezeichnen. Einer vergleichbaren Modernisierung und Erweiterung ist die klassische zweite Methode Gruppenarbeit nicht unterzogen worden. Dessen ungeachtet hat sie in den letzten 25 Jahren zahlreiche Wiederentdeckungen und Modifikationen erfahren.

Ein Beispiel hierfür war die vieldiskutierte und oftmals kritisierte *akzeptierende Jugendarbeit* (ex. Krafeld 1992c), innerhalb derer in Gruppenbezügen mit rechtsorientierten und gewaltaffinen Jugendlichen gearbeitet wurde.

In Anknüpfung an längst überholte konfrontative Techniken wurden das *Anti-Aggressivitätstraining* und nachfolgend das *Coolness-Training* (AAT/CT) als tatkonfrontative Methode von Weidner und anderen in Maßnahmen der niedersächsischen Justiz zur Behandlung von Personen eingeführt, die durch Gewalthandlungen aufgefallen waren (Weidner/Kilb 2008). Mit ihnen korrespondiert das von Osborg (2004) dargestellte Konzept der *subversiven Verunsicherungspädagogik*, mittels derer durch Formen provozierend-konfrontativer Auseinandersetzung menschenfeindliche und gewaltbefürwortende Haltungen Jugendlicher aufgebrochen werden sollen. Das Programm basiert im Wesentlichen auf regelmäßigen, mehrstündigen Gruppensitzungen und flankierenden Einzelgesprächen (Kilb/Weidner 2003). Letztendlich handelt es sich bei diesen Programmen um eine Mischung aus *Patch Work* und *Bricolage*. In anderen Kontexten praktizierte methodische Versatzstücke wurden neu gemischt. Elemente früherer *Hardcore-Therapien* tauchen nun (wieder) im Kontext sozialpädagogischer Gruppenarbeit auf. Das geschah zu einem Zeitpunkt, an dem die meisten der – vor allem in der Suchttherapie angewendeten – auf *Konfrontation, Aufbrechen der süchtigen Persönlichkeit* und *Extinktion unerwünschter Verhaltensweisen* ausgerichteten therapeutischen Konzepte vor allem aus Gründen der Erfolglosigkeit wieder aufgegeben worden waren (Simon 2015).

Unverändert sind die offene und die verbandliche Jugendarbeit zentrale Orte für das soziale Lernen von Kindern und Jugendlichen, an denen sehr unterschiedliche, sich manchmal auch rasch wandelnde Formen Sozialer Gruppenarbeit entwickelt und umgesetzt werden.

Auch in der Sucht-, Behinderten-, Straffälligen- und Altenhilfe schwingt das *Prinzip Gruppenarbeit* – häufig eingebettet in mehrteilige Konzepte und Methoden – unverändert mit. Gleiches gilt für zahlreiche Formen der Supervision, Praxisberatung, des Coachings und der Teamarbeit (Edding/Schattenhofer 2015). In der Jugendsozialarbeit – und hier speziell auch in der Schulsozialarbeit – sowie im therapeutischen Kontext sind gruppenbezogene Handlungskonzepte ebenfalls ein fester und wichtiger Bestandteil geworden.

Gedanken zur Praxis

In diesem Kapitel wurde verdeutlicht, dass es keine lineare Entwicklung von Theorie und Praxis Sozialer Gruppenarbeit bzw. der Gruppenpädagogik gegeben hat. Sie speist sich aus den Ergebnissen einer traditionsreichen Kleingruppenforschung und den Versuchen, diese, z. T. in Verbindung mit weitergehenden theoretischen Überlegungen, in eine Praxis münden zu lassen, die oftmals durch gravierende soziale und historische Ereignisse geprägt oder gar notwendig geworden war.

In einigen der vorstehenden Exkurse wurde auf die Praxis der Gruppenarbeit von Pionieren der Sozial- und Jugendarbeit eingegangen.

Versuchen Sie, sich diese oftmals jenseits wissenschaftlicher Erkenntnisse entwickelte Praxis nochmals zu vergegenwärtigen und gehen Sie der Frage nach, inwieweit Elemente dieser überlieferten Ansätze für eine heutige Praxis von Bedeutung sein könnten.

2.6 Zum Abschluss des Kapitels

Übungsfragen

- Welche Bedeutung hatte die Kleingruppenforschung für die Entwicklung der Sozialen Gruppenarbeit?
- Weshalb nennt man die Anfänge der pädagogischen Arbeit mit Gruppen nach 1945 *vorprofessionelle Gruppenarbeit?*
- Welche gesellschaftlichen Entwicklungen lösten den *Gruppenboom* der späten 1960er und der frühen 1970er Jahre aus?
- Was sind die Leitlinien einer Kritik an gruppendynamischen Trainings und Laboratorien?

Zum Weiterlesen

Langemaak, B./Braune-Krickau, M.: Wie die Gruppe laufen lernt, 8. Aufl. Weinheim 2010.
Müller, C. W.: Gruppenpädagogik. Auswahl aus Schriften und Dokumenten, Weinheim 1970.

Kapitel 3
Die Gruppe als Ort intensivierter Wechselwirkung

Gruppen als solche sowie Methoden und Konzepte für die Arbeit mit diesen gehören trotz des aktuell nicht sehr hohen Stellenwerts von Gruppenforschung sowie der eher unsystematisch gewordenen Weiterentwicklung der Gruppenpädagogik zu den dominanten Arbeitsbezügen sozialer Arbeit. Die Gruppe kann Bezugssystem, Ort sozialer Lernprozesse, Arena von Handlungen, Findungsprozessen und Konflikten sein. Sie kann sowohl Sicherheit vermitteln als auch manipulative, abhängig machende Einflüsse auf ihre Mitglieder ausüben.

In diesem Kapitel wird zunächst eine weitere Annäherung an den Gruppenbegriff vorgenommen. Über die nachfolgende Einführung bewährter Gruppenmodelle erschließen sich weitere Gruppentheorien. Gruppen werden als verschiedenartig funktionierende Orte von Wechselwirkungen der ihr zugehörigen Individuen identifiziert. Schließlich führt die Auseinandersetzung über die Wechselbeziehung von Individuen, Gruppen und ihrer jeweiligen Umwelt nochmals zu den grundlegenden feldtheoretischen Konzeptionen Kurt Lewins und nachfolgender, bis heute gültiger Überlegungen.

3.1 Die Gruppe als soziales System

Von einer sozialen Gruppe wird gesprochen, wenn sich die Lebens- und Erlebenslinien mehrerer Individuen mehr oder weniger fest und dauerhaft miteinander verknoten. Diese bereits eingangs aufgegriffene anschauliche Betrachtung Hofstätters (1990: 7) sagt noch nichts über charakteristische Eigenschaften der jeweiligen Gruppe aus. Diese sollen nachfolgend einer Betrachtung unterzogen werden, die Verweise zu den wichtigsten Theorien herstellt. Wichtig für die Art der *Charakterisierung* der Gruppenform und der Gruppenbildung sind folgende Dimensionen:

- die direkte Interaktion zwischen Gruppenmitgliedern (Face to Face);
- physische Nähe;
- die Mitglieder nehmen sich als Gruppe wahr (Wir-Gefühl, Wahrnehmung einer Gestalt);
- es kommt zur Herausbildung gemeinsamer Ziele, Werte und Normen;

- in anhaltenden Gruppenprozessen kommt es zu Rollendifferenzierung und Statusverteilung;
- Handeln und Verhalten der Individuen wird durch andere Gruppenmitglieder beeinflusst;
- ein relativ langfristiges Überdauern des Zusammenseins ist Kennzeichen vieler, aber nicht aller Gruppen, es befördert die zuvor genannten Prozesse.

Zwei weitere Unterscheidungsmerkmale gehören heute zum Alltagswissen:

1. Die Unterscheidung zwischen *Primär-* und *Sekundärgruppen.* Primärgruppen sind jene, in denen das Individuum von klein auf sozialisierende soziale Beziehungen entwickelt. Dies sind z. B. die Familie oder Gruppen von Altersgleichen. Sekundärgruppen sind entweder gesellschaftlich geschaffene, wie etwa die Schulklasse oder eine Sportmannschaft oder auch beliebige, zufällig entstandene Gruppen. Gemeinsames Kennzeichen ist, dass diese Gruppen ein anlassbegründetes Eigenleben entwickeln und dabei das in Primärgruppen Erlernte verwenden, weiter- oder abwandeln.
2. Des Weiteren wird unterschieden zwischen *formellen* und *informellen Gruppen* (ex.: Staehle 1999). Formelle Gruppen verfügen häufig über systemzentrierte formale Strukturen und für alle Gruppenmitglieder verbindliche gemeinsame Ziele, die oftmals von außen vorgegeben sind (z. B. Aufgabenstellung für eine Arbeitsgruppe). In der Regel sind es rational organisierte, bewusst geplante und eingesetzte Gruppen, die meist in einem Organisationsplan vorgesehen sind. Sie orientieren sich eher im Leistungsbereich. Personen sind durch gleich leistungsfähige ersetzbar. Ihre Abgrenzung nach außen ist scharf umrissen. Dagegen sind informelle Gruppen eher personenzentriert und emotionsbetont. Ihre Abgrenzung nach außen ist weniger scharf. Allerdings sind die Gruppenmitglieder aufgrund der emotionalen Bindungen (z. B. in einer Clique) nicht beliebig austauschbar. Beispiele für informelle Gruppen sind:
    - Interessensgruppen (Kollegen mit gemeinsamen Interessenslagen innerhalb einer Organisation),
    - Freundschaftsgruppen (innerhalb und außerhalb von Organisationen).

Informelle Gruppen existieren somit neben und innerhalb formeller Gruppen. Sie entwickeln in der Regel spontane, ungeplante, manchmal länger anhaltende Kontakte.

Gruppen sind meist keine amorphen Gebilde, sondern weisen Strukturen auf. Diese können offensichtlich oder verdeckt sein. Mann (1972: 53) sieht in dem Begriff *Gruppenstruktur* „die Bezeichnung für ein relativ stabiles Beziehungsmuster zwischen den Gruppenmitgliedern".

Diese sehr allgemeine gehaltene Definition sagt noch nichts über die Merkmale der jeweiligen Struktur aus. Der in Cambridge und in Australien lehrende Sozialpsychologe Leon Mann hat unter Würdigung der vielfältigen Ergebnisse der Kleingruppenforschung die für die Funktionen von Gruppen *wichtigsten Strukturelemente* herausgearbeitet (ebd.: 54 ff.):

- Die aus der Würdigung von Beliebtheit und Unbeliebtheit ableitbaren Gruppenbeziehungen bezeichnet er als *soziometrische Struktur* und verweist zugleich auf Darstellungsprinzipien der Soziometrie, mittels derer die Beziehungen der Gruppenmitglieder zueinander zumindest vereinfacht abgebildet werden können.
- Die *Machtstruktur* spiegelt die Verteilung der Autorität und des Einflusses innerhalb einer Gruppe wider. Gelingt es einer Person, die Mittel der Bedürfnisbefriedigung eines anderen zu kontrollieren, so besitzt sie Macht über ihn (ebd.: 55).
- Die *Kommunikationsstruktur* beschreibt die Muster der Kommunikation zwischen den Gruppenmitgliedern.
- Werden die Muster der Aufgaben- und Verantwortungsübernahme innerhalb einer Gruppe betrachtet, so ist es möglich, deren *Rollenstruktur* zu erfassen. Auf die Funktion und die Bedeutung der Rollen wird nachfolgend noch vertiefend eingegangen.

Im Rahmen der Gruppenforschung wurde nachgewiesen, dass sich in den meisten formellen Gruppen und Organisationen auch informelle Gruppenbildungen vollziehen. Diese wurden lange Zeit als störend für das gute Funktionieren der formellen Gruppen betrachtet.

Den möglichen negativen Einflüssen (Gerüchte, Isolierung einzelner Mitarbeiter bis zum Mobbing, unproduktiver Umgang mit der Ressource Zeit) stehen allerdings auch positive Funktionen informeller Gruppenbildungen gegenüber:

- Mitarbeiter schließen durch informelle Gruppen Lücken, die in jeder Organisation unvermeidlich auftreten.
- Schnelle unbürokratische Kommunikation ist möglich.
- Es kommt zur Befriedigung von sozialen, kommunikativen Bedürfnissen, die wiederum die Arbeitszufriedenheit und damit die Leistungsfähigkeit der Gruppenmitglieder erhöhen.
- Es stellt sich ein besseres Verständnis für die Probleme der Kollegen ein.

Formelle und informelle Gruppen lassen sich aber noch weiter differenzieren. Beispiele für weitere formelle Gruppen sind:

- *Command Groups:* hierarchisch aufgebaute Kleingruppen in Organisationen.
- *Task Groups:* Zusammenfassung von Mitarbeitern, die, oftmals für einen begrenzten Zeitraum, mit einer gemeinsamen Aufgabe betraut sind.
- *Formelle Gruppen im außerberuflichen Bereich* (Vereine, Verbände, Parteigliederungen, Mietervereinigungen usw.).

Eine Besonderheit unter den formellen Gruppen stellt das *Team* dar. Es handelt sich um eine relativ kleine funktionierende Arbeitsgruppe, die über eine klar umrissene, gemeinsame Zielsetzung verfügt. In ihr haben sich relativ intensive wechselseitige Beziehungen entwickelt. Die Tätigkeit dieser Gruppe ist von einer spezifischen Arbeitsform gekennzeichnet: dem Teamwork. Ferner herrschen ein ausgeprägter Gemeinschaftsgeist (Teamspirit) und eine relativ starke Gruppenkohäsion.

Die Strukturierung von Gruppen wird im erheblichen Maße von den selbstgewählten oder vorgegebenen Zielsetzungen beeinflusst. Die Heterogenität von *Zielen* der Gruppen übersteigt quantitativ die Vielfältigkeit von Gruppenbildungen, da der Zweck der einzelnen Gruppen auf mehrere Ziele ausgerichtet sein kann.

Betrachtet man die Vielfalt der in der Sozialen Arbeit angesiedelten Gruppenarbeit, so können die Ziele je nach Selbstverständnis umfassen:

- auf Spiel, Sport, Bewegung und die Freizeitgestaltung ausgerichtete Betätigung,
- die Einflussnahme auf konkrete Verhaltensäußerungen bis hin zur Verhaltensmodifikation,
- die Bearbeitung des Wertesystems,
- Entwicklungsförderung,
- Risikominimierung,
- die Vermittlung von Wissen,
- die Befähigung zur Selbsthilfe in Verbindung mit der Aktivierung eigener Ressourcen.

Die Zielsetzung der Gruppe ist eine unabhängige Variable, die maßgeblich auf den Verlauf der Gruppenarbeit Einfluss nimmt. Stehen die Gruppenmitglieder der Zielsetzung negativ gegenüber, erleben diese die Gruppenarbeit vorwiegend konfliktbeladen. Sie kann scheitern, die Gruppe kann auseinanderfallen. Bei den Zielen wird zwischen Nah- und Fernzielen unterschieden. Im Gruppenprozess kann über die in Zwischenschritten mögliche Erreichung einer Kette von Nahzielen das Erreichen des anvisierten Fernziels möglich werden (siehe Schmidt-Grunert 2009: 91).

Halten Gruppenprozesse länger an, so entwickeln Gruppen mit der Zeit ein *Wir-Gefühl.* Es kann sich ein System gemeinsamer Werte und Normen herausbilden, das zur Grundlage weiterer Kommunikations- und Interaktionsprozesse wird (König/Schattenhofer 2016: 15). Wenn Gruppenmitglieder häufig und lang anhaltend miteinander interagieren, erhält ein Geflecht aufeinander bezogener sozialer Rollen deutlichere Konturierungen.

In Gruppen, aber auch in anderen sozialen Organisationen, kann zwischen *Stellen, Positionen* und *Rollen* differenziert werden. Positionen bezeichnen Orte in Bezugsfeldern. Sie geben keinen Aufschluss über den Charakter einer Persönlichkeit. Dagegen verdeutlichen Rollen die Art der existierenden sozialen Beziehungen. Horizontale und vertikale Differenzierungen sozialer Systeme ergeben Stellen. Diese sind im Prinzip erst einmal unabhängig vom Stelleninhaber. Ist der Stelle innerhalb einer Organisation ein bestimmter Platz zugewiesen, spricht man von Position.

Jeder Position ist wiederum ein bestimmter *Status* zugewiesen. Dieser ist zusätzlich von jenen Faktoren beeinflusst, die vom Rolleninhaber eingebracht werden. Man unterscheidet zwischen dem *sozialen Status* als dem Ergebnis von Bewertungsprozessen innerhalb und außerhalb von Organisationen und dem *organisatorischen Status*, der sich aus der Funktion eines Individuums innerhalb der Organisation ableitet und maßgeblich vom Können und den Fähigkeiten der Person abhängig ist.

Gedanken zur Praxis

Traditionell sind Statussymbole in allen Gesellschaften von besonderer Bedeutung. Es existieren solche, die nur in den jeweiligen Gruppen Gültigkeit besitzen. Nach Art der Gruppe können sich Statussymbole somit deutlich unterscheiden. Allerdings gibt es Statussymbole, die in mehreren gesellschaftlichen Gruppen und Subsystemen Anerkennungen finden.

Benennen Sie Dinge, die lediglich in sehr spezifischen Gruppen als Statussymbol fungieren, und denken Sie darüber nach, welche Statussymbole in unserer Zeit eine über einzelne Gruppen hinausgehende Bedeutung erlangt haben.

Während der Status das mehr oder weniger stabil überdauernde Ansehen einer Position beschreibt, wird mit der *Rolle* das Verhalten des Positionsinhabers beschrieben. Eine frühe, bis heute gültige Definition hat Renate Mayntz (1963) vorgelegt:

> „Rollen stellen das Insgesamt der Verhaltenserwartungen dar, welche die Organisation und ihre Mitglieder gegenüber dem Inhaber einer bestimmten Position in der Organisation hegen.“

In Organisationen und in der Gesellschaft als Ganzem gibt es eine Vielzahl an Prozessen der *Rollenzuweisung*. Die konzeptionellen Überlegungen beruhen auf vier Elementen:

1. *Rollenerwartungen* werden von Gruppen, weitergehenden sozialen Umgebungen oder von der Gesellschaft an Individuen herangetragen, die im Begriff sind, sich in einer spezifischen Weise zu positionieren. Gelegentlich sind Individuen auch mit der Erwartung eines spezifischen Rollenverhaltens konfrontiert, ohne dass sie sich in einer hierfür charakterisierenden Weise verhalten haben.
2. Botschaften an den Rollenempfänger mit dem Ziel der Beeinflussung können somit *gesendete Rollen* oder Rollenmuster sein.
3. Greift der Empfänger diese Botschaften auf, handelt es sich um eine *empfangene Rolle.*
4. Die Reaktionen des Rollenempfängers auf die erhaltenen Informationen und deren Wahrnehmung in Form von Verhaltensanpassung, Rollenmodifikation oder auch Widerstand führen zu einem spezifischen *Rollenverhalten.*

In modernen, differenzierten Gesellschaften lebt eine Person mehrere, manchmal sogar eine Vielzahl von Rollen aus, die an die Rollenträger unterschiedliche Anforderungen stellen und zum Teil in Konkurrenz zueinander stehen.

Im Zusammenhang der Betrachtung von Gruppen- und Rollenverhalten war die *Rollentheorie* einer der wichtigen Einflussgeber der Sozialpsychologie, um menschliches Handeln in seiner Einbettung in sozialen Systemen zu begreifen (Witte 1994: 31). Ausgangspunkt war die Annahme, dass jedes Individuum in spezifischen Situationen eine für diese charakteristische Rolle einnimmt. Mit der Übernahme dieser Rolle gehen unterschiedliche Erwartungen einher. Diese können unterschiedlich klar umrissen sein. Dahrendorf (1964) – gelegentlich nennt man ihn den *Klassiker* der deutschen Rollentheorie – geht in diesem Zusammenhang davon aus, dass die eigenen Erwartungen des Individuums keine relevante Determinante der jeweiligen Rolle darstellen. Er betrachtet soziale Rollen als quasi objektiv gegeben, somit vom einzelnen prinzipiell unabhängig. Die Erwartungen haben für den Träger demnach ein hohes Maß an Verbindlichkeit. Daran muss angemerkt werden, dass in einer liberalen Moderne gesellschaftlicher Zwang und Konventionen weitaus weniger Wirkung entfalten, als etwa in den 1960er Jahren oder in heute noch existierenden autoritären Gesellschaften. Dennoch, auch heute existieren Muss-, Soll- und Kann-Erwartungen, vergleichbar etwa mit der Kette Gesetz – Sitte – Gewohnheit, in der der Grad der Verpflichtung und die Möglichkeiten eventueller Sanktionierung deutlich abnehmen.

Frey (1974) hat unter Bezugnahme auf die Rollentheorie die Sozialisationsleistung von Gruppen näher betrachtet. In dem von ihm entwickelten Modell (ebd.: 77) berücksichtigt er zum einen Umgebungsvariablen und situative Einflüsse, die auf die Gruppe wirken. In dieser selbst wirken die Macht der *Sozialisationsagenten,* also der Gruppenmitglieder, die im Sinne der Norm- oder Verhaltensvermittlung maßgeblichen Einfluss besitzen, und die Rollenerwartung als solche. Der Rollenträger nimmt seinerseits eine Selbstdeutung der Rolle vor und setzt diese in Beziehung sowohl zu seinem eigenen Selbstbild als auch zu den genannten einflussnehmenden Faktoren. Je nach Wertigkeit der einzelnen Dimensionen kommt es zu einer stärkeren oder weniger starken Anpassung.

3.2 Gruppenmodelle

Jede Gruppe ist ein dynamisches Gebilde. In ihnen vollziehen sich eine Fülle von dynamischen Abläufen und Zustandsänderungen. Die Frage, wie Personen in Gruppen miteinander interagieren, ist nicht unabhängig von der jeweils zugrundeliegenden Gruppentheorie zu beantworten.

Aus den vielfältigen theoretischen Überlegungen zum Wesen von Gruppen hat Mills (1971) sechs Grundmodelle abgeleitet, die nachfolgend skizziert werden.

Das mechanische Modell

Dem mechanischen Modell liegt ein Verständnis von Gruppen zugrunde, wonach diese von einem stetigen Spiel von Kräften geprägt sind (ebd.: 23). In Anlehnung an die Physik und die Mechanik wird die Gruppe als ein Interaktionsfeld gesehen, in dem sich Handlungen nach festgelegten und logischen Regeln vollziehen.

Bekannteste Strömung innerhalb der als *mechanisch* oder *mechanistisch* zu bezeichnenden Gruppenmodelle ist die Interaktionsanalyse von Robert Bales. Dieser hat ein Klassifikationsschema entwickelt, um verhaltensunabhängige Variablen von Gruppenprozessen zu erfassen. Um das Prinzip der Prozess- bzw. der Interaktionsanalyse zu verdeutlichen, unterwarf der Forscher künstlich gebildete Gruppen, die sich in derselben Zusammensetzung über einen längeren Zeitraum trafen, einer systematischen Protokollierung und Auswertung der sich in ihnen vollziehenden Prozesse (Bales 1950). Beobachtungen, die signifikant von Zufallsverteilungen abwichen, wurden zur Grundlage der Bildung einer Theorie über Gruppenprozesse. Daraus leitete er das nach ihm benannte *Divergenztheorem* ab. Ausgehend von einem zwölfstufigen Kategoriensystem untersuchte er mehrere hundert Gruppensituationen, die sich in stets gleicher Zusammensetzung über vier Sitzungen erstreckten. Anhand des empirisch gewonnenen Materials kam er zu dem Ergebnis, dass in einer Gruppe zwei unterschiedliche Hierarchien existieren, eine nach *Beliebtheit* und eine weitere nach *Tüchtigkeit* (ebd.). Gruppen vollbringen offensichtlich die Doppelleistung, sich nach außen hin im Hinblick auf die ihnen gestellte Aufgabe nach einer Art *Tüchtigkeits-Hierarchie* zu organisieren. Nach innen wird hingegen eine andere, nach Gesichtspunkten der Sympathie angelegte Beziehungsstruktur entwickelt.

Das Organismusmodell

Beim Organismusmodell handelt es sich um ein Gruppenmodell, das aus Analogien zu biologischen Prozessen abgeleitet wird (Mills 1971: 26 f.). Wie bei einem lebenden Organismus besteht der Gruppenzweck – neben dem formulierten oder stillschweigend von den Mitgliedern akzeptierten sonstigen Gruppenzweck – in der Selbsterhaltung. Die Gruppe ist mehr als die Summe oder das Produkt ihrer Teile. Es geht um das Gruppenganze, die Rede handelt häufig vom Formen, Wachsen und Reifen. Die Betonung liegt auf den überindividuellen Aspekten. Die Gruppe kann somit als Handlungseinheit betrachtet werden, die sich aus folgenden Komponenten formt:

- den Persönlichkeitsmerkmalen der einzelnen Mitglieder,
- der Gruppenstruktur,
- dem nach außen gerichteten Gruppenverhalten,
- dem nach innen gezeigten Gruppenverhalten.

Als wichtigster Vertreter des Organismusmodells ist Jakob Moreno (1889–1974) zu nennen, der in Gruppensituationen hilfreiche Möglichkeiten für die individuelle Persönlichkeitsentwicklung erkannte. Mittels der beiden Techniken *Psycho-* und *Soziodrama*, die Moreno als die Fundamente fördernder Gruppenbewegungen betrachtet, hat er maßgeblich zur Einführung von Gruppenmethoden in die Therapie und Pädagogik beigetragen.

Das *Psychodrama* ist eine darstellende interaktive Praxis, in der sachliche Informationen und tiefer liegende Konfliktpotenziale in unterschiedlich langen Fragmenten szenischen Anspielens erschlossen und sichtbar gemacht werden können. Sie kann als Fortführung des *Stegreiftheaters* gesehen werden. Moreno (1959: 77) bezeichnet sie als die Methode, *welche die Wahrheit der Seele durch Handeln ergründet.*

In einer Art Rollenspiel stellen die TeilnehmerInnen die sie belastenden Probleme und Situationen agierend dar. Typischerweise verläuft das Psychodrama in drei Schritten. Einer Erwärmungsphase folgt die eigentliche Spielphase. Die Abschlussphase soll für die abschließende Auswertung sensibilisieren. Durch häufiges Durchspielen, Rollenwechsel, Rollendoppelung und anschließende Reflexion sollen Konflikte aufgedeckt, ihre Bedingungen erkannt und entsprechende Bewältigungsmöglichkeiten gefunden werden (Küchler 1979: 57).

Das *Soziodrama* ist eine spezifische Form psychodramatischen Arbeitens. Ziel ist dabei nicht die Bearbeitung individueller Problemlagen, sondern die Sichtbarmachung sozialer Zusammenhänge und der in sozialen Systemen auftretenden Prozesse, auch ihrer Störungen und Konflikte (ausf.: Hutter/Schwehm 2009). Somit stehen weniger die Konflikte des Einzelnen, sondern die von Gruppen und anderen sozialen Organisationen im Vordergrund. Auch der Einfluss sozialer Umgebungen und der Gesellschaft als Ganzes kann in soziodramatischen Trainings Berücksichtigung finden. Die Techniken ähneln denen des Psychodramas.

Das Konfliktmodell

Verschiedene Erklärungsansätze für Gruppenprozesse werden von Mills (1971: 27) unter dem Begriff *Konfliktmodell* zusammengefasst. Der Grundgedanke ist der, dass die Gruppe eine Art Arena sei, in der sich ein Kontinuum von Konflikten abspielt. Gruppenerfahrung sei letztendlich auch die Erfahrung, die aus verschiedenartigen Konflikten gewonnen werden kann.

Hierbei kann es sich um unterschiedliche Konfliktebenen handeln:

- Konflikte um Status oder Macht.
- Konflikte um die Zielorientierung der Gruppe: Um arbeitsfähig zu sein – so die Annahme – muss der individuelle Freiraum des Einzelnen zugunsten der Handlungsfähigkeit eingeschränkt werden. Bis zur Herstellung der vollen Handlungsfähigkeit vollziehen sich verschiedenartige Kämpfe und Auseinandersetzungen innerhalb der Gruppe.

Ein wichtiges konfliktorientiertes Erklärungsmodell ist der Ansatz von Wilfried Bion, den dieser allerdings weniger für die allgemeine Darstellung von Gruppenprozessen, sondern für die Erklärung der Dynamik in regredierenden Gruppen entwickelt hat. Bion (1971) erkennt in den entsprechenden Prozessen drei häufiger auftretende Reaktionsschemata:

1. *Entwicklung von Abhängigkeit:* In der ersten, noch unsicheren Phase der Gruppenbildung orientieren sich die Mitglieder vorwiegend am Leiter und suchen in seiner Person oder in den Ideen, die dieser für sie repräsentiert, die Sicherheit, welche die Gruppe als Ganzes in diesem Stadium noch nicht vermitteln kann.

   Entspricht der Leiter nicht den Erwartungen, die an ihn herangetragen werden, wie dies in verschiedenen Formen der gruppendynamischen Laboratorien (etwa im Sensitivity Training, in Encounter-Gruppen oder im Human Relations Training) der Fall sein kann, so bestehen nach Bion (ebd.) zwei Möglichkeiten:

- der *versagende* Leiter wird angegriffen, aus der enttäuschten Erwartung erwachsen Wut, Aggression, Rebellion;
- ein anderes Gruppenmitglied übernimmt die bis dahin nicht gelebte Leitungsfunktion.

2. *Kampf und Flucht:* Bion geht davon aus, dass sich jede Gruppe entweder offen oder verdeckt mit Fragen von Macht, Einfluss, Wettbewerb und Führung beschäftigt. Er prognostiziert für den Verlauf der Gruppenentwicklung eine spontane Angriffsbewegung, die häufig rational unverständlich ist und vielfach in keinem Verhältnis zur tatsächlichen Bedrohlichkeit der jeweiligen Gruppensituation steht. Diese Aggression kann sich gegen verschiedene Elemente des Gruppengeschehens richten:
   - den Leiter,
   - einzelne Gruppenmitglieder,
   - das Thema,
   - die Aufgabe,
   - die Gruppenstruktur,
   - Gruppenziele.
3. *Paarbildung:* Nach einer konstruktiven Bearbeitung der anfänglichen Abhängigkeit sowie der späteren Kämpfe und Konflikte können im weiteren Verlauf *harmonische Gefühlsqualitäten* das Gruppengeschehen bestimmen (ebd.). Interesse und Zuwendung nehmen zu. In der Gruppe – vor allem in stärker reflektierten und sensibilisierten Trainingsgruppen – ist auch verstärkt die Tendenz zu gleichrangigen Paarbildungen zu beobachten.

Das Gleichgewichtsmodell

Der Ausgangspunkt des Gleichgewichtsmodells liegt in der Sicht der Gruppe als ein System, das bestrebt ist, nach Möglichkeit in einem inneren Gleichgewicht zu stehen (Mills 1971: 29). Jeder Störung von innen oder außen wird durch entgegengesetzte Kräfte begegnet, um das System wieder in den Zustand zu versetzen, in dem es sich vor dem Auftritt der Störung befand.

Als bedeutende Variante eines Gleichgewichtsmodells gilt die von Ruth Cohn (1975) entwickelte Themenzentrierte Interaktionelle Methode (TZI) (→ 8.1).

Das strukturell-funktionale Gruppenmodell

Dieses Gruppenmodell basiert auf der Übertragung der strukturell-funktionalen Theorie von Parsons auf Gruppenzusammenhänge. Die in den 1930er und 1940er Jahren von Parsons und Merton entwickelte Theorie (auf Deutsch erstmals: Parsons 1976) dient dazu, komplexe Zusammenhänge der Gesamtgesellschaft als das Zusammenspiel von Handlungen und Kräften in den unterschiedlichen Teilsystemen zu erfassen. Das daraus abgeleitete Gruppenmodell (Mills 1971: 31) ist dem Gleichgewichtsmodell verwandt, da es die Gruppe als ein sich selbst regulierendes System wechselseitig aufeinander bezogener Handlungen begreift.

Zentrale Aufgabe von Gruppen ist demnach, die Gefahr eines drohenden Funktionsverlustes zu erkennen und ihre Aktivitäten den wechselnden Anforderungen anzupassen. Dabei hat jede Gruppe *vier Grundprobleme* zu lösen:

- *Anpassung:* Eine Gruppe – so die auf dem strukturell-funktionalen Modell basierende Deutung – würde mit der Zeit zerfallen, wenn sie nicht in der Lage ist, sich den ständig wechselnden Bedingungen ihrer Umgebung anzupassen. Wo der Umweltbezug gestört wird, reduzieren sich die Möglichkeiten der sozialen Kooperation und der schöpferischen Funktionsübernahme.
- *Zielverwirklichung:* Eine Gruppe, die ihre Zielverwirklichung aus den Augen verliert, wird in ihrem Bestand gefährdet sein.
- *Integration:* Gruppeninterne Gegensätze müssen ausgeglichen oder zumindest reduziert werden, um den Erhalt der Gruppe erreichen zu können.
- *Strukturerhaltung:* Jede Gruppe ist bestrebt, solche Verhaltensmuster beizubehalten, die sich in der Vergangenheit als zweckmäßig erwiesen haben. Gerade angesichts widersprüchlicher Außenerfahrungen suchen die Mitglieder in ihren Gruppen Stabilität, Rückhalt, Bindung und Nähe.

Das kybernetische Wachstumsmodell

In Orientierung an diesem Modell wird jede Gruppe als ein sich selbstregulierendes System, als *Regelkreis* verstanden, in dem Informationen verschiedener Art aufgenommen, übertragen und verarbeitet werden (Mills 1971: 34). Die Ausgangslage für dieses Modell ist das Instrumentarium der Kybernetik, die Idee von der technischen Selbstregulierung in mechanischen Systemen. Mit der Anwendung kybernetischen Denkens auf die Erklärung des Gruppengeschehens wird darauf abgehoben,

- dass die Gruppe die sie betreffenden Prozesse steuern kann
- und somit zur Selbstregulierung fähig ist.

Der zentrale Begriff der kybernetischen Terminologie ist *Rückkoppelung.* Diese weist auf die Möglichkeit der Selbstkorrektur vorhandener Regelkreise hin und wird in den Sozialwissenschaften sowie in der pädagogisch-therapeutischen Praxis als *Feedback* bezeichnet.

Ein Feedback in einem Gruppenprozess stellt keine inhaltliche Eingabe dar. Es ist vielmehr ein Teilaspekt der sich in der Gruppe vollziehenden Metakommunikation, indem es sichtbar und hörbar macht, wie eine Person A eine Person B oder auch andere Gruppenzugehörige erlebt. Aus der Sicht der Vertreter des kybernetischen Wachstumsmodells hat das Feedback in dreierlei Hinsicht Wirkungen auf die Gruppe:

1. als *Selbstkontrolle* im Sinne einer Rückkopplung zur Kurskorrektur,
2. als *Selbstausgleich,* etwa in Form notwendiger Änderungen an der Gruppenstruktur, was häufig mit Aspekten von Macht und Ohnmacht im Zusammenhang steht,
3. als *Selbstbeobachtung,* etwa in Form einer Rückmeldung, die der Gruppe zu einer veränderten Selbstwahrnehmung und damit zu einer Neuorientierung verhelfen kann.

3.3 Die Wechselbeziehungen zwischen Person und Umwelt als Ausgangspunkt für Gruppenbildungen und Gruppenprozesse

Die Dimension *Zugehörigkeit* ist zentral für die Gruppenbildung (König/Schattenhofer 2016: 37). Sie zieht auf doppelte Weise eine Grenze zwischen *drinnen* und *draußen.* Zum einen werden innerhalb sozialer Interaktionen Klärungen darüber vorgenommen, wer jetzt oder künftig zugehörig ist oder ausgeschlossen bleibt. Zum anderen sind Individuen und Gruppen in sozialen Umgebungen verortet. Lernprozesse in Gruppen werden durch externe, sozial-ökologische Gegebenheiten maßgeblich beeinflusst. Bereits Erwähnung fand der Umstand, dass eine wichtige Voraussetzung für die Bildung und Stabilisierung von *Wir-Gruppen* das Bestehen von *Die-Gruppen* ist, von denen konturierende, Gruppennormen stärkende Abgrenzung möglich ist (ex. Hofstätter 1990: 125 ff.). Es besteht somit fachlicher Anlass, der Frage nachzugehen, wie z. B. ein Lernprozess in der Gruppe durch externe, somit *sozialökologische* Einflussgrößen gesteuert wird.

Die Erforschung der Person-Umwelt- bzw. der Gruppen-Umwelt-Beziehung hat in der Sozialpsychologie eine lange Tradition. Bereits Jakob von Uexküll (1933) definierte die Umwelt als eine geschlossene Einheit *der Merk- und Wirkwelt in ihrer Bedeutung für das Subjekt.*

Der Umweltbegriff ist schillernd und vielfältig. Dies gilt auch für dessen Reduktion auf seine innerhalb sozialer Prozesse relevanten Bedeutungen. Bahrdt (1974: 16) bezeichnet Umwelt als *objektivierbares Nicht-Ich:*

> „Räumliche und soziale Umwelt sind nur unter einem begrenzten analytischen Aspekt zweierlei. Eine konkrete Umwelt besteht immer aus räumlichen Elementen mit sozialer Bedeutung und sozialen Elementen, die sich räumlich strukturieren“.

Die Umwelten, die Bahrdt sieht, sind immer zugleich räumlich und sozial. Dies kann man an Beispielen wie einer Stadt- oder Dorfgemeinde oder eines Familienhaushalts leicht erkennen. In diesem Umweltbegriff ist bereits ein interaktionistischer Ansatz enthalten. Umwelt konstituiert sich nicht über abstrakte Definitionsprozesse, sondern über tätiges, praktisches Aneignen. Umgekehrt wird deutlich, dass individuelles und Gruppenverhalten nicht unvermittelt durch ein komplexes Bündel von Umweltfaktoren determiniert wird. Individuen und Gruppen werden nicht als passives Produkt ihrer Umwelt gesehen, sondern als Wesen, die diese aktiv mitgestalten. Über den Mitgestaltungsprozess werden die Akteure ihrerseits erneut von den Gegebenheiten der Umwelt beeinflusst und mitgeprägt, die aus der Resonanz auf ihr Sein und Tätigwerden resultieren.

Ein für die Soziale Arbeit gut geeigneter Bezugsrahmen ist der Umweltbegriff, den Urie Bronfenbrenner (1976) für die Sozialisationsforschung entwickelt hat. Bei der Erfassung und Beschreibung von Umweltfaktoren – etwa solchen, die für eine Jugendclique bedeutsam sind – kann man folgende Ebenen unterscheiden:

1. Die *unmittelbare Umgebung*, in der sich die Jugendlichen befinden. Zu unterscheiden sind hier soziale, räumliche und stoffliche Gegebenheiten.
2. Die handelnden *Personen* und die von ihnen eingenommenen bzw. ihnen zugewiesenen *Rollen* und *Beziehungen* sowie die *Tätigkeiten*, die von ihnen ausgeübt werden. Eingeschlossen sind darin auch die *sozialen Bedeutungen* dieser Tätigkeiten. Diese sozialen Handlungsdimensionen können zwei unterschiedlichen Systemen zu gewiesen werden: zum einen den *sozialen Netzwerken*, d. h. den informellen Strukturen eines Sozialraums, zum anderen *Institutionen*, die in der sozialen Umgebung der Clique tätig und anwesend sind.
3. Die alltäglichen Umgebungen sind in ein *ideologisches System* eingeschlossen, das die sozialen Netzwerke, Institutionen, Rollen und Tätigkeiten mit Bedeutungen und Motiven ausstattet. Der beispielhaft erwähnten Jugendclique weist dieses ihren Platz und Stellenwert in dieser Welt – der Gesamtgesellschaft – zu.

Exkurs V: Die Feldtheorie Kurt Lewins

Bereits im 1. Kapitel wurde erwähnt, dass Kurt Lewin höchst wahrscheinlich in seinem 1939 veröffentlichten Aufsatz *Experiments in Social Space* den Begriff der *Gruppendynamik* eingeführt hat. Zur experimentellen Ausrichtung kleingruppenorientierter Gruppendynamik schrieb er: „Ich bin der Überzeugung, daß es möglich sei, in der Soziologie Experimente vorzunehmen, die mit dem gleichen Recht als wissenschaftliche Experimente zu bezeichnen sind wie in der Physik und der Chemie. Ich bin überzeugt, daß es einen sozialen Raum gibt, der alle wesentlichen Eigenschaften eines wirklichen empirischen Raumes besitzt und der genauso viel Aufmerksamkeit von Seiten der Forscher auf dem Gebiet der Geometrie und der Mathematik verdient wie der physikalische Raum, obwohl er nicht physikalischer Art ist“ (Lewin 1953: 112f.).

Obwohl sich hier ein stark naturwissenschaftliches Verständnis von *Raum* oder *Feld* aufdrängt, ist Lewins Heimat die *Gestalttheorie*. Diese zu Beginn des 20. Jahrhunderts von Wertheimer, Koffka und Köhler in Berlin begründete Schulrichtung betont die *Gestalthaftigkeit menschlichen Erlebens*, was so viel bedeutet, dass die Eigenschaften und die Qualität der einzelnen Komponenten menschlichen Zusammenlebens von ihrer Beziehung zum und von ihrer Funktion im Ganzen abhängt.

Die Gestaltpsychologie versteht sich als Ganzheitstheorie des menschlichen Organismus. Betont wird die nichtadditive Zusammensetzung von Wahrnehmung, Erleben und Verhalten. In strenger Abgrenzung zu Siegmund Freuds psychoanalytischem Erklärungsmodell lehnen die Gestaltpsychologen die Suche nach innermenschlichen Antriebskräften ab bzw. stellen diese hintenan.

Während sich die Begründer der Gestalttheorie auf kognitive Prozesse wie Lernen, Denken, Intelligenz und Wahrnehmung konzentrierten, wandte sich Lewin dem Feld zu, in dem sich seiner Ansicht nach jeder Einzelne, aber auch Kleingruppen bewegen.

Das konkrete Feld, in dem sich individuelles und Gruppenverhalten zu einer bestimmten Zeit an einem bestimmten Ort manifestiert, nannte Lewin (1953) *Lebensraum*. Auf diesen beziehen sich seine beiden *Grundformeln der Feldtheorie:*

Das Verhalten (V) einer Person ist abhängig (eine Funktion f) von der Person (P) und ihrer spezifischen Umwelt (U):

$$V = f(P,U)$$

Diese Grundformel wurde von ihm in späteren Jahren erweitert, indem er die Dimension des *Lebensraums* hinzufügt. Diese entspricht der erlebten oder auch unbewusst wirksamen Situation, in der sich eine Person befindet. Auch der gesamte Bedürfniszustand und die individuellen Verhaltensweisen finden Berücksichtigung.

In Erweiterung der Grundformel sieht Lewin den Lebensraum somit als eine Funktion der äußeren Situation (S) und der Person (P):

$$V = f(L) = f(S) + f(P)$$

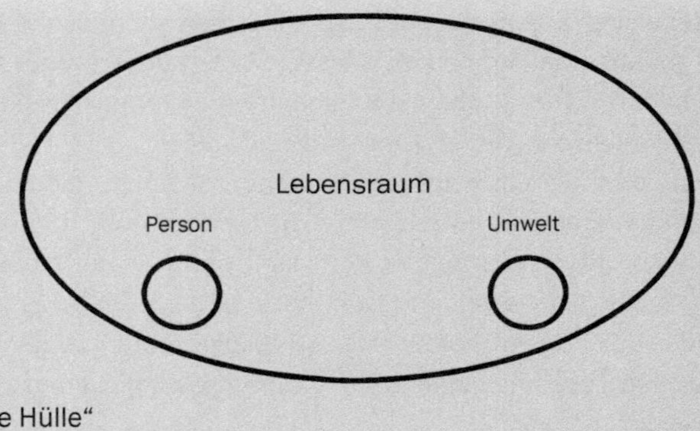

Das Innere des Ovals stellt den Lebensraum dar, der beides, die psychologische Person wie auch die Umwelt, umfasst. Alles, was außerhalb liegt und was Lewin als „äußere Hülle“ bezeichnet, repräsentiert letztendlich die Gesamtheit der Welt, die im Moment für das Individuum ohne Relevanz ist. Sie ist aber von Interesse, weil Teile der „äußeren Hülle“ im nächsten Moment sehr wohl für das Individuum und damit auch für die Gruppen, denen es angehört, von Bedeutung sein können, nämlich dann, wenn sie durch Wahrnehmung oder soziale Prozesse in den Lebensraum eintreten.

Bronfenbrenner (1976) geht in seinem sozialökologischen Verständnis menschlicher Entwicklung in Anknüpfung an die Feldtheorie Lewins von der gleichzeitigen, nicht additiven Wirkung eines Bündels unabhängiger Variablen aus, die in nichtlinearer Weise zusammenspielen und ein integriertes System bilden. Menschen befinden sich nicht nur in einem konkreten Setting sozialer Beziehungen, sie verhalten sich zugleich relational zu Umweltgesichtspunkten und -wirkungen. Er unterscheidet Variable aus vier Bereichen, die er topologisch als verschachteltes Arrangement von Strukturen sieht:

1. Das *Mikro-System* besteht aus der erlebten alltäglichen Umwelt von Haus, Schule usw. mit den räumlichen Gegebenheiten, handelnden Personen und sozialen Bedeutungen. Das Mikro-System ist entwicklungspsychologisch als ein Komplex von Beziehungen zwischen dem Heranwachsenden und seiner unmittelbaren Umgebung zu verstehen.
2. Das *Meso-System* umfasst die Wechselbeziehungen zwischen den wichtigsten Mikro-Systemen, an denen ein junger Mensch in einem bestimmten Lebensabschnitt teilhat, etwa die Interaktionen zwischen den Wirkkräften von Familie, Schule, Clique, Sportverein usw.

3. Das Geflecht der formellen und informellen sozialen Netzwerke bezeichnet er als *Exo-System*. Dieses beeinflusst die konkreten Settings, innerhalb derer Individuen und Gruppen agieren, etwa das Beschäftigungssystem, kommunale und staatliche Verwaltungen oder die Verkehrsinfrastruktur.
4. Die Kultur und Verfasstheit einer Gesellschaft bilden das *Makro-System*. Es manifestiert sich in allen nachgeordneten Systemen sowie in den konkreten Lebenslagen jedes Einzelnen in ökonomischer, sozialer, rechtlicher, erzieherischer und politischer Hinsicht.

Dieses Verständnis der Ökologie menschlicher Entwicklung verdeutlicht nicht nur, auf welchen Systemebenen der Einzelne und Gruppen vernetzt sind. Es verweist auch auf mögliche Ansatzstellen moderner Sozialer Arbeit. Ein isoliertes, die Bedingungen des Umfeldes ausblendendes Handeln wird weder diesem Modell noch den elementaren Vollzügen menschlicher Sozialisation gerecht. Aus diesem Grund beinhalten die Konzepte von Case-Management und der Gemeinwesenarbeit in ihrer sozialräumlichen Orientierung deutliche sozialökologische Bezüge. Eine sich modernisierende Soziale Gruppenarbeit stellt diese bislang allenfalls in Ansätzen her.

Gedanken zur Praxis

Schlüssig ist eine Betrachtungsweise, wonach eine Gruppe sich sowohl eingebettet in als auch abgegrenzt von ihren sozialen Umgebungen konstituiert und mit diesen in interaktiven Prozessen steht.

Versuchen Sie die verschiedenen Modelle, die zur Erklärung von Gruppen-Umwelt-Beziehungen beschrieben wurden, soweit als möglich auf Ihnen bekannte Praxis- oder Alltagssituationen zu übertragen.

3.4 Zum Abschluss des Kapitels

Übungsfragen

- Was kennzeichnet eine Gruppe als soziales System?
- Wie stehen die Begriffe Stelle, Position und Rolle zueinander?
- Was sind die wichtigsten Charakteristika der in diesem Kapitel dargestellten Gruppenmodelle?
- Welche Ansatzstellen lassen sich aus den von Urie Bronfenbrenner beschriebenen Systemebenen für die Soziale Arbeit ableiten?

Zum Weiterlesen

Mühlum, A.: Umwelt-Lebenswelt. Beiträge zu Theorie und Praxis ökosozialer Arbeit, Frankfurt/M. 1986.

Rubner, A. und E.: Unterwegs zur funktionierenden Gruppe. Die Gestaltung von Gruppenprozessen mit der Themenzentrierten Interaktion, Gießen 2016.

Schütz, K. V.: Gruppenforschung und Gruppenarbeit. Theoretische Grundlagen und Praxismodelle, Mainz 1996.

Wendt, W. R.: Das ökosoziale Prinzip, Freiburg/Brsg. 2010.

Wiesner, R.: Soziodrama praktisch. Soziale Kompetenzen szenisch vermitteln, München 2001.

Kapitel 4
Lernen, Leiten und Entscheiden in Gruppen

Sowohl für die Forschung als auch für die pädagogische Praxis war relevant, welche Auswirkungen das interaktive Geschehen auf die Einstellung und das Verhalten der Gruppenmitglieder und der Gruppe als Ganzes ausüben. Dabei hatten unter dem Gesichtspunkt der Verwertbarkeit drei Fragenkomplexe herausgehobene Bedeutungen:

- Wie vollzieht sich ein gelingendes Lernen in Gruppen? Sind die Lernleistungen von Gruppen denen der Individuen überlegen?
- Was macht Leitung aus und wie gelangen Individuen in Leitungspositionen?
- Was unterscheidet die Entscheidungsprozesse einzelner von denen, die in Gruppen getroffen werden? Kommen Gruppen, wenn es um objektive Sachverhalte geht, zu besseren oder schlechteren Entscheidungen als einzelne Menschen?

4.1 Lernen in Gruppen

Wie eingangs dargestellt, eröffnen Barbara Langmaak und Michael Braune-Krickau (2010) ihr Buch *Wie die Gruppe laufen lernt* mit der unkonventionellen Fragestellung, ob und gegebenenfalls mit welchen Einschränkungen Robinson Crusoe in seiner Einsamkeit lernen konnte. Dies wurde von den beiden Autoren prinzipiell bejaht. Seine Lernbedingungen wurden wie folgt charakterisiert (ebd.: 2 f.):

- Lernen beginnt mit einer aktiven Auseinandersetzung mit Problemen und Bedürfnissen. Dies war Robinson in seiner Einsamkeit sehr wohl möglich.
- Lernen wird angestoßen, wenn sich Ort und Umfeld verändern.
- Seine Situation ermöglicht und erfordert Lernen aus Erfahrung und aus der Praxis.
- Lernen war ihm aus der Interaktion mit der materiell gestalteten Umwelt sehr wohl möglich.
- Der Überlebenskampf fördert – sofern er nicht zur Resignation führt – die Lernbereitschaft.
- Schließlich lernt Robinson auch auf der Basis seiner bislang gemachten Erfahrungen und dem Abgleich mit den neuen Gegebenheiten.

Dennoch, für das Individuum Robinson werden aufgrund fehlender interaktiver Bezüge auch *Lernhemmnisse* wirksam. Ihm fehlt das Feedback anderer. Die Möglichkeit, von anderen zu lernen, ist nicht vorhanden. Gemeinsames Lernen im Sinne von sozialem Lernen im Kontext ökosozialer Systeme bleibt ihm verschlossen.

Früh haben sich die Pädagogik, die Arbeitslehre und am systematischsten wohl die Sozialpsychologie mit der Frage beschäftigt, ob Lernprozesse und -erfolge von Gruppen denen einzelner überlegen sind. Addieren sich das Wissen und die Fähigkeiten der Einzelnen beim Gruppenlernen? Oder hindern die Einflüsse der anderen das optimale Fortkommen einzelner, wenn Lernen sich in Gruppenprozessen vollziehen soll?

Gruppen sind in autonomen Situationen nicht immer leistungsfähiger als ihre einzelnen Mitglieder – dies wird nachfolgend bei der Bewertung von Gruppenleistungen vertieft. Gruppen sind nur dann leistungsfähiger,

- wenn sie sich sinnvoll organisieren können,
- wenn die individuellen Stärken der Gruppenmitglieder zugelassen und erschlossen werden,
- wenn Synergieeffekte nutzbar gemacht werden können.

Der gesellschaftliche Wandel ab den 1960er Jahren hatte zur Folge, dass in den USA und in Westeuropa Veränderungen und Aufbrüche in zahlreichen gesellschaftlichen Sektoren vonstattengingen. Dies galt insbesondere für die Humanwissenschaften und ganz speziell für die allgemeine und die Sozialpädagogik. Auf den Reformstau wurde mit vielerlei Konzeptentwicklungen reagiert. Gruppenerfahrungen und Gruppenlernen bekamen einen so herausragenden Stellenwert, dass die hemmenden Aspekte von Gruppengeschehen oftmals ausgeblendet wurden. In neuen Lernverfahren des schulischen und des außerschulischen Sektors wurde dieser Gruppenboom deutlich abgebildet (ex. Meyer u. a. 1979):

- Gruppenlernen und Beförderung von Gruppenprozessen im Unterricht,
- Soziales Lernen im Unterricht,
- Gruppenpädagogische Ansätze in der Elternarbeit der Schulen,
- Gruppenpädagogik in der beruflichen Bildung,
- Gruppenprozesse in der Rehabilitation, sowie
- die Entwicklung von Instrumenten zur Messung, Beurteilung und Evaluation von Gruppenprozessen im Bildungsbereich.

Als Folge dieses manchmal von Euphorie und Sendungsbewusstsein getragenen Gruppenbooms wurden gelegentlich auch die längst vorliegenden validen Erkenntnisse der sozialpsychologischen Kleingruppenforschung ausgeblendet, die relativ genau beschreiben, unter welchen Bedingungen Gruppen das Lernen befördern oder an anderer Stelle auch lernhemmend wirken.

Wer Erfahrungen mit dem Lernen in Gruppen besitzt, kann relativ rasch die Vor- und Nachteile dieser Lernform aus eigenem Erleben benennen. Eine wichtige Voraussetzung ist das Vorliegen einer relativ hohen Motivation aller Mitglieder. Ist diese vorhanden, kann Gruppenlernen motivierend sein, bietet mehr Anregungen und bekommt häufig Impulse aus dem unterschiedlichen Fach- und Erfahrungswissen der einzelnen Beteiligten. Gruppenlernen schafft Chancen, sich in Sprache und Stringenz der Argumentation zu verbessern. Dominieren allerdings einzelne zu stark, haben weniger rhetorisch starke Gruppenmitglieder das Gefühl, sich nicht in angemessener Weise beteiligen zu können. Neben der inhaltlichen Dimension gibt es auch noch eine soziale. Das soziale Lernen findet vor allem in der Gruppe statt. Gleiches gilt für die Entwicklung der Fähigkeit zu differenzierter Wahrnehmung.

Als Nachteile haben sowohl die Praxis wie auch die Gruppenforschung folgende Punkte ausgemacht:

- Da die Sach- und die Beziehungsebene immer in einer Wechselbeziehung zueinander stehen, kann inhaltliches Lernen erschwert werden, wenn in der Gruppe Beziehungsstörungen auftreten.
- Gruppenlernen kann erfolgreicher gestaltet werden als separiertes Lernen Einzelner. Es kann aber auch mehr Zeit in Anspruch nehmen.
- Wenn hochkompetente, also besonders gut mit den Themen vertraute Gruppenmitglieder einen Großteil der Gruppe ausmachen, können einzelne Beteiligte mit einer zu großen Fülle an Informationen konfrontiert werden.

Die *Leistungsfähigkeit von Gruppen* ist in der Mehrzahl der geforderten Leistungen der isolierter Personen überlegen. Den Fragen zu dieser Relation wurde bereits in den frühen Versuchsanordnungen der sozialpsychologischen Forschung nachgegangen (ex. Allport 1920, in: Herkner 1983: 503). Demnach wird bei den meisten Aufgabentypen in Anwesenheit anderer Personen schneller gearbeitet als alleine. Auch die Qualität der Produkte bzw. der intellektuellen Leistungen ist besser. Diesen in vielen späteren Untersuchungen immer wieder aufscheinenden Effekt bezeichnet man als *soziale Erleichterung* (Herkner 1983: 504). Die Überlegenheit der Gruppe gegenüber den Arbeitsergebnissen einzelner Individuen ist bei Problemlösungen nahezu durchgängig zu verzeichnen. Ein interessantes Phänomen, das sich gelegentlich negativ auf die Qualität der Gruppenleistung auswirken kann, stellt der Umstand dar, dass Gruppen risikofreudigere Entscheidungen fällen als Einzelne. Dieses als *risky shift* bezeichnete Phänomen wurde erstmals von Stoner (1961) beschrieben und in nachfolgenden Experimenten immer wieder bestätigt. Die Gründe hierfür sind komplex (Herkner 1983: 514 ff.):

- In einer Gruppenentscheidung verteilt sich die Verantwortung, der Einzelne ist scheinbar weniger für die Folgen eines Verhaltens oder einer Tat verantwortlich.
- Individuen, die von Anfang an zu riskanten Entscheidungen neigen, treten bestimmender auf und haben so auf die Entscheidung der Gruppe oftmals mehr Einfluss.
- Hinzu kommt, dass Risiko einen akzeptierten sozialen Wert darstellt. In der Gruppe fällt es schwerer, sich auf eine weniger riskante Variante zurückzuziehen.

Auch bei der Auswertung der Erfahrungen leistungsfördernder Gruppenarbeit in der schwedischen Automobilindustrie konnten Feststellungen getroffen werden, die Teilantworten auf die Ausgangsfrage(n) geben. Um der Monotonie einzelner Handhabungen entgegenzuwirken, wurde ein rollierendes System eingeführt. Die einzelnen Kleingruppen übernahmen wiederkehrende Tätigkeiten an unterschiedlichen Stationen. Materielle Anreize, etwa in Form von Gruppenprämien erhöhten die Leistung. Im Rahmen der Arbeitsorganisation wurde zudem die Mitbestimmung gestärkt.

Um die Leistungsfähigkeit, Kreativität und Produktivität der Gruppe zu erschließen, ist Führung und Leitung in Gruppen notwendig. Leitungsaufgaben können sowohl von externen als auch von Gruppenmitgliedern übernommen werden. Langmaack und Braune-Krickau (2010) haben hierzu verschiedene Anforderungen formuliert:

- die Förderung der Bereitschaft des Einzelnen zur Übernahme von Verantwortung,
- ein Verständnis von der Gruppe als einer Ressource für Lernen bzw. Leistung,
- ein Gruppenklima, das in einer offenen Atmosphäre die Potenziale des Einzelnen erschließt,
- Lernen durch Kommunikation und Dialog.

Haben Gruppen die Aufgabe, eine ihnen gestellte Aufgabe zu lösen, so kann sich gemeinsames Lernen in Problemlösungs-Projekten wie folgt vollziehen (ebd.: 12).

- die Gruppenmitglieder entwickeln erste Ideen und
- bringen diese in erste Gespräche ein;
- es folgt eine mögliche Grobplanung;

- es kommt zu einer konsensualen Planung des *roten Fadens;*
- Planung und Gestaltung des Einstiegs bzw. der Anfangsphase gelingen;
- Formen der Prozessbegleitung und der Leitung werden vereinbart;
- Ende und Ausstieg.

In der Praxis von arbeitenden Gruppen sind nicht immer alle Elemente dieser idealtypischen Abfolge erkennbar. Auch die Reihenfolge wird nicht zwingend eingehalten. Es kann zu *Sprüngen* und *Rückkoppelungen* kommen, was aber der Erzielung eines passablen Gruppen- oder Arbeitsergebnisses nicht im Wege stehen muss.

4.2 Führung von und in Gruppen

Die Kleingruppenforschung hat sich bereits früh mit der Frage beschäftigt, unter welchen Bedingungen Lernen und Leisten von Gruppen optimiert werden kann. Besondere Aufmerksamkeit wurde dabei lange Zeit der Frage geschenkt, welche Form der Gruppenführung zu verbessertem Leistungsvermögen beiträgt.

Unter *Führung* werden dabei häufig die Beeinflussung und das Verhalten von Einzelpersonen sowie der Interaktion zwischen bzw. in Gruppen verstanden, mit dem Zweck, bestimmte Ziele zu erreichen. Führung als *Funktion* ist eine Rolle, die von Gruppenmitgliedern in unterschiedlichem Umfang und Ausmaß wahrgenommen wird.

Über die *Eigenschaften von erfolgreichen Führern* wurden in der Sozialpsychologie und anderen Disziplinen zahlreiche Studien erstellt, auch in Populär- und pseudowissenschaftlichen Publikationen, z. B. über Erfolg und erfolgreiches Management, werden immer wieder Führungseigenschaften beschrieben.

Eine Querauswertung verschiedener Studien führt zur Darstellung folgender für Führung bedeutsamer Eigenschaften:

- *Fähigkeiten* wie z. B. Intelligenz, Vigilanz (Schlauheit), Ausdrucksfähigkeit, Originalität und Urteilskraft.
- *Leistungen,* etwa Schulerfolg, Wissen, sportliche, berufliche Erfolge, auch Leistungen, die vorrangig oder ausschließlich in spezifischen Gruppen Anerkennung finden[13].

---

13 Beispiel: Auf Rocker- oder Biker-Treffen werden Shows oder Wettbewerbe im *Burnout* durchgeführt. Bei gezogenen Bremsen wird das Hinterrad eines Motorrads zum Qualmen gebracht. Ansprechend durchgeführt, gilt dies im subkulturellen Milieu als Kunst, während es in anderen Gemeinschaften bzw. Lebenszusammenhängen als Unfug, Umweltfrevel oder Belästigung aufgefasst wird.

- *Verantwortung:* Hierfür sind Zuverlässigkeit, Initiative, Selbstsicherheit und Ausdauer vonnöten.
- *Partizipation* setzt soziale Aktivitäten, Kooperations- und Anpassungsfähigkeit voraus.
- *Status,* etwa die sozio-ökonomische Position, die Popularität oder ein gruppenspezifischer Status.
- Die jeweilige *Situation* ist von vielfältigen Faktoren geprägt, etwa dem geistigen Niveau, Status, Fertigkeiten, Bedürfnissen und Interessen der Geführten, Aufgabenzielen und Umfeldbedingungen.

Es existieren mittlerweile zahlreiche Veröffentlichungen über *Führungsstile.* Lewin und Lippitt (1938, in: Billig 2015) haben bereits vor mehr als 80 Jahren drei mittlerweile in vielen Varianten diskutierte Führungsstile herausgearbeitet. Ihre Theorie wird gelegentlich auch als *verhaltenstheoretische Führungskonzeption* bezeichnet:

- *Autoritär:* Hier trifft ein autoritärer Führer alle wichtigen Entscheidungen allein und bestimmt, wer welche Tätigkeiten ausführt, verteilt Lob und Tadel, u. U. entscheidet er alleine über Ausschluss und Neueintritt.
- *Demokratisch:* Bei demokratischer Führung werden alle wichtigen Fragen in der ganzen Gruppe diskutiert. Diese trifft die Entscheidungen. Lob und Tadel werden bei idealer Ausprägung nach sachlichen und objektiven Kriterien ausgesprochen.
- *Laissez-faire:* Hier kann nicht von Führung im klassischen Sinne gesprochen werden, da der Führer nie eingreift, es sei denn, die Gruppe oder einzelne Mitglieder fordern ihn hierzu auf.

Aus der historischen Managementlehre sowie der Soziologie kennen wir die idealtypische Herausarbeitung folgender vier Führungsstile (Weber 1921/1972, Witte 1994):

- *Patriarchalischer Führungsstil:* Die Autorität des *Familienvaters* und dessen uneingeschränkte, auf Macht, Tradition oder Gewohnheit beruhende Anerkennung durch die Familie, Team- oder Gruppenmitglieder sind die Eckpunkte dieses Prinzips. Der Patriarch übt Treue und Fürsorge, die Gegenleistungen sind neben der Erwiderung der Treue Dankbarkeit, Loyalität, Fleiß und Gehorsam. Es existiert lediglich eine Führungsinstanz. Die Delegation von Entscheidungsbefugnissen ist nicht vorgesehen, was häufig zu Problemen führt, wenn der patriarchale Führer versagt oder ausfällt.

- *Charismatischer Führungsstil:* Der Herrschaftsanspruch begründet sich aus besonderen, meist herausragenden Persönlichkeitsmerkmalen und daraus entstehender Autorität. Der Erfolg resultiert vor allem aus dem persönlichen Auftritt. Solche Führer sind besonders in Not- und Krisenzeiten begehrt.
- *Autokratischer Führungsstil:* Dieses Prinzip ist eher in großen Organisationen anzutreffen. Der Autokrat bedient sich eines umfangreichen Führungsapparates (Hierarchie) zur Gestaltung der Herrschaftsausübung. Nachgeordnete Linieninstanzen setzen die Entscheidungen des Autokraten durch. Auf den unteren Hierarchieebenen existieren häufig keine persönlichen Beziehungen zwischen Autokrat und Geführten.
- *Bürokratischer Führungsstil:* Diesen Führungsstil kennzeichnet eine weitere Entpersönlichung der Führung. Er ist geprägt durch extreme Formen der Formalisierung, Strukturierung und Reglementierung organisatorischer Verhaltensweisen. Dies geschieht mittels Richtlinien, Stellenbeschreibungen, Dienstanordnungen usw. An die Stelle der Willkür des Autokraten tritt die Sachkompetenz des Bürokraten.

Die Kleingruppenforschung erbrachte keine einheitlichen Ergebnisse über die *Wirkungen der verschiedenen Gruppenstile.* In einzelnen Versuchen war das Gruppenklima bei demokratischer Führung besser. Hinsichtlich der Gruppenleistung sind die Ergebnisse völlig inkonsistent, auch wenn es einzelne Studien gibt, die belegen sollen, dass demokratisch geführte Gruppen produktiver seien.

Charles Lattmann, der sich vor allem mit Fragen effizienterer Unternehmensführung befasste, hat – ausgehend von der bis zu diesem Zeitpunkt vorgelegten Forschung – folgende *Führungsprofile* herausgearbeitet (Lattmann 1975):

- Den *despotischen Führungsstil* charakterisiert der klassische Herr-im-Haus-Standpunkt.
- Einen *paternalistischen Führungsstil* praktizieren Despoten mit sozialem Verantwortungsgefühl. Sie meinen, die Interessen der Mitarbeiter am besten zu kennen.
- Die Praxis weitsichtiger Vorgesetzter, die ihre Mitarbeiter durch gezielte Förderung und Entwicklung zu größerer Selbständigkeit erziehen wollen, wird als *pädagogischer Führungsstil* bezeichnet.
- Ein *partizipativer Führungsstil* würdigt Mitarbeiter als Werte tragende Subjekte. Deren Fähigkeiten und Wissen werden in den Entscheidungsprozess einbezogen.
- Charakteristika eines *partnerschaftlichen Führungsstils* sind die Selbstbestimmung bei der Aufgabenerfüllung sowie die partnerschaftliche Beteiligung der Mitarbeiter bei der Entwicklung von Unternehmens- bzw. Gruppenzielen.

- Weitgehend frei von hierarchischer Führung ist die *Selbstverwaltung.* Die Gruppenmitglieder leiten selbst, Kollektivinteressen prägen die Führungsrichtlinien und Führungsprinzipien. In Praxis- und Alltagssituationen entsteht auch in formal hierarchiefreien Organisationen häufig das Problem informeller Führerschaft.

Fiedler (1967) hat im Rahmen der Entwicklung einer Theorie der Führung ein *Kontingenzmodell* entwickelt, das die Effektivität von Führung in Abhängigkeit spezifischer Umstände (engl./amerik.: contingency) sieht. In seiner Theorie der Effizienz von Führungsstilen werden verschiedene Variablen berücksichtigt und eine Hierarchie von Basisvariablen aufgestellt. Hierzu gehören:

- Sympathiebeziehungen zwischen Führer und Gruppenmitgliedern,
- der Grad der Strukturiertheit der Aufgabe,
- die Macht des Führers.

Die *optimale Situation* sieht Fiedler (ebd.) als gegeben, wenn der Führer mächtig und beliebt und die Aufgabe klar strukturiert ist. Eine *ungünstige Situation* ist bei einem machtlosen und unbeliebten Führer sowie einer unstrukturierten, unklaren Problem- bzw. Aufgabenstellung gegeben. Dazwischen liegen verschiedene graduelle Abweichungen. Die zentrale These von Fiedlers Modell besagt nun, dass unter extrem günstigen sowie extrem ungünstigen Bedingungen ein autoritärer Führungsstil effizient ist, während unter mittleren Bedingungen ein demokratischer Stil eine höhere Gruppenleistung erbringt.

Herkner (1983: 476) hat, ausgehend von den drei von Fiedler eingeführten Situationsvariablen, eine vereinfachte Übersicht hinsichtlich ihrer möglichen Vorteilhaftigkeit für Führungspersonen dargestellt (siehe Tabelle).

	Günstig I	II	III	IV	V	VI	*Ungünstig* VII	VIII
Sympathie-beziehungen	beliebt	beliebt	beliebt	beliebt	nicht beliebt	nicht beliebt	nicht beliebt	nicht beliebt
Strukturiert-heitsgrad der Aufgabe	stark	stark	nicht stark	nicht stark	stark	stark	nicht stark	nicht stark
Macht des Führers	stark	schwach	stark	schwach	stark	schwach	stark	schwach

Merke
Häufig, wenngleich nicht in jeder Situation zutreffend, ist:

1. Unter sehr günstigen Bedingungen sind die Gruppenmitglieder eher bereit, einen autoritären Führer zu akzeptieren.
2. Unter ungünstigen Bedingungen erreicht ein autoritärer Führer mehr, weil er die Gruppe zusammenhält.
3. Bei mittleren Bedingungen kann ein demokratischer Führer Spannungen reduzieren und Aushandlungsprozesse begünstigen.

Aufbauend auf den Vorüberlegungen Fiedlers wurde in den 1980er Jahren stärker bzw. zusätzlich auf das Verhalten der Geführten geschaut (Grunwald/Lilge 1980, Manz/Sims 1984, aktuell: Moser 2017), da der Führungsstil sich nicht nur vom Verhalten des Führers, sondern auch von der Interaktion mit den Geführten abhängig erwies. Man spricht deshalb auch vom *Interaktionsansatz von Führung*. Bei geringer Interaktion kommt es zu einer verbesserten Gruppenleistung durch Stärkung der Dimensionen

- *Initiating Structure* (der Vorgesetzte herrscht mit *eiserner Hand*) und
- *Consideration* (der Vorgesetzte bemüht sich um ein gutes Verhältnis zu und zwischen den Unterstellten).

Ungeachtet sonstiger Variablen kommt es in erster Linie darauf an, dass der Vorgesetzte als kompetent und die Vorgehensweise als fair eingeschätzt wird. Während der letzten drei Jahrzehnte wurde insbesondere in der Laienarbeit mit Gruppen (z. B. in Schulungsprogrammen von Vereinen und Verbänden), der Managementlehre und auch in der Schuldidaktik eine Vielzahl weiterer Konzepte eingeführt. Diese sind zum Teil eher populärwissenschaftlich ausgerichtet, will heißen: Ihnen fehlt häufig eine empirische Grundlegung.

Eine stärkere Verbreitung kennzeichnet die mit Populärwissen eingefärbten Überlegungen von Rahn (1987). Er unterscheidet (ebd.: 59 ff.):

- *Anspornender Führungsstil:* Dieser soll Leistungsreserven erschließen. Drückeberger seien aus ihrer Leistungsreserve zu locken. Erlaubt ist, was zum Erfolg führt: Appell, Lob, Ansporn, unkonventionellen Methoden.
- *Bremsender Führungsstil:* Zu bremsen sind in erster Linie zu lebhafte Gruppenmitglieder und ganz besonders negativ wirkende Gruppenstars.
- *Ermutigender Führungsstil:* Mit diesem sollen vor allem leistungsfähige, zu ruhige Gruppenmitglieder aktiviert werden. Dies kann durch ernst gemeinte

Aufmunterungen, Vertrauensbeweise oder die Unterstützung problembeladener Gruppenmitglieder geschehen.
- *Fördernder Führungsstil:* Hierbei geht es vorrangig um die Förderung der Leistungsstarken, die Übertragung von angemessen herausfordernden Aufgaben sowie die Übertragung von Eigenverantwortung und Kompetenz. Es kann zur Implementierung informeller Führer kommen.

4.3 Entscheidungsprozesse in Gruppen

Bestmögliche Entscheidungen setzen kognitive und soziale Kompetenzen der entscheidenden Individuen voraus. In Gruppen wird der Prozess der Entscheidungsfindung durch gruppendynamische und situative Aspekte zusätzlich beeinflusst. Je nach Gruppenkonstellation spielen auch Machtaspekte eine deutliche oder eine nur schwache Rolle.

Im Begriffssystem sowohl der empirischen Sozial- als auch der Gruppenforschung wird allgemein unterschieden zwischen *Gruppenproblemlösen, Gruppenentscheidung* und *Bestimmungsleistungen* (siehe hierzu ausf. u. ex.: Herkner 1983: 478 ff., Witte 1994: 473 ff.). Vom *Problemlösen* ist immer dann die Rede, wenn es um die Lösung einer Aufgabe geht, für die eine oder mehrere richtige sowie eine oder mehrere falsche Entscheidungen existieren.

Abbildung 1 visualisiert das Arrangement, das einer arabischen Erzählung entnommen ist:

Das Heer des Sultans hat eine Rebellengruppe zerschlagen. Ihre vier Anführer wurden in den Kerker geworfen und harren ihrer Hinrichtung. Das Verlies weist als Besonderheit eine verriegelte und eine nicht abgeschlossene Tür auf. Die vier Gefangenen werden von zwei Wächtern beaufsichtigt, von denen der eine bei jeder Antwort lügt, der andere aber stets die Wahrheit sagt. Aus einer Laune heraus gibt der Sultan den Gefangenen eine Chance, zu entkommen. Er bietet ihnen an: „Ihr dürft einem der Wächter eine einzige Frage stellen. Wenn ihr dadurch in Erfahrung bringt, welche Tür geöffnet ist, dürft ihr diese benutzen und seid frei.“

Für dieses aus einer arabischen Sage überlieferte Gruppenproblem (Abbildung 1) gibt es in der Tat eine einzige richtige Lösung. Unabhängig davon, an welchen der beiden Wächter sich die Gefangenen wenden, lautet die stets richtige Frage: *„Wenn ich deinen Kollegen danach frage, welche Tür offen ist, was würde er antworten?“*

Wir wissen aus der Anwendung dieses spielerischen Beispiels, dass ein Teil der damit in Trainings und Übungen konfrontierten TeilnehmerInnen anfangs

Abb. 1: Gruppenleistung: Problemlösen

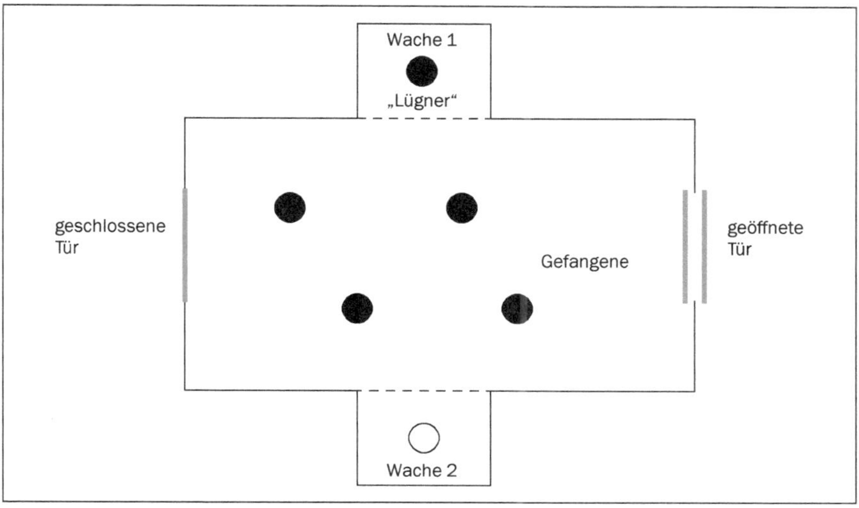

von der Antwort irritiert ist. Der Inhalt und die Richtigkeit derselben werden jenem Teil der LeserInnen, denen es gerade jetzt so oder ähnlich geht, allmählich klar werden. Es kommt darauf an, die Antwort des *Lügners* in die Fragestellung einzubeziehen. Dann ist immer das Gegenteil dessen richtig, was der befragte Wächter antwortet.

Bei der *Gruppenentscheidung* geht es häufig um einen Sachverhalt, für den es keine eindeutig bestimmbare richtige Lösung gibt. Es kann sich um Abwägungsprobleme handeln, die vom jeweiligen Setting erheblich beeinflusst werden können. Damit sind Rahmenbedingungen gemeint, aber auch die Einstellungen zu anderen Gruppenmitgliedern sowie die Überlegungen und Annahmen zu deren möglichem Verhalten in Schlüsselsituationen. Ein seit Jahrzehnten zur Veranschaulichung und in Trainings verwendetes Beispiel ist das *Gefangenendilemma*, einer erstmals von Mills (1969) erwähnten Versuchsanordnung, in der Kooperations- und Entscheidungsstrategien von Effekten wie der Vorteilserzielung, aber auch des Vertrauens zu anderen Personen entwickelt werden müssen.

Aus dem Übungs- und Materialband von Antons (1996) wird das *Gefangenendilemma* mit leichten Änderungen wie folgt zitiert (ebd.: 128):[14]

14 Die Schreibweise ist der aktuellen Rechtschreibung angepasst worden.

> „Zwei Verdächtige werden verhaftet und voneinander getrennt. Der Anwalt (in Deutschland: der Staatsanwalt oder der Richter; d. Verf.) ist sich sicher, dass sie eines schweren Verbrechens schuldig sind. Aber er hat keine ausreichenden Beweise, um sie im Prozess zu überführen. Er teilt jedem Gefangenen mit, jeder von ihnen habe zwei Alternativen: das Verbrechen, von dem die Polizei sicher ist, dass sie es begangen haben, zu gestehen oder es nicht zu gestehen.
>
> Im Falle, dass sie beide nicht gestehen, würde er sie einiger geringerer Vergehen überführen, wie z. B. Diebstahl oder illegalem Waffenbesitz. In diesem Fall würden sie beide eine kürzere Strafe erhalten. Gestehen beide, würde ihnen der Prozess gemacht, es würde aber nicht die höchstmögliche Strafe verhängt. Gesteht der eine und der andere nicht, würde der Gestehende leichter bestraft, da er zum Zeugen der Anklage wird. Derjenige, der nicht gestanden hat, wird die Höchststrafe erhalten."

Das strategische Problem, mit dem sich in Übungen häufig nicht zwei Einzelpersonen, sondern zwei Kleingruppen konfrontiert sehen, kann in seinen Konsequenzen variiert werden. In der Abbildung 2 erhalten die Personen A und B drei Jahre Gefängnis, wenn sie beide nicht gestehen. Gesteht eine der Personen und die andere nicht, erhält der, der die Tat zugibt, ein Jahr Gefängnis. Der andere wird zu einer hohen Strafe von zehn Jahren Haft verurteilt. Gestehen beide, so erhalten sie in dem in Abbildung 2 dargestellten Beispiel jeweils fünf Jahre Gefängnis.

In dem in Abbildung 3 dargestellten Schema sind die Ausgangsbedingungen an einer Stelle verändert. Gestehen beide, erhalten beide eine Gefängnisstrafe von acht Jahren, was der Höchststrafe von zehn Jahren schon recht nahe kommt. Es ist zu vermuten, dass in diesem Fall kooperatives Verhalten in Form des Nichtgestehens seltener an den Tag gelegt wird.

Abb. 2: Das „Gefangenen-Dilemma" – Entscheidung über einen Sachverhalt, bei dem es keine eindeutig „richtige" Lösung gibt

Person A Person B	nicht gestehen	gestehen
nicht gestehen	3 3	1 10
gestehen	10 1	5 5

Abb. 3: Das „Gefangenen-Dilemma“ – Entscheidung über einen Sachverhalt, bei dem es keine eindeutig „richtige“ Lösung gibt (Variation)

Person A / Person B	nicht gestehen	gestehen
nicht gestehen	3 / 3	10 / 1
gestehen	1 / 10	8 / 8

Die für das Gefangenendilemma typische Konstellation wird als Situation mit *gemischten Motiven* bezeichnet. Jeder Akteur hat einerseits das egoistische oder individualistische Motiv, die für ihn beste verfügbare Alternative zu wählen. Andererseits liegt meist auch ein soziales Motiv dergestalt vor, dass die Individuen bestrebt sind, den Nutzen für alle Beteiligten zu optimieren, was im Gefangenendilemma kooperatives Verhalten im Sinne eines Nichtgestehens bedeuten würde. Was für Individuen in dieser Versuchsanordnung gilt, wird auch dann wirksam, wenn es sich bei A und B nicht um Einzelne, sondern um Kleingruppen handelt.

In dem hier vorgestellten Beispiel ist eine Entscheidung zur Kooperation mit einem Risiko verbunden. Es ist unklar, wie sich die anderen verhalten. Sich kooperativ zu verhalten, setzt Vertrauen voraus. Erschwerend kommt beim Gefangenendilemma hinzu, dass kooperatives Verhalten die Wahl der theoretisch denkbaren besten Alternative ausschließt.

Immer wieder neu aufgelegte Untersuchungsreihen ergaben unter Verwendung des Gefangenendilemmas in der Gesamtschau eine relative Häufigkeit von 62 % nichtkooperativer *egoistischer* Züge.

Als weiteres Ergebnis einer Vielzahl sozialpsychologischer Experimente kann festgehalten werden, dass Gruppen bei *Bestimmungsleistungen* bessere Ergebnisse erzielen als Einzelne (Übersichten hierzu: Witte 1994: 479 ff., Hofstätter 1990: 54 ff., Herkner 1983: 479 ff.).

Hofstätter (1990: 39) berichtet von einem ursprünglich auf Poffenberger (1932) zurückgehenden Experiment, das er gerne zu Demonstrationszwecken in seine Vorlesungen integrierte. Die Aufgabe bestand für mehrere Versuchspersonen darin, 10 Figuren mit nur geringfügig verschiedenem Flächeninhalt der Größe nach zu sortieren. Die Ergebnisse sowohl natürlicher als auch *synthetischer*[15] Gruppen

15 Hofstätter (1990: 41) *synthetisiert* eine Gruppe, indem er die von den einzelnen Versuchspersonen gelieferten Rangreihen in einer einzigen zusammenfasst.

waren besser als die der Individuen. Hofstätter verweist allerdings darauf, dass die Gruppe ihren einzelnen Mitgliedern – oder zumindest der Mehrzahl dieser – bei Bestimmungsleistungen nur bei einer vorhandenen *Klarheit der Bedingungen* überlegen ist (ebd.: 45). Diese Klarheit kann, wie sich später noch zeigen wird, durch manipulatorische Einflussnahme leicht beseitigt werden.

Eine weitere Versuchsanordnung, die zeigt, dass Bestimmungsleistungen in und über Gruppenversuche(n) zu besseren Ergebnissen führen, geht auf M. Sherif (1948, in: Witte 1994: 480) zurück. Unter Rekurs auf das in der Astronomie schon länger bekannte *autokinetische Phänomen* wird den Versuchspersonen in einem ansonsten völlig verdunkelten Raum für kurze Zeit ein kleiner lichtschwacher Punkt sichtbar gemacht. Aus der Perspektive der Betrachter scheint sich der Lichtpunkt zu bewegen. Dieses Phänomen geht auf die Biomotorik des Menschen zurück, dessen Augenachsen auch bei fester Fixation niemals in völliger Bewegungslosigkeit verbleiben. Gab man diesen Reiz mehrfach vor, so etablierten sich für jede Person ein charakteristischer Mittelwert und eine Bandbreite (Sherif 1948: 167). Bildet man aus den beteiligten Individuen eine Kleingruppe, so entsteht bei den nun vorgenommenen Bestimmungsleistungen eine neue überindividuelle Realität (Witte 1994: 480). Dass die Gruppenleistungen zu einem besseren Ergebnis führen, zeigt Abbildung 4. Hier haben drei Versuchs-

Abb. 4: Die Konvergenz der Schätzungen beim autokinetischen Phänomen (nach Hofstätter 1990, S. 67, nach Sherif 1948; die tatsächliche Position der Lichtquelle entspricht dem etwas größeren, kreisförmigen Punkt)

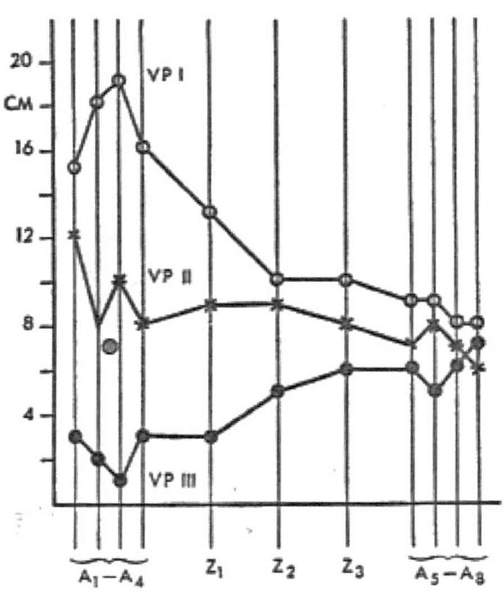

personen eines nachgestellten Experiments von Hofstätter (1990: 67) anfangs vier Einzelschätzungen (A1–A4) abgegeben. Dem folgten drei Gruppenversuche (Z1–Z3). Abschließend wurden vier weitere Einzelversuche durchgeführt, in denen die in den Gruppenschätzungen eingetretene Konvergenz der Ergebnisse ihre Fortsetzung fand. Das Ergebnis verdeutlicht nicht nur die Überlegenheit der Gruppenleistung. Weitaus bedeutsamer ist der Beleg dafür, dass die Erhöhung eines Uniformitätsdrucks zur stärkeren Orientierung an einem gemeinsamen Gruppenstandard führt.

Für die Gruppenentscheidung sind zuerst einmal bereits bekannte Faktoren von Bedeutung. Sie wird von inhaltlichen und Beziehungsaspekten beeinflusst. Deren Vorhandensein ist ein Grundschema menschlicher Kommunikation. Der Inhaltsaspekt vermittelt die *Daten.* Der Beziehungsaspekt *weist an,* wie diese in der Kommunikation mit dem jeweiligen Gegenüber zu verwerten sind. Dabei spielt das vorhandene oder aber fehlende Vertrauen eine wichtige Rolle.

Schon mithilfe eines vor mehr als 100 Jahren durchgeführten Experiments hat Clark (1916, in: Hofstätter 1990: 64 ff.) aufgezeigt, dass die Dynamik einer Gruppe suggestible Wirkungen auf die Wahrnehmung und das Verhalten einzelner ausüben kann. Clark stellte während einer Vorlesung ein Fläschchen auf sein Pult, öffnete es und forderte die Hörer auf, sich zu melden, sobald sie den *stechenden Geruch* wahrnehmen würden, der dem Gefäß entströmen würde. Obwohl es sich um eine geruchlose Flüssigkeit handelte, meldeten sich einzelne aus den ersten Reihen bereits nach wenigen Sekunden und gaben an, sie würden den Geruch jetzt wahrnehmen. Nachfolgend kam es auch aus den hinteren Reihen zu Meldungen. In diesem Experiment von Clark (ebd.) unterlagen 20 % der Suggestibilität der Gruppe. Hofstätter (1990: 65) registrierte in einer Wiederholung 31 % Suggestible. In leicht nachstellbaren Experimenten, die in größeren Vorlesungen an der HS Magdeburg-Stendal durchgeführt wurden, konnten von 2005 bis 2009 zwischen 15 % und 24 % Studenten und Studentinnen ausgemacht werden, die den Geruch zu riechen glaubten. An dieses auch aufgrund seiner einfachen Anordnung gerne wiederholte Experiment lassen sich höchst unterschiedliche Erklärungsmodelle anlegen. Als gesichert kann gelten, dass – wie im legendären Milgram-Experiment – die Autorität desjenigen, der das Experiment durchführt, eine Rolle spielt. Die Plausibilität der Situation und der Umstand, dass sich in einem gut gefüllten Saal leicht Gerüche ausmachen lassen, nehmen ebenfalls Einfluss. Abstrakt kann in Orientierung an der Feldtheorie Lewins davon ausgegangen werden, dass hier ein soziales Kraftfeld konstituiert wird, in dem individuell gemachte Äußerungen zu Anpassungsleistungen suggestibler Personen führen können.

Gedanken zur Praxis

Gruppenbildungen werden allgemein als günstig für das soziale Lernen betrachtet.

Versuchen Sie sich zu vergegenwärtigen, in welchen Fällen und unter welchen Bedingungen Gruppenbildungen ungünstige Auswirkungen auf ihre Mitglieder haben können.

4.4 Zum Abschluss des Kapitels

Übungsfragen

- Bei welchen Aufgabenstellungen sind die Lernleistungen von Gruppen denen einzelner Individuen überlegen?
- Welche individuellen Eigenschaften begünstigen erfolgreiche Führung?
- Was unterscheidet Gruppenproblemlösen, Gruppenentscheidung und die Bestimmungsleistung von Gruppen?

Zum Weiterlesen

Hofstätter, P. R.: Gruppendynamik. Kritik der Massenpsychologie, 2. Aufl. Reinbek 1990, S. 54–135.

Moser, M.: Hierarchielos führen. Anforderungen an eine moderne Unternehmens- und Mitarbeiterführung, Wiesbaden 2017.

Witte, E. H.: Lehrbuch Sozialpsychologie, 2. Aufl. Weinheim 1994, S. 438–505.

Kapitel 5
Manipulation und Manipulierbarkeit in Gruppen

Im vorigen Kapitel wurde unter Bezug auf das gleichermaßen prominente wie betagte sozialpsychologische Experiment von Clark auf die Beeinflussbarkeit von Individuen in Gruppenzusammenhängen verwiesen. Das Individuum überprüft anhand der Rückmeldungen anderer Gruppenmitglieder eigene Einstellungen und Wahrnehmungen. In stark formierten Konstellationen ist es möglich, dass Individuen auch Handlungen ausführen, die für ihr Wesen nicht typisch sind. Das Milgram-Experiment, das aufgrund seiner Hereinnahme selbst in schulisches Lernen an dieser Stelle nicht eigens erläutert werden muss, macht deutlich, dass Menschen, die in den jeweiligen Settings als weitgehend unumstrittene Autorität anerkannt sind, so massiven Einfluss ausüben können, dass Grenzen des gesunden Menschenverstandes, der Ethik, des Humanismus und der Moral überschritten werden – bis hin zur Begehung unmenschlicher, gar bestialischer Handlungen (Mann 1972: 84).

Da diese Steuerungs- oder Manipulationsprozesse Bestandteile unterschiedlicher Formen des Gruppengeschehens sein können, soll der Frage nach der Manipulierbarkeit in Gruppen auf dreierlei Weise nachgegangen werden.

Um die Mechanismen manipulativer Gruppenprozesse wahrnehmen und verstehen zu können, bedarf es zunächst der Auseinandersetzung mit dem weit verbreiteten Phänomen, dass Individuen zum einen Vergleiche zu Meinungen und dem Verhalten anderer vornehmen und zum anderen darüber häufig Anpassungen an das in ihren Umgebungen sichtbar Gewordene vollzogen werden. Daran anknüpfend wird auch Erklärungsmustern für deviantes bzw. aggressives Gruppenverhalten nachgegangen.

In einer knappen Zusammenfassung werden in einem zweiten Schritt die Gedanken Rupert Lays vorgestellt, der sich stets in skeptischer Distanz zu Gruppen und Massen verhielt und sich gleichermaßen umfang- wie kenntnisreich mit den Mechanismen von Manipulation und Manipulierbarkeit befasst hat.

In einem weiteren Schritt soll, motiviert durch die jüngste Zeitgeschichte, möglichen Funktionen autoritärer und rechtsextremer Gruppenbildungen nachgespürt werden.

5.1 Konformes Verhalten, soziale Vergleichsprozesse und der Einfluss von Minoritäten

Individuen haben das Bedürfnis, in einer sicheren Welt zu leben. Dazu gehört auch das Gefühl, in soziale Umgebungen eingebettet zu sein, die vertraut sind. Gerade unsichere Personen empfinden Sicherheit, wenn sie auf andere Menschen treffen, die ihre zentralen Auffassungen teilen und deren Handeln Mustern folgt, die ihnen bekannt sind.

Aus dem vierten Kapitel kann angeleitet werden, dass gerade zielgerichtete Gruppenaktivitäten meist nur dann erfolgreich sind, wenn ein ausreichendes Maß an *Konformität* vorliegt. Zu starke Unähnlichkeiten wären sowohl für die Zielerreichung als auch für den Bestand der Gruppe hinderlich.

Das in ausreichendem Maße konforme Verhalten resultiert aus einer allmählichen Annäherung oder gar aus der Imitation modellgebender Praktiken. Festingers Theorie der sozialen Vergleichsprozesse (1950, 1954) geht von dem Bedürfnis des Menschen aus, seine Meinungen überprüfen zu wollen. Ziel hierbei ist die Stabilisierung der eigenen Persönlichkeit. Im Überprüfungsprozess können Meinungs- und Verhaltensunsicherheit aufgelöst oder zumindest reduziert werden. Zu derartigen Vergleichsprozessen werden in der Regel nicht x-beliebige Individuen herangezogen, sondern nahestehende Bezugspersonen oder vertraute Bezugsgruppen. Festinger (ebd.) postuliert für den Ausgang dieses sozialen Vergleichsprozesses drei Möglichkeiten:

1. Es besteht Einigkeit in der Bezugsgruppe sowie zwischen der Gruppe und der Person, die sich mit anderen vergleicht. Eine vertretene Meinung wird als *gesichert* akzeptiert.
2. Es herrscht Übereinstimmung in der Gruppe. Zwischen dieser und der sich vergleichenden Person herrscht jedoch Unstimmigkeit. In der Regel kommt es zur vollständigen oder teilweisen Angleichung der Einzel- an die Gruppenmeinung. *Ein unbalancierter Zustand wird ausgeglichen.*
3. Es besteht Uneinigkeit in der Bezugsgruppe. Wenn nun die Meinungsdivergenz ein für die Gruppe wichtiges Anliegen betrifft, setzen Prozesse ein, die zur Bildung einer *angenäherten,* für die gesamte Gruppe akzeptierbaren Meinung beitragen. Bleiben diese aus, ist der Fortbestand der Gruppe gefährdet.

Diese Konformitätsbildung vollzieht sich zumeist in Form der Einflussnahme der Mehrheit auf die Minderheit, weshalb die Konformitätsforschung lange davon ausging, dass sich die Positionen von Minoritäten innerhalb von Gruppenprozessen der vorherrschenden Auffassung annähern. Mit Blick auf den manipulativen Charakter der Gruppendynamik ist allerdings auch der Blick auf jene Konstellationen wichtig, in denen eine Mehrheit von einer Minderheit beeinflusst wird. In diesen Fällen ist der *Verhaltensstil* der beeinflussenden Minderheit von entscheidender Bedeutung:

- Die Minderheit muss ihren Standpunkt vollkommen konsequent vertreten. Dies kann zu einer Verunsicherung der Mehrheit führen.
- Die Minderheit muss als kompetent empfunden werden.
- Die Minderheit hat keine klassische Außenseiterposition inne. Sie darf von der Mehrheit nicht abgelehnt werden.
- Bei hoher Gruppenkohäsion (die Mitglieder beurteilen sich gegenseitig im hohen Maße positiv) haben Minoritäten einen höheren Einfluss als bei geringer Kohäsion.

Im Zusammenhang mit der Herausbildung menschenfeindlicher Positionen im Gruppenkontext spielt neben den Einstellungen und Meinungen auch das Verhalten eine Rolle. Bei der Abweichung von gängigen, konventionellen Verhaltensnormen handelt es sich um einen Vorgang, der in Gruppen- und Massensituationen gelegentlich zu beobachten ist. Das Individuum vollzieht unter den Einflüssen der Gruppen- oder Massendynamik Handlungen, die es auf sich alleine gestellt nur selten oder nie begehen würde. Dieses Phänomen bezeichnet man als *Deindividuierung*. Es kommt zu einem Verhalten, wie es ein Fußballmob an den Tag legt oder in weitaus zugespitzteren Situationen zu sadistischem, gewalttätigem Verhalten führt – bis hin zu sadistischen Quälereien oder gar zur Tötung.

Zimbardo (1969, neu: 2005) hat seine eigenen hypothetischen Vorarbeiten in die Durchführung des bekannten *Stanford-Prison-Experiments* münden lassen. 24 Versuchspersonen wurden im Losverfahren in die Gruppe der *Gefangenen* und die Gruppe der *Wärter* aufgeteilt. Unter den nachgestellten Bedingungen des Gefängnislebens reagierte die Gruppe der Wärter auf eine simulierte Revolte der *Gefangenen* so massiv, dass das Experiment (wegen ausufernder Gewalt, sadistischer Handlungen und, daraus folgend, seelischer Zusammenbrüche) vorzeitig abgebrochen werden musste.[16] Ausgehend von Zimbardos Laborversuch und Versuchsanordnungen mit denselben oder ähnlichen Beweiszielen wird in der Sozialpsychologie bzw. in der Gruppenforschung die Auffassung vertreten, dass mit zunehmender Deindividuierung auch die antisozialen Handlungen zunehmen (ex.: Witte 1994: 100). Offensichtlich wird ein Teil der eigentlich vorhandenen

16 Das Stanford-Prison-Experiment diente als Anregung für den Film „Das Experiment" (Deutschland 2001).

Individualität bzw. der Identität ausgeblendet[17]. Einschlägige Gruppensituationen minimieren die Selbstkontrolle und die kognitiven Prozesse des Einzelnen. Auch dies befördert Verhalten, das üblicherweise unterdrückt wird.

Alle Strömungen der Sozialisationsforschung wie auch die meisten der Autoren, die sich daran gemacht haben, das Entstehen subkultureller Lebenszusammenhänge zu erforschen und darzustellen, schreiben der jeweiligen Bezugsgruppe eine wichtige Sozialisationsfunktion zu. Die Gruppe schafft ein Maß an bewusster und unbewusster Sicherheit, das in der Regel in anderen Lebens und Sozialisationsfeldern gerade von Angehörigen subkultureller Gruppierungen nicht oder nur begrenzt erfahren werden kann. So sah Kraußlach (1976: 82) etwa in Rockergruppen eine besondere Form der Solidar- und Notgemeinschaften, die es den Beteiligten ermöglichen, zumindest eine Minimalidentität wahren zu können. Die Clique reguliert die im Alltag erfahrene Ambivalenz von Macht und Ohnmacht. Sie schafft Solidarität, verhindert Ohnmacht nach außen und bildet kleine Territorien der Macht.

Das sich im subkulturellen Gruppenzusammenhang herausbildende Wir-Gefühl bietet Verhaltenssicherheit. Die für alle Formen subkultureller Gruppen geltende Erfahrung der Verständlichkeit und Nachvollziehbarkeit der herrschenden Gruppennormen gilt in besonderem Maße für die starr und geschlossen strukturierten Systeme devianter Gruppen (Simon 1996: 184).

Erst der Zusammenschluss zwingt die Umwelt, die Gruppenmitglieder ernst zu nehmen, wobei ihnen Beachtung freilich erst dann in stärkerem Maße zukommt, wenn die Gesellschaft gezwungen wird, nichtkonformes Handeln wahrzunehmen, vornehmlich dann, wenn geltende Verhaltensnormen verletzt werden. Der Umstand, dass Gruppen erst dann Aufmerksamkeit erregen, wenn Regeln verletzt werden, hat vielfach zu der Fehleinschätzung beigetragen, dass die Gruppenbildung selbst als Ursache für die Regelverletzung anzusehen ist. Diese – das Geflecht sozialpsychologischer und gesellschaftspolitischer Aspekte ausgrenzende – Betrachtungsweise war insbesondere in den Arbeiten der in den USA der 1930er und 1940er Jahre weit verbreiteten Delinquenzforschung häufig zu finden. Sie wurde insbesondere von A. K. Cohen (1961: 19) aufgegriffen und weiterentwickelt:

> „Die Kultur der Bande ist nicht nur ein System von Verhaltensregeln, ein Lebensabschnitt, der sich von den Normen der *anständigen* Erwachsenen-Gesellschaft

---

17 In neueren Wiederholungen dieses Experiments scheint die Folgebereitschaft der Versuchspersonen geringer auszufallen. Ob dies, wie gelegentlich ausgeführt wird, vorrangig mit der reduzierten Experten- und Expertinnenmacht in modernen Gesellschaften zu tun hat, muss u. E. noch fundierter belegt werden.

unterscheidet oder ihr gegenüber indifferent ist oder sogar in Gegensatz zu ihr steht. Es scheint mir deutlich zu sein, daß die Kultur der Bande bestimmt wird durch ihre negative Popularität gegenüber jenen Normen … Sie beziehen ihre Normen von der sie umgebenden Gesamtkultur, aber sie verkehren diese Normen in ihr genaues Gegenteil".

Subkulturelle Formationen Altersgleicher stellten und stellen unverändert eine bedeutende Instanz für die Vergesellschaftungsprozesse der beteiligten Akteure dar. Sie beeinflussen die kognitiven, affektiven und konativen Subsysteme ihrer Mitglieder (Witte 1994: 197).

Die Identität jedes Mitgliedes wird in hohem Maße durch seine Gruppenzugehörigkeit und durch die Konformität mit den Normen der Gruppe bestimmt. Neben den eindeutigen Rollenerwartungen, die in den Gruppen einen hohen Grad an Übereinstimmung in der Definition sozialer Gegebenheiten und eine relativ einheitliche Realitätsdeutung ermöglichen – wobei diese durchaus in kollektiven Prozessen verzerrt werden mag –, beschreibt Herkner eine Reihe von Gruppenfunktionen, die insbesondere die gemeinsame Bewältigung schwieriger Lebenslagen begünstigen (Herkner 1983: 498):

- Die Gruppe ermöglicht gemeinsame Überlegungen, um aktuellen Schwierigkeiten zu entkommen.
- Die Gruppe verbessert die Möglichkeiten der Informationsgewinnung.
- Gruppensituationen wirken angstregulierend und erhöhen zudem die Risiko- und Konfliktbereitschaft. Auf das Phänomen des *risky shift* wurde an anderer Stelle bereits hingewiesen.
- Gruppensituationen haben vielfach auch die Eigenschaft, dass sie von unangenehmen Alltagssituationen ablenken können.
- Die Gruppe ermöglicht – wie dargestellt – unmittelbare soziale Vergleichsprozesse mit anderen Individuen, die sich in derselben oder einer ähnlichen Lebenslage befinden. Insbesondere wird die Urteilsfindung über die Angemessenheit oder Unangemessenheit von Reaktionen in bestimmten Situationen begünstigt.

Die soziale Funktion von subkulturellen Gruppen teilt sich in eine Innen- und eine Außenwirkung. Die Außenwirkung besteht darin, dass die Gruppenangehörigen möglicherweise das erste Mal in der öffentlichen Auseinandersetzung wahrgenommen werden. Bei aggressiven Jugendsubkulturen ist auffallend, dass die Gruppen meist nicht als Zusammenschluss vieler einzelner betrachtet werden. Die Darstellung der Individualität einzelner ist beschränkt. Es wird insbesondere vermieden, über Ängste und Aspekte der eigenen Person zu reden, die den Ich-Ideal-Ansprüchen und den Maßstäben der Gruppe nicht entsprechen (Turzer 1979: 172). Die Funktion der Gruppe für den einzelnen ist bis zu einem bestimmten Maß unabhängig von der inneren Struktur des subkulturellen Zusammenhangs. Skinheads – auch ihre rechtsradikalen Mitglieder – wiesen eine relativ autonome Gruppenstruktur auf. Rechtsextreme Gruppen, die sich vor der deutschen Wiedervereinigung im Umfeld der von Michael Kühnen beeinflussten Organisationen bewegten, besaßen eher ein hierarchisch gegliedertes Führungsprinzip. Fan- und Ultragruppen im Fußballmilieu haben verschiedenartige Organisationsformen.

Gemeinsames Kennzeichen der beschriebenen devianten Gruppen ist eine höhere Aggressionsbereitschaft. Um die Latenz in akutes Gewalthandeln umschlagen zu lassen, müssen mehrere, eventuell sogar alle der nachfolgend dargestellten Dispositionen zur Wirkung gelangen:

- Gewalt übt Faszination aus. Sie wird nicht abgelehnt, sondern ist in der Binnenwahrnehmung der subkulturellen Gruppe *positiv besetzt.*
- Die Mitwirkung an und die Erwartung von Gewalt vermitteln den beteiligten Akteuren einen *subjektiven Sinn.*
- Die Gruppe verschafft ein gewisses Maß an *Anonymität.* Damit reduziert sich – wie z. B. bei Gewalthandlungen im Fußballgeschehen – die Wahrscheinlichkeit der Identifizierung eines einzelnen Täters.
- Handlungen, die aus der Gruppe heraus geschehen, *verteilen die Verantwortung* für das deviante Verhalten. Der Einzelne fühlt sich nicht alleine für sein Tun oder Unterlassen verantwortlich, er fühlt sich entlastet.
- Gruppen- und Massensituationen produzieren in Schlüsselmomenten eine *extreme sensorische Stimulierung.* Dies gilt insbesondere dann, wenn ein Aufeinandertreffen mit einer gegnerischen Gruppe unmittelbar bevorsteht.
- Die von sozialen Umgebungen erzeugten Erregungszustände – z. B. bei Fußballspielen oder durch ideologisch aufgeladene Abwertung anderer Ethnien und Gruppen – rufen ein *höheres Aktivierungsniveau* hervor, was auch die Anwendung von Gewalt einschließt.
- In Verbindung mit dem Gruppendruck und der wahrgenommenen Reduktion von Verantwortlichkeit kann es in unvorhergesehenen, nicht strukturierten Situationen zum *Wegfall von Verhaltenskontrolle* kommen. Dies erklärt auch das Phänomen einer überbordenden Gewaltanwendung.
- Das *durchlebte Extremverhalten* wird als *positiver Reiz* wahrgenommen. Dies wiederum fördert die Gruppenkohäsion.

5.2 Manipulation in Gruppen: Zu den Überlegungen Rupert Lays

Es gehört zur anthropologisch begründeten Disposition von Menschen, dass sie gewillt sind, ihre eigenen Interessen durchzusetzen. Dies geschieht schon immer auf unterschiedlichsten Wegen und hängt im Alltag mit vorhandener oder fehlender Gestaltungsmacht zusammen. Fehlt diese, können andere Wege der Menschenbeeinflussung begangen werden, die eine gemeinsame Klammer besitzen. Selbst in demokratisch geltenden Aushandlungsprozessen sind Elemente manipulativer Techniken nachweisbar. Dies gilt umso mehr für jene Beeinflussungsversuche, in denen demokratischen Willensbildung ohne Bedeutung ist. Gruppen, so wurde dargestellt, sind dynamische Gebilde, in denen intensive Wechselwirkungen zum Tragen kommen. Rupert Lay, ein viel beachteter Wissenschaftler, Berater, Theologe und Philosoph, hat sich in vielfältiger Weise mit den ethischen Fragen von Kommunikation beschäftigt. Dabei ist er in besonderer Weise auf Machtfragen von Führung eingegangen. Im Rekurs auf Max Weber definiert er Macht als

> „die Chance, innerhalb einer sozialen Beziehung den eigenen Willen auch gegen Widerstreben durchzusetzen, gleichviel, worauf diese Chance beruht" (Lay 1978: 36).

Er ist zutiefst von der Manipulierbarkeit des Menschen überzeugt, sieht darin etwas Schicksalhaftes. Vernunft oder Religion, Einsicht und guter Wille haben seiner Überzeugung nach noch niemals Geschichte gemacht, sondern die unter diesen liegenden, sehr viel stärker halbanimalischen unbewussten (besser: unterbewussten) Antriebe und Emotionen.

Wenn in gesellschaftlichen Formationen – und somit auch in Gruppen – manipulative Prozesse erfolgreich vonstattengehen, so geschieht dies Lay zufolge unter Berücksichtigung von *Regeln der Menschenbeeinflussung* (Lay 1978, 1980):

1. Regel: Die Beeinflussung soll einem bestehenden Bedürfnis entsprechen.
Die Manipulation geschieht in Form der

- Weckung eines latenten Bedürfnisses,
- Bewusstmachung eines unbewussten Bedürfnisses,
- Suggestion nicht vorhandener Bedürfnisse,
- Verstärkung schwach ausgeprägter Bedürfnisse,
- Umorientierung eines vorhandenen Bedürfnisses.

2. Regel: Die Beeinflussung soll mehrdeutige Situationen erklären. Mehrdeutige Situationen werden von vielen Menschen als unangenehm oder gar als unerträglich empfunden. Individuen neigen dazu, dieses aus der Mehrdeutigkeit (Ambiguität) resultierende Spannungsverhältnis auflösen oder reduzieren zu wollen. Ist der Manipulierende in der Lage, z. B. durch eine eindeutige, wenngleich nicht unbedingt richtige Interpretation von Sachverhalten Lösungsansätze anzubieten, so wird man ihm folgen, wenn es ihm gelingt,

- andere Lösungen als minderwertig zu denunzieren,
- konkurrierende Analysen als unzutreffend zu bezeichnen,
- das Krisenbewusstsein zu steigern,
- die Repräsentanten (einer Institution/einer Gesellschaftsform usw.) als überlebt zu karikieren. Diese Strategie wird gerne und erfolgreich von der Werbung, aber auch von Rechtspopulisten angewandt.

3. Regel: Die Beeinflussung soll bestehenden Einstellungen entgegenkommen. Verstanden wird ein Sachverhalt oder ein Inhalt oft nur, wenn das zu Verstehende zumindest in Teilen an schon Bekanntes anknüpft. Im Verstehen vollziehen sich die Überlagerung und die – wenigstens vorübergehende – Verschmelzung von Elementen zweier Lebenswelten. Haben zwei Lebenswelten keine gemeinsame Schnittmenge, wird Verstehen niemals zustande kommen. Erfolgreiche Manipulateure müssen sich deshalb gut in die Denkweisen anderer Menschen einfühlen können.

4. Regel: Die Beeinflussung betont die positiven Seiten der angebotenen Inhalte. Auf der Beachtung dieser Regel basieren wesentliche Teile der Werbung. Deren traditionelles Konzept umfasst auch das Weglassen eher kritischer, negativer Segmente der Realität.

5. Regel: Die Beeinflussung zielt auf eine attraktive Sache, bei deren Inanspruchnahme auch weniger attraktive Dinge in Kauf genommen werden. Die Manipulation geschieht zum einen dadurch, dass die Verbundenheit des negativen und des positiven Aspekts undeutlich gemacht wird. Für den Fall, dass die Negativkonsequenzen nicht zu kaschieren sind, werden die Nachteile relativiert.

6. Regel: Die Beeinflussung spricht oft ein Wir-Gefühl an. Diese Vorgehensweise ist in Gruppen immer dann besonders erfolgreich, wenn soziale Bedürfnisse von Gruppenmitgliedern in anderen Lebenssphären nicht oder unzulänglich befriedigt werden. Kontextabhängig werden verschiedene Wir-Gefühle angesprochen bzw. stimuliert:

- Solidarität,
- Liebe und Freundschaft,
- Nationalgefühl,
- Standesgefühl,
- Gemeinschaftsgefühle, die aus Zweckorientierungen resultieren.

7. Regel: Die Beeinflussung entspricht den Regeln wirksamer Reizorganisation. Die Werbepsychologie macht sich Erkenntnisse der Sozialpsychologie zunutze, indem

- sie durch die Wiederholung meist kurzer Sequenzen zu beeinflussen versucht,
- sie unterschwellige Botschaften sendet,
- ein unbewusster Gestaltaufbau vollzogen wird, in dem bestimmte Reize mit Assoziationen verbunden werden und so im übertragenen Sinne über den Reiz der Aufbau einer spezifischen Gestalt (im Sinne der Gestaltpsychologie) erfolgt.

Merke
Die Gestaltpsychologie stellt eine Richtung psychologischer Forschung und Praxis dar, die funktionierende menschliche Wahrnehmung als die Fähigkeit deutet, in Sinneseindrücken Strukturen oder gar Ordnungsprinzipien auszumachen. Erleben wird als Ganzheit betrachtet, die auf einer bestimmten Anordnung der ihr innewohnenden Gegebenheiten beruht.

8. Regel: Die Beeinflussung geschieht durch Interpretation von Fakten. Gemeint ist dabei weniger die seriöse, etwa den Prinzipien der Hermeneutik folgende Deutung und Interpretation. Es geht um die faktenferne Umdeutung von Wahrnehmungen und Aussagen oder den Missbrauch statistischen Materials durch den Aufbau verfälschender Rahmen.

Diese Regeln finden auf ganz unterschiedlichen Ebenen statt. Lay (1980: 167 ff.) hat die bedeutendsten *Typen der Manipulation* zusammenfassend dargestellt:

1. Die politische Manipulation. In angewandte Politik sind im Allgemeinen manipulative Elemente eingebettet. Zunehmend setzten sich vermeidbare Formen durch:

- Autorität hat sich zu Macht gewandelt, der Staat und seine Institutionen werden dem Ziel der Machterhaltung unterworden.
- Die staatliche Autorität greift in Bereiche ein, die sie per se nichts angehen (private, religiöse).
- Das Staatsgebilde und seine Repräsentanten nutzen Manipulation zur Legitimation ihrer selbst.
- Der Staat versucht über manipulatorische Techniken seine Identität aufzubauen und zu erhalten (z. B. über die Konstruktion von Feindbildern).

2. Die ökonomische Manipulation. Lay unterscheidet zwei Formen der ökonomischen Manipulation:

a) Die Manipulation des Arbeitnehmers durch den Arbeitgeber durch
   - Techniken der Motivation zu höherer Leistung,
   - Techniken der Entfremdung,
   - Techniken der Bindung an ein Unternehmen oder eine Organisation,
   - Techniken der Solidarisierung mit dem Interesse des Arbeitgebers.

b) Manipulation des Konsumenten mittels
   - Techniken der Konsumgüterwerbung,
   - Techniken der Gewöhnung an Wohlstand,
   - Techniken der Bindung an einen Produzenten (über die Bindung an ein Produkt).

3. Die soziale Manipulation. Hier kommt das Gruppengeschehen in drei Gestaltungsvarianten zum Tragen:

a) *Manipulation durch die Gruppe:* Die Manipulation einer Gruppe ist nur auf der Basis von Bindungen möglich, die als notwendig empfunden werden. Dies geschieht etwa dann, wenn die Balance zwischen Individualität und Sozialität gestört ist. Gruppen entwickeln vielfältige Techniken, die nicht nur, aber auch manipulativen Charakter haben:
   - Die Ausbildung kollektiven Selbstwertgefühls oder Elitebewusstseins.
   - Die Bestrafung von Gruppenmitgliedern, die sich an die Peripherie der Gruppe begeben, etwa durch den Entzug von Zuwendung oder Rollenabstieg.
   - Die Sanktionierung der Bildung von Untergruppen.
   - Die Kollektivierung des Gewissens in Gruppen. Diese schafft uniformes Binnen- und Außenverhalten.
   - Die starke emotionale Bindung des Einzelnen an Gruppe. Diese bedeutet oft nicht Emanzipation, sondern Selbstentmündigung.

- Die von der Gruppe angebotene Geborgenheit wird mit Abhängigkeit und Zwängen erkauft.
- Gruppen neigen dazu, die sozialen Potenzen ihrer Mitglieder zu absorbieren.

b) *Die Manipulation mittels der Gruppe:* Die Gruppe selbst oder gruppendynamische Abläufe können in vielfältiger Weise zu Manipulations- und Herrschaftszwecken eingesetzt werden.

c) *Die Manipulation der Gruppe:* Die Manipulation ganzer Gruppen ist oftmals einfacher als die Manipulation eines einzelnen. Dies resultiert aus der in Gruppen- oder Massensituationen reduzierten Kritikfähigkeit sowie dem Umstand, dass – wie die sozialpsychologische Forschung umfangreich gezeigt hat – die Gruppensolidarität sich mit relativ einfachen Mitteln herstellen lässt.

d) *Die religiöse Manipulation:* Diese erlangt, wie die jüngere Geschichte gezeigt hat, gerade in umbrechenden Gesellschaften eine neue, gewachsene Bedeutung. Die alten Manipulationstechniken der Religionen sind auch ihre aktuellen:
   - Die Einführung eines *lohnenden und strafenden Gottes* zum Zweck der Durchsetzung bestimmter sittlicher, kultureller oder sozialer Verhaltensweisen.
   - Die sich vom Religiösen abspaltende *Eigenwirklichkeit religiöser Einrichtungen* und Gemeinschaften.
   - Die innerhalb von Religionsgemeinschaften wirksam werdende milieuhafte Verkümmerung von *Weltbemächtigung.*
   - Der Umgang mit *Schuldgefühlen* zum Nutzen der Religionsgemeinschaft.
   - Das Verteilen von *Ketzerhüten.*
   - Die *Theologisierung* der Religiosität.

5.3 Autoritäre und rechtsextreme Gruppenbildungen

Rechtsextremes Denken und Handeln von Individuen und Gruppen gehen in der Regel auf verschiedene Faktoren zurück. Eine sinnvolle Strukturierung eines analytischen Umgangs mit Rechtsextremismus haben Oerter und Montada (1995, in: Bund der Deutschen Landjugend 2017) vorgenommen:

Es ist naheliegend, der *Sozialisation* eine hohe Relevanz zuzuschreiben. Unter anderem werden Familieneinflüsse, die sozialisierende Wirkung von Medien sowie *Schlüsselerlebnisse* als potenzielle Auslöser rechtsextremer Orientierungen gesehen. Eltern-Kind-Interaktionen sowie Einstellungen und Phantasien von Jugendlichen gegenüber ihren Eltern ließen Unterschiede zwischen gewaltbereiten Extremisten, Unpolitischen und *gemäßigten* Demokraten erkennen, ebenso zwischen Links- und Rechtsextremisten.

Eng im Zusammenhang mit der Sozialisation stehend sind *entwicklungspsychologische Faktoren.* Zusammenhänge mit der kognitiven und moralischen Entwicklung werden hergestellt. Extremistische Aktivitäten können als Bestandteil fehlgeschlagener Identitätsfindung gedeutet werden.

Extremisten sind in manchen Fällen auch gestörte Persönlichkeiten. Ihr Verhalten wird auf der Basis *psychopathologischer oder psychoanalytischer Theorien* interpretiert, beispielsweise als Ausdruck psychopathischer Entwicklungsdefizite oder unbewältigter familiärer Konflikte.

Auch *persönlichkeits- und motivationspsychologische Faktoren* sind bedeutsam. So unterschiedliche Merkmale wie Minderwertigkeitsgefühle und extremes Machtstreben, Suche nach Geborgenheit und Wunsch nach Selbstbestimmung, Undifferenziertheit und Nonkonformismus werden als Korrelate extremistischer Haltungen und Verhaltensweisen gedeutet.

Deutungen auf der politisch-gesellschaftlichen Ebene dominieren aktuell die Diskussion sowohl um Rechtsextremismus als auch um den rechten Populismus. Extremistische Entwicklungen gelten als – gegebenenfalls legitime oder unvermeidliche – Folge gesellschaftlicher Fehlentwicklungen, beispielsweise in Situationen faktischer oder wahrgenommener Repression, fehlender Zukunftschancen, Flucht und Zuwanderung usw.

Abschließend noch einige Hinweise zur *Relevanz der sozialstrukturellen und sozialpsychologischen Ebene:* Die Positionierung von Individuen in der Gesellschaft, etwa als Mitglied einer unterdrückten Minderheit, wird als weitere mögliche Ursache extremistischer Entwicklungen gesehen. Gruppenerfahrungen und Vorbilder gelten als Einflussfaktoren. Das Verhältnis von Binnen- zu Außengruppen wird analysiert. Die Marginalisierung extremer Gruppen wie Skinheads, Ultras oder Autonomer in der öffentlichen Diskussion wird als Ursache einer weitergehenden Abschottung und Radikalisierung angesehen. Aber auch die Unterschiede zwischen Links- und Rechtsextremisten bezüglich Bildungsgrad bzw. Schichtzugehörigkeit (*Intellektuelle* bei den Linken, *geringere Bildungsgrade* bei den Rechten) gehören zu den relevanten sozialstrukturellen Faktoren – wobei die Aussagekraft derartiger typologischer, statistisch nur eingeschränkt begründeter Zuordnungen in jüngerer Zeit vermehrt angezweifelt wird und gerade für die Modernisierer des Rechtsextremismus nicht gilt.[18]

Als alt und gleichwohl aktuell gilt in diesem Zusammenhang die *Autoritäts- bzw. Autoritarismusforschung.* Mit Blick auf die Autoritätshörigkeit im Faschismus hat insbesondere Adorno (1966) zusammen mit Max Horkheimer und

18 Exemplarisch sei auf die Identitäre Bewegung oder Casa Pound Italia verwiesen, Strömungen, in denen Menschen mit höheren Bildungsabschlüssen dominieren.

anderen gegen überkommene autoritäre Strukturen und für eine antiautoritäre, demokratische Erziehung plädiert.

Die Auseinandersetzung mit den manipulativen Wirkungen fehlgeleiteter Autorität hält unverändert an. Eine bemerkenswerte Arbeit hat Welzer (2006) vorgestellt, der Gewaltverhalten des Holocaust und anderer Genozide in ihren jeweiligen sozialen und situativen Rahmungen untersucht und plausibel gemacht hat, wie *ganz normale Männer* innerhalb kürzester Zeit zu Massenmördern werden konnten.

Stärker interaktionistisch und auf das individuelle Verhalten bezogen, greift Oesterreich (1996) die traditionellen Theorien über die autoritäre Persönlichkeit auf und untersucht insbesondere die Verschränkung zwischen dem Vorhandensein einer individuellen Disposition und Alltagshandeln. Die daraus entstehende Dynamik kann durch Ideologien, Gruppendruck und Autoritäten verstärkt werden. Angst und Verunsicherung veranlassen Menschen, sich vermeintlich Schutz und Sicherheit verheißenden Instanzen zuzuwenden. Die Flucht in die Sicherheit von Autoritäten, von denen eine wirkungsvolle Unterstützung und damit ein Abbau der eigenen Angst erwartet werden, wird als autoritäre Reaktion bezeichnet (ebd.: 108).

Zum Sozialisationsprozess wird ausgesagt, dass Eltern primär die Sicherheit bietende Instanz für das Kind bilden. Da Kinder eigene Problemlösungsstrategien noch nicht oder nur unvollständig entwickelt haben und diese somit auf Hilfe angewiesen sind, wird von einer *Flucht in den Schutz der elterlichen Sicherheit* gesprochen. Unter Negierung des negativen Beiklangs des Begriffs *autoritär* hält Oesterreich die autoritäre Reaktion bei Kindern für einen wichtigen Grundmechanismus im Sozialisationsprozess. Nachfolgend stellt sich für ihn die Frage, wie es der Person gelingt, im Laufe ihres Sozialisationsprozesses Autoritätsbindungen abzubauen und in diesen Situationen autonome statt autoritärer Reaktionen zu entwickeln:

> „Erfolg oder Mißerfolg einer Herausbildung selbständiger Reaktionsformen auf Angst und Verunsicherung führen zu einer sich entwickelnden Balance individueller Situationsbewältigungen, in der sich autoritäre mit eigenständigen Reaktionsformen mischen. In dem Maße, in dem im Sozialisationsprozeß eine Loslösung aus der Reaktion einer Flucht in die Sicherheit nicht gelingt und immer wieder Unterwerfung und Anpassung praktiziert werden, verstärken sich die Bindungen an Autoritäten, die Schutz gewähren“ (ebd.: 124 f.).

Weiter wird ausgeführt, dass autoritäre Persönlichkeiten und Reaktionen nicht nur entstehen können, wenn Kinder von ihren Eltern in ihrer Kindheit *autoritär* behandelt wurden, sondern weil sie falsch behandelt wurden. Oesterreich benutzt dafür das Beispiel der entweder zu hohen oder zu niedrigen Anforderungen durch die Eltern. Lernt das Individuum die Loslösung von Autoritätsbindungen, so kann es in einer Gesellschaft, die hohe freie Entscheidungsspielräume zulässt bzw. abverlangt, bestehen. Autoritäre Reaktionen sind somit nicht *Folge totalitärer Systeme*, sondern eine Variante innerhalb verschiedener Optionen eines *Lebens in der Risikogesellschaft*. Scheitern wird zunehmend individualisiert und damit immer häufiger zur psychischen und materiellen Bedrohung des Einzelnen. Die Chance, in schwierigen Situationen Geborgenheit in sozialen Netzwerken zu finden, nimmt ab. Damit steigt der Bedarf an Schutz, Geborgenheit, Orientierung und Sicherheit bietenden Instanzen.

Allerdings erhöht die moderne kapitalistische Gesellschaft nicht nur die Gefahr eines Verbleibens in Autoritätsfixierungen, indem sie einzelne überfordert. Sie bietet zugleich auch gute Voraussetzungen für gelingende individuelle Emanzipationsprozesse an, indem sie die Individuen herausfordert und mit vielfältigen, komplexen Aufgaben konfrontiert. Auch aus persönlichkeitspsychologischer Perspektive öffnet sich in diesen Gesellschaften eine Schere, und zwar zwischen den Individuen, die die Herausforderungen der Moderne meistern und für ihre Individuation zu nutzen wissen, und denen, die nicht ohne genaue Vorgaben, feste Orientierungen, Idole und Führer in ihr zurechtkommen. Da die letztgenannte Gruppe wahrscheinlich die Mehrheit darstellt, kann die autoritäre Persönlichkeit nach wie vor als Durchschnittstypus dieser Gesellschaft angesehen werden (ebd.: 174).

Die Wirkung und Relevanz autoritärer Milieus und der darin praktizierten Erziehung haben Decker u. a. (2008) vor einigen Jahren erneut eindrucksvoll empirisch belegt. Sie gelangen zu der Schlussfolgerung, dass Rechtsextremismus besonders gut auf dem Boden von Angst und Ausgrenzungserfahrungen gedeiht. Die Studie gelangt ferner zu dem Ergebnis, dass jene besonders anfällig für rechtsextreme Einstellungen waren, die unter dem Einfluss autoritärer Denkstrukturen in der Gesellschaft und in der eigenen Familie aufwuchsen (ebd.: 451). Verstärkungsfunktion nehmen Gewalterfahrungen ein. Diejenigen, die mit diktatorischen Regierungsformen sympathisieren, hegen häufig autoritäre Aggressionen gegen (vermeintlich) Schwächere, was oftmals mit der Unfähigkeit zur Empathie gegenüber Opfern rechtsextremer Gewalt verbunden ist.

Eine relative Nähe zur Autoritätsforschung weisen auch die theoretischen Bezugnahmen der *Mitte-Studie* auf. Seit 2002 werden alle zwei Jahre Repräsentativerhebungen durchgeführt, woraus mittlerweile eine Langzeitdokumentation zu politischen Einstellungen in Deutschland entstanden ist. In der Arbeit der Forschungsgruppe um Elmar Brähler und Oliver Decker wird die Entwicklung von rechtsextremen und antidemokratischen Einstellungen abgebildet. Der historischen Entwicklung des *Extremismus der Mitte* folgend, werden die Einflussfaktoren auf ebendiesen beleuchtet.

Vor allem mit ihren Bezügen zu relativer sozialer und politischer Deprivation und mangelnder Resilienz werden Einflussfaktoren herausgearbeitet, die diese Forschung in die Tradition der Studien über autoritäre Erziehung und den daraus folgenden autoritären Charakter stellen. Auch wenn elterliche (und vor allem väterliche) Gewalt rückläufig ist, steht diese unter den vorrangigen Ursachen für die Herausbildung eines autoritären Charakters (Decker/Kiess/Brähler 2014: 10). Die Verschiebung von einer patriarchalen hin zu einer Gewalt, die der Sozialisation selbst innewohnt, wird thematisch weitergeführt und mit dem Begriff des *sekundären Autoritarismus* besetzt. Dabei wird ein unmittelbarer Bezug zu Sigmund Freud hergestellt. Im Gegensatz zur *primären Masse* (Freud 1921, 2001), die sich dadurch auszeichnet, dass ein autoritärer Führer Gewalt ausübt, wird eine *sekundäre Masse* von einer abstrakten unsichtbaren Gewalt beherrscht (Decker/Kiess/Brähler 2014: 17).

Aus der Entstehung von rechtsextremen Einstellungen als Folge schlechter wirtschaftlicher Verhältnisse leitet sich ein Verständnis von Wohlstand als *narzisstischer Plombe* ab (ebd.). Dieses Verständnis knüpft an das Hauptwerk von Mitscherlich/Mitscherlich (1967) sowie an die Analysen zur *Funktion von fetischisierten Objekten* (Morgenthaler 1974) an.

Gedanken zur Praxis

Die eher gruppenkritischen Überlegungen Rupert Lays stehen vordergründig solitär in der Erörterung positiver und negativer Gruppendynamiken.

Versuchen Sie Bezüge zwischen Lays Kernthesen und der Autoritarismusforschung herzustellen.

5.4 Zum Abschluss des Kapitels

Übungsfragen

- Was könnten gruppenpädagogische Antworten auf den manipulativen Charakter einzelner Gruppenprozesse sein?
- Was fasziniert die Beteiligten an Gruppengewalt?
- Was sind wichtige Einflussgrößen für das Entstehen rechtsextremer Einstellungen?

Zum Weiterlesen

Heitmeyer, W. (Hg.): Deutsche Zustände, Folge 10/2012, 3. Aufl. Frankfurt/M. 2015.

Lay, R.: Manipulation durch die Sprache, Reinbek 1980.

Möller, K./Schumacher, N.: Soziale und pädagogische Arbeit mit rechtsextrem affinen Jugendlichen. Akteure, Projekte, Ansätze und Handlungsfelder, hrsg. von der Kontaktstelle BIKnetz, o. O. 2014.

Kapitel 6
Zur Variabilität von Intensität und Struktur – dargestellt anhand der Gruppenarbeit mit Jugendlichen und gruppendynamischer Trainings von Erwachsenen

Soziale Arbeit mit Gruppen verläuft in Prozessen unterschiedlicher Dynamik in einer Vielzahl an Konstellationen und Zielgruppen. Es existieren Intensitäten, die sich am Grenzbereich zu therapeutischen Arbeitsformen bewegen. In anderen Settings sind die Gruppenbeziehungen schwach und flüchtig. In zahlreichen Arbeitszusammenhängen, etwa in Trainingsgruppen, wird mit festen Gruppen gearbeitet, die geschlossen bleiben, also keine beliebigen Neuzugänge ermöglichen. Häufiger aber sind Arbeitsalltage von Gruppenpädagogen davon geprägt, dass die Gruppe, mit der gearbeitet wird, keine oder eine nur geringe Geschlossenheit besitzt und Fluktuation aufweist. Letzteres kennzeichnet die Gruppenarbeit mit Jugendlichen in besonderer Weise. Deshalb soll diese nachfolgend dem weitgehend *geschlossenen System* gruppendynamischer Trainings gegenübergestellt werden.

6.1 Gruppenpädagogische Ansätze – sichtbar gemacht am Beispiel der Jugendarbeit

Die Jugendarbeit ist gekennzeichnet von der Möglichkeit, unterschiedliche Methoden der Sozialarbeit in Ansatz zu bringen. Sie nimmt vor dem Hintergrund der aktuellen Entwicklungsbedingungen von Kindern und Jugendlichen unverändert wichtige Funktionen ein:

1. Sie hat eine nachhaltige und vielfältige *Unterstützungsfunktion*. Diese reicht von der Bereitstellung von Erfahrungsräumen bis hin zu konkreten Formen der Einzelfallhilfe.
2. Über den Alltag in Jugendeinrichtungen erlangt sie in gelingenden Prozessen eine *Aktivierungsfunktion*.
3. Sie besitzt eine im Tagesgeschehen dominante *Freizeitgestaltungsfunktion*.
4. Sie ermöglicht die Erlangung und die Erfahrung *sozialer Kompetenz*.
5. Ihre Einrichtungen sind häufiger *Ort des Gruppengeschehens*.

6. Sie schafft Gelegenheit zur *Inszenierung interaktiver Prozesse* zwischen Jugendlichen und Erwachsenen.

Jugendarbeit ist trotz der ihr oftmals zugeschriebenen Diffusität und ihrem geringen Grad an Strukturiertheit ein zentraler Ort für das soziale Lernen von Kindern und Jugendlichen, an dem sehr unterschiedliche, sich manchmal auch rasch wandelnde Formen *Sozialer Gruppenarbeit* entwickelt und umgesetzt werden. In Abhängigkeit von den jeweils spezifischen Gegebenheiten geschieht dies in vielfältiger Weise. Dabei kommt der bereits im 1. Kapitel erwähnten *cliquenorientierten Gruppenarbeit* unverändert eine wichtige Bedeutung zu.

Die Beachtung von Jugendcliquen ist in den letzten Jahren rasant gestiegen und zugleich hat sich ein Funktionswandel dieser Cliquen vollzogen. Rund drei Viertel aller Jugendlichen fühlen sich Cliquen und Freundeskreisen – also Gruppen Jugendlicher – zugehörig. Traditionell wurde den jugendlichen Gleichaltrigengruppen, den sogenannten *Peergroups,* eine ergänzende Sozialisationsfunktion zugeschrieben. Dennoch wurde jahrzehntelang von Cliquen meist dann gesprochen, wenn es um Gefährdungen von Jugendlichen ging (Krafeld 2013: 271). Heute werden Jugendszenen und Cliquen immer häufiger zu überlebenswichtigen Sozialisationsinstanzen, manchmal zum letzten Ort jugendlicher Identitätsbildung. Für die Soziale Arbeit mit Jugendcliquen erlangen Ergebnisse der Kleingruppenforschung vielfältige Relevanz. So weiß man aus Untersuchungen zur Devianz Jugendlicher, dass der Anpassungsdruck an deviante Verhaltensweisen in Cliquen umso größer ist, je mehr sich Jugendliche genau auf diese eine Clique angewiesen fühlen (ebd.: 276).

Innerhalb der Offenen Jugendarbeit ist ein sehr breites Spektrum unterschiedlicher Formen Sozialer Gruppenarbeit möglich, die auf unterschiedlichen Zugängen, Zielsetzungen und Konzepten beruhen. In der Praxis lassen sich unterscheiden (Simon 2005b: 199 ff.):

- Eine *alltagsorientierte Gruppenarbeit,* die an den spontanen Bedürfnissen der Jugendlichen ansetzt, die im weitesten Sinne das Jugendhaus im Sinne seiner freizeit- und tagesstrukturierenden Bedeutung für Jugendliche erschließt.
- Eingebettet in die alltagsbezogenen Ansätze sind besondere Höhepunkte, die in eine *gruppenbezogene Projektarbeit* münden können, die sich in einem breiten Spektrum von für Jugendliche aktuell sehr attraktiven kreativen Ausdrucksformen bewegen.
- Abgrenzbar hiervon ist eine außerhalb der Schule und der Sportvereine organisierte *sportbezogene Jugendgruppenarbeit,* die meist auch an den Bewegungsbedürfnissen von Jugendlichen ansetzt, die aus sehr vielfältigen

Gründen nicht willens sind, sich den klassischen Angeboten der Sportvereine anzuschließen.

- In der Systematik der deutschen Jugendhilfe findet sich unter den sogenannten familienunterstützenden *Erziehungshilfen* – rechtlich geregelt im § 29 des deutschen Kinder- und Jugendhilfegesetzes (KJHG) – die Form der *Sozialen Gruppenarbeit,* die im weitesten Sinne entwicklungs- und defizitorientiert eingesetzt wird. Hierfür stehen meist spezialisierte freie Träger der Jugendhilfe zur Verfügung. In manchen Fällen sind aber derartige Angebote in Maßnahmen der Offenen Jugendarbeit eingebettet. Die Kurse sind zeitlich befristet und häufig thematisch konkretisiert. Bei fortlaufender Gruppenarbeit können Neuaufnahmen und Austritte zu jedem Zeitpunkt erfolgen (Struck/Trenczek, in: Münder u. a. 2013: 352).
- An der Schnittstelle zwischen Alltags-, Projekt- und Sozialer Gruppenarbeit werden in zahlreichen Projekten auch *Fahrten bzw. erlebnispädagogische Angebote* durchgeführt.
- Eng verwandt mit diesem Zugang ist eine *cliquenorientierte Gruppenarbeit,* die sich vorrangig auf die Arbeit mit festen Cliquen bezieht, die in ihren größeren Formen in manchen Einrichtungen sogar den dominanten Teil der Stammbesucher darstellen können.
- Manche dieser cliquenbezogenen Arbeitsansätze schaffen Zugänge zu Gruppen mit besonderen sozialen Schwierigkeiten und/oder Auffälligkeiten. Ein Teil der besonders expressiven Jugendkulturen ist in Gewaltzusammenhänge verstrickt, etwa dann, wenn die Jugendarbeit Angehörige linker und rechter Jugendkulturen oder andere gewaltfixierte Gruppen, wie z. B. Hooligans, oder Jugendgangs und -cliquen erreicht. In derartigen Arbeitszusammenhängen wurden in den letzten Jahrzehnten *niedrigschwellige Formen Sozialer Gruppenarbeit* umgesetzt.
- Auch wenn es ein oftmals mühevolles Unterfangen ist, gelingen in der Offenen Jugendarbeit immer wieder Prozesse, die zu einer Gruppenarbeit in Form von *Jugendbildungsarbeit* führen. Nicht immer, aber manchmal resultieren derartige Angebote aus einer kontinuierlichen Entwicklung mit an sich erst einmal *freizeitorientierten* Stammbesuchern von Einrichtungen.

Grundvoraussetzung dafür, dass JugendarbeiterInnen in der Arbeit mit Gruppen überhaupt etwas bewirken, ist die gelingende Gestaltung der Kontaktphase. Dabei kann von sehr unterschiedlichen Situationen ausgegangen werden:

- Das Vorhandensein von Räumen, die für Jugendliche attraktiv sind und die sie sich aneignen können.

- Das Vorhandensein von Räumen, die für Jugendliche erst noch erschlossen werden müssen bzw. die im Stadium der Kontaktaufnahme von Jugendlichen nicht als attraktiv empfunden werden, aber ein Gestaltungspotenzial aufweisen (Ausbau als Medium der Gruppenentwicklung sowie der Gestaltung von Beziehungen zwischen Jugendarbeitern und Jugendlichen).
- Das Vorhandensein von Multiplikatoren, die eine Mittlerfunktion zwischen Jugendlichen und Jugendarbeitern einnehmen können.
- Die Vermittlung durch andere Instanzen: Der Kontakt mit auffällig gewordenen Jugendlichen geschieht gelegentlich dadurch, dass sich Gerichte und Jugendgerichtshilfe an Einrichtungen mit dem Ziel wenden, Jugendlichen die Möglichkeit zu geben, an Orten der Jugendarbeit ihre Arbeitsauflagen abzuleisten.
- Schließlich ergeben sich Kontakte, die in Gruppenarbeit mit Jugendlichen münden, aus ursprünglich offenen, neuen Situationen ohne räumliche Anbindung und ohne eine Vorgeschichte.

Für die Entwicklung zur Arbeit mit Gruppen, mit denen zu Beginn nur lose Beziehungen bestehen, sind folgende *Erstkontaktszenarios* denkbar:

- Anlässe, die auf der Ebene unverbindlicher Alltagskommunikation liegen. Man kommt über völlig beliebige, banale Dinge ins Gespräch. Hier haben Neulinge oft das Problem, diese Kontaktsituationen als beliebig und unprofessionell zu empfinden.
- Steffan (1988) schildert, aus der Streetwork kommend, auch Situationen, in denen SozialarbeiterInnen dadurch mit ihrer Klientel in Kontakt geraten sind, dass sie diese sehr *offensiv angesprochen* haben. Selbst aus daraus resultierenden Missverständnissen ergeben sich zum einen Chancen, insbesondere Neue kennenzulernen, die noch relativ kurz in der Szene sind. Auf der anderen Seite schafft die Möglichkeit, sich auf diese Weise als Professioneller erkennen zu geben, u. U. erst einmal Distanz, da die Erwartung der Fragenden nicht erfüllt wurde.
- Speziell in der Arbeit mit *Problemgruppen* bestehen natürlich auch Einstiegsmöglichkeiten über Gruppenangehörige, die man zuvor über andere Angebote der Jugendhilfe kennengelernt hat.
- Ein weiteres Einstiegsszenario kann sich über Situationen gestalten, in denen sich SozialarbeiterInnen als *nützlich* für einzelne Jugendliche oder Gruppen erwiesen haben.
- Vielfach schleppen Jugendliche ihre Freunde an.
- Manchmal werden JugendarbeiterInnen auch gebeten, mit bisher noch nicht kontaktierten Personen zu sprechen oder *etwas für diese zu tun.*

- In anderen Fällen kann auch an zurückliegende flüchtige Begegnungen oder Erfahrungen aus anderen Lebensbereichen angeknüpft werden.
- Eine Besonderheit sind Situationen, in denen der Kontakt vor allem dadurch entsteht bzw. intensiviert wird, dass Jugendliche den MitarbeiterInnen gefallen wollen. Dies geschieht gehäuft bei jüngeren MitarbeiterInnen und PraktikantInnen und steht in engem Zusammenhang mit einer zu lösenden Nähe-Distanz-Problematik unter Akteuren mit geringen Altersunterschieden.

Eine Gruppe lediglich in ihrer Vertikalstruktur – z. B. Stärkehierarchie – zu beurteilen, reicht für eine gelingende Kontaktaufnahme auf keinen Fall aus. Wichtig sind die spezifischen Wertigkeiten für die Gruppe in spezifischen Situationen, die Dechiffrierung ihres Selbstverständnisses und Kenntnisse über die spezifische Bedeutung der Einzelpersönlichkeiten für die Gruppe. Der Kontakt wird anfangs nicht zur ganzen Gruppe, sondern nur zu einzelnen Mitgliedern bestehen. Diese Einzelkontakte müssen wiederum vor dem Hintergrund des Gruppenprozesses und der Rollenverhaftung jener Individuen gesehen werden, zu denen erste, noch fragile Kontakte aufgebaut werden konnten. Diese dürfen nicht überstrapaziert werden, da die zu offene Demonstration guten Kontaktes für den Betreffenden unangenehm sein kann. Rückzug oder Beziehungsabbruch kann die Folge sein.

Erstkontakte – insbesondere im Beisein anderer – verlaufen nur selten in dyadischer Form. SozialarbeiterInnen und Jugendliche agieren in Anwesenheit anderer Menschen beeinflusst von deren Beisein, von der Situation und von den jeweiligen Erwartungshaltungen. Gerade in Gegenwart anderer spielen Macht- und Behauptungsspiele eine nicht unwesentliche Rolle. Es kommt hierbei durchaus auf Eigenschaften wie Witz, Charme und Spontanität an.

In der Arbeit mit Gruppen ist zu berücksichtigen, dass die Beziehungen der Gruppenmitglieder untereinander heterogen und von Abhängigkeiten bestimmt sind, die häufig vom externen Beobachter auf den ersten Blick nicht erfasst werden können.

Der traditionelle Ansatz, sich vor allem an den *Stärkeführern* zu orientieren, kann gelegentlich zu kurz greifen, da sie an vordergründig gezeigter Stärke sowie an Dominanzpräferenz ansetzen.

Exkurs VI: Kraußlach, Düwer und Fellberg – Pioniere einer praxissicheren Jugendarbeit mit gewaltbereiten Gruppen

Die Praxis offener Arbeit hat in mehr als sechs Jahrzehnten gezeigt, dass auch sehr problembehaftete Jugendliche an die Einhaltung von Normen herangeführt werden können, die ihnen bislang weitgehend fremd waren. Voraussetzung hierfür ist das Vorhandensein hoch entwickelter fachlicher und personaler Ressourcen, die bereits Kraußlach u. a. (1976) aus ihren Praxiserfahrungen mit Hamburger Jungrockern abgeleitet haben.

Zwischen 1970 und 1980 sind im Spektrum der sich quantitativ stark ausweitenden Offenen Jugendarbeit mehrere Dutzend Projekte entstanden, in denen mit gewalttätigen sowie häufig rechtsorientierten Cliquen gearbeitet wurde, die sich vielfach der Rockerszene zugehörig fühlten. Offene Jugendarbeit mit gewaltbereiten Jugendlichen basierte bereits in den 1970er Jahren auf vielen Projekten mit der *Grundidee des sozialen Lernens*. Wichtige Prinzipien waren hierbei (ebd.: 41 ff.):

- In der Gruppe verfestigte Verhaltensstereotypen müssen aufgebrochen werden. Jugendlichen muss Gelegenheit gegeben werden, auf immer wieder in der gleichen Weise auftretenden Stimuli differenziert zu reagieren.
- Die zwanghaften, eindimensionalen Verhaltensmuster, die sich in angelernten, festgeschriebenen Rollen manifestieren, sind durch anders geartete Erfahrungen aufzubrechen.
- Zur Arbeit mit der Gruppe gibt es keine Alternative. Pädagogische oder ordnungspolitische Bemühungen, die Gruppen aufzulösen, führen in der Regel zu keineswegs besseren Resultaten.

Die entscheidende Dimension für die Umsetzung der genannten Prinzipien ist der *Erwerb von Interventionsberechtigung*. Der Pädagoge, der in einen Konflikt eingreifen will, aber die Interventionsberechtigung nicht besitzt, scheitert.

Merke

Bezüglich der Herstellung und Aufrechterhaltung von Interventionsberechtigung gilt (nach Kraußlach u. a. 1976):

1. Die Interventionsberechtigung muss erworben werden.
2. Sie wird letztendlich über einen längeren Prozess von den Gruppenmitgliedern zugesprochen.
3. Die einmal erworbene Interventionsberechtigung muss ständig erneuert werden.
4. Sie wird entzogen, wenn sie missbraucht wird.

6.2 Gruppendynamische Trainingsgruppen

Wie schon im 2. Kapitel dargestellt wurde, ist der Begriff *Gruppendynamik* unscharf geworden. Dies beruht im Wesentlichen auf einer großen Vielfalt an Trainings- und Übungsformen sowie in der mittlerweile unübersichtlich gewordenen Theoriebildung. Letzteres geht auch darauf zurück, dass Zugänge zur Gruppendynamik nicht mehr nur aus pädagogischer, psychologischer oder therapeutischer Perspektive gesucht werden. Das Spektrum der gruppendynamischen Interventionsformen hat schon längst die Schulung Ehrenamtlicher – bis hin zur Feuerwehr –, die Managementlehre oder Teambuilding-Maßnahmen von Spitzensportlern und hoch spezialisierten Fachkräften verschiedenster Berufe erreicht. Beispielhaft sollen an dieser Stelle *klassische* Trainingsgruppen und mit diesen verwandte Trainingsformen betrachtet werden, in denen Erwachsene im Rahmen einer *entalltäglichten* Gruppensituation Selbsterfahrung, Klärung oder Entlastung anstreben.

Die Konzeption von Gruppentrainingsansätzen dieser Art ist in der Betrachtung der Historie des Feldes, wie dargestellt, eng mit den Namen Kurt Lewin und Muzaffer Sherif und deren Kleingruppenforschung verbunden. Gelegentlich wird auch auf die noch älteren Arbeiten Morenos zum *Psychodrama* Bezug genommen. Nach Lewins frühem Tod haben Mitarbeiter und Nachfolger – genannt seien hier Bradford, Benne und Lippitt – die Idee der Ausbildungslabore für Gruppenentwicklung vorangetrieben. Gearbeitet wurde in experimentellen *basic-skill-training-groups (BST).* Rollenspiele, Selbstwahrnehmung und Feedback wurden zu wichtigen Elementen. Schon früh wurden mittels dieser Methode auch Teilnehmer aus Spitzenpositionen (Wirtschaft, Forschung, Politik, Militär) in den Grundfertigkeiten zwischenmenschlicher Beziehungen trainiert. Aus diesen experimentellen Ansätzen entwickelte sich eine regelrechte Bewegung der *training-groups (T-Groups),* deren divergierende Konzepte eine gemeinsame konzeptionelle Klammer besaßen: Statt abstrakte, didaktische Beschreibungen vorzunehmen, sollte versucht werden, aus gemeinsamen Gruppenerfahrungen zu lernen. Dabei wurden sowohl Inhalts- als auch Beziehungsaspekte berührt. Letztere standen meist stärker im Vordergrund und waren die Impulsgeber für das, was gemeinhin als Gruppendynamik bezeichnet wird. Heute meint Gruppendynamik zumindest dreierlei (Teutsch/Pölzl 1999, 2013: 28):

1. Das *Phänomen der Dynamik,* also die Kräfte und den Prozess des Kräftespiels in zwischenmenschlichen Beziehungen in einer Gruppe.
2. Die *Wissenschaft* von der Gruppendynamik. Diese speist sich aus soziologischer, psychologischer, pädagogischer und (psycho-)therapeutischer Forschung und Reflexion.

3. Die Praxis in Form sozialen und organisatorischen Handelns. In der *angewandten Gruppendynamik* finden das Erforschte und das Wissen um die Wirkkräfte Anwendung.

Unverändert kommt das Gruppentraining in seiner klassischen Ausrichtung zur Anwendung. Deren wichtigste Kennzeichen sind eine relative Unstrukturiertheit und eine ausgeprägte Prozessorientierung. Sie ist häufig nicht themengebunden. Meist werden Arrangements bevorzugt, in denen das eigentliche Training und die der Auswertung dienende Beobachtung getrennt sind. Generell gilt das Feedback als Element der Verstärkung und der Rückmeldung sowie der Steuerung von Lern- und (Selbst-)Erfahrungsprozessen.

Im Gegensatz zu den eher prozessorientierten T-Programmen ist das auf Morenos Psychodrama und Lewins Vorarbeiten zurückgehende und in den 1950er Jahren weiterentwickelte *Sensitivity-Training* stärker auf das Individuum zentriert. Arbeitsprobleme des Alltagslebens werden meist nicht thematisiert. Im *Hier und Jetzt* soll an der Persönlichkeitsentfaltung *(personal growth)* gearbeitet, sollen Defizite in der *Therapie für Normale* bearbeitet und reduziert werden.

Varianten des Sensitivity-Trainings muten den Beteiligten wie den Außenstehenden beinahe therapeutisch an. Es gibt jedoch zwei grundlegende Unterschiede. Zum einen definieren die Beteiligten sich selbst nicht als therapiebedürftig oder in einer Therapie befindlich. Zum anderen werden in der Regel keine Rückblenden in frühere Lebens- und Krisensituationen unternommen. Auch reine Interpretationen und Erklärungsversuche werden meist strikt unterbunden.

Exkurs VII: Sensitivity-Trainings im Angebot

Die FH Nordwestschweiz organisiert allgemein zugängliche gruppendynamische Trainings. Ihren Kurs Sensitivity-Training kündigt sie wie folgt an (www.gruppendynamik.ch [3. Juli 2018]):

> „Als Teilnehmende haben Sie die Chance, Ihr Bewusstsein darüber zu erhöhen, wie andere Sie sehen und Sie erlangen die Fähigkeit, sich selbst anderen gegenüber klarer zu verhalten, so dass Sie Ihre Ziele sicher erreichen. Sie werden Ihre Verhaltensmuster kritisch anschauen können und erproben in der Sicherheit dieses Settings andere, wirksamere Handlungsmodelle.
>
> - Sie kommen über Selbstbeobachtung und Fremdwahrnehmung zum Erfolg.
> - Sie vergrößern Ihre Spontaneität und adäquate Ausdrucksfähigkeit.

- Sie erweitern Ihre Rollenflexibilität, indem Sie Ihre eigenen Verhaltensmuster erkennen.
- Sie erhöhen Ihre Konfliktfähigkeit und Frustrationstoleranz und gelangen dadurch zu mehr Selbstsicherheit."[17]

Auch wenn diese Ausschreibung an die früheren Heilsversprechen der Gruppendynamik erinnert, zeigt sie doch, dass auf *personal growth* ausgerichtete Angebote unverändert einen festen Platz im Spektrum gruppendynamischer Trainings- und Fortbildungsprogramme einnehmen.

Eine weitere Abwandlung stellen *gruppendynamische Verhaltenstrainings* dar. Sie sind eine Mischform, in die neben klassischen Trainingselementen auch therapeutisch beeinflusste und lernpsychologische Ansätze Eingang gefunden haben.

Gruppendynamische Trainings können mit oder ohne Trainer durchgeführt werden. Ein typischer Ablauf kann wie folgt vonstattengehen:

- Die Gruppe trifft sich, absolviert ein *warming up* in Form ausgesuchter, geeigneter Übungen.
- Im nachfolgenden Gruppengespräch kommt es zur Darstellung individuen- oder gruppenbezogener Ist-Analysen durch die Beteiligten. Im Idealfall stehen Fragen und Darstellungen im Vordergrund, die sich auf tiefgreifende Probleme und Änderungswünsche beziehen.
- Aus diesem Stadium heraus versucht die Gruppe nun, Trainings- und Veränderungsziele herauszuarbeiten. Die Erweiterung von Bewusstheit oder die Herstellung einer verbesserten Erlebnisfähigkeit sind mögliche Ziele. Die Gruppe selbst ist das Mittel, indem sie die Freiräume der Trainingssituation bietet und fordert, trägt und fördert. Dabei wird das Erreichen einer Gruppensituation angestrebt, in welcher die Äußerung von Gefühlen ohne rationale Kontrolle oder Scham möglich wird.
- Es kann abschließend zur Formulierung von Vereinbarungen kommen. Häufig wird ein Schlusspunkt mittels eines Rituals oder eines Feedbacks gesetzt.

Eine weitere Form stellen *verhaltenstrainingsorientierte Gruppen* dar. Das Ziel ist die Einübung erwünschten oder die Extinktion unerwünschten Verhaltens. Dies geschieht in Übungen, der Entwicklung von Verhaltensmodellen, der Verstärkung erwünschten Verhaltens sowie durch Feedback-Übungen. Andere Trai-

---

19 Das Programm hat seinen Preis: CHF 1 750 zuzüglich Unterkunft und Verpflegung (www.dggo.de, Zugriff: 3. Juli 2018).

nings basieren ausschließlich auf dem Gespräch und geeigneten Kommunikationsübungen.

In einer frühen Untersuchung arbeiten Orlik, Bullinger, Himbert und Bohl (1978) auf der Basis von Befragungen von Trainern der damals gängigen gruppendynamischen Schulen heraus, dass hinsichtlich der angestrebten Ziele vier Nennungen dominierten:

1. die Verbesserung der Handlungskompetenz,
2. persönliches Wachstum,
3. Sensitivität für andere,
4. Aufbau und Aufrechterhaltung wesentlicher Beziehungen.[20]

Alltagspraktisch werden in gruppendynamischen Trainings vorrangig folgende Schwierigkeiten bearbeitet:

- *Kommunikationsprobleme:* Diese können in einer stark kommunikationsgestützten Arbeits- und Erlebniswelt als besondere Belastung empfunden werden. Nicht gut zuhören können gehört ebenso dazu wie die Unfähigkeit, sich in Gruppen oder in Einzelgesprächen adäquat artikulieren zu können. Manche Individuen agieren im verbalen Umgang mit Gegenübern zu zurückhaltend oder zu aggressiv. In Diskussionen, Arbeitssitzungen oder in Gesprächen ist die mangelnde Berücksichtigung der Interessen anderer weit verbreitet.
- *Probleme mit sich selbst:* Diese sind vielfältig. Mangelndes Selbstvertrauen oder ein Unverständnis der eigenen Person gegenüber sind die häufigsten Formen.
- *Probleme mit der Umwelt:* Gerade aktuelle gesellschaftliche Entwicklungen zeitigen vielfältige Ohnmachtsgefühle gegenüber staatlichen und anderen öffentlichen Instanzen. Viele Individuen fühlen sich nicht kompetent genug, den vermeintlichen und realen Anforderungen unserer Zeit entsprechen zu können. Dazu gehört auch die Unfähigkeit, trotz des eventuell vorhandenen Willens das von sich selbst erwartete gesellschaftliche Engagement aufzubringen.
- *Mangelnde Durchsetzungsfähigkeit:* Viele Menschen fühlen sich in Konflikten hilflos oder lassen sich leicht einschüchtern. Andere empfinden es als Problem, wenn sie sich am Arbeitsplatz oder in Diskussionen zu wenig einbringen.

---

20 Trotz der Relevanz und der Verbreitung der Gruppendynamik existieren aus jüngster Zeit keine Erhebungen, die Programme, Kompetenzen, Ziele und Einstellungen von Coachs und Trainern zum Gegenstand haben.

- *Unsicherheit in der Selbstdarstellung:* Diese beginnt mit Problemen der Selbstwahrnehmung und der Schwierigkeit, zu stark vom Urteil anderer abhängig zu sein. Diese Defizite korrespondieren wiederum mit der Unfähigkeit, gewünschtes Verhalten in den relevanten Situationen zu zeigen.

Der Rahmen gruppendynamischer Trainings mit Erwachsenen ist auch anfangs nur vordergründig unstrukturiert. Gruppendynamik als Methode der Bearbeitung von sozialen Problemen braucht immer Initialmaterial, das bearbeitet werden kann. Dieses besteht in der Regel in der sozialen Praxis oder den inneren Wirklichkeiten. Jeder Inhalt, der berichtet wird, um das eventuell anfangs noch vorhandene interaktionelle Vakuum zu füllen, trägt dazu bei, die sozialen Regeln einer Gruppe zu konstituieren (Amann 2004: 28). Die Gruppenmitglieder können für die Dauer eines Trainings der Gestaltung und der Auseinandersetzung mit den drei Themen Macht, Intimität und Zugehörigkeit nicht entkommen. Schattenhofer (2004: 39) hebt darauf ab, dass die Gruppenprozesse wesentlich durch Beziehungen verschiedenster Art determiniert sind. Dies sind die Beziehungen der Beteiligten zu sich selbst und zu den anderen, zwischen TeilnehmerInnen und TrainerInnen, zwischen der Gruppe und ihrer Umwelt oder zwischen sich bildenden Untergruppen. Alle Beziehungen umfassen neben den manifesten, sichtbaren Teilen auch unbewusste, verdeckte und somit latente Anteile, die ebenfalls auf den Verlauf des Gruppenprozesses Einfluss nehmen (ebd.). Diese sichtbar zu machen, gehört zu den Aufgaben der TrainerInnen. Auf deren Funktion in gruppendynamischen Prozessen soll abschließend eingegangen werden.

Das Arrangement einer Trainingsgruppe stellt anfangs ein Beziehungsangebot dar. Die Gruppenmitglieder haben diffuse Erwartungen. Skepsis kann vorliegen, meist wird eine Verbesserung in einer aktuellen, eventuell von Belastungen geprägten Situation erwartet. Ansonsten gilt, was bereits Helmut Junker (1973) mit Blick auf Beratungsgruppen treffend formuliert hat:

> „Soziokulturell bedingte und verfestigte Klischees können nicht unvermittelt durch neue, kommunikative Formen ersetzt werden. Die Situation der Gruppe entspricht dem realen Leben: Man begegnet sich unter Fremden“ (ebd.: 97).

Die Gruppenmitglieder versuchen sich zu orientieren und entwickeln Erwartungen an den Trainer. Zugleich setzt eine Gruppenentwicklung ein. Die im dritten Kapitel vorgestellten Modelle können helfen, die nun einsetzenden Prozesse zu verstehen, ohne an der Annahme verhaftet zu bleiben, dass der Verlauf der Beschreibung der Modelle durchgängig entspricht. Auch die beschriebenen Prozessphasen Orientierung, Positions- und Rollenklärung, Vertrautheit, Differenzierung und Abschluss vollziehen sich nur selten in dieser idealtypischen Abfolge.

Unabhängig vom Konzept des jeweiligen Gruppentrainings hat die Person des Trainers entscheidende Funktion. Diese Rolle ist eng mit Aspekten der *Machtausübung* verknüpft. *Macht* manifestiert sich in zwei Dimensionen:

1. Das Vorhandensein einer herausgehobenen Position im Gruppenkontext.
2. Durch offene oder weniger transparente Interventionsmöglichkeiten besteht – ungeachtet der Frage, ob diese vom Trainer genutzt werden – eine hohe Durchsetzungsmöglichkeit.

Mit der Macht des Trainers ist eng verknüpft die *Folgebereitschaft* der TeilnehmerInnen. Diese ergibt sich in der Regel in mehr oder weniger ausgeprägter Form aus folgenden Faktoren:

- der Freiwilligkeit der Teilnahme,
- der Lust auf neue Erfahrungen und Sensationen,
- dem Lernbedürfnis,
- dem formellen oder informellen Kontrakt, welcher das Gruppenarrangement formal konstituiert,
- den Phantasien und geheimen Wünschen der TeilnehmerInnen im Hinblick auf die Person und die Fähigkeiten des Trainers.

Auf was Trainer zu achten haben, wird abschließend anhand der Vorüberlegungen von König und Schattenhofer (2016: 90 ff.) skizziert. Trainer sind mit der Funktion der Steuerung betraut, wobei zwischen Kontext- und Prozesssteuerung unterschieden wird. *Kontextsteuerung* umfasst all jene Entscheidungen und Interventionen, die in ein spezifisches Arrangement münden. Die *Prozesssteuerung* vollzieht sich innerhalb des angestrebten Arrangements (in der spezielle Formen der Gesprächsführung, Konfrontation usw. zum Tragen kommen) und lässt den Trainer situativ und flexibel handeln.

Eine der Grundfragen lautet: Sich raushalten oder einmischen? (ebd.: 91). Der Trainer übernimmt keine Verantwortung für die verhandelten Inhalte, wohl aber für den Verhandlungsprozess. Ist die Aktivierung der TeilnehmerInnen gelungen, ist die Aufgabe des Trainers keineswegs erfüllt. Er hat die Gruppenmitglieder dazu zu bringen, dass sie ihr Handeln in der Trainingssituation zu *reflektieren* und zu *erforschen* lernen. Im Idealfall mündet die gelingende Reflexion des bislang Geschehenen in ein höheres Niveau gruppendynamischer Praxis.

Innerhalb des fortschreitenden gruppendynamischen Prozesses ereignen sich zahllose Turbulenzen. Gefühle wie Wut, Ohnmacht, Apathie, Sympathien und Antipathien treten auf. Auf den Trainer sind zahlreiche, sich auch wandelnde Projektionen gerichtet. Dessen Schweigen kann bedrohlich und verunsichernd wirken. Gruppenmitglieder hoffen auf einen gütigen, verständnisvollen Trainer. Andere sehen in ihm den Detektiv, der die eingangs nicht sichtbaren therapeutischen Fälle aufspürt. Wieder andere sehen ihn als Arrangeur und Moderator von Übungen und Interventionen. In konfliktbeladenen Gruppenphasen kann der Trainer als Gegner einzelner oder von Teilen der Gruppe wahrgenommen werden. Dessen Qualität zeichnet sich dadurch aus, dass er die Verhaltensweisen der Gruppenmitglieder nicht bewertet. Der Bewertungsneutralität wird nur dort eine Grenze gesetzt, wo es die Besonderheiten des Prozesses zwingend erforderlich machen. Das ist in der Regel immer dann gegeben, wenn die Grenze des Zumutbaren für Gruppenmitglieder oder den Trainer überschritten werden. Hier sind Interventionen gefordert, die zur Beruhigung, Klärung oder auch zum Abbruch einer Sitzung führen können. Darüber hinaus sind die Trainer gehalten, Affekte auszuhalten, die ihnen entgegengebracht werden (ebd.: 94). Sie sollten sich nicht in Kämpfe mit denen verwickeln lassen, die in der Auseinandersetzung mit dem Trainer um die Führung der Gruppe buhlen. Die Trainerfunktion umfasst das Aushalten von Angriffen und Aggressionen, nicht aber die Notwendigkeit, sich in der persönlichen Integrität verletzten zu lassen. Die Fähigkeit, persönliche Angriffe aushalten zu können, ist individuell verschieden. Damit liegt es in der Entscheidung jedes einzelnen Trainers, zu welchem Zeitpunkt ein aggressiv aufgeladenes interaktives Geschehen zurückgewiesen oder abgebrochen werden muss. Der Trainer sollte im Verlauf gruppendynamischer Prozesse behutsam steuernd eingreifen. Mal ist für Ruhe zu sorgen, ein anderes Mal muss die träge oder lethargisch gewordene Gruppe wieder in Bewegung gesetzt werden:

> „Nicht immer ist das Geschehen in T-Gruppen turbulent, im Gegenteil. Viel häufiger sind, zumindest am Anfang, Phasen der Ratlosigkeit und des Rückzuges. Es wird viel geschwiegen, und entstehende Gespräche brechen schnell wieder ab. Die Wünsche gegenüber den TrainerInnen nach Leitung und Versorgung, die diese nicht in der erwartenden Form erfüllen, sind einer sanften Resignation gewichen. … Heute sehen wir unsere Aufgabe darin, den Gruppenmitgliedern aus ihrer Lähmung herauszuhelfen …“ (ebd.: 96).

Gedanken zur Praxis

Stellen Sie sich eine Situation vor, in welcher ein Jugendarbeiter/eine Jugendarbeiterin damit beginnen soll, mit einer ihm/ihr nicht sonderlich vertrauten Gruppe zu arbeiten.

Die Gruppe hat punktuelle Bezüge zu der Einrichtung, etwa einem Jugendtreff eines Stadtteils. Die Binnenstruktur der Clique ist vage bekannt. Intensive persönliche Beziehungen zwischen einzelnen Gruppenmitgliedern und dem Mitarbeiter/der Mitarbeiterin existieren nicht. Die Gruppe selbst wirkt nicht gefestigt. Die Beziehungen der Gruppenmitglieder untereinander sind vielfältig und von Abhängigkeiten bestimmt, die vom externen Beobachter auf den ersten Blick nicht erfasst werden können.

Was könnten erste Schritte sein, um mit der Gruppe in Kontakt zu kommen?

6.3 Zum Abschluss des Kapitels

Übungsfragen

- Was unterscheidet die Gruppenarbeit offener, fluktuierender Gruppen von der in Gruppentrainings?
- Was sind die Grundlagen des Gruppentrainings?
- Was sind die Gründe dafür, dass die humanwissenschaftlich ausgerichteten Konzepte des Gruppentrainings auch im Managementtraining und in der Ausbildung sogenannter Eliten Anwendung finden?

Zum Weiterlesen

Braun, H. H., u. a. (Hg.): Handbuch Methoden der Kinder- und Jugendarbeit, Wien 2005.
König, O./Schattenhofer, K.: Einführung in die Gruppendynamik, Heidelberg 2016, S. 54–102.

Teil II
Soziale Gruppenarbeit
(Peter-Ulrich Wendt)

Kapitel 7 Entwicklung und Perspektiven: Bildung und Lernen in der Sozialen Gruppenarbeit

7.1 Gegenstandsbestimmung: Was ist Soziale Gruppenarbeit?

Auf die einheitlich gestellte Frage, was sie unter Sozialer Gruppenarbeit verstehen, antworten Fachkräfte der Sozialen Arbeit (die hier als *Soziale* bezeichnet werden[21]) sehr unterschiedlich:

- Für *Joe* als Praktiker „ist das immer schwer (zu definieren). Man macht es einfach, man hat seine Methoden und eigentlich, ... ist die beste Soziale Gruppenarbeit dann, wenn es niemand merkt ..., dass es eigentlich Soziale Gruppenarbeit ist und trotzdem ein Gruppenprozess stattfindet, in dem sich eine Gruppe kennenlernen kann.“[22]
- *Beate* versteht sie als „das Miteinander-Sein, das Miteinander-Tun und das Miteinander-Aushalten. (...) Ein Beisammen-Sein, was nicht heißt: Ich gehe in eine gleiche Richtung und ich bin immer der gleichen Meinung. Aber ein Miteinander-Sein. Damit sollen Prozesse angestoßen werden, so dass die jeweiligen einzelnen Teilnehmer wachsen können.“
- *Chris* nennt es „aktives Handeln mit mehreren Menschen, ... einfach auch Menschen das Gefühl zu geben, untereinander und miteinander in Kontakt zu treten ... Alleine schon dieses sich gegenseitig Zunicken: dem geht es ja genauso. Vor allem eben dieses Gefühl zu haben, raus aus der Isolation, auch das Miteinander. (...) Ja, einfach auch den Menschen das Gefühl zu geben, das betrifft mich ja in gleicher Weise, weil wir sind als Menschen zusammen, und das ergibt dann halt eine Gruppe oder eine Gemeinschaft.“

---

21 Die jeweils gewählten Begriffe zur Bezeichnung der Funktion, Rolle und Aufgabe der Leitung einer Gruppe im Rahmen der Sozialen Gruppenarbeit sind unterschiedlich: Gruppenleiter/in (TZI), Regisseur/in (Psychodrama), Moderator/in (Positive Peerkultur), Fachkraft (Kollegiale Beratung), Leiter/in (Psychodrama), Trainer/in (Fit for Life). Ich werde mich auch hier des bereits im *Lehrbuch Methoden der Sozialen Arbeit* eingeführten Begriffs *Soziale/r* bedienen, der den Versuch einer „Harmonisierung“ der begrifflichen Vielfalt im Sinne einer *subjektorientierten Sozialen Arbeit* darstellt (vgl. dazu Wendt 2021: 55 ff.).

22 Die in wörtlicher Rede erfassten Aussagen Sozialer wurden auf behutsame Weise so überarbeitet, dass sie den Regeln der deutschen Rechtschreibung entsprechen.

- Für *Daniela* macht es aus, „dass ein Ziel und ein Zweck hinter der ganzen Sache stehen. Also nicht nur einfach: wir treffen uns, mal sehen, was passiert. Es gibt schon einen Grund, warum wir uns treffen, und wir wollen das auch im Auge behalten, das kann sich ändern."
- *Gerry* nennt sie „eine der drei klassischen Methoden (und) … es ist für mich mehr noch ein Sammelbegriff für viele Unterbereiche und für verschiedene andere Methodiken, die etwas mit Gruppen zu tun haben. (…). In der Jugendarbeit, in der Offenen oder mobilen Arbeit ist das alltägliche Brot, das da zu tun. Und dort gibt es Unterbausteine, wie Erlebnispädagogik, Spielpädagogik, Theaterpädagogik usw., die alle in diesen Gruppenformaten stattfinden. Für mich ist die Theorie der Sozialen Gruppenarbeit das Wissen um gruppendynamische Prozesse, um die Abfolge der Phasen, die eine Gruppe durchläuft."

Die beispielhaften (und zugleich auch für die übrigen Aussagen typischen) Begriffsbestimmungen verbindet, dass Soziale Gruppenarbeit 1. als aktives Tun in und mit Gruppen gilt, das 2. zielgerichtet ist und 3. in unterschiedlichen Handlungsfeldern, -formen und -phasen erfolgen kann. Gruppenpädagogik und Soziale Gruppenarbeit scheinen dabei 4. gleich verstanden zu werden.

Seit den 1960er Jahren unterscheiden sich Gruppenpädagogik und Soziale Gruppenarbeit begrifflich und konzeptionell tatsächlich nur wenig. Im Unterschied zur Gruppenarbeit (als sich selbst überlassenen Interaktionen in Gruppen) wurde Gruppenpädagogik als pädagogisch angeleitete und verantwortete Arbeit mit Gruppen begriffen (vgl. Müller 2017a: 447). Soziale Gruppenarbeit sollte mit Kelber (1959, 1978) als Gruppenpädagogik in der Sozialarbeit verstanden werden, mit der ein integratives Konzept verfolgt werden sollte. Als Methode der Sozialarbeit helfe sie Einzelnen, „ihre soziale Funktionsfähigkeit durch zweckvolle Gruppenerlebnisse zu steigern und ihren persönlichen Gruppen- oder gesellschaftlichen Problemen besser gewachsen zu sein" (Schiller 1966: 89). Soziale Gruppenarbeit sei ein „Zusatzangebot", um „sozial unerwünschte Entwicklungen" zu kompensieren (Schmidt-Grunert 2009: 63). Soziale Probleme Einzelner sollten mit der Kraft der Gruppe bewältigt werden. Deshalb wurden in den 1970er und 1980er Jahren Trainings sozialer Kompetenz (u. a. die Trainingsgruppenarbeit [→ 6]) als angewandte Gruppendynamik zeitweise favorisiert, die Entwicklung der Gruppen-Teilnehmer*innen (die hier nun überwiegend als *Akteure* bezeichnet werden) in den Mittelpunkt gestellt und deren Fähigkeiten und Stärken sowie Teamarbeit statt Konkurrenz und Durchsetzung auf Kosten anderer betont (vgl. Balz 2021). Neben dem Aufkommen sog. Erziehungs-, Übungs- und Erfahrungskurse wurden auch erste alternative Konzeptionen (die z. B. Mädchen- und Jungengruppenarbeit einschlossen) entwickelt (vgl. Lattke 1962, Schiller 1966, Vinter 1973, Bernstein/Lowy 1971/1975).

Insgesamt aber setzten sich einzelfallorientierte Hilfeformen mit therapeutischen Elementen (in denen die Gruppe kaum eine Rolle spielte) als bevorzugte Instrumente der Sozialen Arbeit durch. Dem Prozess der gesellschaftlichen Individualisierung, der auch dazu führte, den Einzelnen die (alleinige) Verantwortung für das Gelingen der eigenen Biografie zuzuschreiben (vgl. Beck 1986), entsprach nur zu konsequent die Individualisierung sozialer Hilfen, mit dem Ziel, Menschen im Fall des biografischen oder sozialen Misslingens zu unterstützen. Auch in der Entwicklung des Sozialleistungsrechts bildete sich diese Orientierung ab: So verweist z. B. das KJHG nur an wenigen Stellen auf die Soziale Gruppenarbeit. Diese seit den 1970er Jahren vollzogene Individualisierung der Hilfegewährung „dominiert die Pädagogik der Jugendhilfe konzeptionell bis heute“ (Behnisch/Lotz/Maierhof 2013: 33 f.).

Allerdings sieht Behnisch (2014: 38 f.) mittlerweile wieder eine wachsende Bedeutung der Sozialen Gruppenarbeit, werde doch das Aufwachsen von Kindern und Jugendlichen umfassender in institutionellen Gruppen organisiert (z. B. in Kindertagesstätten, Ganztagsschulen oder Hortgruppen), wodurch relevante Bildungs-, Sozialisations- und Lernerfahrungen verstärkt in Gruppen hervorgebracht werden. Als Beispiele einer „Renaissance der Gruppenpädagogik“ (Schrapper 2009: 206) können Trainings zur Sozialen Kompetenz oder die Erlebnispädagogik verstanden werden.

Hierbei lässt sich an Überlegungen zur Sozialen Gruppenarbeit (vgl. Freigang 2020) anschließen, die ebenfalls in den 1980er Jahren entwickelt wurden: Den Gegenentwurf zur Einzelfallhilfe lieferten Karas und Hinte (1980: 67 ff.), die an Stelle der Individualisierung angeblicher oder tatsächlicher Schwierigkeiten Einzelner einen Aushandlungsprozess innerhalb sozialer Gruppen im Blick auf Problembeschreibung, Zielformulierung und Bearbeitungsstrategien forderten. Es gehe darum, die *Aktion durch die Betroffenen* zu ermöglichen: Gruppenarbeit solle helfen, sich selbst zu organisieren, und ermutige sie, selbst aktiv zu werden (Hilfe zur Selbsthilfe), wobei man offen sein müsse für nicht vorhersehbare Forderungen. Hier liege der Ansatz der Gruppenarbeit; es sei *ein Ansatz ‚von unten‘*, der die Veränderung als Leistung der Betroffenen ansieht (vgl. ebd.: 27 f.). Es gehe darum, Menschen zu ermutigen, die immer wieder entmutigt und in ihrem Selbstbewusstsein geschwächt worden seien, denen geraten wurde, sich dem Urteil von Fachleuten zu unterwerfen, und die sich mit dem Hinweis, alles habe „ja doch keinen Zweck“, selbst nichts mehr zutrauten. Auf sie könne belebend wirken, wenn ihnen zugetraut werde, dass sie ihre Situation selbst ändern könnten, dass sie es schon schaffen werden. Dies sei die wirksamste Art der Aktivierung, weil sie die Selbsthilfekräfte des Menschen respektiere und stütze (vgl. ebd.: 155). Dazu könne auch die (Soziale) Gruppenarbeit einen wertvollen Beitrag leisten.

Das heißt: Wenn die Rede davon ist, dass die Gruppe eine pädagogische Reaktion auf die Dynamik von Individualisierungsprozessen darstellt, dann meint dies, dass Soziale Gruppenarbeit ein Ort ist, der 1. das Erleben sozialer Gemeinschaft fördert (und dabei Gelegenheiten zur Entwicklung von Beziehungsfähigkeit unter Menschen schafft), 2. Zugehörigkeit statt Ausgrenzung erfahrbar macht und 3. Interessenvertretung durch Teilhabe ermöglicht (vgl. Behnisch/Lotz/Maierhof 2013: 36–40).

Dabei ist der Bezug zur Arbeitswelt (zu Ausbildung und Berufstätigkeit) von herausgehobener Bedeutung, und zwar in Bezug auf die Soziale Gruppenarbeit mit jungen Menschen und mit Erwachsenen:

Soziale Gruppenarbeit mit jungen Menschen

Lange Zeit galt, dass die Jugendzeit eine kontinuierliche (lineare) Übergangszeit auf dem Weg des Kindes zum Erwachsenen darstelle. Diese Vorstellung hat seit den 1970er Jahren an Plausibilität eingebüßt. Vielmehr ist von einer *Entstrukturierung der Jugendphase* die Rede, die durch Brüche und Schübe (z.B. den oft schwierigen Übergang von der Schule in die Berufsausbildung) gekennzeichnet ist und in der verlässliche Orientierungen, wie mit diesen Schwierigkeiten umzugehen sei (welche Wege in den Beruf sich als erfolgversprechend erweisen könnten), fehlen. Auf der Suche nach dem eigenen Lebensweg sind junge Menschen mit der Herausforderung konfrontiert, dass Vorbilder, die ihnen Erwachsene darstellen könnten, z.B. aufgrund der Entwertung deren früherer Bildungserfahrungen (durch technologischen Fortschritt, sozialen und kulturellen Wandel), kaum noch verfügbar sind. Auch die Angebote, die ihnen Schule und Ausbildung (als formales Bildungssystem) machen, sind für sie aus ähnlichen Gründen kaum noch zur Orientierung tauglich: Sie nehmen wahr, dass die ihnen angebotenen Wege in (Aus-)Bildung und Beruf weder „zukunftsfest" noch zu ihren Interessen und Lebensentwürfen „kompatibel" sind.

Eine nicht unbeträchtliche Zahl junger Menschen gilt auch bei der Entwicklung des eigenen Lebensplanes als „bildungsbenachteiligt" (vgl. Hamburger 2007) und benötigt daher Unterstützung, sei es durch Beratung (z.B. in der Berufsorientierung), durch konkrete Hilfsangebote (z.B. Berufshilfe im Rahmen der Jugendsozialarbeit) oder durch Erfahrungen, die im Kreis Gleichaltriger oder Gleichbetroffener gesammelt und für die Gestaltung des eigenen Lebensweges zugänglich gemacht werden können.

Berufstätigkeit und ein durch Arbeit erzielbares angemessenen Erwerbseinkommen (mit den dadurch eröffneten Möglichkeiten einer individuellen Lebensgestaltung) haben sich als erstrebenswert durchgesetzt. Zugleich zeigen einzelne Gruppen junger Menschen, z.B. aufgrund der familiären Situation, der sozialen Herkunft oder ihres Migrationshintergrundes, z.T. erhebliche Risiken im Übergang in den Arbeitsmarkt, verbunden mit wachsendem Hilfebedarf, um überhaupt „ein Bein in den Arbeitsmarkt" zu bekommen. Das Risiko, vom Arbeitsmarkt ausgeschlossen zu bleiben, wächst für diese jungen Menschen; sie sind damit biografisch bereits „früh von der Unsicherheit erfasst, ob sie denn einmal eine befriedigende Arbeit bekommen" (vgl. Böhnisch 2008: 236). Es zeigt sich, dass solche Ausgrenzungsprozesse durch ungünstige Startbedingungen zwischenzeitlich bereits mit dem Eintritt in die Schule (z. B. durch Überforderung der Eltern) auftreten und sich bereits zu biografisch sehr früher Zeit komplexe Problemlagen entwickeln können, die sie „im Leistungsvergleich mit Mitschülern/-innen aus weniger problematischen Elternhäusern unter Leistungsdruck setzen und frühzeitige Erfahrungen von Misserfolg machen lassen". So hervorgerufene Schwierigkeiten Einzelner werden v. a. als Orientierungslosigkeit und berufliche Perspektivlosigkeit beschrieben (Tillmann/Gehne 2012: 7).

Soziale Gruppenarbeit mit Erwachsenen

Auch für Erwachsene bleibt die sinnstiftende Funktion der Arbeit von zentraler Bedeutung. Persönlichkeit, Wertorientierung und Lebensführung werden durch die Berufstätigkeit beeinflusst; die je gegebenen (sachlichen wie zeitlichen) Anforderungen beeinflussen den Lebensstil, die kulturellen Interessen und Konsumgewohnheiten in der Freizeit. Im Rahmen allgemeiner wie beruflicher Bildungsprozesse erworbene Qualifikationen und Ausbildungszertifikate eröffnen bzw. verschließen den Zugang zum Arbeitsmarkt und legen so zwar den „Grundstein für unterschiedliche Berufsverläufe", doch auch die Arbeitstätigkeit selbst ist mit weiteren Chancen und Risiken für die Entwicklung des Einkommens, den beruflichen Auf- oder Abstieg, fachliches Vorankommen oder Dequalifizierung und die berufliche Kontinuität oder Phasen der Arbeitslosigkeit verbunden (vgl. Heinz 1995: 11 f.). Es ist zwar nicht irrelevant, was gearbeitet wird, aber es bleibt dabei doch in erster Linie die „Hauptsache", dass das damit verbundene Einkommen den

> „Zugang zu biografieerfüllenden und damit sinnstiftenden Aktivitäten in der Vielfalt des Wohlfahrtskonsums" garantiert und erlaubt, „konsumtiv an der Gesellschaft teilzuhaben und sozialmaterielle Lebensziele (Einfamilienhaus, Auto, Reisen, Geselligkeit) zu verwirklichen". Dies infrage zu stellen, würde bedeuten, „an der Rationalität des Lebensentwurfes zu zweifeln, der auf Erwerbsarbeit als konstituierendes Moment gründet und durch Arbeit auch realisierbar wird" (Böhnisch 2008: 236, 238).

Ständige (lebenslange) Bildungsprozesse (Fort- und Weiterbildung, Aneignung neuer Kompetenzen für sich ständig verändernde Aufgaben im Arbeitsalltag) und die Bewältigung des Alltags (Familie, Pflege des Lebensstils, Konsum) gehen dabei ineinander über, und das Zusammenspiel verschiedener Formen und Ebenen des Lernens wird zur Grundlage für den sozialen und beruflichen Kompetenzerwerb (vgl. ebd.: 243; zum Kompetenz-Begriff vgl. Erpenbeck/Sauter 2020). Berufliche Entscheidungen stellen längst keine einmalige Weichenstellung mehr dar. Im Laufe der Berufsbiografie sind immer wieder Veränderungen und Neuanfänge zu bewältigen, d. h. berufsbegleitende Fortbildungsmaßnahmen, Wechsel der Beschäftigung, des Arbeitgebers und des Arbeitsortes sind somit die Regel.

Phasen von Erwerbslosigkeit, verbunden mit materiellen Einschränkungen und sozialen Abstiegsprozessen (die sich psychisch stark belastend auswirken können), stellen dies in Frage, zumal dann als Ursache für die Arbeitslosigkeit ein Qualifikationsdefizit und nicht selten auch ein Sozialisationsdefizit (mangelnde Motivation und Einsatzbereitschaft) unterstellt werden, weshalb z. B. Umschulungen, Motivationskurse, der nachträglicher Erwerb von Schulabschlüssen zwingend sind. Im Falle von Krankheit und Behinderung dienen Maßnahmen der Rehabilitation (z. B. durch berufliche Umschulung) ausdrücklich der Wiedereingliederung in den Arbeitsmarkt, und Maßnahmen der Gesundheitsvorsorge (z. B. Kampagnen des vorbeugenden Gesundheitsschutzes und zur Vermeidung gesundheitlicher Risiken) dienen v. a. dazu, die berufliche Leistungsfähigkeit zu sichern bzw. zu lernen, mit wachsenden beruflichen Anforderungen (Stress) umzugehen und Spannungen im kollegialen Miteinander zu vermeiden (vgl. Weymann 2008: 173, Schmidt-Denter 2005: 202).

7.2 Bildung und Soziale Gruppenarbeit

Vor diesem (hier nur allgemein beschriebenen) Hintergrund der zentralen Bedeutung, die Ausbildung und Berufstätigkeit für die Gestaltung der Biografie, des Alltags und der Verwirklichung individueller Lebensziele haben, wird bereits angedeutet, wie wichtig alle Prozesse der darauf bezogenen Kompetenzentwicklung sind. Da es Aufgabe Sozialer Arbeit ist, Menschen dabei zu unterstützen, Perspektiven für ihr Leben zu entwickeln und mit (alltäglichen wie besonderen) Schwierigkeiten umzugehen, diese Perspektiven auch verwirklichen zu können (vgl. Wendt 2021: 141 ff.), werden die Möglichkeiten relevant, die Gruppen in solchen *Bildungsprozessen* bieten können (→ 4).

Unter *Bildung* wird allgemein die Gewinnung von Individualität und Gemeinschaftlichkeit, die Förderung der Eigenständigkeit und Selbstbestimmung eines Menschen durch intensive gedankliche Auseinandersetzung mit der Umwelt verstanden (vgl. Raithel/Dollinger/Hörmann 2007: 36) – ein Prozess, der zur Ausbildung einer grundlegenden Haltung eines Menschen zu sich selbst und der Welt und zur Befähigung führt, sich dort zurechtzufinden.

Die Bedeutung kontinuierlicher Bildungsprozesse ist in den vergangenen Jahren mehr und mehr in den Vordergrund gerückt, denn umfassende und lebenslange (die gesamte Lebensspanne umfassende) Bildung (als Aneignung von Wissen und Kompetenzen) wird als wichtige Voraussetzung für den beruflichen wie gesellschaftlichen Erfolg verstanden. Bildung wird so zur Aneignung bzw. (Er-)Lernen von „verwertbarem" Wissen und von berufsrelevanten Kompetenzen, was sich auch in formalen Bildungszertifikaten über den Qualifikations- bzw. Wissenserwerb abbildet: Kompetenzen sind in diesem (stark von ökonomischen Interessen bestimmten) Verständnis die verfügbaren oder erlernbaren kognitiven Fähigkeiten und Fertigkeiten eines Menschen, um bestimmte Aufgaben lösen und sich einstellende Schwierigkeiten bewältigen zu können. Damit ist auch die Bereitschaft eingeschlossen, die vorhandenen bzw. erworbenen Problemlösungen in unterschiedlichen Situationen auch erfolgreich und verantwortungsvoll nutzen zu wollen. Es geht immer mehr darum, das fachliche Wissen beständig zu erweitern und sich neue Kompetenzen anzueignen, die zur Beschäftigungsfähigkeit (employability) beitragen. Bildung in diesem neuen Verständnis bringt dadurch soziale Differenz zum Ausdruck, indem sie (durch Zeugnisse bestätigt) einerseits Karriere- und Lebensmöglichkeiten eröffnet oder verschließt (z. B. ein Studium ermöglicht) oder andererseits als Investition (als Folge hohen Aufwands und gering eingeschätzten Nutzens) z. B. von Menschen mit geringen oder (z. B. durch Phasen der Erwerbslosigkeit) gebrochenen Bildungserfahrungen nur wenig geschätzt bzw. kaum genutzt wird (vgl. insg. Tippelt 2003).

Solche Bildungsprozesse werden in der Sozialen Arbeit durch ein Bildungsverständnis begründet, das sich von den Bildungsvorstellungen anderer Institutionen (v. a. der Schule) absetzt:

- Bildung zielt danach auf die am Menschen orientierte *Erschließung von Welt* und ist auf die Entwicklung von bewusstem und (selbst-)gestaltetem Leben (z. B. im Umgang mit anderen Menschen, im Verhältnis zur eigenen Lebensführung, in der Auseinandersetzung mit den in der sozialen Umwelt herrschenden [gesellschaftlichen, politischen, wirtschaftlichen] Bedingungen) ausgerichtet (vgl. Vogel 2008: 125, Ehrenspeck 2006: 67 ff.).
- Bildung wird als Setting verstanden, das auf lebenslange aktive Aneignung von Wissen für den Alltag abstellt, über das ein Mensch nicht schon verfügt, sondern durch *Lernen* erwirbt, das kontinuierlich aktualisiert werden muss (vgl. Wiegerling 2010: 303, 306, Schäfer 2021a/b) und dazu befähigt, sich in ein aktives und kritisches Verhältnis zu den umgebenden gesellschaftlichen Lebensbedingungen zu begeben. Sozialer Arbeit muss es darum gehen, im Rahmen ihrer Möglichkeiten die gesellschaftlich gegebene Ungleichverteilung von Bildungschancen aufzuheben.

- Schließlich nutzt Soziale Arbeit die *Gruppe als Bildungsort*: Ihre (gruppendynamisch erklärten) Leistungen bestehen z. B. in der Bewältigung von Aufgaben, deren Umfang und Schwierigkeit Einzelnen kaum möglich ist. Fachlich-inhaltliches Lernen wird so mit dem *sozialen Lernen* verknüpft.

Lernen erfolgt in drei Settings: 1. *Formelles Lernen* führt an (Hoch-)Schulen und anderen Bildungseinrichtungen aufgrund in Lehr-/Studienplänen niedergelegter Lernziele und Verfahren zu formellen Bildungsabschlüssen (mit Zeugnissen u. ä.), während 2. *nichtformelles Lernen* außerhalb dieser Bildungseinrichtungen einer gezielten Absicht dient (z. B. das Erlernen einer Fremdsprache an einer Volkshochschule, Fort- und Weiterbildungen durch entsprechende Bildungsträger). Dagegen erfolgt 3. *informelles Lernen* ungeplant (zufällig, beiläufig) aufgrund von alltäglichen Erfahrungen und Wissenserwerb in der Lebenswelt, das sich erst nachträglich als erfolgreicher Lernprozess herausstellt und „von den Lernenden möglicherweise gar nicht dezidiert als Erweiterung ihres Wissens und ihrer Kompetenzen wahrgenommen wird" (Rauschenbach 2017: 213). Es wird gekennzeichnet als „– integriert in die Arbeit und tägliche Routine, – durch inneren und äußeren Anstoß ausgelöst, – kein sehr bewusster Prozess, – oft zufällig veranlasst und beeinflusst, – beinhaltet einen induktiven Prozess von Reflexion und Aktion, – ist mit dem Lernen anderer verbunden" (Overwien 2008: 129).

Nichtformelle und v. a. informelle Lernprozesse sollen helfen, Wissen für den Alltag zu erwerben, um individuelle Lösungsstrategien für alltägliche Situationen und Herausforderungen entwickeln zu können. Dazu zählen v. a. sozial-emotionale Kompetenzen (z. B. Kommunikationsfähigkeit), die Fähigkeit zur Zusammenarbeit (z. B. Teamfähigkeit) und selbstgesteuerter Wissenserwerb (z. B. Erfahrungen reflektieren zu können), aber auch „das Erfahren von Solidarität, die Stärkung des Gruppengefühls der Einzelpersonen, die Überwindung von Ohnmacht und die Entwicklung kollektiver Handlungsfähigkeit" (Runge 2013: 398). Dabei spielt *inzidenzielles Lernen* (das nicht von einer explizit lehrenden Absicht ausgelöst wird) beim Erwerb dieser Kompetenzen eine immer größere Rolle (vgl. Müller 2017b: 887, Bittlingmayer/Bauer 2008), weshalb verschiedene Settings entwickelt wurden, um erfahrungsgestützt zu lernen:

- *Produktives Lernen* stellt Lernen aus Erfahrungen in (realen) Lebenssituationen dar, z. B. im Rahmen einer Jugendwerkstatt, in der Gebrauchsgegenstände hergestellt werden (handwerkliche Erfahrung), wo aber auch im Rollenspiel das Verhalten im Vorstellungsgespräch trainiert wird. Die dabei gesammelten praktischen Erfahrungen werden reflektiert und durch Anpassung der Arbeits- und Verhaltensweisen können später bessere Ergebnisse erreicht werden.

- *Selbst-reguliertes Lernen* hebt darauf ab, Menschen in die Lage zu versetzen, alle Elemente eines Lernprozesses selbsttätig und unabhängig von Dritten (Sozialen, Trainer*innen) umzusetzen, um die dabei gesammelten Erfahrungen auf die eigenen Pläne und Absichten anzuwenden.
- *Kooperatives Lernen* schließlich erfolgt in Form z. B. von Gruppenarbeit; hier ist die gemeinsame Wahrnehmung einer Aufgabe bzw. die Entwicklung einer gemeinsamen Lösung das Ziel. Dabei kann es zur Aufgaben(ver)teilung kommen, verbunden mit der Notwendigkeit, die Teilergebnisse schließlich in der Gruppe zusammenzufügen. Kooperatives Lernen unterstützt, dass die vorhandenen Kenntnisse und Ideen der Akteure in den gemeinsamen Lernprozess einfließen (zu Lernprozessen in Gruppen vgl. insg. Wellhöfer 2018: 119–134).

So steht z. B. für *Emil* fest, dass Lernen in der Gruppe meist einfacher als Einzellernen ist. Fortbildungsgruppen sind für ihn „ein idealer Ort für Soziale Gruppenarbeit, nicht nur das Lernen vom Referenten, sondern auch das Lernen in der Gruppe zu erleben, um so von den gegenseitigen Erfahrungen und von dem, was die Gruppe gemeinsam erarbeitet hat, zu profitieren. Ich glaube, eine Gruppe ist super geeignet, jemanden etwas Neues beizubringen, wenn es um eine breit gefächerte Aufgabenstellung geht. Es ist möglich, sich da gegenseitig zu bestärken und Zweifel zu nehmen".

Lernprozesse in Gruppen stützen sich auf *konkrete Erfahrungen* (die ein Mensch durch eigene Handlungen sammelt), *Beobachtung und Reflexion* (wobei er die Situation rückschauend betrachtet und sich aufgrund der Analyse von Ursachen und Zusammenhängen in die Lage versetzt, die Folgen künftigen Handelns in vergleichbaren Situationen vorwegzunehmen), *Entwicklung abstrakter Konzepte* (er interpretiert ähnliche Erfahrungen und überträgt die gewonnenen Erkenntnisse auf neue Situationen) sowie Überprüfung und Transfer der Konzepte (was einer aktiven Anwendung der gewonnenen Erfahrungen entspricht, die nun praktisch auf und in andere Situationen übertragen werden; vgl. Kolb/Fry 1975, Kolb 1984).

Dazu zählt auch die Erfahrung, mit und in diesem Lernprozess nicht allein zu sein. Für *Daniela* z. B. „sind die Optionen im Austausch mit anderen viel größer. (…) Wenn ich mich im Einzelfall eingebunden fühle, denke ich ja immer, nur ich habe dieses Problem, aber ich bin eingebunden in eine Gruppe, in der alle Ähnliches erlebt haben. Je eingebundener ich mich fühle, umso autonomer kann ich mich auch wieder entscheiden."

Merke
Lernen im Kontext Sozialer Arbeit erfolgt in nichtformellen und v.a. informellen Settings. Es ist erfahrungsgestützt, geeignet, soziale Kompetenzen zu vermitteln, die insbesondere persönlich und für eine auf Arbeit und Berufstätigkeit bezogene Biografie verfügbar sind.

7.3 Leitprinzipien

Für die Gestaltung der Lernsettings sind in der Sozialen (Gruppen-)Arbeit drei Leitprinzipien von Bedeutung (vgl. ausf. Wendt 2021: 30 ff.).

1. Subjekte sehen und ihre Ressourcen fördern
Mit Thiersch (2002: 34) kann gesagt werden, dass Soziale Arbeit in Problemen engagiert ist, „die Menschen in sich und mit sich selbst haben, also in ihren Entwicklungs-, Lern- und Bewältigungsaufgaben; sie vermittelt zwischen Gesellschaft und Subjekt im Primat des Subjekts". Dieser einzelne Mensch ist *eigen-sinnig*, entwickelt also sehr einzigartige und auch eigenartige Vorstellungen davon, was sein „Wohlbefinden" kennzeichnet, und wofür es lohnt, sich einzusetzen und Energie aufzuwenden. Die gesellschaftliche Individualisierung erzwingt diesen Eigen-Sinn (d.h. ein Bestehen auf den eigenen Weg und das Recht, die dafür geeignet gehaltenen Mittel zu wählen), v.a. auch deshalb, weil die früher gültigen Werte und Normen (z.B. der eigenen Familie oder des Herkunftsmilieus) entwertet und verloren gegangen sind und stattdessen ein eigener „Werte- und Normenhimmel" immer wieder neu entwickelt werden muss. In diesem Eigen-Sinn verwirklichen sich *Menschen als Subjekte,* als Gestalter*innen ihres eigenen Lebens, und nicht als Objekte fremder Vorstellungen (zu denen sie freilich dann werden können, wenn sie zu sehr von gesellschaftlichen Normvorstellungen abweichen sollten).

Soziale Arbeit ist damit zunächst verpflichtet, Respekt gegenüber jedem Menschen und dessen eigensinnige Vorstellungen vom Leben zu entwickeln, was nicht bedeutet, sich als Soziale damit nicht auch kritisch (aber bevormundungsfrei) auseinanderzusetzen. Dies kommt auch begrifflich zum Ausdruck, wenn in Abgrenzung z.B. zu dem weitverbreiteten Begriff des „Klienten" bzw. der „Klientin" (wie er z.B. in therapeutischen Kontexten berechtigt sein mag, der aber immer eine Abhängigkeit von wissenden Expert*innen mit meint)[23] von *Subjekten*

---

23 Dies gilt ebenso für den Begriff des „Kunden" oder der „Kundin", der auf ein (fast schon beliebiges) Dienstleistungsverhältnis abstellt, innerhalb dessen Soziale Arbeit gegenüber Menschen mit Hilfe- und Unterstützungsbedarf Leistungen erbringt.

gesprochen wird, die durch Soziale (Gruppen-)Arbeit erreicht werden (sollen). Auch als benachteiligt geltende Jugendliche (mit nicht geringen Schwierigkeiten, in Ausbildung und Beruf Fuß zu fassen) sind immer auch vollberechtigte Bürger*innen und nicht (abhängige) Klient*innen einer sozialen Einrichtung (vgl. Stark 2018: 12).

Soziale respektieren den Eigen-Sinn auch schon deshalb, weil die Aneignung in gemeinsamen Lernprozessen immer eine individuelle Leistung (wie gelernt wird) bleibt: *Hilde* z. B. geht mit Wertschätzung an eine Gruppe heran:

> „Wie gehen wir mit der Gruppe um? Was ist auch uns sehr wichtig im Umgang mit den jungen Menschen, mit denen wir da zusammenarbeiten, weil sie vieles überhaupt nicht kennen? Da ist manches, was erst mal seine Zeit braucht, damit es bei ihnen ankommt. Da ist jetzt plötzlich jemand da, der dir wertschätzend gegenübersitzt, der auch nicht beurteilt und sagt: *Nicht! Das ist richtig und falsch!* Sondern: *Was möchtest du denn?* Es ist schwer, sie dazu zu bewegen, dass sie Sachen formulieren, die sie möchten, die wichtig sind, damit diese Gruppe geformt wird und ein gemeinsames Ziel erarbeitet werden kann, weil das nichts ist, was normalerweise in dieser leistungsorientierten Gesellschaft gelebt wird. Ganz oft erlebt man auch in Familien: da wirst du nicht gefragt, was du jetzt willst oder was jetzt vielleicht dein Bedürfnis ist oder warum jetzt gerade nicht erlaubt ist, dies zu machen. Das ist auch so ein Punkt, der Raum einnehmen muss“.

Das Beispiel deutet an, dass das Fragen nach Interessen (Bedürfnissen) in der Sozialen Arbeit immer ein Suchen nach Ressourcen ist: Soziale Arbeit geht davon aus, dass Menschen immer über eigene Möglichkeiten verfügen, mit ihren Anlässen umzugehen, Anliegen zu klären oder Notlagen zu bewältigen. Es geht dabei immer auch um Ressourcen, die aktiviert werden (müssen), um Anlässe bearbeiten zu können. Ressourcen meint

> „Mittel, Gegebenheiten oder Merkmale …, die Menschen einsetzen, um Aufgaben und Lebensanforderungen zu bewältigen, Veränderungsprozesse umzusetzen sowie individuelle und gemeinschaftliche Bedürfnisse und Ziele zu verfolgen und zu erfüllen. Zudem werden Ressourcen eingesetzt, um andere zu erhalten, zu erweitern oder Ressourcen mit anderen Menschen zu tauschen“ (Knecht u. a. 2014: 109).

Ressourcen sind als Potenziale der Subjekte oder deren Umwelt zu verstehen, die helfen, Aufgaben oder Lebensereignisse zu bewältigen oder Ziele zu erreichen. Dabei kann es sich z. B. um gegebene Fähigkeiten handeln, Begabungen, kreativ-künstlerische Talente, Kenntnisse, Erfahrungen, physische oder psychische Potenziale (z. B. eine gesunde Konstitution oder der Optimismus, Aufgaben bewältigen zu können), Bindungen, Überzeugungen oder Werthaltungen sowie jene Fähigkeiten, Kompetenzen und Hilfen, die sich aus unterschiedlicher Herkunft und Ethnie ergeben. Es sind Möglichkeiten, die in der Person selbst liegen, oder solche, die die soziale Umwelt bereithält, d. h. sozialökologische und ökonomische Ressourcen (v. a. soziale Beziehungen und Netzwerke, Organisationen und Institutionen).

Soziale müssen dazu eine ressourcenorientierte Haltung annehmen, die unterstellt, dass es Ressourcen gibt (vgl. van Rießen 2020). Ressourcenarbeit ist deshalb als Handeln Sozialer zu verstehen, das individuelle und soziale Ressourcen der Subjekte zu aktivieren hilft, z. B. in der Förderung kreativer Lösungswege, d. h. „Ideen, Verhaltensweisen, Alltagslösungen und künstlerisch-ästhetische Gestaltungen, die für die jeweiligen Produzent/innen neu, wertvoll, befriedigend und identitätsstiftend sind". Es handelt sich um eine (z. T. über-)lebenswichtige Ressource, müssen doch z. B. Wohnungslose immer neue Ideen entwickeln, die ihr Überleben sichern, oder Familien in Armut Strategien entwerfen, um ein gelingendes Aufwachsen ihrer Kinder zu gewährleisten. Solche individuellen und kreativen Lösungen müssen dabei keinesfalls für andere Personen oder für die Gesellschaft neu oder wertvoll sein (vgl. Meis 2012: 43, zit. ebd.).

Es geht darum, wie es *Emil* ausdrückt, dass eine/e Soziale/r etwas sieht, „das wachsen könnte, und hat mit einer ganz bewussten Intervention Einfluss auf das, was die Gruppe macht oder machen soll." Und *Peter* verweist darauf, er sehe seine Rolle darin, die sozialen Kompetenzen der Akteure zu stärken: „Das kann ich nur tun, indem ich mithilfe von Empathie und Mitgefühl gucke: Wie geht es denen? Was brauchen sie? Dann würde ich jetzt schon weitergehen und überlegen: Was mache ich mit denen? Wie spreche ich sie an? Wie kann ich bei ihren Konflikten vermitteln? Was wollen sie machen und welchen Rahmen kann ich ihnen geben?"

Damit sind eine komplexe professionelle Perspektivenübernahme und eine methodisch strukturierende Vorgehensweise angedeutet, nichts, was zufällig erkannt oder beiläufig bzw. beliebig in das berufliche Handeln zu integrieren wäre (vgl. Wendt 2020b). Eigene Ressourcen (z. B. die Gelassenheit, Dinge auszuhalten) können, wenn sie wahrgenommen sind und zugänglich werden (insofern als Verborgenes oder Vergessenes durch Soziale sozialarchäologisch freigelegt wurden), neu oder anders eingesetzt werden. Forschungsbefunde deuten an, dass auf der Basis vorhandener Ressourcen leichter (als auf der Grundlage von Defiziten) gelernt wird und neue Verhaltensweisen durch Ermutigung und Belohnung nachhaltiger angenommen werden.

Solche Ressourcen werden, so sie gesehen werden, auch in und mit der Gruppe entwickelt, wie es z. B. *Tim* beschreibt:

> „Wir arbeiten aber nicht im Einzelfall mit diesem jungen Mann, sondern wir arbeiten mit der Gruppe, und er ist Teil dieser Gruppe. Wir haben kein spezifisches, auf ihn zurechtgeschnittenes hilfeplanähnliches System, um zu erkunden, was dahinter steckt, wo wir sagen: Du, wir arbeiten an dem und dem Defizit. Wir arbeiten ressourcenorientiert mit der gesamten Ressourcenfähigkeit der Gruppe, und die Gruppe ist das Entscheidende. Aus der Gruppe heraus oder aus der Arbeit mit der Gruppe ergeben sich die Möglichkeiten, in einzelnen Gesprächen, in Gruppengesprächen … Themen anzusprechen, best practice, Vorbilder, diese ganzen Sachen, diese Peer-to-Peer-Geschichten zu vermitteln."

2. Die Mündigkeit der Subjekte fördern

Soziale Arbeit ist aufgerufen, Menschen dabei zu unterstützen, sich selbst von Umständen und Verhältnissen freizumachen, die ihr Wohlbefinden (das subjektiv bestimmte gute Leben) be- oder verhindern, sich also zu emanzipieren und autonom zu werden – ein Prozess, der in der Sozialen Arbeit als *Empowerment* bezeichnet wird (vgl. ausf. Herriger 2010).

Autonomie und *Emanzipation* stellen zwei nicht identische, aber nahestehende Ziele dar (vgl. Wendt 2020a, Scheier 2020). Dabei meint *personale Autonomie* die Chance eines Subjekts, „im Rahmen bestimmter kultureller und rechtlicher Schranken bestimmte Orientierungs- und Verhaltensmuster aus einem Repertoire von Werten und Verhaltensmustern auszuwählen". Unter *sozialer Autonomie* wird verstanden, dass gesellschaftliche Systeme „ihre grundlegenden strukturellen Muster und Mechanismen selbst definieren, auf der Grundlage dieser strukturellen Mechanismen bestimmte Ziele, Werte, Normen, Inhalte selbst festlegen und schließlich eigenständig die Einhaltung dieser Normen kontrollieren" (Reimann 2007: 72). *Emanzipation* bedeutet nach Oelschlägel (2017: 258) Gleichberechtigung, „dass eine bestimmte Gruppe innerhalb einer Rechtsgemeinschaft die Grundrechte aller Mitglieder dieser Rechtsgemeinschaft erhält". Dieses Verständnis der Gleichberechtigung vor dem Gesetz wird ergänzt um „ein Emanzipationsverständnis, das sich auf die Entwicklung des Individuums bezieht", das „sich von unbegriffenen Zwängen, Erkenntnisschranken und Verhaltenszwängen" befreit (vgl. Mollenhauer 1968, Giesecke 1973) und mündig wird.

Solche *Mündigkeit* äußert sich in (praktischer) Teilhabe: Unter Teilhabe – bzw. Partizipation (vgl. insg. Bettmer 2008) – wird die umfassende „Beteiligung von Personen an der Gestaltung sozialer Zusammenhänge und an der Erledigung gemeinschaftlicher Aufgaben sowie die Bindung an soziale Institutionen bzw. an sozial maßgebliche Strömungen innerhalb einer Gesellschaft" verstanden. Enger gefasst meint dies die Beteiligung der Subjekte „an den politischen Strukturen und demokratischen Willensbildungsprozessen" (Wurtzbacher 2011: 634). Noch schwächer wird Teilhabe auch als Beteiligung, Mitwirkung, Mitbestimmung oder Mitsprache bezeichnet (was sich in vielfältigen Formen z. B. der „Bürgerbeteiligung" zeigt; vgl. dazu Handler/Sipppel/Stock 2018).

Diese Teilhaberechte folgen unmittelbar aus dem Subjektstatus. So schafft z. B. die UN-Kinderrechtskonvention für die Teilhabe von Kindern und Jugendlichen an den sie betreffenden Angelegenheiten die völkerrechtlich verbindliche Grundlage und nimmt dabei unmittelbar Bezug auf die allgemeinen Menschenrechte, die einen universellen Geltungsanspruch haben. Kinder, Jugendliche und Erwachsene teilen dieselben Grundrechte (was auch für die Teilhaberechte von Menschen mit Behinderung oder Beeinträchtigung gilt). Es ergibt sich daraus die (professionelle) Pflicht Sozialer, Möglichkeiten der Teilhabe in die berufliche Praxis zu integrieren – in der Sozialen Gruppenarbeit nicht anders, als in allen anderen Feldern der Sozialen Arbeit. *Erna* z. B. macht darauf aufmerksam, dass sie immer Möglichkeiten hat, das zu beeinflussen. Sie kann dafür sorgen, dass Jugendliche ihre Themen „mit in diese Gruppe reinbringen: ich werde gehört, meine Meinung wird wertgeschätzt, wird angenommen, ich werde auch um meine Meinung gefragt". Das legt das „Fundament, um überhaupt Teilhabe als Möglichkeit begreifen zu können. Wenn ich Selbstwirksamkeit nicht erfahren hab', dann kann ich nicht wirklich effektiv teilhaben". Es geht darum, Transparenz herzustellen, Informationen anzubringen, „dann geht es weiter: *Bring' dich mit ein, bring' deine Ideen mit ein, bring' deine Meinung mit ein! Ach, du möchtest selber auch mal eine Stunde gestalten, ein Spiel anleiten? Okay, dann erzähl' mir, was du vorhast, erzähl' mir, was du machen willst, mach' es!* Das ist ein ganz wichtiger Baustein." Die „Haltung: *Du kommst, wir reden und gucken, was zu tun ist*", formuliert auch *Alfons:* „Wir gucken gemeinsam, und dann wird das umgesetzt. Das passiert an anderer Stelle nicht, dort erlebe ich nicht, dass es passiert, weil das meistens von oben herabkommt": Junge Menschen haben fremde Ziele zu verfolgen, die ihnen Schule, Politik oder Erwachsene vorgeben. Dies gelte für ihn nicht; stattdessen sei es „immer ungewiss, wie es ausgeht.... Ich kann hier mit Kids ein halbes oder dreiviertel Jahr an einem Projekt arbeiten, und dann merken wir: Es geht nicht. Na gut, dann findet es halt nicht statt, aber wir nehmen den Weg trotzdem gemeinsam auf uns und gucken." Teilhabe (gerade auch im Fall des Scheiterns) wird damit zu einem sozialen Lernprozess, bei dem es auch darum geht, die Erfahrung des Misslingens als Lernen für Künftiges positiv zu wenden.

3. Subjekte ermächtigen

Soziales Lernen ist dabei auf die wechselseitige Beziehung zwischen Subjekt und sozialer Umwelt gerichtet: Subjekte und soziale Umwelt beeinflussen sich im Lernprozess gegenseitig, wobei die „Quelle" jeder individuellen Entwicklung die Zusammenarbeit mit anderen Menschen ist. In der Gruppe entwickeln sich die individuellen Fähigkeiten (vgl. Aghamiri 2018: 458) und soziale Kompetenz kann nur in der Gemeinschaft ausgebildet werden (Steck 2018: 456), die sich das Subjekt *aneignet*. Aneignung erfolgt dadurch, dass Erfahrungen mit der sozialen Welt verarbeitet, in bereits gemachte Erfahrungen integriert, Bezüge umgebaut werden und dies in Handlungen auf die soziale Welt und das Miteinander zurückwirkt. Das Subjekt bezieht seinen (persönlichen, subjektiven) Sinn „aus der Interaktion mit anderen Menschen" (Aghamiri 2018: 459). So angeeignete soziale Kompetenz äußert sich in der Bemühung des Subjekts, „die eigenen Bedürfnisse und gleichberechtigt dazu die der Anderen zu verstehen und aufgrund dieses Verständnisses … entsprechend und umsichtig zu handeln" (Arlt 2013: 22). Es geht also um die aktive Aneignung von Kompetenzen zur Bewältigung des Alltags (z. B. um das Repertoire möglicher Handlungsweisen zu erweitern, z. B. ein Anliegen zu bewältigen) und damit um die Entwicklung von bewusstem und (selbst-)gestaltetem Leben, zu der Subjekte durch Soziale im Arbeitsbündnis ermuntert werden, was als *Empowerment* beschrieben wird.

Empowerment „bedeutet Selbstbefähigung und Selbstbemächtigung, Stärkung von Eigenmacht, Autonomie und Selbstverfügung". Es beschreibt, wie Subjekte „in Situationen des Mangels, der Benachteiligung oder der gesellschaftlichen Ausgrenzung beginnen, ihre Angelegenheiten selbst in die Hand zu nehmen, in denen sie sich ihrer Fähigkeiten bewußt werden, eigene Kräfte entwickeln und ihre individuellen und kollektiven Ressourcen zu einer selbstbestimmten Lebensführung nutzen lernen" (Herriger 2010: 20). Subjekte sollen sich ermutigt fühlen, selbsterarbeitete Lösungen wertzuschätzen (vgl. Keupp 2013: 248 f.).

Empowerment hat das Selbstverständnis Sozialer verändert: Die in der Sozialen Arbeit in weiten Teilen und lange Zeit verbreitete Vorstellung, es mit Menschen zu tun zu haben, die z. B. durch Unkenntnis, Hilflosigkeit, Problemleugnung und auch Unwillen gekennzeichnet seien (Defizitzuschreibung), und die die Vorstellung rechtfertigten, Soziale könnten als Expert*innen agieren, die wissen, was Menschen *als Klienten* zu tun und zu lassen haben, führte zu einer Entmächtigung, d. h. dem Verlust der Fähigkeit, Schwierigkeiten anzunehmen und ihre Lösung selbst in die Hand zu nehmen. Mit Empowerment verbindet sich das Ziel, diesen Blick auf Defizite durch eine Wahrnehmung der Stärken und Kompetenzen zu überwinden und damit eine andere berufliche Haltung herauszubilden, die der Förderung Einzelner und ihrer Stärkung in Gruppen dient, die Entwicklung von Netzwerken unterstützt und Potenziale der Selbstorganisation und gemeinschaftlichen Handelns fördert (vgl. Stark 1996: 159, Stimmer 2006: 50 f.).

Empowerment ist deshalb mit Stark (2018: 12) als professionelle Haltung zu verstehen, „die ihren Fokus auf Förderung von Potenzialen, Selbstorganisation und gemeinsames Handeln legt". Wenn Soziale beim Entdecken, Entwickeln und

Nutzen von Ressourcen helfen, unterstützen sie Prozesse, damit Menschen sich als selbstbewusste Subjekte „in Entscheidungen über sich und ihre Umgebung wieder einmischen und Kontrolle über ihr eigenes Leben gewinnen können". *Peter* z. B. setzt eine solche Position um, wenn er davon berichtet, dass er mit Menschen zu tun hat, die „an einer Stelle ihres Lebens nicht mehr weiterkommen und in irgendeiner Weise Wachstum benötigen", aber nicht wissen, wo sie das herbekommen können. Sie könnten aber „eine Ferienfreizeit oder ein Seminar buchen, wo die soziale Gruppe gemeinsam sagt: *Wir wollen alle irgendwie wachsen und wir kommen jetzt alle in einen empathischen, mitfühlenden Kontakt zueinander, und Du erzählst mir, wie Du so lebst, und ich erzähle Dir, wie ich so lebe, und wir spiegeln das mal und stellen einfach mal Fragen: Wie ist das so für Dich?* Und (wir) begleiten eigentlich den selbst organisierten Wachstumsprozess."

7.4 Qualitäten Sozialer Gruppenarbeit

Wenn Subjekt- und Ressourcenorientierung, Emanzipation und Empowerment Leitprinzipien für die Soziale Gruppenarbeit sind, dann sind für deren Ausgestaltung (und dabei unabhängig vom gewählten Verfahren) *immer* zwei Qualitäten von grundlegender Bedeutung:

- *Soziale Gruppenarbeit baut auf Beziehungen auf, um Lernhilfe geben zu können:* Die Beziehung zwischen Subjekten und Sozialen wird (wie noch gezeigt wird [→ 10.1]) zum (beruflich ausgeübten) *Arbeitsbündnis* (vgl. Wendt 2021: 46–49), das den Zweck hat, Subjekte bei der Entwicklung und (Aus-)Gestaltung eines gelingenden Alltags zu unterstützen (z. B. ihre gesellschaftliche Teilhabe zu ermöglichen). Lernhilfe bedeutet, in der besonderen Beziehung zwischen Subjekten und Sozialen Subjekte zu befähigen, erfahrungsgestützt Wissen für den Alltag zu erwerben und sich Fähigkeiten (Kompetenzen) anzueignen, den Alltag erfolgreich zu bewältigen. Dazu dienen *Schlüsselprozesse,* d. h. Handlungsfiguren (z. B. „arrangieren" in der politischen Jugendbildung [→ 10.3]), d. h. durch Begriffe charakterisierte Handlungsweisen Sozialer, die Verfahren der Sozialen Arbeit auf der Grundlage professioneller Kommunikation (vgl. Wendt 2021: 78–115) anwenden.
- *Soziale Gruppenarbeit dient sozialem Lernen,* worunter als Prozess der Aneignung von Wissen für den Alltag allgemein (v. a. im Anschluss an kognitive Lerntheorien, wie sie v. a. Bandura [1979] formuliert hat) die Förderung und Entwicklung von sozialen und emotionalen Kompetenzen und damit das Annehmen allgemein (d. h. gesellschaftlich) anerkannter sozialer Verhaltensweisen und Handlungsfähigkeit verstanden wird, d. h. die Vermittlung von

Normen und Werten sowie die Einübung sozialer Fähigkeiten und Haltungen (vgl. Brosius 2009: 260). Dazu zählen v. a. (vgl. Aghamiri 2018: 457, Steck 2018: 456, Runge 2013: 398):

a) *Selbstwahrnehmung* als Kompetenz, eigene Stärken und Eigenschaften ausdrücken, eigene Gefühle deuten (und regulieren) und die eigene Situation bedenken und verändern zu können;
b) *Selbstmanagement* als Kompetenz, sich eigene Ziele setzen sowie Entscheidungs- und Entschlusskraft entwickeln, (neue) Situationen und Konsequenzen abschätzen und im Blick auf die Folgen bewerten zu können;
c) *Beziehungsfähigkeit* als Kompetenz, Freundschaften entwickeln und aufrechterhalten zu können, wozu kommunikative Kompetenzen (d. h. sich verständlich ausdrücken, aktiv zuhören, Feedback geben können und kritikfähig zu sein, d. h. Kritik konstruktiv formulieren und annehmen zu können) Voraussetzung sind, sowie zu solidarischen Handeln fähig zu sein (z. B. andere in einer schwierigen Situation zu (unter-)stützen);
d) *soziale Wahrnehmung* als Kompetenz, sich in andere Menschen hineinversetzen und ihre Bedürfnisse wahrnehmen (Empathie), andere Meinungen und Verschiedenartigkeit akzeptieren sowie eigene Vorurteile erkennen und abbauen zu können;
e) *Kooperationsfähigkeit* als Kompetenz, auf andere eingehen und sich selbst zurücknehmen, gemeinsame Aufgaben erfüllen und eigene Fähigkeiten konstruktiv einbringen zu können; und
f) *Konfliktfähigkeit* als Kompetenz zum konstruktiven Umgang im Streitfall (was es auch erlaubt, sich mit fairen Mitteln auch durch einen Konflikt durchzusetzen).

7.5 Formen Sozialer Gruppenarbeit

Sowohl die Ausdeutung der Literatur und Praxisberichte zur Sozialen Gruppenarbeit als auch die Befunde aus den hier herangezogenen Expert*innen-Interviews legen nahe, systematisch fünf *Formen* Sozialer Gruppenarbeit zu unterscheiden (siehe die Tabelle auf der rechten Seite).

Formen	*Leit-prinzipien*	*Arbeitsfelder, z. B.*	*Beispiele*	*Anlass*	*Kap.*
prozessorientiert	Subjekt- und Ressourcenorientierung, Emanzipation, Empowerment	Jugendarbeit/-bildung Erwachsenenbildung	Offene-Tür-Arbeit Politische Jugendbildung Projektarbeit	Anliegen	10
peerorientiert		Peers im öffentlichen Raum Ehrenamtliche Selbsthilfe/-organisation	Aufsuchende/Mobile (Jugend-) Arbeit, Streetwork Jugendleiter*innen-Team Selbsthilfe	Anliegen	11
aneignungsorientiert		Kompetenztrainings Kurzzeitsettings	Fit for Life Positive Peer Culture Sexualpädagogik Theaterarbeit	Anliegen	12
lösungsorientiert		1. fallspezifischer Zugang 2. fachspezifischer Zugang	Soziale Gruppenarbeit als Erziehungshilfe, Familienrat Kollegiale Beratung	Notlage o. Anliegen	13
im Zwangskontext		soziales Training aufgrund richterlicher Weisung	Sozialer Trainingskurs Anti-Aggressions-Training	Notlage	14

7.6 Zum Abschluss des Kapitels

Zum Weiterlesen

- *Hans Thiersch* (Bildung; in: Otto, H.-U., u.a., Handbuch Soziale Arbeit, 6. Aufl. München 2018: 165–176) beschreibt grundlegend das Bildungsverständnis der Sozialen Arbeit.
- Was unter Empathie genau zu verstehen ist, beschreibt *Tobias Altmann* (*Empathie;* in: socialnet-Lexikon, Bonn 2018; URL: https://www.socialnet.de/lexikon/Empathie).

Aufgabe

Dietlind spricht von ihren Erfahrungen mit einer Gruppe, der sie „ganz offen gesagt (hat): *Ihr als Gruppe müsst euch finden. (…) Wie könnt Ihr Euch als Gruppe ergänzen, wie könnt Ihr es schaffen, als Gruppe miteinander zurechtzukommen und voneinander zu profitieren, im besten Fall noch die eine oder andere Freundschaft zu haben?*"

Was hat das mit sozialem Lernen zu tun?

Kapitel 8
Diskursgestützte Basisverfahren der Sozialen Gruppenarbeit

Verfahren (nicht nur der Sozialen Gruppenarbeit) sind als Instrumente des methodischen Handelns zu verstehen und stellen Reaktionen auf *Anlässe* dar, mit denen Soziale planvoll (d. h. methodisch abgestützt) umgehen (vgl. Wendt 2021: 56–65). Anlässe ergeben sich in zwei Richtungen: Subjekte haben einerseits *Anliegen* (d. h. Sorgen, Wünsche, Vorstellungen), die mit Aktuellem und Künftigem verbunden sind (und benötigen Unterstützung, damit „klarzukommen"). Sie können sich andererseits auch in einer *Notlage* befinden und sind gezwungen, etwas zu tun, z. B. dann, wenn ein Jugendlicher wegen einer verurteilten Gewalttat ein Antiaggressionstraining absolvieren muss. Anlässe ergeben sich damit

- aus der Notwendigkeit von Strategieentwicklung (insb. der Entwicklung von Zukunftsszenarien und -perspektiven von Organisationen und/oder Gruppen),
- aus dem Bedarf an Kommunikation (um über gemeinsame Fragestellungen und Schwierigkeiten in einen Austausch zu kommen),
- aus der Notwendigkeit, Neues zu entwickeln und entstehen zu lassen (Innovationsbedarf) und
- aufgrund von Lernprozessen, um z. B. vom Wissen und Erfahrungen anderen zu profitieren (vgl. Groß 2020a).

Die hier dargestellten Verfahren sind für nahezu alle Zielgruppen der Sozialen Arbeit weitgehend unterschiedslos anwendbar; den verantwortlichen Sozialen kommt die Aufgabe zu, ein auf die jeweils gegebenen Bedingungen angepasstes Verfahren auszuwählen. So ist z. B. die Themenzentrierte Interaktion sowohl mit jungen Menschen in der Jugendsozialarbeit als auch mit alten Menschen in einem Seniorentagestreff vorstellbar, ein Rollenspiel mit Menschen mit Handicap ebenso wie mit jungen Straftäter*innen, die an einem sozialen Trainingskurs teilnehmen müssen. Und ein Planspiel kann sowohl mit Ehrenamtlichen aus (einer von Schließung betroffenen Einrichtung) der Wohnungslosenhilfe durchgeführt werden, als mit jungen Menschen in einem Jugendbildungsseminar.

Als Diskurs wird ein hin und her gehendes Gespräch verstanden (lt. Duden bildungssprachlich eine „[lebhafte] Erörterung" bzw. Diskussion). Dabei stellt der Austausch durch Sprache das zentrale Medium dar, der auch in Lernprozessen dann im Mittelpunkt steht, wenn vorrangig kognitive Prozesse sozialen Lernens betont werden, die im Gespräch und in der Reflexion über das im Gespräch Erfahrene erfolgen (im Unterschied zu erfahrungsgestützten Lernprozessen [→ 9], in denen die unmittelbare sinnliche Erfahrung, das Erleben einer Situation, im Mittelpunkt steht).

Diskursorientiert findet Soziale Gruppenarbeit – abgesehen von der Themenzentrierten Interaktion (und den gruppendynamischen Trainingsgruppen [→ 6]) – überwiegend in großen Gruppen (mit i. d. R. mehr als 20 Akteuren) statt (zur Moderation von Großgruppen und den erfolgreiche Moderation ermöglichen Rahmenbedingungen vgl. Groß 2020a).

8.1 Gruppendynamisch arbeiten: Themenzentrierte Interaktion (TZI)

Bei der Themenzentrierten Interaktion (TZI) handelt es sich um ein maßgeblich von *Ruth Cohn* in den 1960er und 1970er Jahren entwickeltes Verfahren, das in einer Gruppe die Themenzentrierung, d. h., die Teamarbeit, das kollektive Arbeiten und das lebendige Lernen an einem Thema der Gruppe ins Zentrum rückt (vgl. insg. Langmaack 2001, Behnisch/Lotz/Meierhof 2013: 155–205; eine kurze Einführung gibt Klein 2012: 298–313; zu Ruth Cohns Grundpositionen vgl. Scharrer/Scharrer 2019, 2020).

Anlässe der TZI sind damit Anliegen, dies sich aus der Interessenlage der Gruppe und ihrer Akteure ergeben. Die Auswahl und die Bearbeitung des Themas soll allen Akteuren einen persönlichen Bezug zum „Hier und Jetzt“, d. h. zu den wirklich aktuellen und relevanten Themen, erlauben. TZI ist damit „ein umfassendes, ganzheitliches Handlungskonzept mit dem Ziel, Situationen, in denen Menschen miteinander arbeiten, lernen und leben, bewusst, human und humanisierend zu gestalten“ (Steinmann 2009a: 15). Dieses *lebendige Lernen* nutzt die Gruppe als „Lernquelle“, indem z. B. in Teil-/Kleingruppen oder im Plenum der Gesamtgruppe die persönliche Begegnung und Interaktion zwischen den Akteuren angeregt wird und die eigene Sicht in der Spannung zwischen Autonomie des Subjekts und dessen Abhängigkeit in und von der Gruppe durch die anderen unterstützt, infrage gestellt, gefestigt oder verändert wird (vgl. Stollberg 2009: 152).

TZI kennzeichnet zwei *Axiome* (d. h. unbewiesene Grundannahmen), die den Kern und das Menschenbild des Verfahrens formulieren:

1. „Der Mensch ist eine psycho-biologische Einheit. Er ist auch Teil des Universums. Er ist darum autonom und interdependent. Autonomie (Eigenständig-

keit) wächst mit dem Bewußtsein der Interdependenz (Allverbundenheit). Menschliche Erfahrung, Verhalten und Kommunikation unterliegen interaktionellen und universellen Gesetzen. Geschehnisse sind keine isolierten Begebenheiten, sondern bedingen einander in Vergangenheit, Gegenwart und Zukunft."
2. „Ehrfurcht gebührt allem Lebendigen und seinem Wachstum. Respekt vor dem Wachstum bedingt bewertende Entscheidungen. Das Humane ist wertvoll; Inhumanes ist wertbedrohend. Freie Entscheidung geschieht innerhalb bedingender innerer und äußerer Grenzen. Erweiterung dieser Grenzen ist möglich. (...) *Bewußtsein unserer universellen Interdependenz ist die Grundlage humaner Verantwortung*" (Cohn 1983a: 120 f., Herv. i. O.).

Beide Grundannahmen betonen, dass Subjekte stets in Kollektive eingebunden sind (von denen sie *abhängig* sind), in denen sie immer für sich *und andere* Verantwortung tragen. Darin drückt sich ein ethisches Prinzip aus, wonach niemand aus der Verantwortung für andere entlassen werden kann. Die individuelle Entwicklung ist nur unter der Voraussetzung möglich, dass damit auch die Entwicklung anderer ermöglicht sein muss. Insoweit ist TZI sowohl radikal individualistisch (das Vorankommen des Subjekts zu fördern) als auch radikal kollektivistisch (insofern das Vorankommen aller im Blickpunkt steht). Zwei *Postulate* ergänzen daher auch diese ethische Grundeinstellung:

1. „Sei dein eigener Chairman und bestimme, wann du reden willst." Damit wird eine Einladung ausgesprochen, zunächst einen Zugang zur eigenen inneren Welt zu finden (die es anzuerkennen gilt): „die körperlichen Empfindungen, die wechselnden Gefühle und die tief verankerten Grundstimmungen, die Wahrnehmung im Gruppengeschehen, die gedanklichen Eingebungen, Phantasien, Intuitionen, Urteile, Wertungen, Absichten" (Cohn 1983a: 121). In der TZI-Gruppe geht es darum, „die eigene Wahrnehmung auch auf andere Gruppenmitglieder zu richten, diese in ihrer psycho-physischen Individualität ebenso zu respektieren wie in ihrer Selbstverantwortlichkeit". Damit werden alle Mitglieder der Gruppe für die erfolgreiche Arbeit der Gruppe mitverantwortlich (vgl. Schmidt-Grunert 2009: 214).
2. „Störungen haben Vorrang": Störungen in der Gruppenarbeit (z. B. Ärger über das Auftreten anderer, ihre Art zu sprechen und ein Thema zu behandeln) sind Teil der Gruppenarbeit. Sie sollen in der Gruppe angesprochen werden, denn das Thema könnte auch andere Gruppenmitglieder interessieren, die Gruppe könnte insgesamt daran lernen (vgl. Cohn 1983a: 122 f., 126; zum „Störungspostulat" vgl. insb. Krieger 2015).

TZI charakterisiert weiter die Annahme, dass vier *Wirkfaktoren* die Arbeits- und Lernprozesse in Gruppen bestimmen und dabei ein System (das TZI-Dreieck) bilden (vgl. Cohn 1983b: 113 ff.):

- *Ich* steht für die einzelnen am Gruppenprozess Beteiligten und wird durch die Aufforderung zum „Ich"-Sagen gekennzeichnet: „im ‚Ich'-Sagen sprechen wir ausdrücklich von uns selbst als ganzem Individuum und alle Selbstaussagen kommen nur dem Sprecher als seine ureigensten Gefühle und Wünsche, Absichten und Gründe zu" (Langmaack 2001: 103).
- *Wir* steht für die Beziehungen zwischen den Gruppenmitgliedern und entsteht durch die gemeinsame Beschäftigung z. B. mit Themen, Inhalten oder Aufgaben (Es). Durch diese gemeinsame Beschäftigung entstehen Beziehungsdynamiken, gelingende und auch misslingende Kommunikationsprozesse. „Eine Gruppe im TZI-Sinn, bei der man von einem echten ‚Wir' sprechen kann, zeigt sich v. a. am Vorhandensein von Struktur und Vereinbarungen, von Zielsetzung und Aufgabe, von Wahrung der Individualität, von Mitsteuerungsmöglichkeiten im Prozess, von Interaktion, eines Rückbezugs auf ein gemeinsames Wertesystem" (ebd).
- *Es* betont die Bedeutung des Inhaltlichen und kann jeden Sachverhalt aus Natur, Umwelt oder Gesellschaft umfassen; es kann „mehr oder weniger vorgegeben sein (Unterricht), gemeinsam gesucht werden (Beratung), innerhalb eines Spielraums ausgestaltet (Strategie-Entwicklung) oder durch Kommunikation ‚hergestellt' werden" (Behnisch/Lotz/Maierhof 2013: 93; vgl. ferner Kügler 2015).
- *Globe* lenkt den Blick auf einwirkende bzw. zu beeinflussende Kontexte und meint z. B. das unmittelbare Umfeld einer Arbeitsgruppe, den institutionellen Rahmen, in dem Interaktionen stattfinden, aber auch den aktuellen sozialen, politischen und ökonomischen Hintergrund (vgl. Behnisch/Lotz/Maierhof 2013: 91 ff.). Der Globe umfasst z. B. das Zeitbudget, das der Gruppe zur Verfügung steht, die finanziellen Möglichkeiten, das politische Setting, das Alter, das Geschlecht, die Schichtzugehörigkeit der Menschen, mit denen Soziale es zu tun haben. Zum Globe einer sozialen Institution gehören damit u. a. die Erwartungen Außenstehender, die Anbindung an Staat oder Kirche, gesetzliche Grundlagen, die wirtschaftliche Lage, gesellschaftliche Normen, aber auch aktuelle Ereignisse, gesetzliche Feiertage und (!) das Wetter (vgl. Landmaack 2001: 58, 131, Stollberg 2015a).

Die Gleichgewichtsannahme verlangt, dass der autonome Mensch (Ich), die Interaktion mit anderen in der Gruppe (Wir), das Thema, die Aufgabe bzw. das Ziel der Gruppe (Es) und die Umwelt (das Universum, Globe) gleichbedeutsam

Themenzentrierte Interaktion

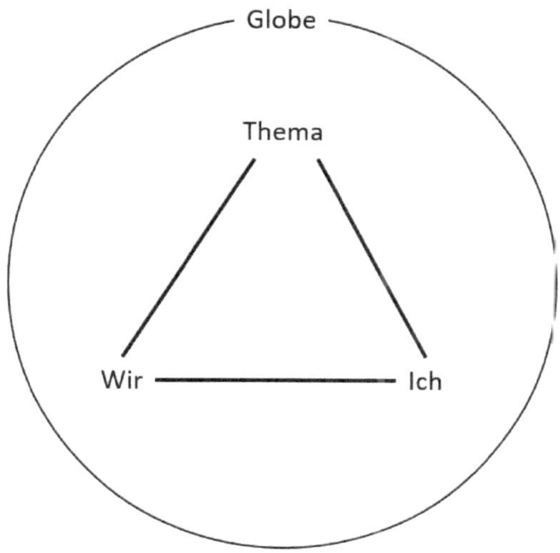

sind (vgl. Cohn 1983b: 113 ff.). Darauf hat die Gruppenleitung zu achten, auch dann, wenn kurzzeitig z. B. das Ich eines Akteurs (im Sinne einer Störung) Vorrang haben mag. Diese Balance ist als Idealzustand zu sehen und dient damit nur der Orientierung (vgl. Steinmann 2009b: 141 f.), denn Ich, Wir, Es und Globe „können kaum länger als ein paar Minuten im völligen Gleichgewicht bleiben" (Matzdorf/Cohn 1992: 91), was heißt, dass die Leitung stets damit zu tun hat, das Gleichgewicht anzustreben.

Da die Erfahrungen der Gruppenarbeit zeigen, dass die Teamarbeit und die Bearbeitung eines Sachthemas durch aktuelle Schwierigkeiten in der Beziehung zwischen einzelnen Gruppenmitgliedern gehemmt, erschwert oder ausgeschlossen werden können, soll der Gruppenprozess durch einige (verbindliche) *Hilfsregeln* gefördert werden, die die Postulate ergänzen, z. B.: „Sprich nicht per ‚man' oder per ‚wir', sondern per ‚ich'", „Unterbrich das Gespräch, wenn du nicht wirklich teilnehmen kannst", „Sei zurückhaltend mit Verallgemeinerungen", „Beachte Signale aus deiner Körpersphäre und beachte Signale dieser Art bei den anderen Teilnehmern" (Cohn 1983a: 124 ff., Cohn 1983b: 115 f.). Solche Hilfsregeln unterstreichen, dass TZI nicht einfach nur eine Gesprächsführungstechnik in der Gruppe ist. Indem z. B. Sprechen im eigenen Namen eingeübt wird, wird zugleich die vereinnahmende Wirkung von „Wir-" oder „Man"-Aussagen problematisiert und ein anderes Verhältnis in der Beziehung zu anderen Akteuren bestimmt, denn „Man" und „Wir" werden als „unerlaubte Übergriffe auf andere" verstanden, die eine Übereinstimmung voraussetzen, die gar nicht getroffen wurde. Ich-Aussagen dagegen „helfen zu offener Kommunikation. Wir können voneinander erfahren und persönlich darauf reagieren". Ich-Sagen bedeutet, konkret zu werden, und „(n)ur die konkrete Aussage der Person kann auch zu gewünschten konkreten Zielen führen" (Langmaack 2001: 192 ff.), weshalb Cohn (1984: 371, zit. n. Hintner/Middelkoop/Wolf-Hollander 2009: 185) sagt: „Alles was ich sage, soll echt sein, nicht alles was echt ist, soll ich sagen" (eine Forderung, die sich auch in der Sozialen Arbeit längst durchgesetzt hat.

Die Leitung einer Gruppe (durch Soziale) wird in erster Linie als ein „Sich-selbst-und-die-Gruppe-Leiten" (Matzdorf/Cohn 1992: 91) verstanden: Sozialen als teilnehmenden Gruppenmitgliedern fällt dabei die Verantwortung u. a. für die Beachtung der Einzelnen und deren Bedürfnisse zu; sie müssen sich um eine angemessene Kommunikation sorgen und „Transparenz in demokratischer Zusammenarbeit mit der Gruppe" sicherstellen (vgl. Hintner/Middelkoop/Wolf-Hollander 2009: 183 ff.). In ihrem Handeln fungieren sie als *Modell,* wie eine Atmosphäre gefördert werden kann, die es ermöglicht, frei von Ängsten und (falschen) Rücksichtnahmen (also echt) an einem Thema zu arbeiten. Ihre Aufgabe ist die Themensetzung bzw. -formulierung und -einführung, und dabei sind sie doch als Gruppenmitglied durch ein Nicht-Leiten und Nicht-Dozieren ausgezeichnet (vgl. Schmidt-Grunert 2009: 211 f., Hedtke-Becker 210: 186 f., insg. Stollberg 2015b). Ihre Aufgabe ist es, die Gruppe immer wieder einzubeziehen, so immer wieder neu die nur kurze Zeit andauernde Balance im TZI-Dreieck anzustreben und bei Störungen durch geeignete Interventionen wiederherzustellen sowie, nach einigem Training, der („erfahrenen") Gruppe die Leitung selbst zu überlassen (vgl. Cohn 1983b: 115 ff.). *Gerry* beschreibt dies (ausdrücklich in Bezug auf die TZI) als das „Wir-Gefühl: Was passiert in der Gruppe gerade? Was ist in der Gruppe los? Was macht uns aus? Welchen Konflikt tragen wir aus?" Die TZI „beschreibt, dass es immer eine Ausgewogenheit sein muss, damit die Gruppe nicht stagniert, nicht zerbricht und weiterkommt." Stellt er fest, „dass es jetzt nur noch um eine Person bzw. deren Empfinden geht, dann muss ich als Leitung darauf achten, dass ich davon wegkomme. Dass sich nicht alles auf diese Person einschränkt, sondern bewusst durch Inputs auf das Wir steuere, damit ich zur Gruppe oder zu dem Thema komme, oder zur Umwelt, die vielleicht einen Einfluss hat."

Solche *Interventionen* (z. B. gegenzusteuern, wenn es, wie es *Gerry* sagt, „nur noch um eine Person und deren Empfinden geht") sind Instrumente, Prozesse zu steuern. Sie nehmen (bewusst, absichtsvoll und spontan) Einfluss auf Richtung, Intensität und Tempo von persönlichen, gruppendynamischen und inhaltlichen Vorgängen in der Gruppe. Sozialen in der Gruppenleitung fällt die Entscheidung über die Formen der Intervention insb. im Blick auf die Themenformulierung und -einführung und die Gesprächsstrukturierung zu, z. B. ob sie im Gruppengespräch gegensteuern, verallgemeinern, vertiefen, dagegenhalten, versachlichen, verlangsamen, beschleunigen. Auch klären sie, ob Fragen gestellt oder Aussagen gemacht, Gemeinsamkeiten oder Unterschiede betont werden, das Gespräch beruhigt oder durch Provokationen zugespitzt wird, um den Lernprozess der Akteure zu fördern (vgl. Wolf-Hollander/Wiehe 2009: 193).

In der Sozialen Arbeit hat die TZI in die Kinder- und Jugendarbeit Eingang gefunden, betont sie doch die für dieses Arbeitsfeld charakteristische partnerschaftliche Grundeinstellung. Auch in expliziten Bildungsprozessen (z. B. mit Erwachsenen und Jugendlichen) hat sich die TZI etabliert, weil das themenzentrierte Arbeiten gut zu motivationalen, prozessorientierten und zielbezogenen Vorstellungen der Bildungsarbeit passt. Eine an der TZI orientierte Arbeit mit Teams, Organisationen und Institutionen unterstützt die Verbesserung der Arbeitsorganisation auch deshalb, weil sie die Kooperation der Beteiligten in den Mittelpunkt rückt und das Vier-Faktoren-Modell die Eingebundenheit einer Organisation auch in deren Umwelt stark berücksichtigt. Insgesamt aber scheint in der Sozialen Arbeit eine eklektische Berufung auf die TZI die Regel zu sein. Dabei werden einzelne TZI-Elemente (z. B. die Axiome, das Vier-Faktoren-Modell) herangezogen, ohne dabei auf die TZI als Ganzes Bezug zu nehmen oder andere Elemente weiter zu beachten (vgl. Lemaire/Lotz 2009: 315 f., sowie insg. Lemaire/Lotz 2002).

Kritisch wird gegen die Themenzentrierte Interaktion v. a. zweierlei eingewendet: Geißler und Hege (2001: 163) sehen in der TZI ein Verfahren, das durch eine Konzentration auf das Individuum die Bedeutung gesellschaftlicher Prozesse (weitgehend entpolitisiert) vernachlässige, also unpolitisch sei. Schmidt-Grunert (2009: 221) führt ins Feld, die Postulate machten die Gruppenentwicklung von der Bedürfnislage Einzelner abhängig, da sich die Gruppe aufgrund von Störungen, die die Einzelne empfinde, vorrangig und umgehend als Gruppe mit dieser Störung zu befassen habe („Störungen haben Vorrang"). Das empfindet sie als ein Plädoyer für die geistig-inhaltsleere Anerkennung eines Subjekts mit der Konsequenz, dass die Bearbeitung eines Themas „nur mehr als Ausnahmebeschäftigung" stattfindet. Dies vernachlässigt allerdings die Kompetenz des Subjekts zu einer verantwortungsvollen Handhabung der TZI-Postulate und der damit gegebenen Chance, dass es im TZI-Prozess lernen kann, sich als „Ich" zu Gunsten des „Wir" auch erfolgreich zurückzunehmen. Insofern ist TZI damit zugleich auch sehr politisch, weil der Kontext einer TZI-Gruppe zum Lernort kooperativen und solidarischen Handelns in einer Gruppe werden kann, an dem die „Spielregeln" einer individualisierten und auf Konkurrenz orientierten Gesellschaft eben nicht reproduziert werden. Misserfolge im Prozess solcher Gruppenarbeit, die es zwingend geben muss, sprechen nicht gegen die Konzeption des Verfahrens.

8.2 Zukunft in den Blick nehmen: Die Verfahren Zukunftswerkstatt, Zukunftskonferenz und Appreciative Inquiry

8.2.1 Zukunftswerkstatt

Bei einer Zukunftswerkstatt handelt es sich um ein diskursives Verfahren, das von *Robert Jungk* in den 1960er Jahren entwickelt wurde mit dem Ziel, die gesellschaftlichen Zustände im ökologischen und sozialen Bereich zu verbessern, was er über die unmittelbare Beteiligung betroffener Bürger*innen (und damit einer Verbesserung der demokratischen Teilhabemöglichen) erreichen wollte. Durch eine Zukunftswerkstatt sollen (Groß-)Gruppen (idealerweise bis zu 25 bis 30 Teilnehmer*innen, aber auch Werkstätten mit mehr als 100 Teilnehmenden sind denkbar) angeregt werden, kreative Ideen zu entwickeln, die schließlich in ein konkretes Projekt münden sollen, das es später umzusetzen gilt (vgl. insg. Jungk/Müllert 1989, von Werder 1999, Reich 2007b, Stracke-Baumann 2009, 2014, Dauscher 2020). Ausgangspunkt ist meist eine konkrete Fragestellung, die die Teilnehmenden unmittelbar betrifft. Sie muss dringend (sie brennt ihnen unter den Nägeln), breit angelegt (mit Raum für neue Ideen und kreative Lösungen), komplex (unterschiedliche Ideen und Lösungswege sind möglich) und wichtig (d. h. von erheblicher Bedeutung für die Betroffenen) sein (zu Verfahren in der Bildungsarbeit vgl. z. B. Klein 2003, Lipp/Will 2004, Lipp 2008).

Für die Zukunftswerkstatt gilt, was z. B. auch für das World Café (→ 8.3) und die Open Space Technique (→ 8.4) von Bedeutung ist: Es gibt zunächst eine eindeutige zeitliche Struktur (Beginn und Ende sind bekannt), und auch die Struktur ist (aufgrund der Phasierung, dem jenes Verfahren folgt) prinzipiell eindeutig. Grundvoraussetzung ist, dass die Teilnehmenden am Thema interessiert sind, zusammenarbeiten wollen und auch „Handlungsspielräume haben bzw. sich schaffen können", um anschließend tatsächlich etwas gestalten und verändern zu können (Dauscher 2020).

Kennzeichnend für eine Zukunftswerkstatt ist es, dass es keine Expert*innen gibt, die vermitteln, was zu tun ist, und keine Eingangsreferate gehalten oder Gruppen zu bestimmten Themen gebildet werden. Nur das Thema ist bekannt. Der Rahmen ist betont informell (z. B. gibt es Kaffee, die Sitzordnung ist offen, es gibt keine Stuhlreihen, Tische fehlen). Soziale, die die Leitung wahrnehmen, müssen spontane Ablaufänderungen ermöglichen, die sich z. B. aufgrund von Schwierigkeiten bei der Einhaltung des Zeitplanes oder der Dynamik in der Großgruppe ergeben.

Eine Zukunftswerkstatt stellt – wie alle diskursgestützten Basisverfahren – einen Prozess dar, der die Sozialen in erster Linie die Aufgabe der Prozessbegleitung und -begleitung zuweist (vgl. dazu z. B. Anderl/Reineck 2016: 92–97), d. h. insbesondere den Rahmen zu klären, das Verfahren zu erläutern, Gespräche in der Großgruppe anzuregen und ggfs. anzuleiten, für Fragen der Teilnehmenden zur Verfügung zu stehen, die Dokumentation zu gewährleisten, technische und organisatorische Aspekte im Blick zu haben und situativ entstehende Probleme zu lösen, die zeitliche Struktur zu beachten, Vereinbarungen zur Weiterarbeit einzuleiten für einen angemessenen Abschluss zu sorgen – es sind also in erster Linie moderierende Aufgaben (vgl. Wendt 2021: 268 ff.): „Prozessberater leisten Hilfe zur Selbsthilfe" (Anderl/Reineck 2016: 14).

Nach einer (kurzen) Begrüßung durch den/die mit der Begleitung der Zukunftswerkstatt betrauten Sozialen lernen sich die Teilnehmenden in einer Art Start- oder *Aufwärmrunde* (z. B. in Form eines „speed datings") kennen. Anschließend erläutert der/die Soziale das Konzept der Zukunftswerkstatt und den Ablaufplan in drei Phasen (vgl. dazu Jungk/Müllert 1989: 77–80, von Werder 1999: 16, Reich 2007b: 3 f., 7 f., Stracke-Baumann 2013: 421, Holzinger 2018: 295–298, Dauscher 2020):

1. *Kritikphase:* Eine Zukunftswerkstatt startet mit einer Kritik des Gegebenen: Jugendliche z. B. kritisieren, dass sie in der Stadt niemand anhört und beteiligt, wenn es um ihre Interessen geht. In dieser Phase ist Raum dafür, auch ärgerlich zum Ausdruck zu bringen, was stört, schlecht ist, Menschen „nervt" (weshalb diese Phase auch als *Beschwerdephase* bezeichnet wird). Das, was sie nennen, wird (z. B. auf Wandzeitungen) dokumentiert. Der/Die begleitende Soziale hilft ihnen dabei durch anregende Fragen, ihrem Unmut Ausdruck zu geben, z. B.: Warum werden wir Jugendlichen nicht angehört, wenn wir Vorschläge machen? Warum entscheiden die Politiker*innen über unsere Köpfe hinweg? Sind die unterschiedlichen Kritikpunkte ausgesprochen und dokumentiert worden, erfolgt eine Gewichtung; z. B. durch Vergabe von Klebepunkten wird von den Teilnehmenden festgelegt, welche Kritikpunkte weiterverfolgt werden. Alle anderen Punkte werden in einem „Themenspeicher" gesichert, um sie (z. B. später oder in einem anderen Zusammenhang) wieder aufgreifen zu können.
2. *Fantasiephase:* Die Kritikpunkte der ersten Phase bilden die Ausgangslage für die Fantasiephase (die auch als *Utopiephase* bezeichnet wird; vgl. Jungk/Müllert 1989: 104). Hier „können tabulos und frei phantasierend (auch völlig unrealistische) Wünsche und Träume geäußert werden, beispielsweise harmonische Vorstellungen eines paradiesischen Zusammenlebens aller Bevölkerungsgruppen in der Gemeinde" (Stimmer 2006: 201). Konstruktives (ausgedrückt neben Textbotschaften z. B. auch in Form von Collagen, kleinen Theaterszenen, Bildern) tritt an die Stelle des Kritisierten (Jungk/Mül-

lert 1989: 79 f.). Es ist dabei von erheblicher Bedeutung, dass der/die unterstützende Soziale durch seine/ihre Moderation und Ermunterung dafür sorgt, dass sich die Teilnehmenden von der Realität (die sie kennen und alltäglich erfahren) lösen und utopisch denken (ohne sich dabei begrenzen zu lassen). Auch hier erfolgt abschließend durch die Teilnehmenden eine Gewichtung, und auch hier werden Ideen, die jetzt nicht weiterverfolgt werden, im „Themenspeicher" gesichert und für andere Beratungen u. ä. verfügbar gemacht.

3. *Praxisphase:* In dieser Phase (die auch als *Realisierungsphase* bezeichnet wird [vgl. Stracke-Baumann 2013: 421]) werden die tatsächlich gegebenen Verhältnisse und Bedingungen wieder berücksichtigt und die in der Fantasiephase entwickelten Ideen auf ihre Umsetzungsmöglichkeiten geprüft. Ab jetzt steht die Planung des Künftigen im Vordergrund, und aus einer Idee wird ein konkretes Projekt entwickelt (vgl. Stimmer 2006: 201). Es geht darum, „aus dem Höhenflug über den Wolken zurück zu Zielen zu kommen, zu kleinen und großen Projekten, die realisierbar sind und auf die gewünschte Zukunft hinarbeiten" (Dauscher 2020). Dazu müssen die begleitenden Sozialen die Verhältnisse vor Ort (gut!) kennen und einschätzen können, welche Schwierigkeiten z. B. auftreten werden, welche Gegnerschaft ein* Vorschlag hervorrufen wird oder wer als „Bündnispartner/in" gewonnen werden kann. Sie sind in dieser Phase Berater*innen, die Teilnehmer*innen auf der Suche nach geeigneten Realisierungswegen zu unterstützen (zu den Aufgaben der Moderator*innen von Zukunftswerkstätten vgl. Kuhnt/Müllert 1996).

Dauscher (2020) kennzeichnet die Ziele der drei Phasen wie folgt:

	Kritikphase	Fantasiephase	Realisierungsphase
Sachebene	Das Thema „wird heruntergebrochen in klar formulierbare, handhabbare Teilthemen."	Gemeinsam werden utopische Ziele bestimmt („Wo wollen wir hin?") und ausgearbeitet.	Utopische Ziele werden auf Umsetzbarkeit geprüft, konkretisiert und Vereinbarungen zur Umsetzung getroffen.
Persönliche Ebene	Die Teilnehmer*innen „äußern ihren Ärger, ihre Befürchtungen"; dieses „Auskotzen" hat die Wirkung, „dass Kopf und Bauch freiwerden für die Auseinandersetzung mit Wünschen und Zielen."	Die Teilnehmenden träumen und erfahren Anerkennung (Wertschätzung) dafür, was den „Wunsch nach Veränderung" wachsen lässt und verstärkt.	Alle Beteiligten wird durch die gemeinsame Arbeit klar(er), was sie tun können und tun müssen, um Veränderungen herbeizuführen; ihre Entschlossenheit, tatsächlich zu handeln, nimmt zu.

	Kritikphase	Fantasiephase	Realisierungsphase
Soziale Ebene	Durch „das gemeinsame Meckern“ und die Erfahrung der Zusammenarbeit „öffnen sich die Beteiligten und entwickeln Vertrauen zueinander“ (was die Fantasiephase erleichtern wird).	„In der offenen, kreativen Zusammenarbeit wächst die Vertrautheit; Wünsche, Fantasien werden geachtet“, sie werden als legitim betrachtet und dürfen weiterentwickelt werden.	„Die Beteiligten unterstützen sich … in ihren Veränderungswünschen und -entschlüssen“ und sie treffen verbindliche (belastbare) Vereinbarungen über die gemeinsame Weiterarbeit nach der Zukunftswerkstatt.

Stracke-Baumann empfiehlt vier bis sechs Wochen später ein Nachtreffen „mit allen Beteiligten …, um die Umsetzung der erdachten Projektideen weiterzuplanen“. Auch biete sich innerhalb Jahresfrist ein Evaluationstreffen mit der gesamten Gruppe an, um die Projektumsetzung und die Wirksamkeit der Zukunftswerkstatt zu überprüfen (vgl. Stracke-Baumann 2013: 422, zit. ebd.).

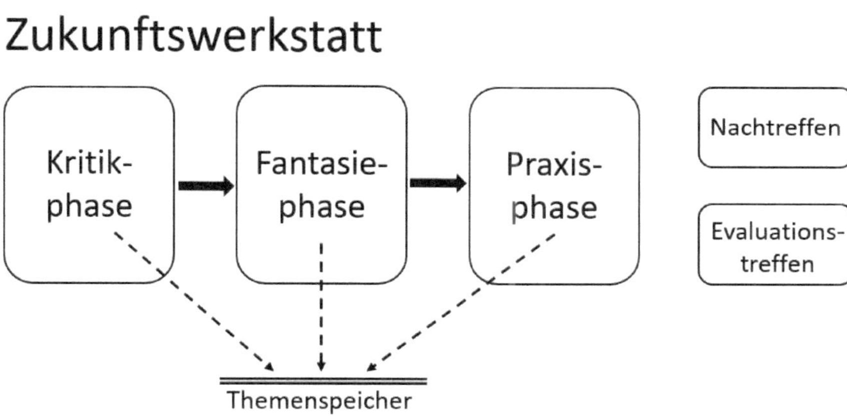

Dazu ein *Beispiel* aus meiner Praxis als Sozialer in der Prozessbegleitung: Vor einiger Zeit habe ich Jugendliche dabei begleitet, die sich vor Ort (auf kommunaler Ebene) als nicht ausreichend gehört erlebt haben: ihrem Wunsch nach einem Treffpunkt im öffentlichen Raum wurde, so ihre Wahrnehmung, nicht ausreichend Rechnung getragen. Sie haben mich gefragt, was geschehen müsse, mehr Gehör (z. B. bei der Stadtverwaltung, bei den Kommunalpolitiker*innen) zu finden. Ich habe ihnen vorgeschlagen, dazu eine Zukunftswerkstatt durchzuführen:

In der *Vorbereitung* habe ich ihnen das Verfahren erläutert und verdeutlicht, dass sie es alleine sein würden, die Ideen entwickeln würden, wie sie sich besser Gehör verschaffen und/oder einen konkreten Vorschlag (oder konkrete Vorschläge) zur Umsetzung erarbeiten könnten. Vereinbart wurde, dass sie möglichst viele Jugendliche (nicht nur aus ihrem persönlichen Umfeld) ansprechen sollten, die ein ähnliches Empfinden (wir werden nicht gehört, unsere Vorschläge werden nicht wahrgenommen) hätten. Vereinbart wurde ein Zeitpunkt (Freitag, ab 15.00 Uhr, Samstag und Sonntag bis zum Mittag), ein Ort (das Vereinsheim eines örtlichen Sportvereins) und ein Verfahren, sich via Mail oder WhatsApp bei einem bestimmten Jugendlichen anzumelden. Ich habe mich beim Landkreis (Träger der Kinder- und Jugendhilfe) um die Finanzierung gekümmert und im Vorfeld einige Gespräche geführt, um die Situation vor Ort kennenzulernen und besser einschätzen zu können.

An der Zukunftswerkstatt nahmen 29 junge Menschen zwischen 13 und 22 Jahren teil, die die ganze Zeit anwesend waren (das war eine Teilnahmevoraussetzung) und – wie sich zeigte – wachsend engagiert „bei der Sache" waren, d. h. schließlich ohne Ausnahme kreativ teilnahmen. In der *Aufwärmrunde* haben sie sich (viele kannten sich, nicht aber alle waren miteinander bekannt) in Partner*innen-Interviews kennengelernt. Anschließend habe ich ihnen vorgestellt, wie in der Zukunftswerkstatt zusammengearbeitet wird (diese Aufwärmrunde hat bis zur ersten Pause 85 Minuten gedauert).

In der *Kritikphase* (nach der Pause) bestand reichlich Gelegenheit, die gegebenen Verhältnisse zu kritisieren, wobei viele Themen (keine Treffpunkte, keine Disco, abweisende Erwachsene, unfreundliche Mitarbeiter*innen in der Stadtverwaltung, wenig Unterstützung durch Eltern, keine Aufmerksamkeit für Themen junger Menschen in der Schule, Desinteresse in der Kommunalpolitik für Belange junger Menschen u. v. m.) in der großen Runde (im Sitzkreis) besprochen wurden. Alle Themen wurden auf Flipcharts geschrieben, und die Teilnehmer*innen verabredeten in Form einer Abstimmung (durch Klebepunkte) anschließend, das Desinteresse in der Kommunalpolitik (bei den gewählten Vertreter*innen im Stadtrat) in der Utopiephase weiterzuverfolgen, da hier über Geld für die Arbeit mit jungen Menschen beraten und entschieden würde (die Kritikphase dauerte – mit einer Pause nach 80 Minuten – insgesamt 145 Minuten).

In der *Fantasiephase* (die, mit Pausen nach 65 bis 80 Minuten, den ganzen Samstag – 10.00 bis 18.20 Uhr – dauerte) bestand reichlich Gelegenheit, „verrückte" Ideen zu bearbeiten, die zunächst in der Großgruppe (im Sitzkreis) thematisch entwickelt, dann in Kleingruppen (zu vier bzw. fünf Teilnehmer*innen) vertieft und anschließend in der Großgruppe vorgestellt wurden. Themen der Kleingruppen waren (nachdem alle Idee per Abstimmung bewertet und sechs

Themen ausgewählt wurden) ein Stimmrecht für junge Menschen im Stadtrat (Idee 1), eine Zukunftswerkstatt mit Kommunalpolitiker*innen (Idee 2), die Besetzung der Jugendabteilung der Stadtverwaltung (Idee 3), eine Jugendvertretung (Idee 4), eine Jugendseite in der Lokalzeitung (Idee 5) und offener Treffpunkt auf dem Marktplatz (Idee 6). Für die Erarbeitung und Auswahl der sechs Themen nahmen sich die teilnehmenden 55 Minuten Zeit, für die Diskussion in den Kleingruppen wurden – mit einer Mittagspause – drei Stunden verabredet (wobei in der Mittagspause reichlich Gelegenheit sein sollte, sich persönlich besser kennenzulernen und austauschen zu können; insgesamt kommt auch den übrigen Pausen, meist zwischen 15 und 25 Minuten lang, die Bedeutung zu, dass sich die Teilnehmenden, insbesondere dann, wenn sie sich noch nicht so gut kennen, informell austauschen können – in aller Regel wird auch dann noch über die Ideen nachgedacht und Neues aus dem Gespräch mit einbezogen).

Die Arbeitsergebnisse der Kleingruppen wurden anschließend im Plenum vorgestellt: überwiegend handelte es sich um Posterpräsentation (Flipcharts) und eine Gruppe (Idee 3) hatte eine kleine Szene in Form eines Rollenspiels vorbereitet. Die Ergebnisse wurden anschließend in der Großgruppe beraten:

- Dabei wurde zunächst festgestellt, dass sich die Ideen 1 und 4 wohl gut kombinieren ließen: ein Jugendforum, offen für alle Jugendlichen der Stadt, kann ihre Themen beraten und zwei Vertreter*innen bringen sie antrags- und stimmberechtigt in den Stadtrat ein. In der Großgruppe wurde der Vorschlag kreativ ergänzt.
- Auch die Ideen 2 und 4 wurden zusammen weiterentwickelt; eine Zukunftswerkstatt müssen nicht nur gemeinsam mit Kommunalpolitiker*innen stattfinden, sondern möglichst alle Beteiligten (Lokalzeitung, Vereine, Stadtverwaltung, engagierte Erwachsene) einbezogen werden. Der Lokalzeitung komme dabei die Aufgabe zu, die Öffentlichkeit über alle Projekte zu informieren. Auch das Bürgerradio aus der nahegelegenen Großstadt sollte einbezogen werden, die Schüler-Zeitung des Gymnasiums künftig eine Seite in der Zeitung gestalten. Eine Jugendliche brachte dabei auch die Möglichkeit einer Beteiligungs-App für junge Menschen ins Gespräch.
- An der szenischen Darstellung der Besetzung der Jugendabteilung der Stadtverwaltung (Idee 3) beteiligten sich weitere Teilnehmer*innen aus anderen Kleingruppen; dynamisch wurde entwickelt, dass es sicher besser wäre, das Büro des Bürgermeisters zu besetzen, die Lokalzeitung hinzuziehen und die Besetzung via Instagram zu dokumentieren.
- Eine Teilnehmerin hatte die Idee eines Treffpunktes mitten auf dem Marktplatz um den Vorschlag eines „Theatrums“ erweitert, einer speziellen Sitz-

gelegenheit in Form einer Stahlrohrkonstruktion, die sie in einer anderen Stadt gesehen hatte (z. B. https://runge-bank.de/modelle/jugendbank-theatrum). Die Utopie wurde also keineswegs „groß" gedacht, sondern entsprechend der Idee des „Sehen und Gesehen-Werden" weiterentwickelt.

Abschließend stimmten die Teilnehmenden darüber ab, welches (fantasievoll gedachte) Projekt am Sonntag-Morgen auf die praktische Umsetzung beraten werden sollte.

Während der *Praxisphase* am Sonntag-Morgen (ab 9.50 Uhr, denn alle Teilnehmer*innen waren früher im Vereinsheim!) wurde geprüft, was für die Umsetzung des Treffpunkts mitten auf dem Markt zu berücksichtigen sei: kann das Theatrum baulich umgesetzt werden, wer muss es genehmigen, wer zahlt dafür, wer könnte „Stress" machen, um das Projekt zu verhindern? Gefragt wurde auch, welche Teilaufgaben sich stellen würden und wer von den Teilnehmer*innen welche Aufgaben übernehmen wollte; an dieser Stelle erweist es sich als sehr notwendig, dass der/die begleitende Soziale ortskundig ist und einschätzen kann, welche Stolperfallen in einem Projekt ruhen können (Baurecht, Finanzierung durch Sponsor*innen, Entscheidungsprozesse einer Stadtverwaltung u. ä.). Die Zukunftswerkstatt wurde mit der Verabredung von drei Arbeitsgruppen abgeschlossen: einer Gruppe, die für die Öffentlichkeitsarbeit sorgt (Zeitung, Politik und Verwaltung ansprechen, Aktion auf dem Marktplatz durchführen, um auf den Bedarf hinzuweisen, u. ä.), eine Gruppe, die sich um die technischen Aspekte kümmerte (wo kann das Theatrum aufgestellt werden, wer bietet es an, wer muss einbezogen werden, welche Interessen könnten berührt werden, wird das Marktgeschehen beeinträchtigt? u. ä.), und eine Gruppe, die sich um die Finanzierung kümmern sollte (was kostet das Theatrum, welche Kosten entstehen beim Einbau, wer kommt als Finanzier in Betracht, gibt es Sponsor*innen? u. ä.). Vereinbart wurde auch, dass sich alle drei Gruppen nach drei Wochen wiedertreffen würden, um ihr weiteres Vorgehen abzustimmen.

Dieses Nachtreffen fand nach drei Wochen statt. Alle drei Arbeitsgruppen hatten, wie vereinbart, ihre Teilaufgaben bearbeitet.

Eines noch: Das Theatrum steht – nach neun Monaten Vorbereitung, Beratung, Beschlussfassung im Stadtrat, Beschaffung und baulicher Umsetzung – seit einiger Zeit an der vorgesehenen Stelle.

8.2.2 Zukunftskonferenz

Auch die Zukunftskonferenz stellt ein diskursives Verfahren dar, um Projekte in die Zukunft gerichtet zu besprechen und zu planen (das Konzept dazu wurde in den 1980er Jahren von *Marvin Weisbord* und *Sandra Janoff* als „Future Search Conference" [Weisbord/Janoff 2008, 2010] entwickelt). Es richtet sich an Organisationen oder an Gruppen, die ein spezielles Thema bearbeiten wollen, ist für Großgruppen bis zu 60 bis 80 Teilnehmenden geeignet und für drei Tage (d.h. 18 Stunden: 1. Tag nachmittags vier Stunden, 2. Tag ganztägig, 3. Tag bis zu sechs Stunden) ausgelegt. An einer Zukunftskonferenz sollen möglichst alle teilnehmen, die in einer Organisation mitarbeiten oder von einem Thema betroffen sind; es gilt dabei der Grundsatz, das ganze System in einem Raum zu holen (FES 2018: 1). Auch hier werden gemeinsam Ideen entwickelt, im Konsens weitergedacht und Handlungsschritte zur Umsetzung verabredet. Im Unterschied zur Zukunftswerkstatt stellt die Zukunftskonferenz nicht Missstände oder die Unzufriedenheit der Teilnehmenden mit Aspekten des jeweiligen Themas in den Mittelpunkt, sondern schaut mit einer positiven Perspektive auf das Vergangene (die Aufmerksamkeit wird ganz der Zukunft zugewandt, nicht auf die Schwierigkeiten, mit dem eine Organisation oder eine Gruppe zu tun hat oder hatte). Zukunftskonferenzen sind geeignet, Zukunftsplanungen von oder in Kommunen (Städten und Gemeinden, Quartieren und Stadtteilen) oder Organisationen (Unternehmen, Vereine, Verbände) voranzubringen oder einzelne, bereits konkret(er) benannte, Vorhaben zu planen.

Eine Zukunftskonferenz wird durch sechs Phasen strukturiert (vgl. hierzu ausf. zur Bonsen 2021, ferner auch FES 2018, agonda 2021):

1. *Rückblick* (erster Tag): Im Rückblick auf Vergangenes geht es nicht nur um das Thema (und dessen Bedeutung und Aspekte in der Vergangenheit), sondern auch um die persönliche Vergangenheit der Teilnehmenden und die Vergangenheit der Verhältnisse, unter denen sie arbeiten und/oder Erfahrungen machen. Dieser Rückblick wird zunächst von den Teilnehmenden einzeln (meist in Form von Zeitstrahldarstellungen mit den Daten der Vergangenheit, wichtigen Ereignissen, herausragenden Erfahrungen u.ä.) durchgeführt, woran sich eine Präsentation und ein Austausch zu den unterschiedlichen Darstellungen anschließt. So wird ein gemeinsames Verständnis über die Vergangenheit (und das Positive am Vergangenen) hergestellt, das dem Ziel folgt, ein Gemeinschaftsgefühl über die unterschiedlichen Erfahrungen hinweg zu erzielen und die Grundlage für die weitere Zusammenarbeit darstellt (zugleich lernen sich die Teilnehmenden damit auch persönlich kennen): „Sie

überlegen, was das Beste an der Vergangenheit war, das sie in die Zukunft mitnehmen und was sie in jedem Fall zurücklassen wollen“ (ebd.).

2. *Blick nach außen* (die Phasen 2 bis 5 sind Themen des zweiten Tages, u. U. wird Phase 5 auch am dritten Tag fortgesetzt): Anschließend wird das Thema (in Kleingruppen) untersucht, d. h. alle Aspekte werden dort (z. B. mittels Brainstorming [vgl. Wendt 2021: 272 f.]) benannt, die für das Thema von Bedeutung sind – wozu sich anschließend in der Großgruppe eine gemeinsam angefertigte Mindmap (vgl. ebd.: 163 f.) anbietet, die das Thema und seine unterschiedlichen (in den Kleingruppen erarbeiteten) Aspekte visualisiert. Dabei sollen Trends ersichtlich werden, die für das Thema in der Zukunft von Bedeutung sind oder sein könnten, welche Konsequenzen sich daraus ergeben. Diese Trends werden durch die Großgruppe analysiert und anschließend entschieden (z. B. durch eine Punktbewertung), was weiterverfolgt werden wird. Themen, die hierbei zurückgestellt werden, werden (wie bei einer Zukunftswerkstatt) in einem Themenspeicher gesichert.
3. *Verantwortung übernehmen:* In dieser Phase positionieren sich die Teilnehmenden, worin ihr Beitrag bestehen wird, das Thema weiterzubearbeiten: „Es geht nicht darum, mit dem Finger auf andere zu zeigen …, sondern auf sich selbst“ (zur Bonsen 2021). Es soll durch den Austausch deutlich werden, wer von den teilnehmenden was in die Zukunft mitnimmt, was er/sie aber auch zurücklassen will: durch die Positionierung gegenüber der Großgruppe übernehmen die Verantwortung im weiteren Prozess.
4. *Zukunft entwerfen:* Wie in der Fantasiephase einer Zukunftswerkstatt werden nun in Kleingruppen utopische Projekte entwickelt, auch hier unter Einsatz möglichst kreativer Mittel und Verfahren (Collagen, Szenen, Bilder, Videos, Redebeiträge, Sketche u. ä. – alles ist erlaubt). Es soll *„Lust auf Zukunft“* (ebd., Herv. i. O.) entstehen.
5. *Gemeinsame(s) Ziel(e) bestimmen:* Die Erfahrung der Arbeit mit Zukunftskonferenzen zeigt, dass die utopischen Konzepte meist nicht allzu weit voneinander abweichen, sodass in dieser Phase aus den unterschiedlichen Ideen auch Gemeinsamkeiten und gemeinsame Ziele (oder ein einziges gemeinsames Ziel) abgleitet werden können. Dazu werden die Ideen der Kleingruppen präsentiert und auf Gemeinsamkeiten analysiert und gemeinsame Ziele bestimmt. Streitpunkte werden hier bewusst ausgeklammert (denn deren Beratung würde den Prozess des gemeinsamen Aufbrechens belasten; zudem lassen sich Streitpunkte in Großgruppen nur (auch zeit-)aufwändig klären (sofern eine Klärung überhaupt erfolgversprechend) ist. Streitpunkte und nicht weiter als gemeinsame Ziele verfolgte Überlegungen werden ebenfalls im Themenspeicher dokumentiert.

6. *Umsetzung planen* (dritter Tag): Die Umsetzung konkreter Projekte erfolgt weitgehend analog zur Vorgehensweise einer Zukunftswerkstatt und knüpft an die dritte Phase an, Verantwortung zu übernehmen.

Auch bei diesem Verfahren arbeiten die Gruppen, die Umsetzungsaufgaben übernommen haben, weiter.

Sozialen, die eine Zukunftskonferenz begleiten (zur Bonsen [2021] empfiehlt wenigstens zwei Moderator*innen), kommt dabei die Aufgabe zu, das Verfahren einführend zu erläutern, den Prozess durch gesprächsanregende Fragen zu unterstützen, das Zusammentragen der Arbeitsergebnisse aus den Kleingruppen zu moderieren (z. B. die Mindmap anzufertigen) und die Zeitstruktur zu beachten).

Am Beispiel: Das schon geschilderte Beispiel zur Mitwirkung Jugendlicher auf kommunaler Ebene (→ 8.2.1) könnte bei einer Zukunftskonferenz zu einem anderen Ergebnis führen: Nicht die Unzufriedenheit und der Ärger mit der erlebten geringen Berücksichtigung junger Menschen würde den Auftakt des Konferenz bilden, sondern (in der ersten Phase) die eigenen, ganz persönlichen und vorrangig positiven Erfahrungen mit ihrer Beteiligung, z. B. im Elternhaus und in der Schule. Daraus kann sich ein gänzlich anderer Zugang in den weiteren (Beratungs-)Phasen mit anderen Schlussfolgerungen und Vorschlägen ergeben.

8.2.3 Appreciative Inquiry

Das Verfahren Appreciative Inquiry („wertschätzendes Erkunden“) wurde in den 1980er Jahren im Team von *David L. Cooperrider* entwickelt (vgl. Cooperrider/Whithney/Stavros 2008). Kennzeichnend für Appreciative Inquiry (AI) ist eine Grundeinstellung, die auf zwei Grundannahmen aufbaut: Durch die Konzentration auf positives Denken sollen größere Erfolge erzielt werden. Unentdeckte positive Potenziale sollen durch den Arbeitsprozess in der Gruppe aufgedeckt (oder: wiederentdeckt) und so für die und in der Zukunft nutzbar gemacht werden. Der Fokus liegt auf stets positiven Vorstellungen, welche den Grundstein für positive Veränderungen bilden. Negative Erfahrungen und Misserfolge werden dabei ausgeblendet. Maßnahmen, die in der Vergangenheit erfolgreich waren, sollen beibehalten und auch in kommenden Projekten angewendet werden, um auch deren Erfolg zu maximieren. Mit diesem Verfahren „wird die Aufmerksamkeit einer Gruppe konsequent auf die vorhandenen, aber oftmals übersehen(en), Ressourcen und das gemeinsame Finden von Lösungsoptionen (statt auf das Wälzen von Problemen) gelenkt“ (Groß 2020a). Der „Fluch der Defizitorientierung“ (zur Bonsen/Maleh 2013: 28) und die Fixierung auf die Bewältigung von Misserfolgen (es künftig doch besser machen zu wollen) sollen damit durchbrochen werden. Stattdessen „wird in einem offenen Prozess gezielt nach Potenzialen gesucht. Gemeinsam werden Visionen entwickelt und in konkrete Formen und Gestaltungsprinzipien übersetzt, die dann ein einen konkreten Maßnahmenplan überführt werden" (Groß 2020a).

Ein sog. „Kernteam", bestehend aus relevanten Akteur*innen (z. B. einer Organisation, eines Quartiers oder zu einem zentralen Thema), klärt zunächst, welche Aspekte behandelt werden sollen und welches (positive) Ziel damit verfolgt werden soll. Außerdem wird geklärt, wie die folgenden Phasen (methodisch, zeitlich, organisatorisch) umgesetzt werden. Soziale können dabei eine moderierende Rolle übernehmen, die auf die Einhaltung der Regeln des Verfahrens zielen, insbesondere die Konzentration auf die in vier Phasen im AI-Zyklus (bzw. AI-Prozess) geltenden Aspekte (vgl. dazu Grieger 2001, zur Bonsen/Maleh 2013: 33–54, Walter 2018: 37–41, Maleh 2021):

1. *Discovery:* In dieser Phase geht es darum, gesprächsweise durch eine wertschätzende Fragehaltung neue Einsichten in das Thema zu bekommen, Vergessenes in Erinnerung zu rufen, das Positive (Beste) am Thema kenntlich zu machen und (dadurch) ein verstärktes Gemeinschaftsgefühl hervorzurufen.
2. *Dream:* Während der Dream-Phase werden die vergangenen positiven Erfahrungen verstärkt, indem sich die Teilnehmenden in Kleingruppen über die gemeinsamen Hoffnungen, Träume und Wünsche austauschen. Fragen (z. B.: „Welche positiven Wege haben wir bisher eingeschlagen, was ist neu, besser und anders und woran erkennen wir das? Welche positiven Ergebnisse können uns stolz machen?" dienen dazu, aus dem Positiven zu schöpfen, um Visionen entwerfen zu können; es wird geträumt, was im besten Fall sein könnte; dabei bietet es sich an, diese Phase z. B. in Form der Verfahren World Café (→ 8.3) oder Open Space (→ 8.4) zu gestalten (nicht nur im AI-Prozess allein bieten sich diese Kombination von Verfahren an; vielmehr handelt es sich um eine Grundfigur der Sozialen Gruppenarbeit, unterschiedliche Verfahren situationsangemessen zu verknüpfen [Navigation → 15]; vgl. dazu auch Gerlich/Posch 2018).
3. *Design:* Die nach Auffassung der Teilnehmenden mutmachendsten und motivierendsten Visionen werden anschließend in Form von Vorschlägen und innovativen Projekten weiterentwickelt und (meist in Form von Posterpräsentationen) präsentiert (wobei die auf den Postern vorgestellten Ideen in einem „Gallery Walk" betrachtet und besprochen werden. In den Kleingruppen können die Vorschläge und Projekte anschließend weiter konkretisiert werden.
4. *Destiny:* In dieser handlungsorientiert Umsetzungsphase werden die Prioritäten für die (auch zeitlich bestimmte) Maßnahmen- und Aktionsplanung

entschieden und damit festgelegt, *was geschehen wird,* welche neuen Ideen verwirklicht werden. Gemeinschaftlich wird dazu ein Aktions- und Maßnahmenplan aufgestellt. Es geht dabei einerseits um die theoretische Planung, welche Zukunftsaussagen in welcher konkreten Form und bis wann umgesetzt werden sollen, und andererseits um die praktische Umsetzung der aufgestellten Planung in kleinen Initiativgruppen zu einzelnen Themen und Projekten.

Am Beispiel: Das im Zusammenhang mit der Zukunftswerkstatt geschilderte Beispiel zur Mitwirkung Jugendlicher auf kommunaler Ebene (→ 8.2.1) würde im AI-Prozess noch stärker (als schon bei der Zukunftskonferenz [→ 8.2.2]) unter dem Gesichtspunkt einer wertschätzenden Herangehensweise (in der Discovery-Phase) betrachtet und in der Dream-Phase entsprechend verdichtet werden. Zukunftswerkstatt, Zukunftskonferenz und Appreciative Inquiry sind zwar gemeinsam an der Entwicklung des Zukünftigen interessierte diskursorientierte Verfahren, ihre unterschiedliche Anlage und der darauf aufbauende diskursive Prozess aber werden zu ebenso unterschiedlichen Ergebnissen führen (müssen).

8.3 Wissensressourcen breit nutzen: Das Verfahren World Café

Das World-Café-Verfahren, ursprünglich entwickelt von *Juanita Brown* und *David Isaacs* (2005, 2007) und konzipiert für (Groß-)Gruppen bis zu 100 Teilnehmenden, stellt eine Alternative zu Tagungen dar, die eher rezeptionsorientiert (organisiert nach dem Muster Vortrag – Diskussion – Arbeitsgruppen zu vorher festgesetzten Themen) nur selten systematisch den Austausch zwischen den Teilnehmenden fördern (und deren Ergebnisse daher in den vorgegebenen Strukturen des Tagungsmusters verhaftet bleiben).

Auch dieses Verfahren geht (ressourcenorientiert) davon aus, dass es kollektives Wissen gibt; daher sollen Menschen miteinander in ein konstruktives Gespräch gebracht werden zu Themen, die für sie relevant sind. Im Gespräch wird gelernt, die Realität in vielen unterschiedlichen Facetten zu sehen und (z. T. neue) Netze zu spinnen. Das Neue entsteht aus einem Flechtwerk aus Gedanken, Ideen, Erkenntnissen und im Gespräch neu gesehenen Optionen. Es geht also darum, möglichst viele Beteiligte zu Wort kommen zu lassen und ihnen so Möglichkeiten zur nachhaltigen Selbstentwicklung, Selbststeuerung und Selbstorganisation – und damit zur gesellschaftlichen Teilhabe (vgl. Stracke-Baumann 2014) – zu geben (vgl. insg. Brown/Isaacs 2007, Scholz/Vesper/Haussmann 2007).

Ein World Café gilt als besonders wirkungsvoll für Gruppen unterschiedlicher

Akteure, die an einem gemeinsamen Thema interessiert oder von diesem betroffen sind. Es ist sinnvoll, wenn das Wissen, die Intelligenz und die Kreativität größerer Gruppen für ein komplexes Thema genutzt, außergewöhnliche Lösungen zu einem Thema gefunden und die Sicht aller auf ein Thema möglich werden. Das Verfahren bietet sich an, um große Gruppen miteinander ins Gespräch zu bringen, das Wissen und die Erfahrung von großen Gruppen zu nutzen, neue Ideen und Konzepte mit vielen Akteuren zu erarbeiten, Meinungen zu erheben und zu differenzieren oder Konfrontationslinien zu verflüssigen. Elemente (Mittel) eines Cafés sind die Speisekarte (Diskussionsanregungen, Fragen), der gedeckte Tisch (bestehend aus einer beschreibbaren Tischdecke [zum Fixieren von Gedanken und Stiften als Besteck], Getränken und kleine Snacks [Kekse u. a.], um die Kommunikation zu fördern); es dauert etwa 45 Minuten bis drei Stunden (vgl. Handler 2018: 278 ff.):

1. *Vorbereitung:* Zunächst wird die notwendige Anzahl an Café-Tischen eingerichtet, die sich nach der Zahl der Teilnehmer bzw. den Themen richtet (je Tisch wird eine Gastgeberin benötigt). In der Mitte des Tisches sind gut lesbar die (Leit-)Fragen (Speisekarte) ausgelegt, die an diesem Tisch zur Gesprächsanregung durch die Gastgeberin formuliert wurden. Diese (Leit-) Fragen sind ein wichtiger Faktor für den ertragreichen Verlauf eines World Cafés. Sie animieren zum Gespräch, sind einfach formuliert und sollen auf den Dialog neugierig machen. Bei der Formulierung der Speisekarte sollten daher folgende Überlegungen kritisch mit einbezogen werden: Welches konkrete Thema/Themengebiet soll behandelt werden? Welche Themen sind am ehesten sinnvoll und wichtig und erzeugen einen kreativen Austausch? Sind die Café-Fragen unmissverständlich, aussagekräftig und diskussionsfähig formuliert?

   Die/Der Moderator/in führt zu Beginn in die Arbeitsweise ein, erläutert den Ablauf und die Verhaltensregeln.
2. *Café-Betrieb:* Zu Beginn des World Cafés ordnen sich die Akteure (Gäste) einem der vorbereiteten Tische (vier bis 15 Personen) zu. An allen Tischen soll eine möglichst gleich große Zahl von Gästen mitwirken. Bei der Zusammensetzung der Tischgruppen ist eine heterogene Zusammensetzung wünschenswert (z. B. Männer und Frauen, Vertreter*innen freier und öffentlicher Träger, beruflich tätige Fachkräfte und freiwillig Engagierte).

   Im Verlauf werden unterschiedliche Fragen in aufeinanderfolgenden Gesprächsrunden von 15 bis 30 Minuten an allen Tischen bearbeitet, indem die Gäste die gestellte/n (Leit-)Frage/n diskutieren. Die Gastgeberinnen achten darauf, dass eine offene, klare und freundliche Atmosphäre entsteht. Die Gespräche sollen die in der Gruppe vorhandenen Gedanken (Ideen, Fragen,

Wissen) sichtbar werden zu lassen, um damit neue Perspektiven oder Handlungspläne zu entwickeln. Die Gastgeber*innen bleiben in allen Runden an ihrem Tisch und verabschieden in den Übergängen die Gäste, begrüßen die Neuen und fassen die Kerngedanken und wichtigsten Erkenntnisse der vorherigen Runde zusammen. Im Verlauf des Gesprächs sorgen sie dafür, dass sich alle beteiligen können und dass wichtige Gedanken, Ideen und Verbindungen von allen auf die Tischdecken geschrieben und/oder gezeichnet werden.

Danach wechseln die Gäste die Tische und finden sich in der nächsten Runde entweder in einer neuen Konstellation an einem anderen Tisch zusammen oder sie wechseln als geschlossene Tischgruppe zum nächsten Tisch (was für den Gesprächsprozess günstiger ist, da sich die Teilnehmer*innen bereits kennen). Die Überlegungen der Vorgängergruppe/n liegen der jeweils neuen Gruppe auf den Tischen vor (das Tischtuch wird nicht gewechselt). An diese Gedanken kann die neue Gruppe anschließen, sie verändern oder ergänzen. So „befruchten" sich die Teilnehmer*innen gegenseitig mit neuen Ideen und Perspektiven.

3. *Auswertung:* Die an den Tischen entstandenen Arbeitsergebnisse werden schließlich in einer Art Posterschau bzw. „Vernissage" für alle Teilnehmenden ausgestellt (sog. „Gallery Walk"). Eine Diskussion nach der Besichtigung liefert ein Destillat der Erkenntnisse, welches dann als schriftlich aufbereitetes, gespeichertes Wissen zur Verfügung steht; unter Umständen regt die Posterschau auch ein Gespräch über neue, in der Café-Phase ungesehene Aspekte an. Dienen die Arbeitsergebnisse in einem anschließenden Prozess als Grundlage für weitere Diskussionen, so können sie von den Gastgeber*innen zunächst im Plenum zusammengefasst werden, um anschließend verschriftlicht (bzw. fotografisch dokumentiert) allen Akteuren zur weiteren Bearbeitung zur Verfügung zu stehen (die umfassende Dokumentation der Besprechungsergebnisse auch in der Auswertungsphase – das „Gespräch danach" – ist ebenso bedeutsam für die weiteren Arbeitsschritte, die sich aus einem World Café ergeben können).

Das World Café schließt in der Regel mit einer Reflexionsphase ab, um Schlussfolgerungen für die Realisierung künftiger World-Cafés ziehen zu können.

Durch die Wiederholung der gleichen (Leit-)Fragen an mehreren Café-Tischen erzielen die Teilnehmenden einen Erkenntnisgewinn aus einer breiten Palette von Wissensressourcen. Durch ihre Unterschiedlichkeit werden viele verschiedene Blickwinkel möglich. Das Verfahren des World Cafés strukturiert und befördert dabei Klärungsprozesse und erzielt innerhalb kurzer Zeit verwertbare und konzentrierte Ergebnisse, z. B. einen Einstieg in die Planung konkreter Projekte (was aber kein Ziel eines World Cafés sein muss).

World Café

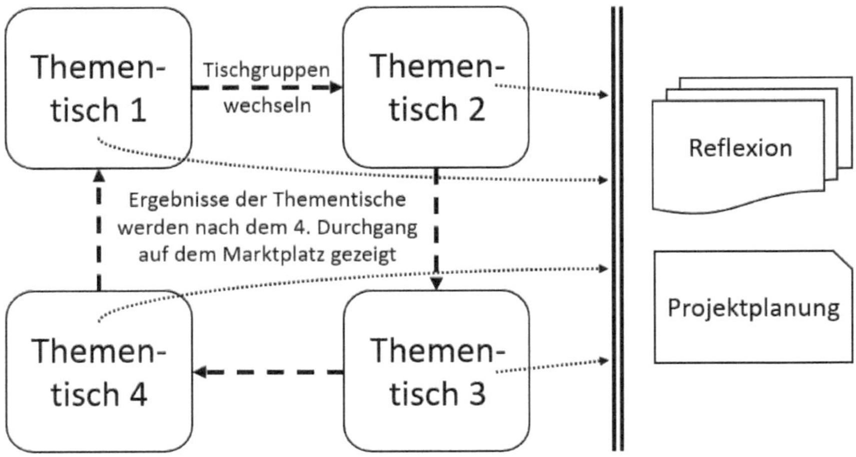

Ein *Beispiel* aus meiner Praxis als Sozialer in der Prozessbegleitung: Im Rahmen der Kinder- und Jugendarbeit gehört es eigentlich zum Grundverständnis, dass sich die dort beruflich tätigen Sozialen regelmäßig versichern, ob ihre Angebote noch den Bedarfslagen und Interessen junger Menschen entsprechen und das Konzept z. B. für ein Jugendhaus noch zeitgemäß ist. Im Rahmen dieser Reflexion wurde ich von den Sozialen eines Jugendhauses gebeten, diese Selbstvergewisserung zu moderieren. Nach Vorgesprächen mit den Sozialen, dem Bürgermeister der Stadt und anderen Akteuren schlug ich vor, hierzu auch ein World Café durchzuführen.

Eingeladen wurden alle beruflich relevanten Fachkräfte (pädagogische Fachkräfte und Stadtverwaltung), Vertreter*innen der Kommunalpolitik (Stadtrat und Jugendausschuss) und der Kooperationspartner*innen (insb. aus den örtlichen Schulen) und – und das vor allem – die jugendlichen Besucher*innen des Hauses.

Am World Café (an einem Samstag, ab 10.00 Uhr) nahmen 42 Personen teil, nahezu gleich verteilt nach der Gruppen der Eingeladenen, sodass vier Gruppen aus zehn bzw. elf Teilnehmenden gebildet werden. Aus dem Team des Jugendhauses standen fünf Gastgeber*innen (zwei beruflich tätige Fachkräfte/Soziale, drei ehrenamtliche Mitarbeiterinnen) bereit, sodass zwei Tische jeweils durch eine/n Soziale/n, ein Tisch durch zwei ehrenamtliche Mitarbeiterinnen und ein Tisch durch eine ehrenamtliche Mitarbeiterin betreut werden konnten).

Nach einer sehr knappen Vorstellungsrunde (wie heiße ich? welche Funktion habe ich? warum bin ich heute hier?) und einer kurzen Einführung in das Verfahren (mit besonderer Betonung, alle Ideen auf den „Tischtüchern" – großen Papierbahnen im Format 1,50 × 2,50 Meter – lesbar festzuhalten und auf keinen Hinweis zu verzichten) begannen die Teilnehmenden nach 20 Minuten in der Caféphase an den vier Tischen mit ihrer Arbeit zu den Themen „Offene Tür-Arbeit", „Freizeit- und Ferienaktionen", „Mädchen- und Jugendarbeit" und „Angebote außerhalb des Jugendhauses" – Themen, die zuvor von den zehn ehrenamtlichen Mitarbeiter*innen und den beiden Sozialen festgelegt worden waren. Jede Arbeitseinheit dauerte 25 Minuten, danach wurde der Tisch gewechselt. Zwischen jeder Arbeitsphase fand eine kurze Pause (10 Minuten) statt. Ich konnte beobachten, dass in der zweiten Pause bereits erste Gespräche zwischen den Tischgruppen stattfanden und sich diese Gespräche tatsächlich nahezu ausschließlich um die Themen an den Tischen drehten.

Alle Teilnehmer*innen haben an der Arbeitsphase an den Tischen teilgenommen; nur für die anschließenden Präsentation hatte sich ein Teilnehmer bereits im Vorfeld mit Hinweis auf berufliche Pflichten abgemeldet.

In der ersten Runde habe ich schnell zwischen den Tischen gewechselt, um Fragen beantworten zu können (was sich aber als nicht erforderlich erwies: die Gastgeber*innen waren im Vorfeld auf ihre Rolle und Aufgabe vorbereitet worden und auch die Einführung in das Verfahren erwies sich als ausreichend). Ab der zweiten Runde konnte ich das Gesprächsverhalten der Teilnehmenden genauer beobachten (und einzelne thematischen Fragen beantworten, was ich in der Einführung angeboten hatte). Auch hier zeigte sich, dass die/der eine oder andere zögerliche, zurückhaltende Teilnehmer/in bereits in der zweiten Runde näher an den Tisch herantrat und sich am Gespräch zu beteiligen begann. Ab der dritten Runde habe ich diese Zurückhaltung nicht mehr wahrgenommen, da die Tischgruppen zusammen blieben, gemeinsam wechselten und die Teilnehmenden sich etwas besser einschätzen gelernt hatten. Auch die anfänglich noch wahrzunehmende Scheu, einen Gedanken zu Papier zu bringen und dazu Nachfragen aus der Tischgruppe zu beantworten, legte sich bereits in der zweiten Arbeitsphase. Alle „Tischdecken" waren am Ende mit überwiegend lesbaren und verständlich formulierten Überlegungen beschrieben.

Der Caféphase folgte eine kleine Mittagspause (30 Minuten).

Für den anschließenden Gallery Walk waren zunächst 20 Minuten vorgesehen; aufgrund der schnell in Gang kommenden Befragung einzelner Arbeitsergebnisse wurde die Auswertung auf 45 Minuten mehr als verdoppelt (wobei der ausgeweitete Zeitrahmen dazu führte, dass sich ein kleiner Teil der Teilnehmenden an den Kaffeetisch zurückzog). Ein Sozialer aus dem Jugendhaus hielt

Gesprächsergebnisse und Vorschläge für die vier Arbeitsfelder auf einer Metaplanwand fest. Auch diese Ergebnisse wurden nach einer weiteren Pause von den Teilnehmenden noch einmal gesichtet und Formulierungsänderungen vorgenommen.

Das World Café wurde um 17.10 Uhr nach einer Reflexion beendet, wie der Austausch bei den Teilnehmenden angekommen war und was sich bei einer Wiederholung verbessern lasse (ein überwiegend geteilter Vorschlag lautete, in die Themenfindung für die Cafétische im Vorfeld mehr Personen – insbesondere solche, die mit dem Jugendhaus und dessen Arbeit sonst nicht viel zu tun haben – einzubeziehen).

Die Ergebnisse wurden den Teilnehmenden anschließend zur Verfügung gestellt (die „Tischdecken fotografiert“, die Gesprächsergebnisse verschriftet) und nahezu alle Vorschläge in die Jahresplanung des Jugendhauses einbezogen.

8.4 Maximale Offenheit herstellen: Das Verfahren Open Space Technique

Bei der Open Space Technique handelt es sich um ein Verfahren, das zunächst in den 1980er Jahren durch *Harrison Owen* entwickelt wurde. Owen stellte dabei die Selbstorganisation der Teilnehmenden in den Mittelpunkt seiner methodischen Überlegungen: sie seien selbstbestimmt und selbstverantwortlich, den Ablauf von Beratungen und Austausch untereinander zu organisieren und die Themen selbst zu setzen (vgl. Reich 2007a: 3). Seit den 1990er Jahren wird das Verfahren in Deutschland (zunächst in der politischen und Erwachsenenbildung, seit einigen Jahren auch in der Sozialen Arbeit) eingesetzt, um v. a. mit großen Akteursgruppen – 50, 60 bis weit über 200, z. T. bis zu 1 000 und mehr Teilnehmenden sind möglich (Groß 2020b) – zu einem Generalthema (z. B. die Entwicklung einer Konzeption für die Arbeit mit alten Menschen) zu arbeiten und dabei deren Phantasie zu nutzen, selbstbestimmt die Facetten dieses Themas zu reflektieren. Dies erlaubt es, Aspekte des Generalthemas auf der Grundlage der selbstbestimmten Ideen der Akteure zu diskutieren, ohne dabei an thematische Vorgaben und Überlegungen einer Tagungsleitung gebunden zu sein. Dies erlaubt einen offenen Diskurs, dessen Ausgang nicht vorbestimmbar ist. Darüber hinaus wirkt das Verfahren meist gemeinschaftsbildend, denn die Akteure lernen sich (z. T.) neu und auch näher kennen, als dies in ihren üblichen Zusammenhängen, z. B. an der Arbeitsstelle, sonst möglich ist.

Der Ablauf einer Open-Space-Konferenz wird durch vier Phasen strukturiert, nachdem der/die Soziale als Moderator/in (in der Regel nach einer intensiven

Vorbereitungsphase) die Konferenz mit der Einführung in das Verfahren und der Klärung des Rahmens (zeitlicher Rahmen, räumliche und technische Bedingungen, Erläuterung der Regeln einer Open-Space-Konferenz) eröffnet hat (vgl. insg. Owen 2001, Maleh 2001: 30–38, 56–71, Reich 2007a: 5–11, Weitz 2018a: 197 ff., Groß 2020b):

1. *Themenbestimmung:* Die Themen der Beratung folgen den Interessen, Ideen, Anregungen, Wünschen etc. der Teilnehmenden. Alle können ein Thema einbringen, das beraten werden soll (für das sie sich auch verantwortlich erklären, eine Arbeitsgruppe oder einen Workshop – gelegentlich auch als „Focus-Gruppen" bezeichnet [Wahren 1999: 57] – durchzuführen). Auf dem sog. „Marktplatz" (ein zentraler Raum z. B. mit Flipcharts, einer Metaplanwand oder einer Wand mit Packpapier) können sie ihr Thema bekanntgeben (z. B. in Form eines kurzen Textes, der erklärt, worum es gehen soll): damit wird sie/er zur Einlader/in. Auf dem Marktplatz wird neben dem Thema auch der Arbeitsraum vermerkt, in dem das Gespräch zu diesem Thema stattfinden kann (weshalb für eine Open-Space-Konferenz auch eine Tagungsstätte nötig ist, die möglichst viele Arbeitsräume zur Verfügung stellt). Jede/r trägt sich bei dem Thema ein, das sie/ihn interessiert.
2. *Arbeitsphase:* Die Teilnehmer*innen bearbeiten ihr Thema im angegebenen Arbeitsraum selbsttätig und -organisiert, bestimmen also selbst, welche Regeln sie für das Gespräch aufstellen. Sie bleiben so lange in einer Gruppe, wie sie es für sinnvoll erachten: solange das Interesse da ist, solange es noch mitzudiskutieren lohnt, solange es noch etwas zu lernen gibt. Jede/r entscheidet, wann der Zeitpunkt gekommen ist, dazu zu kommen oder zu gehen (sog. „Gesetz der zwei Füße"). Jede/r kann sich entscheiden, an einer anderen Gruppe teilzunehmen, zu pausieren, selbst ein Thema anzubieten (gut geeignet sind z. B. Pausen am Kaffeeautomat oder am Keksbüffet, sich dort zu treffen und Neues ausdenken) oder wieder in die Gruppe zurückzukehren. Alles ist möglich. Es gelten dabei nur vier Prinzipien: Wer auch immer kommt, es sind die richtigen Leute – es ist vollkommen unerheblich, ob einer kommt, zehn oder zwanzig: Alle sind wichtig und engagiert. Was auch immer geschieht, es ist das Einzige, was geschehen konnte – Ungeplantes und Unerwartetes gilt als kreativ und hilfreich. Es beginnt, wenn die Zeit reif ist – wichtig ist das Engagement (nicht das Einhalten von Formen und die Wahrung der Pünktlichkeit). Vorbei ist vorbei, nicht vorbei ist nicht vorbei – wenn die Energie erschöpft ist, dann ist die Zeit herum (vgl. Maleh 2001: 72 f., Weitz 2018a: 199 f.).

   In der Arbeitsphase ergeben sich aufgrund der Gestaltung einer Open-Space-Konferenz drei unterschiedliche Rollen, die die Teilnehmenden üblicherweise einnehmen: „Hummeln“ bewegen sich zwischen den Arbeitsgruppen/Workshops und nehmen die unterschiedlichen Ideen, Stimmungen und Anregungen auf. „Schmetterlinge“ sind kaum an den Arbeitsgruppen/Workshops beteiligt, führen dafür aber mit den „Hummeln“ und anderen „Schmetterlingen“ (z. B. am Kaffeeautomat) viele kleine, zwanglose informelle Gespräche (und nehmen dabei eine wichtige Kommunikationsfunktion wahr, denn sie konservieren und vervielfältigen so das außerhalb der Arbeitsgruppen und Workshops besprochene). „Ameisen“ schließlich sind konsequent an der Arbeit einer Arbeitsgruppe bzw. Workshops beteiligt (vgl. Groß 2020b).

3. *Marktplatz:* Wichtig ist, dass der Einlader für eine (möglichst aussagekräftige/bildreiche) Dokumentation des Arbeitsergebnisses sorgt, damit alle Teilnehmenden der Open-Space-Konferenz am Ergebnis teilhaben können (wozu große Flipchartbögen oder Papierbahnen gut geeignet sind). Die Ergebnisse werden auf dem Marktplatz ausgehängt und können von allen eingesehen werden, wozu auch ausreichend Zeit eingeräumt werden muss, um auch ein Gespräch unter den Teilnehmenden über die Aushänge zu ermöglichen. Der/Die Einlader/in steht deshalb vor der Abschlussphase auch für Fragen und Erläuterungen zur Verfügung.
4. *Abschluss:* Die Moderatorin beendet die Konferenz, indem sie die Ergebnisse vermerkt und ggf. Vereinbarungen trifft, z. B. zur weiteren Bearbeitung.

Eine Open-Space-Konferenz findet an drei Tagen statt, was bedeutet, dass Phase 1 am ersten Halbtag, Phase 2 am ersten halben und am zweiten Tag und die Phasen 3 und 4 am dritten Halbtag vorgesehen sein können (vgl. Maleh 2001: 56 ff.); darauf aber muss eine solche Konferenz nicht festgelegt sein, denn auch eine Open-Space-Konferenz an einem Tag (siehe Beispiel) kann erfolgreich durchgeführt werden. Grundsätzlich ist das Verfahren auch online durchzuführen, womit es in die Nähe eines Barcamps rückt (→ 8.7).

Sozialen kommt dabei die Aufgabe zu, in das Verfahren zunächst einzuführen, die Beteiligten technisch (z. B. mit Moderationsmitteln) zu unterstützen, durch Besuch der einzelnen Gesprächsorte den Arbeitsprozess im Blick zu haben (und Schlüsselerfahrungen, z. B. Streitgespräche oder überraschende Arbeitsergebnisse, „einzufangen“) und den Abschluss (unter Einbeziehung der Ergebnisse des Marktplatzes) zu moderieren und Vereinbarungen herbeizuführen, wo diese notwendig sind, z. B. zur Weiterarbeit (Maleh 2001: 80–84). Dabei sollten vier Richtlinien für die Arbeit Sozialer gelten: „1. Zeig dich. 2. Sei präsent. 3. Sei ehrlich. 4. Lass’ es laufen“ (Maleh 2001: 81).

Open Space-Konferenz

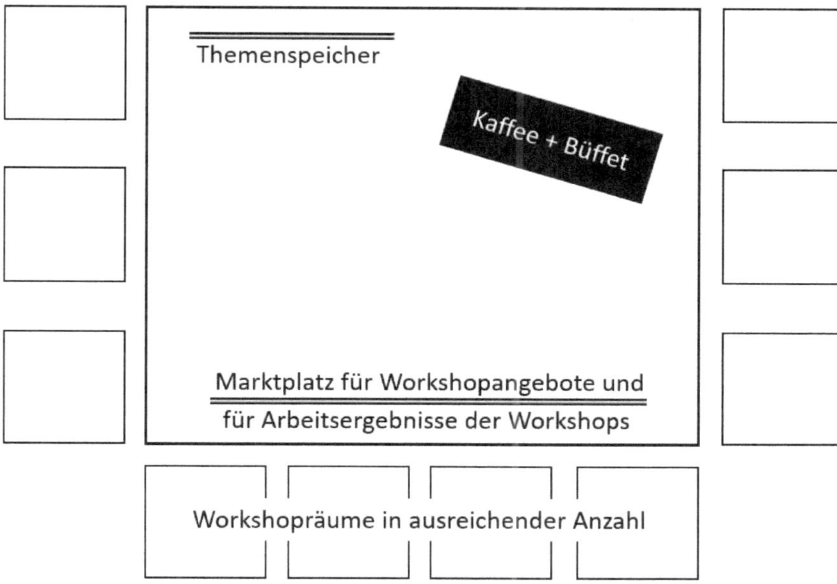

Ein weiteres *Beispiel* aus meiner Praxis als Sozialer in der Prozessbegleiter: In einer norddeutschen Großstadt hatte sich eine recht verfahrene Situation ergeben, denn die unterschiedlichen Akteure der Kinder- und Jugendarbeit hatte sich dort gegeneinander in Stellung gebracht – auf der einen Seite die Stadtverwaltung (mit ihren Jugendhäusern), die davon überzeugt war, dass die Träger der verbandlichen und freien Kinder- und Jugendarbeit nicht den durch die städtische Förderung vorgesehenen Zielen und Standards arbeiten, dort die verbandlichen und freien Träger, die ihrerseits davon überzeugt waren, dass die Stadt ihren Handlungsspielraum beschneiden und ungewünschten pädagogischen Aktionen und Angebote durch Einschränkung der Zuwendungen „das Wasser abgraben" wollten. In dieser Situation wurde ich durch den zuständigen Abteilungsleiter im Jugendamt gebeten, als Moderator „zwischen den Lagern" und ihren sehr gegensätzlichen Interessen zu agieren. Nach zahlreichen Vorgesprächen mit den verschiedenen Akteur*innen der Stadt (Sozialdezernent, Jugendamtsleitung, Fachabteilung) und der freien und verbandlichen Träger (Stadtjugendring, einzelne Träger) regte ich aufgrund der wahrnehmbaren Sprachlosigkeit zwischen diesen beiden Seiten an, eine (erste) Gesprächsebene durch eine Open-Space-Konferenz (als Auftaktveranstaltung) zu schaffen. Die Zustimmung zu dieser Idee zu finden erwies sich als nicht eben einfach, denn Erfahrungen mit diesem Verfahren der Arbeit mit großen Gruppen hatte dort (zu diesem Zeitpunkt) noch niemand. Ausschlaggebend war schlussendlich, dass ich als neutraler Moderator zu keinem Zeitpunkt zu erkennen gab, für oder gegen eines der beiden „Lager" aufzutreten, und vermitteln konnte, dass eine Open-Space-Konferenz gerade in einer so erkennbaren schwierigen Situation ein kommunikationsförderndes Verfahren sei. Auf meinen Vorschlag, sich ausreichend Zeit zu nehmen und die Konferenz wenigstens für zwei Tage zu planen, wollte bzw. konnte sich niemand einlassen. Also wurde eine eintägige Konferenz (Zeitrahmen: 10.00 bis 17.00 Uhr) verabredet (die ich als „Kick-Off-Veranstaltung" deklarierte).

Ich hatte angeregt, dass zur Open-Space-Konferenz sowohl die Stadt als auch der Stadtjugendring gemeinsam einladen sollten. In die Einladung wurde einbezogen, dass das gewählte Verfahren einen offenen Austausch ermöglichen soll. Für die Einladung wurde ein ausreichender Vorlauf (vier Wochen vor dem gewählten Termin) vereinbart und gemeinsam ein neutraler Ort (eine Einrichtung der Erwachsenbildung) ausgewählt.

An der auf einen Tag beschränkten Konferenz nahmen mehr als 60 Personen teil (darunter einige, die sich nicht angemeldet hatten, während einige fernblieben, obwohl sie sich angemeldet hatten) und kamen mehrheitlich von den freien Trägern der Kinder- und Jugendarbeit.

Nach einer kurzen Einführung in das Verfahren sollte eine sehr kurze Vorstellung (wie heiße ich? bei welchem Träger bin ich tätig? warum bin ich heute hier?) erfolgen, was einige Teilnehmende allerdings missverstanden hatten und ihre persönliche Vorstellung mit Bewertungen des als schwierig empfundenen Verhältnisses zwischen Stadt verbanden. Dis musste ich sehr schnell und wiederholt unterbinden (dennoch nahm die Einführungsphase fast 50 Minuten in Anspruch).

Da zur Themenstimmung bereits mit der Einladung zur Konferenz bereits ermuntert worden war, fanden sich sehr schnell sieben Themen, die sich mit folgenden Überschriften abbilden lassen: „Zukunft der Finanzierung" (Workshop/ WS 1), „Eigenständigkeit der Jugendhäuser" (WS 2), „Mitbestimmung Jugendlicher" (WS 3) und „Konzeptentwicklung für die Jugendarbeit in der Stadt" (WS 4), vorgeschlagen von Seiten der freien Träger, sowie „Abstimmung der Programme" (WS 5), „Berichterstattung im Jugendhilfeausschuss" (WS 6) und „Gemeinsame Aktionen" (WS 7), angeregt von der Stadt. Themen, Räume und verantwortliche Themen-Einbringer*innen wurden auf dem Marktplatz im zentralen Veranstaltungsraum des Bildungsstätte ausgehängt, das Kaffee- und Kuchenbüffet eröffnet und die Arbeit in den Workshops gestartet. Alle sieben Gruppenräume habe ich in den ersten 25 Minuten aufgesucht, um Fragen zu klären (und einen Eindruck zu gewinnen, wer sich an welchem Workshop beteiligt). Für die Workshoparbeit wurde zunächst ein Zeitrahmen von 90 Minuten vereinbart, der später – übereinstimmend von allen Beteiligten – auf 160 Minuten erweitert (und die Mittagspause – geplant als kurzer Mittagsimbiss [30 Minuten] – als „Arbeitspause" einbezogen) wurde.

Folgende Einschätzungen konnte ich nach den ersten 45 Minuten ziehen: In den Arbeitsgruppen fanden sich zunächst nur die beiden „Lager". Nach einer halben Stunde begannen erste Treffen – quer zu den „Lagern" – am Kaffee- und Kuchenbüffet und auf dem Raucher*innen-Balkon. Nach rund 100 Minuten wurde ich gebeten, den Zeitrahmen zu verlängern. „Hummeln" hatten die Workshops gewechselt, die Diskussion wurde lebhafter, manches musste erklärt, anderes zur Seite gelegt werden (spezielle Flipcharts in den Arbeitsräumen dienten dafür als „Ideenspeicher"), jedenfalls reichte die Zeit nicht mehr. „Schmetterlinge" aus beiden „Lagern" kreierten beim Kaffee neue Fragen (u.a., warum eine solche Konferenz nicht längst schon stattgefunden habe, warum es denn so schwer sei, miteinander ins Gespräch zu kommen). In der kurzen „Arbeitspause" mittags wurden von den „Schmetterlingen" zwei neue Workshops („Vertrauensbildende Maßnahmen" [WS 8] und „Personalentwicklung, Fort- und Weiterbildung" [WS 9]) angeregt, auf dem Marktplatz angekündigt, eingerichtet und das Gespräch dort sowohl von Vertreter*innen der freien Träger als auch der Stadt von Anfang an gemeinsam geführt. In einer Ecke des Veranstaltungsraums fand sich darüber hinaus eine gemischte fünfköpfige Adhoc-Gruppe mit dem Sozialdezernenten zusammen, die erste Überlegungen für eine Fortsetzung bzw. Weiterarbeit entwickelte.

Gegen 15.00 Uhr fanden sich die Teilnehmenden zum „Marktplatz" zusammen, betrachteten die Arbeitsergebnisse, ließen sich Nachfragen beantworten und reflektierten übereinstimmend, dass mit der Konferenz erst der Anfang gemacht sei. Der Gedanke des „Kick-Off" wurde aufgegriffen.

Vereinbart wurde eine weitere Tagung, „klassisch" organisiert mit vorher festgelegten Themen und Arbeitsgruppen, die, wieder extern moderiert, durch eine Vorbereitungsgruppe unter Leitung des Sozialdezernenten von beiden Seiten geplant und durchgeführt werden sollte.

Gegen 17.00 Uhr wurde die Open-Space-Konferenz – pünktlich – beendet. Die vereinbarte Tagung fand einige Wochen später statt, eine weitere, dann bereits selbstorganisiert ohne externe Begleitung, ein weiteres Vierteljahr danach.

8.5 Indigene Praxis übersetzen: Das Verfahren Dragon Dreaming

Angelehnt an Erfahrungen australischer Aborigines (dem Volk der Yaoyn) entwickelte *John Croft* die dort entwickelte Praxis der Entscheidungsfindung zum Verfahren Dragon Dreaming weiter, um Menschen dabei zu unterstützen, ihre Träume zu verwirklichen und partizipative Projekte zu entwickeln und durchzuführen (wie beim Familienrat [→ 13.2] werden hier indigene Erfahrungen auf die Soziale Arbeit angewendet). Die Zielerreichung eines solchen Projektes erfolgt durch die spielerische Umsetzung praktischer Verfahren, die dabei helfen, sich über (gemeinsame) Visionen Klarheit zu verschaffen. Drachen träumen meint, sich den durch Drachen symbolisierten Ängsten, in dem in der Gemeinschaft einer Gruppe nicht auf Zurückliegendes, Gescheitertes oder Bedrohliches zu schauen, sondern mit den anderen gemeinsam etwas Neues zu entwickeln.

Der Dragon-Dreaming-Prozess (Croft [2021: 11] spricht vom „Project Wheel"/„Projektrad") hat vier Phasen (vgl. dazu ebd.: 14–29, Coffey 2018: 127–141):

1. *Dreaming* (Träumen): Der Prozess beginnt mit einer Idee (Traum) einer/eines Einzelnen: „Der Traumkreis ist das zentrale Element dieser Phase. Eine Person hat eine Idee für ein Projekt und, indem sie diese mit anderen teilt, lässt sie ihr individuelles Projekt sterben und zu einem gemeinsamen Projekt des Traumteams werden. Das ist ganz wichtig, damit sich alle Mitglieder des Traumteams gleichermaßen für das Projekt verantwortlich fühlen. Dadurch wird einerseits auch verhindert, dass verdeckte oder offene Hierarchien entstehen oder dass im Falle des Ausscheidens des Initiators/der Initiatorin das Projekt einschläft" (ebd.: 128). Die Mitglieder der Gruppe werden sich (u. U. in einem zuvor bestimmten Zeitrahmen) zum Projekt (z. B. der Gestaltung eines Jugendhauses) äußern, Anregungen machen, Fragen stellen und sich gegenseitig beantworten; hierbei können – in Übereinstimmung mit den Erfahrungen der Yaoyn – kreativitätsfördernde Verfahren (Traumreisen, Entspannungsübungen, Meditation, gemeinsames Trommeln oder Singen u. ä.) zur Anwendung kommen, um kognitive Engführungen und Beschränkungen aufzulösen und zu überwinden (zu kreativitätsfördernden Verfahren vgl. Freitag 2020). Alle Ideen (Träume) werden dokumentiert; sie sollen zeitlich und inhaltlich begrenzt, erreichbar, zukünftig, wahrnehmbar (beobachtbar) und handlungsorientiert sein. Dazu ist es wichtig, während des Projektes weder hierarchisch noch gegeneinander zu arbeiten (worauf begleitende Soziale zu achten hätten), wobei das Verfahren der Gewaltfreien Kommunikation (Wendt 2021: 89 ff.) helfen kann. Widerspruch und Gegensätze bleiben unbe-

sprochen, in der Traumphase wird nicht diskutiert. Abschließend sollen die Ziele zu einem Oberziel zusammengefasst werden, das kurz, präzise, inspirierend, leicht zu merken und alle Ziele einschließend formuliert sein soll.

2. *Planning* (Planen): Anschließend wird geklärt, was zur Umsetzung dieses Oberziels gebraucht wird, wie vorzugehen ist, um es umzusetzen, welche Alternativen sich anbieten und an welche Erfahrungen (auch anderer Gruppen und/oder Projekte) angeschlossen werden kann. Jetzt spielen auch Gegenargumente (des „großen Widersachers", wie ihn Croft nennt) eine Rolle: „Ein Widersacher kann uns tatsächlich bei einem Projekt sehr helfen, indem er uns nicht bedachte Faktoren bewusst macht, von denen wir nicht wussten, dass wir sie nicht wissen. Wenn wir so einen aktiven Widersacher entdecken, müssen wir feiern, da jene Person … diejenige sein wird, die uns am meisten hilft" (Croft 2021: 23).
3. *Doing* (Handeln): Hierauf aufbauend beginnt die Gruppe mit der Umsetzung beginnt; dabei muss sie sich als (arbeitsteilig arbeitendes) Team organisieren und die Aufgabenverteilung, die Zeit- und die Budgetplanung klären und verbindlich vereinbaren (Projektmanagement).
4. *Celebrating* (Feiern): Sind die Ziele erreicht bzw. das Projekt verwirklicht, dann darf die Gruppe (durchaus ausgiebig) feiern, was wörtlich zu nehmen ist, aber eben auch bedeutet, zu reflektieren, was positiv war, was die Gruppe im Prozess gelernt hat, wo es Schwierigkeiten, Herausforderungen oder Konflikte gab, was misslungen ist (Evaluation).

Mit Dragon Dreaming werden dabei immer auch drei Ziele verfolgt: Alle an einem Projekt Beteiligten sollen wachsen und sich persönlich weiterentwickeln. Die Gemeinschaftsbildung soll gefördert und der Zusammenhalt gestärkt werden. Die Welt soll insgesamt bereichert werden. Das Verfahren bietet eine gute Gelegenheit, sich offen und ohne Urteile wahrzunehmen und zu begegnen, sich gegenseitig zu unterstützen und auf neue kreative Lösungen zu kommen.

8.6 Spielend erproben: Das Verfahren Planspiel

Ein Planspiel ist ein offenes Verfahren, bei denen aus einer Großgruppe (von zwölf bis weit über 100 Personen) gebildete Teilgruppen auf der Grundlage einer gemeinsamen Spielsituation (Ausgangslage) und gruppenspezifischen (Teil-) Aufgaben durch Spielhandlungen (Interaktionen) zwischen den Gruppen (Verhandlungen, Austausch von Informationen u. a.) ein Ziel erreichen sollen (vgl. Klippert 2008: 15–18). Zunächst in den 1950er und 1960er Jahren als Trainingsszenario für den Managementbereich zur Strategieentwicklung und ökonomischen, politischen und administrativen Entscheidungsfindung entwickelt, hat sich das Verfahren in den 1980er und 1990er Jahren auch im Kontext Schule (vgl. z. B. Matthes 2011), der politischen Bildung (vgl. z. B. Petrick/Rappenglück 2017) und schließlich auch in der Sozialen Arbeit etabliert: Gelingend gespielt, stärkt das Verfahren die Selbstständigkeit, Verantwortungsbereitschaft, Team- und Kommunikationsfähigkeit, Kreativität und Flexibilität der Teilnehmenden (vgl. Franzenburg 2021).

In einem Planspiel kann es z. B. darum gehen, eine Aufgabe (thematisches Ziel) zu bewältigen oder neue Formen der Verhandlungsführung auszuprobieren (methodisches Ziel). Planspiele unterscheiden sich im Zeitaufwand und im Grad ihrer Komplexität: Kurzzeit-Planspiele haben eher den Charakter eines Rollenspiels, komplexere Planspiele können auch mehrtägig oder in Etappen verlaufen (vgl. Wenzl 1995, 2004). Es handelt sich um eine „Lernform, bei der die TeilnehmerInnen einen ausgewählten Teil der Wirklichkeit sehr direkt erfahren, indem sie sich aktiv an einer Simulation dieser Wirklichkeit beteiligen" (Ulrich 2008: 3). Planspiele stellen somit Simulationen dar, um auf Situationen vorzubereiten, die z. B. noch nicht durchlebt wurden oder durch ein hohes Maß an Komplexität gekennzeichnet sind. Die Akteure agieren dabei „wie im richtigen Leben"; es handelt sich also um kein Spiel, wie es sonst gespielt wird (z. B. als Gesellschaftsspiel oder internetbasiertes Rolegame). Es geht darum, (im Spiel) die zwischen Personen, Gruppen, Organisationen und Systemen bestehenden Beziehungen und Zusammenhänge wahrzunehmen und verstehen zu lernen. Ein Planspiel dient somit sowohl dazu, sich relevantes Wissen anzueignen (Themenorientierung), als auch dazu, Formen der Verhandlung, Wege der Konfliktregulierung und Strategien der Problemlösung anzuwenden (Methodenorientierung). Realistisch ausgestaltet, bietet es die Möglichkeit zum (risikolosen) Probehandeln: Verschiedene Lösungswege und Entscheidungsalternativen können erprobt werden, ohne dass dies Konsequenzen für die handelnden Akteure hat (vgl. Wenzl 2018).

Fünf Phasen strukturieren ein Planspiel (vgl. dazu insg. Klippert 2008: 21–49, Weitz 2018b: 208 f., Franzenburg 2021):

1. *Vorbereitungsphase:* Zunächst klärt die Spielleitung, welchem thematischen oder methodischen Ziel das Planspiel primär dient, welchen Zeitrahmen es haben soll, welche Ausgangslage gegeben ist und welche (Teil-)Aufgaben (bzw. Teil-Ziele) wie viele Gruppen verfolgen sollen. Hierbei können fiktive Umstände oder tatsächlich gegebene (den Akteuren bekannte) Situationen den Hintergrund bilden. Ausgangslage und Aufgaben werden schriftlich verfasst, ebenso die Regeln des Planspiels (z. B. wie die Interaktion zwischen den Gruppen erfolgen soll: schriftlich/brieflich, per PC-Netzwerk, persönlich). Werden für eine Planspielaktion spezielle Rollen benötigt, sollten diese kurz

schriftlich charakterisiert werden (Beispiele nennt Wenzl 1995: 22). Gerade Rollenbeschreibungen sollten Beziehungen und Zusammenhänge deutlich werden lassen (z. B. wer mit wem vernetzt ist). Planspiele müssen durch die Bereitstellung benötigter Materialien und Medien vorbereitet werden.

2. *Einleitungsphase:* Zu Beginn erläutert die Spielleitung den Akteuren den Charakter des Planspiels (als spielerisches Verfahren, das in einem vorbestimmten Zeitrahmen [meist einen oder mehrere Tage] in mehreren Phasen durchgeführt wird) und vermittelt dessen Ziel, z. B. die Lösung einer fiktiven oder tatsächlich gegebenen Aufgabenstellung (meist in Form einer Fallstudie, in der kurz die vorherrschende Problemsituation skizziert wird). Die Ausgangssituation wird vorgestellt und Nachfragen werden geklärt. Die für alle Akteure gültigen Regeln des Planspiels werden dargestellt. Die Funktion der Spielleitung (als Spielleitung und Ansprechpartner/in für die Gruppen) wird erläutert und geklärt, welche Rollen in den Gruppen wahrgenommen werden müssen, z. B.: Wer fungiert als Sprecher/in in der Kommunikation mit anderen Gruppen? Wer dokumentiert die Ziele der Gruppe, die gewählte Strategie und Vorgehensweise sowie die Ergebnisse in der Gruppenberatung? Schließlich werden die einzelnen Gruppen mit ihren individuellen (den anderen Gruppen immer unbekannten) Aufgaben ausgestattet. Sie erhalten Rollenkarten ausgehändigt, durch welche den Akteuren konkrete Rollen übertragen werden (z. B. als Mitarbeiter*innen eines Jugendamtes, Ehrenamtliche in einem Verein oder Kinder bzw. Jugendliche) und bekommen einen Gruppenraum zugewiesen.
3. *Initiierungsphase:* Die Akteure arbeiten zunächst in ihren Gruppen die Vorgaben des Planspiels (Ausgangslage, Rollenklärung) ab, wobei die Spielleitung in jeder Gruppe Unklarheiten bespricht, die sich in aller Regel aus den gruppenspezifischen Anweisungen ergeben. Anschließend wird jede Gruppe für sich ihr spezifisches Ziel klären, die möglichen Interessen und Strategien der anderen Gruppen einschätzen, das Vorgehen planen (Taktiken bestimmen) und erste Schritte (z. B. Kontaktaufnahme mit einer bestimmten anderen Gruppe, die ein ähnliches Interesse haben könnte) vorbereiten (und jeweils dokumentieren)
4. *Interaktionsphase:* In der Handlungsphase werden Kontakte zu den anderen Gruppen aufgenommen (durch persönliche Gespräche, schriftliche Botschaften oder virtuelle Kommunikation mittels PC-Netzwerk). Charakteristisch für das Verfahren ist, dass die Spielleitung über jeden Schritt der Kontaktaufnahme informiert ist (alle Botschaften laufen über sie, persönliche Gesprächswünsche werden registriert und Orte zum Gespräch zugewiesen, ohne dass davon andere Gruppen erfahren). Das Planspiel entwickelt sich dynamisch auf Basis der unterschiedlichen Interaktionen, den Schlussfolgerungen,

die die Gruppen daraus ziehen, und den Schritten, die sie daraus ableiten. Sie verfolgen ihre Strategien, aktualisieren diese womöglich im Laufe des Planspiels, verhandeln und reagieren auf die Handlungsweisen der anderen Gruppen. Auch die Spielleitung kann durch Interventionen (z. B. Veränderungen in den Ausgangsbedingungen) Einfluss auf die Entwicklung nehmen; sie kann z. B. die Gruppen-Sprecher*innen zusammenrufen (wobei sie die Gesprächsleitung übernimmt). An allen direkten Gesprächen zwischen den Sprecher*innen einzelner Gruppen nimmt die Spielleitung teil. Dabei hat sie immer die Möglichkeit, durch Ereigniskarten den Spielverlauf zu verändern (um z. B. neue Bedingungen – etwa aufgrund einer Änderung in gesetzlichen Grundlagen – einzuführen).

Eine Konferenz (oder Tagung, Plenum u. ä.) beendet die Interaktionsphase des Planspiels: Dazu trägt jede Gruppe zunächst (intern) ihre Ergebnisse zusammen, plant ihren Auftritt in der Konferenz und überlegt, welche Position sie gegenüber den anderen Gruppen einnehmen wird. Sie reflektiert, mit welchen Strategien und Argumenten der anderen Gruppen sie rechnet und wie sie damit umzugehen gedenkt. Jede Gruppe stellt dann dort (unter Leitung des/der Sozialen) ihre Ergebnisse durch ihre/n Sprecher/in vor. Kann im Austausch zwischen den Gruppen vor dem Hintergrund der Aufgabenstellung keine Lösung erzielt werden, wird dies in der Auswertung besonders reflektiert.

5. *Reflexion:* Die Spielleitung beendet das Planspiel (entweder weil das Spielziel bereits in den Verhandlungen zwischen den Gruppen erreicht wurde oder aufgrund des Ablaufs der vereinbarten Zeit). Diese Phase (auch als *Evalutionsphase* bezeichnet) „dient der Distanzierung vom Spielgeschehen …; dadurch kann es zu einer Neuorientierung bisheriger Handlungsmuster kommen" (Franzenburg 2021). Der Spielverlauf (inhaltlich, formal) wird analysiert, wobei die Teilnehmenden selbst Verlauf und Spielergebnisse reflektieren, vor dem Hintergrund der Ausgangslage die (Teil-)Aufgaben der einzelnen Gruppen, ihre individuellen Zielvorstellungen, Strategien und Vorgehensweisen miteinander vergleichen und in Beziehung zum Spielergebnis setzen. Diskutiert wird, welche Vorgehensweise sich als wirksam erwiesen hat, aufgrund welcher Taktik welche Ergebnisse erzielt werden konnten. Der/Die Soziale fungiert dabei als neutrale/r Moderator/in.

Den Sozialen fällt neben der Spielsteuerung v. a. die Beobachtung des Planspiels und der Vorgehensweise der Gruppen zu, d. h.

- in Bezug auf die Arbeit innerhalb der Gruppen z. B.: Gelingt es der Gruppe, sich mit den zugewiesenen Rollen zu identifizieren? Wird zu Beginn eine gemeinsame Taktik oder Strategie abgesprochen oder herrscht stillschweigend Konsens über die Vorgehensweise? Sind die Aktivitäten der Akteure eher auf solidarische Handlungsstrategien abgestellt oder überwiegen Intragruppenkonflikte? Wird eine Aufgaben- und/oder Rollenverteilung vorgenommen, wenn ja, wie? Bilden sich Schlüsselfiguren heraus, Randfiguren, Außenseiter, steigt jemand aus? Ist die Gruppe eher reaktiv durch das Verhalten der anderen Gruppen bestimmt oder selbst engagiert?

- hinsichtlich der Beziehungen zwischen den Gruppen: Wie häufig interagierten die Gruppen untereinander? Welche Bemerkungen werden bei der Kommunikation, z. B. beim Überbringen der Briefe (bei der Spielleitung und der Empfängergruppe) gemacht? Welche Einschätzung anderer Gruppen spiegelt sich darin? Ist der Interaktionsstil eher durch Kampf oder Versöhnung geprägt? Gehen die Gruppen genau auf die Inhalte der an sie gerichteten Kommunikation ein? In welchen Begriffen zeigt sich die Einstellung der Spielgruppen zu den anderen Spielgruppen? Wie wird allgemein die Spannung zwischen Kooperation und Wettbewerb bewältigt? (vgl. Antons 1996: 140).

Erkennbar wird, dass die Reflexion eines Planspiels sich nicht nur auf den Grad der Zielerreichung einzelner Gruppen beschränkt (thematische Ebene), sondern auch eine Auswertung der Verhandlungsweisen und -stile und des Grades der Kooperation (methodische Ebene) erfolgt. Damit eröffnet ein Planspiel vielfältige Möglichkeiten, Wissen über Taktiken und Kompetenzen der Verhandlungsführung zu erlangen (vgl. ebd.: 113 f., 135–140).

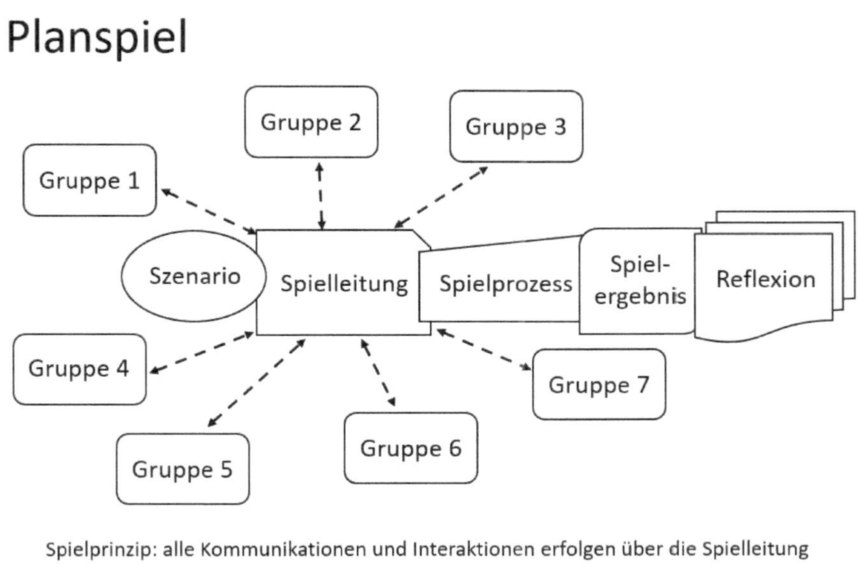

Ein *Beispiel* aus meiner Prozessbegleitungspraxis: Von den Mitgliedern der studentischen Vertretung (Fachschaft) einer anderen Hochschule wurde ich (auf Anraten eines dort tätigen Kollegen) angesprochen und befragt, was zu tun sei, den Einfluss der Student*innen im anstehenden Prozess der sog. „Re-Akkreditierung" des Studienganges zu beeinflussen. Bei der Re-Akkreditierung handelt es sich um einen mehr oder weniger strukturierten Prozess der wiederholten Genehmigung zur Durchführung eines Studienganges durch eine dazu berufene externe Akkreditierungsagentur – ein Ergebnis des sog. „Bologna-Prozesses" Anfang der 2000er Jahre, mit dem eine bessere Passgenauigkeit der Studiengänge an den Bedarf der Arbeits- und vor allem Wirtschaftswelt sichergestellt werden sollte. Die Student*innen fühlten sich in diesem Prozess, der in einer Hochschule durchaus ein Jahr und länger dauern kann und in der Regel insbesondere die Struktur des Studiengangs, Studienordnungen, Studieninhalte und Prüfungsformen, aber auch die Kooperation mit der beruflichen Praxis und anderen Studiengängen überprüft, zu wenig wahrgenommen und berücksichtigt. Sie wollten stärker an der Re-Akkreditierung beteiligt werden. Ihr Wunsch scheine dazu allerdings auf „taube Ohren" zu stoßen.

In einem Vorgespräch klärten wir die Voraussetzungen und – insbesondere – die Kenntnisse der fünf Mitglieder des Fachschaftsrates in Bezug auf die akademische Selbstverwaltung, in deren Rahmen der hochschulinterne Prozess der Re-Akkreditierung stattfindet *(Vorbereitungsphase)*. Die Student*innen, fast alle aus dem dritten Semester, waren erst vor kurzem gewählt worden und räumten ein, sich damit noch nicht ausreichend befasst zu haben. Die Rolle des Instituts, des Fakultät, des Senats waren ihnen ebenso wenig vertraut, wie das aufwändige Verfahren der Re-Akkreditierung selbst.

Ich regte an, dazu ein Planspiel durchzuführen. Die Fachschaft sollte klären, ob weitere Student*innen interessiert seien, am Planspiel teilzunehmen. Mit der Institutsleitung konnte ich verabreden, das Planspiel noch kurzfristig im Lehrplan zu verankern und als (Block-)Seminar (Freitag, Samstag und Sonntag, 32 Unterrichtseinheiten, zwei Creditpoints) im Rahmen eines geeigneten Moduls durchzuführen. An dem Seminar nahmen durchgehend 29 Student*innen teil (zwei Student*innen waren nicht erschienen).

Am *Freitag* (Beginn 14.30 Uhr) wurde zunächst in das Verfahren Planspiel erläutert und die grundlegenden Spielregeln und die Spielweise erläutert und dazu Fragen geklärt *(Einleitungs-/Einführungsphase)*. Nach einer ersten Pause haben dann die Fachschaftsvertreter*innen die Situation geklärt, erläutert, welche Interessen sie im Prozess der Re-Akkreditierung haben und Fragen entwickelt, die vor dem Planspiel zu klären werden, z. B.: Wer ist in welcher Funktion an der Re-Akkreditierung beteiligt? Welches Funktionsverständnis haben die handelnden

Akteur*innen? Wie und wo arbeiten Student*innen und Lehrende zusammen? Gesammelt wurde, was an Vorwissen die Student*innen mitbrachten, diese Fragen zu klären, und es wurde begonnen, eine Mindmap zu diesen Wissensbeständen zu entwickeln (65 Minuten).

Nach einer weiteren Pause wurden die Grundbegriffe der akademischen Selbstverwaltung und der Re-Akkreditierung um noch Unbekanntes (durch mich im Gespräch mit den Student*innen) ergänzt und neue Fragen geklärt. In diesem das Planspiel vorbereitenden Gespräch konnten daraufhin folgende Spielgruppen bestimmt werden, die an der Re-Akkreditierung beteiligt sind und diesen Prozess mit entsprechenden Interessen (neue Lehrinhalte? schnellerer Studienabschluss? mehr oder weniger Wahlmöglichkeiten? größere oder kleinere Lehrveranstaltungen? u. ä.) begleiten:

- „aktive Student*innen", die an der Studiengangsentwicklung interessiert sind (Planspielgruppe/PG 1 mit vier Teilnehmenden),
- „reine Student*innen", die sich mit Themen der Studiengangsentwicklung kaum befassen (PG 2 mit fünf Teilnehmenden),
- Fachschaft als Vertretung der Student*innen (PG 3 mit fünf Teilnehmenden),
- Lehrende des Instituts (PG 4 mit vier Teilnehmenden),
- Dekanat der Fakultät mit Dekanin, Prodekan, Studiendekan und Fakultätsmanagerin (PG 5 mit vier Teilnehmenden),
- Mitglieder des Fakultätsrates (PG 6 mit vier Teilnehmenden) und
- Hochschulpräsidium mit Präsidenten, Kanzler und der für die Lehrentwicklung verantwortlichen Vize-Präsidentin (PG 7 mit 3 Teilnehmenden).

Die Mindmap wurde um diese Informationen ergänzt, abfotografiert und verteilt, sodass allen Spieler*innen die gleichen Informationen zur Verfügung standen (Abschluss gegen 19.45 Uhr).

Am *Samstag* (Beginn: 9.00 Uhr) wurden noch einmal wurden kurz die Spielregeln in Erinnerung gerufen und anschließend die Teilnehmenden (bis auf die Gruppe der Fachschaftsmitglieder) den einzelnen Planspielgruppen zugelost. Anschließend hatten die Planspielgruppen 90 Minuten Zeit, sich in ihre Rolle einzudenken, zu überlegen, mit wem mit welchem Ziel und welchen Angeboten Kontakt aufgenommen werden sollte. Als Spielleiter habe ich alle Gruppen ausgesucht und wenige noch offene Fragen geklärt *(Initierungsphase)*.

Nach einer Pause wurde das Spiel selbst gegen 11.00 Uhr eröffnet *(Interaktionsphase)*. Alle (!) Botschaften und Interaktionswünsche (z. B. ein Gespräch mit anderen Akteur*innen zu führen) wurden über mich als Spielleitung kommuniziert und an die Adressat*innen weitergeleitet. Bereits gegen 11.30 Uhr wurden

„live" erste Gespräche zwischen den Planspielgruppen (z. B. zwischen Fachschaft und Lehrenden, aktiven Student*innen und Fachschaft) geführt. Durchaus rollenkonform hielten sich das Dekanat der Fakultät (PG 5) und das Hochschulpräsidium (PG 7) anfangs mit eigenen Initiativen zurück; die erste Meldung des Dekanats beschränkte sich lediglich darauf, dass bis 15.00 Uhr ein erster Entwurf des Re-Akkreditierungsprogramms (was soll sich am Studienplan ändern?) vorgelegt werden müsse.

Die Gestaltung der Pausen, insbesondere der Mittagspause, war den Gruppen selbst überlassen (wobei ich wahrgenommen habe, dass Pausen in der Spielphase nahezu keinerlei Rolle spielten). Alle Gruppen hielten sich an die Grundvereinbarung, Kommunikation nur über die „Poststelle" zu organisieren.

Für 15.00 Uhr setzte das Dekanat eine Beratung des Fakultätsrates an, die auf Antrag der Lehrenden und der Fachschaft auf 15.20 Uhr verschoben wurde. Bis zu diesem Zeitpunkt organisierte z. B. die Fachschaft zwei Treffen mit aktiven und „reinen" Student*innen, um deren Vorschläge einbeziehen zu können. Die Lehrenden trafen sich unter anderem mit der Fachschaft und den Student*innen. Das Hochschulpräsidium tauschte sich u. a. mit dem Dekanat aus und suchte den Kontakt zu den Lehrenden, die Dekanin wiederum sprach mit den Student*innen und der Fachschaft.

Nach einer weiteren Verschiebung der Beratung des Fakultätsrates (16.00 Uhr) konnte dort von Lehrenden und Fachschaft eine Re-Akkreditierungsprogramm vorgelegt werden, das u. a. eine Erweiterung der Lehrkapazitäten durch eine neue Professur vorsah. Entgegen des Einspruchs des Dekanats (eine zusätzliche Professur sei nicht zu finanzieren) wurde durch den Fakultätsrat ein entsprechender Beschluss gefasst, den das Hochschulpräsidium umgehend ablehnte und die Fakultät aufrief, einen neuen Beschluss (ohne Erweiterung der Lehrkapazitäten) herbeizuführen.

Hierüber wurde zwischen allen Planspielgruppen intensiv beraten und ein Kompromiss erarbeitet (Gewinnung zusätzlicher Lehrbeauftragter, um die Lehrveranstaltungen kleiner werden zu lassen und die berufliche Praxis stärker einzubeziehen), der schließlich sowohl vom Fakultätsrat beschlossen als auch vom Hochschulpräsidium akzeptiert wurde, womit das Planspiel beendet wurde (18.45 Uhr).

Nach einer kurzen Pause sind alle Teilnehmenden in eine spontane Reflexion des Planspiels eingetreten, die von der Frage des persönlichen Erlebens und der persönlichen Beteiligung der Student*innen bestimmt wurde. Alle Student*innen bezeichneten sich als stark bis sehr stark in das Planspiel eingebunden und berichteten von einer wachsenden Intensität des Erlebens in den Strukturen der akademischen Selbstverwaltung. Mit dem Ergebnis waren alle Beteiligten zufrieden (Abschluss gegen 19.35 Uhr).

Am *Sonntag* (Beginn: 9.30 Uhr) wurde das Planspiel strukturiert ausgewertet *(Reflexionsphase)*, d. h. die strategischen Überlegungen aller Gruppen zu Beginn des Panspiels transparent gemacht, der Verlauf präzise nachgezeichnet, die Gespräche und deren Ergebnisse betrachtet und analysiert, welche Akteur*innen sich mit ihren Überlegungen und Vorschlägen (nicht) durchsetzen konnten.

Nach einer Pause wurde diskutiert, welche Schlussfolgerungen sich für die weitere Arbeit der Fachschaft ergeben, wobei insbesondere die teilnehmenden Student*innen außerhalb der Fachschaft Überlegungen zur Weiterarbeit formulierten. Abschließend (13.15 Uhr) wurde vereinbart, alle Student*innen des Studiengangs in einer studentischen Vollversammlung über das Planspiel zu informieren; Lehrende und Dekanat sollten eingeladen werden. Alle beteiligten Student*innen sagten zu, unter ihr Kommiliton*innen für diese Vollversammlung werben zu wollen.

Die Vollversammlung fand gut drei Wochen später statt; von den rund 1 100 Student*innen des Studiengangs nahmen rund 450 teil, ebenso das Dekanat und zahlreiche Lehrende. Bei der Neuwahl des Fachschaft ein halbes Jahr später stellten sich vier neue Kandidat*innen (alle waren am Planspiel beteiligt) zur Wahl.

8.7 Digitale Formate entwickeln: Das Verfahren Barcamp

Wie in der Sozialen Arbeit insgesamt stellt sich auch in der Sozialen Gruppenarbeit die Frage, ob das durch physische (tatsächliche) Anwesenheit Sozialer gekennzeichnete Verständnis, *da zu beginnen, wo die Gruppe steht* (vgl. Schiller 1966: 138), durch Prozesse der Digitalisierung und Virtualisierung menschlicher Kommunikation relativiert wird. *Digitalisierung* bezeichnet „einen umfassenden Wandel, der durch digitale Technologien (Computer, Internet, Robotik, Künstliche Intelligenz) vorangetrieben wird und alle Lebensbereiche umfasst" (Kreidenweis 2018). Unter *virtueller Kommunikation* kann also das verstanden werden, was nicht direkt an Kommunikation zwischen Menschen (face to face) erfolgt, sondern durch Datennetze (z. B. Messengersysteme) vermittelt wird. Die Covid-19-Pandemie hat diese Prozesse – Homeschooling, virtuelle Hochschullehre/Online-Lehre, Video- statt Präsenzkonferenzen – bereits forciert.

Virtualisierung ist in vielen Feldern der Sozialen Arbeit als Herausforderung für die eigene Professionalität präsent. Daher müssen Soziale, um auch weiterhin „nah am Menschen" sein zu können, „auch in den digitalen Räumen und Informationskanälen präsent sein und sich dort kompetent bewegen" und zugleich „auch für benachteiligte Menschen erreichbar sein, die nicht in der digitalen Welt unterwegs sind" (ebd.). Es entwickelt sich *beides:* Das digitale Medium, das Smartphone, bietet die Möglichkeit, dauerhaft Kontakt zu halten. Prinzipiell wird die Entwicklung einer Beziehung zeit- und ortsunabhängig; sie ist nicht mehr allein auf regelmäßige Treffen beschränkt oder an einen bestimmten Ort gebunden. Die face-to-face-Interaktion, d.h. im unmittelbaren gegenseitigen Erleben im gemeinsamen Raum, in der bislang soziales Lernen möglich war, wird in Frage gestellt. Damit sind neue Aufgaben für Soziale verbunden (vgl. Hundenborn/Sussenburger 2018). Im Anschluss Brock lässt sich damit sagen, dass sich eine Form von *hybrider Sozialer Arbeit* entwickeln wird, die „die bisher getrennt wahrgenommene Systeme zueinander in Beziehung setzt und damit neue Möglichkeiten schafft für die Wahrnehmung junger Menschen, die Beziehungsaufnahme und Interventionen". Brock argumentiert im Blick auf die aufsuchende (Jugend-) Arbeit, doch lassen sich seine Überlegungen auf die Soziale Gruppenarbeit insgesamt beziehen: Das bisher gültige Verständnis von realer und virtueller Welt, Öffentlichem und Privatem, Herkunftskultur und Ankunftskultur, Stadt und Land wird durch Hybride Streetwork „bewusst irritiert. Sie bricht mit der Tradition, diese Systeme als Entweder-oder zu verstehen, sich auf einer der beiden Seiten zu verorten und entsprechende Bewertungen vorzunehmen" (Brock 2018: 18 f.), indem sie Kontakte sowohl über Online-Beratung, Social Media, Online-Spiele als auch unmittelbare face-to-face-Beziehungen herstellt und gestaltet (vgl. Brock 2017: 26). Es wird sich eine Form Sozialer Gruppenarbeit entwickeln, die durch die Fähigkeit gekennzeichnet sein wird, den Kontakt- und Beziehungsaufbau auch virtuell zu gestalten (vgl. Brock/Fritsche 2021). Neben der Gestaltung realer – direkter und unmittelbarer – Kommunikation wird die Notwendigkeit einhergehen, für die Arbeit mit und in Gruppen geeignete virtuelle Kommunikationsmuster zu entwickeln, die durch Ungleichzeitigkeit (z. B. zeitversetzt) und allgemeiner Verfügbarkeit (überall, jederzeit) mit eigenen Sprachregeln (Codes) gekennzeichnet sein müssen. Soziale werden gleichzeitig neben ihrer realen Kommunikationspraxis (live und vor Ort) auch ein virtuelle Kommunikationsmuster beherrschen und auf die Lernprozesse in Gruppen anwenden müssen. Das (seit den frühen 2000er Jahren eingeführte) Verfahren Barcamp folgt zugleich dem schon bei der Open Space Technique (→ 8.4) oder dem World Café (→ 8.3) erkennbar gewordenen partizipativen Grundverständnis für kollektive Bildungsprozesse und kompiliert Elemente beider Verfahren. Es handelt sich zunächst um ein Präsenz-Format (Durchführung vor Ort), kann sich aber auch zu einem Online-Format entwickeln.

Ein Barcamp ist ein offenes Veranstaltungsformat, d.h., sowohl die Inhalte als auch der Ablauf sind zu Beginn noch offen (das Programm wird mit den Teilnehmenden direkt zum Beginn erstellt; vorher wird von den Veranstalter*innen nicht viel mehr festgelegt als das Oberthema und der zeitliche Rahmen); weder die Inhalte noch die Formen (Arbeitsgruppen, Arbeit in virtuellen Netzwerken, Vortrag, Podiumsdiskussion) sind vorgegeben oder zuvor abgestimmt. Es handelt sich damit um eine Konferenz, ohne eine Konferenz zu sein, denn die Kommunikation und Interaktion erfolgt via PC oder Laptop netzwerkgestützt virtuell (und wird deshalb auch Unkonferenz, Ad-hoc- oder Nicht-Konferenz bezeichnet). Das Verfahren ist für 20 bis ca. 300 Teilnehmende geeignet und kann in Kurz- bis Langformaten (drei Stunden bis drei Tage) durchgeführt werden. Barcamps leben (wie eine Open-Space-Konferenz) von der Interaktion und den unterschiedlichen Kenntnissen, die die Teilnehmende einbringen. Alle haben die Möglichkeit, eigene Beiträge (sog. „Sessions") zu einem Thema oder einer Frage einzubringen. Ein Barcamp schafft die Arbeitsumgebung, in der sich die Teilnehmenden austauschen und voneinander lernen können (vgl. Camper 2021). Alle werden so aus Teilnehmenden zu „Teilgebenden", weil sie alle eingeladen sind, ihr Wissen mit den anderen zu teilen und ihnen (z. B. durch Dateitransfer, Etherpads, Chats u. ä.) zur Verfügung zu stellen oder in gemeinsamen Arbeitsprozessen kollaborativ etwas Neues entstehen zu lassen. Muuß-Merholz spricht von einer Form der Selbstfortbildung, bei der die Teilnehmenden „ihre Fortbildung in die eigenen Hände" nehmen, diese nicht länger an Expert*innen delegieren und sich die Gestaltung des Barcamps – unter Gleichrangigen, meist auch Gleichaltrigen (Peer-to-Peer-Lernen) – „radikal an den Lernenden" (Muuß-Merholz 2019: 16) ausrichtet. In der Regel finden sie sich aufgrund von Einladungen (die auf Internetplattformen, in Blogs oder sozialen Netzwerken kommuniziert werden) an einem Ort zusammen, um zu einem (meist weit gefassten) Thema (z. B. das EconomyCamp der Joachim Herz Stiftung [vgl. IJAB 2020: 39 ff.]) entweder selbst einen Vortrag zu halten, zu organisieren oder sich an einem Vortrag (organisatorisch oder inhaltlich) zu beteiligen. Barcamps dienen damit einem maximal offenen inhaltlichen Austausch und der Diskussion. Das Verfahren ist besonders dann erfolgreich, wenn die Teilnehmenden in Bezug auf das Thema Vorwissen besitzen und Motivation mitbringen und ihnen der Ideen- und Erfahrungsaustausch wichtiger ist als das Erreichen eines homogenen Wissensstandes (vgl. Muuß-Merholz 2019: 45).

Ein Barcamp hat vier Phasen (vgl. Ikosom 2014: 7–43, Muuß-Merholz 2019: 62–123, IJAB 2020: 30–41):

1. Vorbereitung, d. h. die Phase der inhaltlichen, personellen, organisatorischen, technischen Planung bis hin zu den finanziellen Entscheidungen.
2. Information, d. h. die (analoge und digitale) Kommunikation vor einem Barcamp, z. B. Einladung und Anmeldung, Wahl einer Online-Plattform oder die Nutzung geeigneter Social Media-Kanäle.

3. Realisierung, d. h. die Durchführung des Barcamps selbst, wozu auch die situative Feinplanung und Moderation der Sessions zählt. Zu Beginn stellen sich alle Teilnehmenden in der Großgruppe (dem Barcamp-Plenum) und ihre Ideen vor; erst dann werden Ablauf und Inhalte des Ablaufs des Barcamps festgelegt. Die Arbeit besteht aus *Sessions* (den Vorträgen, Gesprächsrunden u. a.), die in *Grids* (Stundenplänen) angezeigt durch die Teilnehmenden selbst koordiniert werden. Damit lehnt sich das Verfahren an die Open Space Technique an; auch hier melden die Teilnehmenden ihr Thema an und gestalten dazu eine Arbeitsgruppe, und auch hier werden (Teil-)Ergebnisse zum Schluss gesammelt und in der Regel online zur Verfügung gestellt. Was in den Sessions passiert, liegt allein an den Teilnehmenden. Aufgabe von Sozialen, die die Moderation übernehmen, ist es vor allem, zu Beginn und zum Abschluss ein Plenum zu organisieren (vgl. Muuß-Merholz 2019: 25–123).

   Barcamps zeichnet aus, dass nur wenige Regeln zu beachten sind: 1. Wer zum ersten Mal an einem Barcamp teilnimmt, muss auch eine Session anbieten. 2. Über das Barcamp muss aktiv gesprochen werden; Botschaften via Tweets, Blogs und Etherpad-Dokumentation dienen dazu, Themen und Inhalte der Sessions nach außen zu tragen, damit alle auch außerhalb eines Sessionraums oder des Barcamps nachvollziehen können, was dort diskutiert wird oder bearbeitet wurde (vgl. IJAB 2020: 4 f., 31 f.).
4. Nachbereitung, d. h. die abschließende Evaluation und Dokumentation des Barcamps, z. B. durch Einstellen der Arbeitsergebnisse auf einer Website.

8.8 Zum Abschluss des Kapitels

Zum Weiterlesen

- Eine kurzgefasste Übersicht in die unterschiedlichen Verfahren der Bildungsarbeit mit (Groß-)Gruppen bietet *Horst Siebert* (Methoden für die Bildungsarbeit. Leitfaden für aktivierendes Lernen, Bielefeld 2010).
- Für das Verständnis der TZI sind zwei Aufsätze von *Ruth Cohn* hilfreich, die in einer Sammlung ihrer Texte (Von der Psychoanalyse zur themenzentrierten Interaktion, 6. Aufl. Stuttgart 1983) enthalten sind: „Das Thema als Mittelpunkt interaktioneller Gruppen" und „Zur Grundlage des themenzentrierten interaktionellen Systems" (S. 111–128).
- Die Veröffentlichung von *Hans-Jürgen Dumpert* und *Roger Schaller* (Techniken der Verhaltenstherapie, Weinheim/Basel 2017) bietet eine gute Einführung in das Rollenspiel.

- Die Bundeszentrale für Politische Bildung unterhält eine online-Datenbank mit Hinweisen für die Praxis von Planspielen; Link: http://www.bpb.de/lernen/unterrichten/planspiele/65585/planspiel-datenbank (9. Aug. 2021). Ein sehr differenziertes Handout für das Planspiel „Ein neues Konzept für die Jugendarbeit in Großhausen" haben *Uwe Helmes* und *Bernd Bücker* (2014) ausgearbeitet (URL: https://www.soziales.niedersachsen.de/download/84453 [9. Aug. 2021]).
- Zur Moderation von Großgruppen (Open Space Technique u. a.) gibt *Stefan Groß* (Moderationskompetenzen, Wiesbaden 2018) zahlreiche Hinweise. Hierbei ist auch der Beitrag von *Kerstin Reich* (Open Space; URL: http://methodenpool.uni-koeln.de [9. Aug. 2021]) hilfreich.
- Einen guten Überblick zum Verfahren Dragon Dreaming bietet die Website von *Wandelbündnis* (Gesamtverband für den sozial-ökologischen Wandel): http://dragondreaming.org/de/ (9. Aug. 2021).
- Eine sehr anschauliche Darstellung zur Planung und Durchführung von Barcamps bietet *Jöran Muuß-Merholz* (Barcamps & Co. Peer-to-Peer-Methoden für Fortbildungen, Weinheim/Basel 2019, insb. S. 62–123). Die aktuelle Barcamp-Liste für Deutschland, Österreich und die Schweiz findet sich unter: https://www.barcamp-liste.de/ (9. Aug. 2021).
- Für die Organisation eines Barcamps sind die Leitfäden des Instituts für Kommunikation in sozialen Medien/Ikosom (URL: https://jugend.beteiligen.jetzt/sites/default/files/download/Leitfaden-JugendBarCamps-2014.pdf) und der Fachstelle für Internationale Jugendarbeit der Bundesrepublik Deutschland/IJAB (https://ijab.de/bestellservice/jugendbarcamp) hilfreich, ebenso „Camper" (URL: https://barcamps.eu/barcamp-open-data/), einem Internetangebot von *jugend.beteiligen.jetzt – für die Praxis digitaler Partizipation,* einem Kooperationsprojekt der Deutschen Kinder- und Jugendstiftung (DKJS), des Deutschen Bundesjugendrings (DBJR) und von IJAB – Fachstelle für Internationale Jugendarbeit der Bundesrepublik Deutschland e. V.

Aufgaben

- Worin bestehen aus Ihrer Sicht Vorzüge und Nachteile der dargestellten Verfahren?
- Worin unterscheidet sich die TZI von den anderen Verfahren?
- Fassen Sie verschiedenen diskursgestützten Verfahren nach folgenden Merkmalen für sich zusammen:

	Strukturierung	Zeitaufwand	Gruppengröße	Begleitung durch Soziale	Besonderes
	thematisch eingegrenzt oder offen?	in Stunden oder Tagen	Zahl der Teilnehmenden (von – bis)	Zahl der beteiligten Sozialen	Was ist noch erwähnenswert?
Themenzentrierte Interaktion					
Zukunftswerkstatt					
Zukuftskonferenz					
Appreciative Inquiry					
World Café					
Open Space Technique					
Dragon Dreaming					
Planspiel					
Barcamp					

Kapitel 9
Erfahrungsgestützte Basisverfahren der Sozialen Gruppenarbeit

Zentrales Merkmal erfahrungsgestützter Verfahren der Sozialen Gruppenarbeit ist die Aneignung im Erleben und der unmittelbaren Erfahrung ungewohnter (neuer) Situationen; insoweit ergibt sich ein besonderer Bezug zum Erfahrungslernen (→ 7.2), wobei Spiel und Feedback eine herausgehobene Funktion haben:

Spiel: Thiesen (2017: 969–972) spricht von der „Zweckfreiheit des Spiels"; Regeln lassen sich aufstellen und abwandeln, und ihre Gültigkeit endet mit dem Spiel. In diesem kommt es zum Abbau der Ich-Bezogenheit und zum Partnerbezug. Spiele unterstützen den Aufbau von Beziehungen (Arbeitsbündnissen) zwischen Sozialen und Subjekten; sie helfen, Strategien und Kooperationsbeziehungen in der Gruppe zu entwickeln (siehe Textbox „Flussüberquerung"), und sie üben Regeln ein. Kennenlern- und Interaktionsspiele sind Spiele zur Selbsterfahrung; sie dienen der Kontaktaufnahme, Kommunikation, Gruppenbildung und Kooperation, dem sprachlichen und körperlichen Ausdruck. Ihre Funktion liegt v. a. im sozialen Lernen: Sie sollen zum Angstabbau und zur Entspannung beitragen und die Einfühlung und Selbsteinschätzung verbessern (helfen), Gelegenheiten bieten, Gefühle zu äußern und auf die Gefühle anderer einzugehen. Sie können dazu beitragen, Fähigkeiten und Fertigkeiten zu entwickeln, die vorher noch nicht bzw. schwach ausgeprägt waren, und den Vorstellungs- und Erfahrungshorizont erweitern. Auch das darstellende Spiel (z. B. Rollenspiel oder theaterartige Aufführungen) stellt eine Form des Spiels dar; seine Funktion liegt darin, Spielfreude zu wecken, Hemmungen abzubauen, den Ausdruck zu fördern, das Sprechen zu trainieren, die Phantasie anzuregen und Rollen zu tauschen, um stereotype Rollenauffassungen aufzubrechen. Mit Stein (2009: 96) geht es darum, Interesse an einem Thema zu wecken und die Bereitschaft anzuregen, sich aktiv zu beteiligen, was das Spiel unterstützt. Dabei ist darauf zu achten, dass die Einstimmung in der Sprache der Akteure „und nicht in einer abgehobenen Fachsprache vermittelt wird".

Flussüberquerung

Eine Gruppe (acht bis 15 Akteure) muss einen Fluss (der durch zwei Linien aus Kreide oder Kreppband markiert und etwa fünf bis sieben Meter breit ist) überqueren. Dazu dürfen die Spieler*innen jeweils eine kleine Eisscholle (aus ca.

30 × 30 cm großen Teppichstücken) nutzen. Gemeinsam müssen sie überlegen, wie sie über den Fluss gelangen können, indem Verbindungen zwischen den Eisschollen hergestellt werden und Teilnehmer*innen Zug um Zug auf eine Eisscholle anderer Spieler/innen wechseln und so an das andere Ufer gelangen. Liegt eine Eisscholle im Fluss, ohne durch Hand oder Fuß von Spieler*innen berührt zu werden, treibt sie weg (und wird von der Spielleitung aus dem Spiel genommen). Tritt jemand in den Fluss, ohne eine Eisscholle zu erreichen, dann hat die Gruppe die Aufgabe nicht gelöst und muss noch einmal beginnen.

Die Gruppe muss dazu eine gemeinsame Strategie entwickeln und gemäß diesem Plan anschließend zusammenarbeiten, um das Ziel zu erreichen. In der anschließenden Reflexion kann z. B. besprochen werden, wo Schwierigkeiten aufgetreten sind, wie sie bewältigt wurden, wie die Lösung zustande gekommen ist und wer sich wie daran beteiligt hat.

Feedback: Als Feedback wird eine (wenig strukturierte) Stellungnahme durch den/die Feedback-Geber/in (oder eine Gruppe von Geber*innen) an den/die Feedback-Empfänger/in, der/die darum gebeten hat (vgl. Brühwiler 1994: 13); differenziert werden:

- *Feedback geben:* Das Feedback soll (analog zur Argumentation der TZI) in der Ich-Form gesprochen werden, das wahrgenommene Verhalten nur beschreiben (aber nicht interpretieren und somit bewerten) und dabei sollen seine/ihre Gefühle und Bedürfnisse benannt werden. Solche Aussagen beanspruchen damit keine Allgemeingültigkeit und können leichter angenommen werden (Rückmeldungen dieser Art stellen immer einen Eindruck dar, der weder richtig noch falsch sein kann, sondern immer nur subjektive Wahrnehmungen und Interpretationen zum Ausdruck bringt). Die Beschreibung soll konkret (situationsbezogen) sein und sich auf Verhaltensweisen beziehen (die auch beeinflussbar sind), was dem/der Empfänger/in ermöglich, über das eigene Verhalten nachzudenken und es ggf. zu verändern. Da in das Feedback in konstruktiver Weise Vorschläge, Wünsche oder Bedürfnisse einfließen dürfen, sollte der/die Feedbackgeber/in ihre Beobachtungen, die zu diesen Vorschlägen u. ä. führen, durch andere zunächst überprüfen lassen, um Fehler und Irrtümer auszuschließen. Zudem sollte es in der Ich-Form formuliert sein, denn dies betont die Subjektivität der Einschätzung und ruft weniger Abwehr hervor. Je schneller und direkter es abgegeben wird, desto wirkungsvoller und effektiver ist das Feedback. Wenn am Ende des Feedbacks die Befindlichkeit des anderen erfragt wird, dann eröffnet das die Gelegenheit, z. B. etwaige Missverständnisse zu klären.

- *Feedback entgegennehmen:* Da viele Subjekte (auch schon häufiger) negative Rückmeldungen über ihre Person und ihr Verhalten erhalten haben, wird das Annehmen des Feedbacks (empfunden als weitere Kritik) oft erschwert, eine Verteidigungshaltung eingenommen und die Aufforderung an den/die Feedback-Geber/in formuliert, das Feedback argumentativ zu begründen. Deshalb empfehlen sich Regeln, die Subjekte in die Lage versetzen, ein Feedback entgegenzunehmen; sie unterstützen die Bereitschaft, ein Feedback als Chance zur persönlichen Weiterentwicklung zu nutzen. Zu diesen Regeln zählt, 1. ein Feedback bis zum Schluss anzuhören, 2. nicht zu unterbrechen und erst anschließend 3. nachzufragen, wenn Unklarheiten entstanden sind (Jugert u. a. 2013: 66 ff.).

Ein in nahezu allen Gruppen anwendbares einfaches Feedbackverfahren wird als *Fünf-Finger-Feedback* bezeichnet (symbolisiert durch die fünf Finger einer Hand): Mit dem Daumen wird signalisiert, was z. B. an einer erlebnispädagogischen Freizeit gut gefallen hat. Der Zeigefinger dient dazu, anzuzeigen, was (künftig) besser gemacht werden kann. Der Mittelfinger verweist auf Aspekte, die dem/der Feedback-Geber/in nicht gefallen haben. Der Ringfinger zeigt an, was der/die Feedback-Geber/in aus der Freizeit (z. B. an Erfahrungen) mitnimmt, und der kleine Finger deutet an, was zu kurz kam.

9.1 Rollenspiel

Ein Rollenspiel kann verschiedene Funktionen haben, z. B. bestimmte soziale Fähigkeiten zu trainieren (Verbesserung der Kooperations- bzw. Konfliktfähigkeit), die Kreativität anzuregen, die Wahrnehmung zu verbessern oder schwierige Situationen und ihre Veränderungsmöglichkeiten, alternative Handlungsmöglichkeiten und Problemlösungen erkennen und bewerten zu können (vgl. insg. Günther 2019, Roth 2021). Es greift Situationen auf, die (noch) nicht aus der Erfahrungswelt der Akteure stammen, sondern Lebenssituationen vorgreifen (simulieren) oder sich auf zurückliegende Vorgänge beziehen (um aus gezeigtem Verhalten Schlüsse für Künftiges zu ziehen). Dabei steht das spielerische Nachahmen von Rollen (die oft als die Summe der gesellschaftlichen Erwartungen an das Verhalten der Inhaber*innen sozialer Positionen verstanden werden) und damit die Inszenierung einer mehr oder weniger genau festgelegten sozialen Rolle (z. B. als Eltern, Politiker/in) im Mittelpunkt (vgl. Ulrich 2008: 3). Rollentheoretisch wird v. a. im Konzept der Rollendistanz davon ausgegangen, dass Subjekte in der Lage sind, sich von gewohnten Rollen lösen und neue einnehmen zu können (vgl. Shaftel/Shaftel/Weinmann 1976: 89–107, Broich 1980: 117–121), wodurch (soziales) Lernen möglich wird.

Rollenspiele ermöglichen es, aus einer aktuellen Rolle (z. B. als Schüler*innen) und den daran geknüpften Erwartungen (z. B. lernen zu sollen) herauszutreten, und das Rollenverhalten in der Auseinandersetzung mit anderen Rollen im Spiel sichtbar und einer Beobachtung durch Dritte (Beobachter*innen) zugänglich zu machen. Die Beobachtungssituation ist zwar nicht authentisch; sie kann aber zu Anregungen führen, die in einer Diskussion oder im Gespräch ohne den Erfahrungshintergrund aus dem Rollenspiel kaum möglich sind. Ein Rollenspiel kann also

> „klärende Wirkungen auf mich und meine Interaktion haben: Indem ich nicht über eine Situation spreche, sondern mich in ihr bewege, kann ich zu einer größeren Klarheit darüber kommen, was wirklich geschehen ist und wie ich es erlebt habe. Indem ich die Rolle eines Anderen (vielleicht sogar meines Konfliktpartners) spiele, eigne ich mir dessen Argumentation und vielleicht sogar dessen Sichtweise an und kann sie deshalb eventuell besser verstehen. Indem wir dieses Rollenspiel vor anderen Beteiligten spielen, geben wir ihnen die Möglichkeit, besser zu verstehen, was geschehen ist, und gegebenenfalls moderierend in das Geschehen einzugreifen“ (Müller/W. 2010: 157 f.).

Kennzeichnend ist der Bezug zum Alltag und zu zurückliegenden Erlebnissen und Erfahrungen der Akteure bzw. zu absehbaren künftigen Anforderungen, deren Bewältigung so erprobt werden kann, weshalb das Rollenspiel auch in der Heimerziehung (vgl. Blusch 1987), in der Beratung (im Vier-Augen-Gespräch) und in der Supervision bzw. Praxisberatung (vgl. Stein 1987b) zur Anwendung kommen und dabei auch den Charakter eines Entscheidungstrainings haben kann, in dem Verhalten in Situationen, die durch Alternativen gekennzeichnet sind, eingeübt wird (vgl. Shaftel/Shaftel/Weinmann 1976). Im Unterschied zum Planspiel (→ 8.5) liegt der Fokus auf der Rollenwahrnehmung Einzelner, wobei die Gruppe als Reflexions- und Spielrahmen genutzt wird. Differenziert werden Inhaltsaspekte, die auf gesellschaftliche Handlungsfelder wie Familie, Schule, Freizeit, Einkauf, Verkehr usw. bezogen sind, und Verhaltensaspekte, die die Wechselbeziehung der unterschiedlichen Rollen in diesen Handlungsfeldern betrifft.

Eine Erweiterung erfährt das Rollenspiel in Form des Soziodramas, bei dem zwischenmenschliche Beziehungen und Probleme insb. in Gruppen in Form eines Rollenspiels behandelt und anschließend bearbeitet werden (vgl. Shaftel/Shaftel/Weinmann 1976: 125 ff.). Im Unterschied zum Psychodrama, bei dem/

der Protagonist/in sein/ihr eigenes Thema bearbeitet, handelt es sich hier ebenfalls um ein Spiel in fremden Rollen.

Eine weitere Variante stellt das Sozialtherapeutische Rollenspiel (StR) dar, das im Anschluss an die Kommunikationstheorie Watzlawicks der Verbesserung zwischenmenschlicher Kommunikation (vgl. Stein 2009: 75 ff.) und der „Mobilisierung der Selbstheilungskräfte“ der Subjekte dient. Das StR betont den Spiel-, nicht den Trainingscharakter (vgl. Stein 2009: 79 ff.). Dabei sollen „Verhaltensweisen wiederbelebt (werden), die während der Entwicklung zum Erwachsenen verlorengingen“ (ebd.: 79). Dabei wird betont, dass „insb. mit den gesunden Anteilen von Personen“ (Stein 1987a: 9) gearbeitet wird. Dieses Bild von Krankheit und Gesundheit, das seine Konjunktur im Psycho- und Therapieboom der 1970er Jahre hatte, *kann* allerdings im Einzelfall und im Blick auf die Defizite („das Kranke“) die Ressourcen eines Subjekts vernachlässigen, die auch in seinen Schwierigkeiten und im konkreten Anlass ruhen können.

Im Regelfall hat ein Rollenspiel drei, ggf. auch vier, Phasen (vgl. die Hinweise zur Durchführung bei Shaftel/Shaftel/Weinmann 1976: 71–87):

(1) Vorbereitung: Ein Rollenspiel „lebt“ davon, dass die Teilnehmerinnen bereit und in der Lage sind, einen Rollenwechsel vorzunehmen und sich selbst in den Mittelpunkt der Beobachtung anderer zu stellen. Da diese öffentliche (Selbst-)Präsentation oft mit Hemmungen verbunden ist, kann eine Warming-up-Phase zu Beginn helfen, die Spielerinnen auch emotional auf die Spielphase einzustimmen, der Motivation dienen, aktiv mitzuspielen, und zu einer möglichst großen Gruppensicherheit beitragen. Ein „Blitzlicht“, in dem das aktuelle Befinden der Akteure zur Sprache gebracht wird, hilft dabei, im Rollenspiel „anzukommen“. Dabei werden in der Regel auch gemeinsame Themenaspekte sichtbar, die in das Spiel einbezogen werden können. Formen kreativer Visualisierung solcher thematischer Knoten (z. B. durch schnelle Zeichnungen, Gestaltung durch Requisiten wie Kisten oder Seile) helfen zugleich, in die spielerische Situation hineinzufinden (vgl. von Ameln u. a. 2004: 138). Auch ein Stegreifspiel, bei dem der Gruppe ein grobes Szenario vorgegeben wird, das sie in freier Interaktion ausspielt, kann aufwärmend wirken (vgl. ebd.: 549 f.).

Die direkte Spielvorbereitung erfolgt anschließend durch das Szenario, d. h. die Darstellung des Ausgangsproblems (Situationsbeschreibung, Handlungsrahmen: Um was und wen geht es warum, wo, wie, wann?) und die Bestimmung der daraus folgenden Rollen und deren Verteilung unter den Spieler*innen bzw. (die am Spiel direkt nicht beteiligten) Beobachter*innen. Während die Spieler*innen die Rollen einstudieren, werden die Beobachter*innen mit den für sie verbindlichen Beobachtungskriterien vertraut gemacht, d. h., wer die Szene unter welchem Gesichtspunkt (z. B. in Bezug auf das einen Konflikt verschärfende oder deeskalierende Verhalten) betrachten soll. Dazu sind gemeinsam Beobachtungsaspekte zu bestimmen, z. B. ob sich die Spieler*innen gemäß Rollenbeschreibung und Aufgabenstellung verhalten bzw. welche Strategien verfolgt werden.

(2) Durchführung: Das Rollenspiel selbst sollte auf höchstens zehn bis 15 Minuten begrenzt sein, weil eine längere Dauer die Beobachtung erschweren würde. Wichtig ist dabei, dass die Akteure nicht ihre eigenen (realen) Interessen verfolgen, sondern in Übereinstimmung mit den Interessen der jeweiligen Rolle handeln.

(3) Auswertung: In der Auswertung werden die Spieler*innen und die Beobachter*innen zu ihren unmittelbaren Eindrücken befragt, das Rollenspiel auf der Grundlage der Beobachtungskriterien reflektiert und Schlussfolgerungen und Übertragungsmöglichketen denkbarer Wahrnehmungs- und Handlungsalternativen diskutiert, wobei es zur Wiederholung einzelner Sequenzen kommen kann, um den Effekt möglicher Handlungsalternativen sichtbar zu machen (vgl. Geißler/Hege 2001: 204 ff., Müller/W. 2010: 157 ff., Peterßen 209: 257–261).

Zunächst berichten die Spieler*innen z. B., wie sie sich in ihrer Rolle erlebt und gefühlt haben und ob es ggf. Probleme gab, die Rolle wahrzunehmen (zu spüren, worauf es ankommt) oder sie zu spielen (darzustellen, worauf es ankommt). Anschließend teilen die Beobachter*innen ihre Eindrücke mit, ob die Rollen überzeugend eingenommen wurden und wer sich durchsetzen konnte. Es geht stets darum, Beobachtungen als Beschreibungen (und nicht als Bewertung) zugänglich zu machen. Broich (1980: 109–112) rät dazu, das Spiel aufzuzeichnen, denn dadurch kann „das Verhalten der Spielgruppe sichtbar gemacht werden, welches von den Beobachtern und auch von den Darstellern nicht wahrgenommen wird“ (ebd.: 112). Die Aufzeichnung kann jetzt helfen, genauer nachzuvollziehen, wie sich wer verhalten hat und (nicht) durchsetzen konnte, was gelungen ist oder als hilfreich erwiesen hat. „Fragen an die Gruppe dienen der Vertiefung des Themas“ (Stein 2009: 97). Es kann danach sinnvoll sein, das Spiel weiterzuführen.

(4) Wiederholung: *Unter Umständen* kommt eine (ggf. auch mehrmalige) Wiederholung des Rollenspiels in Betracht, z. B. wenn es sich um schwierige bzw. komplexe Situationen mit großer Tragweite (künftiger Relevanz) handelt.

Kritisch setzen sich z. B. Seidel (1981) und Haug (1981) mit dem Rollenspiel auseinander: Es sei ein Training zur Anpassung bzw. Herstellung sozialer „Normalität“.

9.2 Psychodrama

Das Psychodrama wurde in den 1920er Jahren durch *Jakob Lewin Moreno* zunächst als neue Form des Theaters (Stegreiftheater) entwickelt, in dem keine vorgeschriebenen Texte gesprochen werden sollten. Schauspieler und Publikum sollten improvisieren und spontan spielen, was ihnen gerade einfiel und woran sie Spaß hatten. Allerdings konnte sich diese Form des improvisierenden Theaters im (traditionelle Formen gewohnten) Wien nicht durchsetzen. Moreno entwickelte sein „verrücktes" Theater allerdings weiter, indem er psychisch Kranke ihre Probleme darstellen ließ und das Verfahren psychoanalytisch geprägt weiterentwickelte. Leitend war die Beobachtung, dass ein Theaterspiel (z. B. ein Drama) starke emotionale Regungen auslösen kann. Durch das Nachspielen belastender Situationen sollte eine heilende Wirkung erreicht werden (vgl. insg. Moreno 1993 sowie Soppa 2009, Stadler/Kern 2010, Schwinger 2014 und die Beiträge in Wittinger 2005).

Ziel ist es, durch das Spiel und die Rückmeldungen bei der Person, deren Thema zum Gegenstand des Psychodramas gemacht wird, dem Protagonisten bzw. der Protagonisten (PRO, gr.: *Haupt-/Erst-Handelnder*), eine Art „Reinigung" (Katharsis) dergestalt zu bewirken, dass er sich aktiv und kreativ (selbst-)kritisch mit seinem Rollenverhalten, seinen Erwartungen und Projektionen auseinandersetzt. Katharsis meint den inneren Prozess, „der durch handelnde Erfahrung im Spiel ausgelöst wird. Durch das Erleben einer (belastenden oder gefürchteten) Situation werden Gefühle ‚befreit'. Diese Befreiung stellt im psychodramatischen Prozess die Grundlage für den Entwurf und die Integration neuer Handlungskonzepte des Protagonisten dar" (Rosenbaum/Kroneck 2007: 93).

Nach Moreno erhält ein PRO mehr und neue Einsichten und Gefühle in sein/ihr Problem, als das durch Gespräche und Diskussionen in der Gruppe möglich ist. Ziel der Aufführung ist es z. B., problematische Beziehungen zu klären, Kommunikationsstörungen und/oder Konfliktursachen zu erkennen und zu beheben und neue Verhaltensmuster zu entdecken und zu testen. Es geht darum, durch das Spiel die bewusste und logische Ebene zu verlassen und sich von den „Fesseln" des Verstandes zu befreien. Nicht die Reproduktion des „Wirklichen" ist das Ziel (das zu reproduzieren ohnehin unmöglich wäre), es bleibt auch vollkommen unwichtig, was tatsächlich geschah. Stattdessen steht im Zentrum, durch die Szene nachvollziehbar zu machen, wie der PRO die für ihn schwierige Situation erlebt und was er dabei empfunden hat (vgl. Klein 2012: 211 f., 218). Es kann darum gehen, ihm z. B. einen Perspektivwechsel in einer Streitsituation zu ermöglichen und die andere Streitpartei zu erleben (vgl. Schwinger 2014: 207 f.).

Anders als im Rollenspiel (das ja mit konkreten Rollenbeschreibungen arbeitet) überwiegen im Psychodrama spontane szenische Darstellungen. Sie können dabei helfen, zurückliegende und aktuelle Erfahrungen oder Schwierigkeiten (z. B. den Konflikt mit einer anderen Person) zu beleben (aktualisieren), um sie einer Bearbeitung zugänglich zu machen und Veränderungsprozesse anzuregen. Die Akteure können so eine Standortbestimmung ihrer aktuellen Lebenssituation vornehmen und sich damit auseinandersetzen, wo sie jetzt stehen, wohin sie in der Zukunft gelangen wollen und über welche Mittel und Möglichkeiten sie verfügen.

Die Realisierung eines Psychodramas ist durch drei Phasen gekennzeichnet:

(1) Vorbereitung: Die oft gegebene Schwierigkeit, ein Thema einzubringen, macht zunächst die Unterstützung durch Soziale (in der Rolle als Spielleitung) erforderlich, z. B. in Form von konkreten Vorschlägen, die sich aus Kenntnis der Situation einzelner Akteure ableiten lassen, oder Warming-up-Szenen zu einem Thema (analog zum Rollenspiel), das die Spielleitung anregt und aus dem sich für die Akteure eigene Themen ergeben (vgl. von Ameln u. a. 2004: 136 ff., Klein 2012: 215).

Ein PRO bringt ein Thema (z. B. Konflikte, Erwartungen an Künftiges, Wünsche, Träume, Ängste u. a.) ein, das mit Unterstützung der Spielleitung inszeniert wird. Als Mitspieler*innen (sog. Antagonisten [gr.: der Gegenhandler]) helfen andere Akteure, die Handlung zum Thema in Gang zu bringen und z. B. einen Konflikt darzustellen, in der Szene zu bearbeiten und dabei neue Lösungen zu suchen. Sie stellen (nach den Vorgaben, die/der Protagonist/in formuliert hat) reale (ggf. auch fiktive) Personen dar. Ein solches „Hilfs-Ich" kann z. B. die Rolle des schwierigen Gegenübers (etwa der anderen Konfliktpartei) übernehmen.

(2) Spiel/Aufführung: Im Spiel dürfen alle Akteure improvisieren; sie greifen situativ in das Spiel ein und ermöglichen erst durch ihre Beteiligung dem PRO eine (empathische, ggf. auch kritische) Rückmeldung. Andere Akteure, die im Spiel keine Rolle wahrnehmen, bilden das Publikum, das sich anschließend in die Reflexion einbringen kann. Die Spielleitung unterstützt die Akteure bei Schwierigkeiten, die Rolle auszufüllen (z. B. durch Handlungsanregungen) und „steuert mit ihren Vorschlägen und Interventionen sowohl den Prozess der Gruppe als Ganzes wie den der einzelnen Gruppenmitglieder" (Rosenbaum/Kroneck 2007: 93). Ihre Aufgabe ist es, alle minimalen Hinweise, die der PRO gibt, ins dramatische Geschehen umsetzen. Sie darf die Darsteller provozieren oder humorvoll angreifen. Soziale haben damit „eine regieführende Rolle" und setzen das Problem mit allen wesentlichen Beteiligten in Szene (vgl. Klein 2012: 212 ff.).

Verhaltensregeln während des Spiels sind Zuhören, Ausredenlassen, Ernstnehmen und Vertraulichkeit (alle Akteure verpflichten sich, außerhalb des Spiels und der Gruppe nicht über das Spiel zu reden).

Im Drama sind verschiedene Techniken möglich: So kann sich der PRO durch einen anderen Mitspieler*in doppeln lassen *(Technik des Doubelns)*, um sich so selbst handeln zu sehen und die eigene Wirkung einschätzen zu können. Das Double versucht, Körperhaltung, Bewegung, Gestik und Mimik des PRO einnehmen, wodurch es sich aktiv handelnd und gefühlsmäßig in sie hineinversetzt, und versucht, verborgene Gefühle zu äußern, die es während des Dramas wahrnimmt. Dabei sind Reaktionen auf ein Double meist aufschlussreich und hilfreich für den weiteren Verlauf, denn das Double kann helfen, Dinge, Inhalte und Botschaften gefühlsmäßig auszusprechen, die von der Protagonistin nicht ausgesprochen werden, die sie nicht auszusprechen wagt oder die sie nicht zu erkennen glaubt (vgl. Rosenbaum/Kroneck 2007: 79 f., 93, von Ameln u. a. 2004: 547). Wenn sie offensichtlich in starren, eingefahrenen oder anderen unangemessenen Verhaltensmustern gefangen ist, dies aber selbst nicht zu bemerken scheint, kann auch der Spielleiter ein Doppel anregen. Das Doppeln wird nach der Einnahme unterschiedlicher Perspektiven unterschieden: So kann beim „stützenden Doppeln" der Doppelgänger auch über einen längeren Zeitraum den PRO begleiten, beim „deutenden Doppeln" übernimmt der Spielleiter diese Rolle (vgl. ebd.: 71 ff.). Das Double fügt der Szene wesentliche Aspekte hinzu, die sonst unbeachtet bleiben würden, und wird damit „ein treuer Gefährte auf dem Weg der Selbsterkenntnis" (Klein 2012: 214, 216, von Ameln u. a., 2004: 71–79).

Eine andere Möglichkeit besteht darin, dass ein/e Mitspieler/in die Rolle des PRO einnimmt, um sie spiegelbildlich darzustellen *(Technik des Spiegelns)*, indem er/sie deren Eigenheiten, Handlungsweisen und Äußerungen übernimmt (vgl. Rosenbaum/Kroneck 2007: 83), „Beim Spiegeln spielt das Hilfs-Ich jemanden, der nicht gewillt oder in der Lage ist, sich selbst zu spielen" (was dessen Einverständnis voraussetzt), es springt somit für den PRO ein. Dies erlaubt dem Betroffenen, das eigene Verhalten „mit hinreichendem Abstand zu betrachten" (Klein 2012: 217, von Ameln u. a. 2004: 79 ff.). Eine bereits gespielte Szene wird erneut durchgespielt, wobei PRO und Spielleitung das Geschehen vom Bühnenrand aus betrachten (vgl. ebd.: 550). Dies geschieht in der Regel (durch einen Eingriff der Spielleitung) dann, wenn der PRO in Verhaltensmustern „eingefahren" ist, ohne dies selbst zu bemerken. Der PRO soll durch seine Beobachtung Distanz zu seinem Verhalten gewinnen können (vgl. ebd.: 79).

Wenn der PRO z. B. einen Beziehungskonflikt bearbeiten will, dann übernimmt er/sie die Rolle des Gegenspielers *(Technik des Rollentauschs)*, was es ermöglicht, sich selbst aus der Perspektive des anderen mit den Augen des anderen zu sehen (vgl. Rosenbaum/Kroneck 2007: 94). Der PRO ist „aufgefordert, in einer Szene eines Rollenspiels die Rolle des Anderen nicht nur gedanklich, sondern körperlich, ganzheitlich einzunehmen, in dieser Rolle zu handeln und damit sich dem Erleben des Anderen zu nähern" (Schwinger 2014: 204). Eine Führungskraft kann z. B. die Rolle einer Mitarbeiterin übernehmen, um zu lernen, Verständnis für deren Position aufzubringen. Der von der Spielleitung angeregte Rollentausch stellt damit eine Technik dar, um die eigene Identität aus einem anderen Blickwinkel wahrzunehmen, sozusagen aus sich herauszutreten (vgl. Klein 2012: 215, von Ameln u. a. 2004: 65–71). Nicht eine exakte Kopie aller Details ist wichtig, sondern „dass das Hilfs-Ich typische Ausdruckselemente der Rolle wiedergibt, z. B. wichtige Aussagen (Kernsätze) oder besondere Gesten" (ebd.: 67). Der Rollentausch trägt dem Umstand Rechnung, „dass Rollen, die Menschen eigentlich schon selbst eingenommen haben, die ihnen also im Grunde bekannt sind, rasch in Vergessenheit geraten können, sobald sich die soziale Rolle eines Menschen verändert. Auch hier hilft der Rollentausch dabei, das ursprüngliche Wissen darum, wie man sich in einer bestimmten Rolle fühlt, wiederherzustellen und dadurch angemessene Verhaltensänderungen einzuleiten" (ebd.: 86). Rollen als Verhaltensmuster, die in bestimmten sozialen Zusammenhängen gegeben sind oder deren Verwirklichung erwartet wird (z. B. die Rolle des gestrengen Vaters), werden im szenischen Spiel anschaulich. Sie können in einem kontrollierten, geschützten (vertraulichen!) Setting nachgespielt werden und werden so bearbeitbar. Weitere Techniken sind

- *die Zeitlupe,* bei der der Spielleiter die Handlung verlangsamt ablaufen lässt, damit der PRO Zeit hat, sich auf die aktuellen Gefühle und Gedanken zu konzentrieren und diese zu verbalisieren (vgl. von Ameln u. a. 2004: 82);
- *der Monolog,* bei dem er Gedanken laut ausspricht, wodurch verborgene Gefühle und Absichten deutlich werden können (vgl. Klein 2012: 216 f.);
- *das Probehandeln* (bzw. Zukunftsprobe): Der PRO, unterstützt von der Gruppe, spielt eine wichtige Situation, die ihn/sie in Zukunft erwartet, wobei möglichst viele Besonderheiten und Nebenumstände berücksichtigt werden (vgl. Schwinger 2014: 208).

(3) Auswertung: Nach dem Spiel berichten die Akteure von ihren eigenen Ideen und Gefühlen, die sie während des Rollenspiels hatten. Dieses Feedback „muss vorausschauend und lösungsorientiert gestaltet werden, sonst besteht die Gefahr des allgemeinen Lamentierens" (Klein 2012: 218). Alle teilen mit, ob und welche ähnlichen Situationen und Empfindungen sie aus ihrem eigenen Leben kennen und bringen ähnliche Erfahrungen ein, um zu verdeutlichen, dass ein/e Protagonist/in mit ihrer/seiner Erfahrung nicht alleine ist. Die Akteure werden nach ihren Emotionen und Gedanken gefragt, die sie in der Rolle erlebt haben. Sie geben Rückmeldungen darüber, wie das Verhalten des PRO auf sie wirkte und welche Gefühle, Erinnerungen und Themen durch die gespielte Rolle in ihnen angesprochen wurden (vgl. Rosenbaum/Kroneck 2007: 93 f.).

Der PRO berichtet über ihre/seine emotionale Reaktion und die der Mitspieler*innen auf ihr Verhalten und wird befragt, ob er sein Verhalten ändern möchte. Die Gruppe erarbeitet dann in einem Brainstorming mehrere Lösungsvorschläge, von denen der PRO einen (oder auch mehrere) favorisiert (da dies schwerfallen kann oder die Anregungen nicht positiv bewertet werden, wird der Umgang mit diesen Schwierigkeiten thematisiert). Der Vorschlag, den er schließlich für akzeptabel hält, wird anschließend durchgespielt, um die Reaktionen der Mitspieler*innen auf das veränderte Verhalten zu beobachten. Der PRO reflektiert, ob diese Reaktionen seinen Erwartungen entsprechen, meldet dies an die Gruppe zurück, zieht Schlüsse daraus und spielt zum Schluss sich selbst (ggf. auch nach weiteren Wiederholungen) mit dem veränderten Verhalten.

Das Psychodrama spielt als Verfahren in einzelnen Arbeitsfeldern der Sozialen Arbeit eine Rolle, z. B. in der Arbeit mit alten Menschen, u. a. als Arbeit mit Puppen (vgl. Petzold 1985, Tilian 2010), in der Schulsozialarbeit, um die Handlungsfähigkeit und das Selbstbewusstsein benachteiligter Jugendlicher zu fördern (vgl. Böcker 2004, Langmach 2004) oder im Falle von Suchtabhängigkeit (vgl. Schwehm 2004). Es kann auch auf „Alltagsdramen" angewandt werden, z. B. auf Gruppengespräche, wie sie sich bei Familiengesprächen beim Hausbesuch ergeben (vgl. Schwinger 2014: 213). Ein weiteres Mal wird hier deutlich, dass (wie schon bei der TZI) nur ausgewählte Elemente des Psychodramas (z. B. die Technik des Spiegelns) in den Handlungsvollzügen Sozialer zur Anwendung kommen, nicht aber das Verfahren als Ganzes [→ 15].

Kritisch ist zudem zu sehen, dass die Resultate des Psychodramas stets von den Fähigkeiten der Akteure abhängen, sich spontan auf eine gespielte Situation und auf andere Rollen einzustellen (vgl. Klein 2012: 221). Hier spielen u. a. die Tagesform der Akteure, die Beziehungen in der Gruppe oder Vorerfahrungen, die das Ergebnis beeinflussen können, eine zentrale Rolle.

Merke
„Zwischenmenschliche Beziehungen und Kooperation gedeihen vor allem mit wechselseitiger Perspektivenübernahme" (Schwinger 2014: 204).

9.3 Erlebnispädagogik

Im Zusammenhang mit Vorstellungen, auch in der als ungesund erlebten Industriegesellschaft natürlich leben zu wollen, und im Rückgriff auf reformpädagogische Konzepte hat *John Dewey* Anfang der 1920er Jahre das Konzept des Handlungslernens entwickelt. Dieses Verständnis des *Learning by Doing* entwickelte *Kurt Hahn* zur Erlebnispädagogik als gruppenbezogenen und handlungsorientierten Bildungsansatz weiter: Im körperlichen Training (Übungen und Natursportarten), im Projekt (als thematisch wie zeitlich abgeschlossener Aktion mit handwerklich-technischen oder künstlerischen Anforderungen), in der Expedition (mehrtägige Touren in herausfordernden Naturlandschaften mit intensiver Planungs- und Vorbereitungsphase) und im sozialen Dienst (z. B. Erste Hilfe, Bergrettung) sah er praktische Ansätze kind- und jugendgemäßer Charakterbildung. Junge Menschen würden in einer Gruppe und im Rahmen außergewöhnlicher Erlebnissituationen dann am besten lernen, wenn sie eigene Erfahrungen machen könnten und die Inhalte nicht nur aus der passiven Übernahme fremden Wissens und Könnens bestünden (wobei kognitive, soziale und motorische Lernfelder notwendig ineinandergreifen müssten). Erlebnispädagogische Angebote beteiligten die jungen Menschen aktiver an ihrer Lerntätigkeit, das kopforientierte Lernen werde um soziales und praktisches Lernen ergänzt; dies lasse erwarten, dass junge Menschen ihre so erworbenen Kompetenzen später auch umsetzten (vgl. Fischer/Ziegenspeck 2009: 203 f., Stüwe 2013: 257 f., vgl. insg. Heckmair/Michl 2012, Michl 2020, Wahl 2021).

Erlebnispädagogik ist damit als ein Verfahren zu verstehen, um v. a. junge Menschen durch exemplarische Lernprozesse in ihrer Persönlichkeitsbildung zu fördern, indem Erlebnisse bzw. Erfahrungen durch Reflexion in alltagstaugliche Erkenntnisse übertragen werden. Sie können zwischen erlebnispädagogischer Situation und Alltag vergleichen und die Chance nutzen, in der erlebnispädagogischen Übung ein für sich (noch) ungewohntes Verhalten auszuprobieren (vgl. Michl 2015: 11, Lakemann 2018). Natürlich lassen sich erlebnispädagogische Settings auch mit Erwachsenen gestalten. Dabei wird der/die Soziale aber noch stärker auf die Vorerfahrungen und spezielleren Erwartungen der Älteren (z. B. auf die direkte Anwendbarkeit der Erfahrungen auf berufliche Anforderungen) achten müssen und sie in die Gestaltung des Settings einzubeziehen haben.

Erlebnispädagogische Inhalte sollen zu kreativen Handlungsstrategien ermutigen, wozu Fertigkeiten erforderlich sind, die selbstbestimmtes Denken und Handeln fördern, d. h.:

- *Soft Skills,* d. h. Fähigkeiten, die z. B. für Leitungsaufgaben, die Gruppendynamik oder die Konzeptentwicklung hilfreich sein können, z. B. Wissen im Bereich Reiseorganisation, Erfahrungen und Können im Bereich Krisenmanagement, projektspezifisches praktisches Können;
- *Meta Skills,* d. h. Anpassungen in der Bewusstseins- und Handlungsstruktur, die durchaus in andere Lebenszusammenhänge übertragen werden können, z. B. effiziente Kommunikationsformen, Konfliktfähigkeit, ein aktiver und

kreativer Umgang bei der Lösung von Schwierigkeiten oder die Herausbildung einer positiven Haltung gegenüber einem Leben unter Wahrung der natürlichen Lebensgrundlagen;
- *Hard Skills,* d. h. Techniken, Fähigkeiten und Fertigkeiten, die zum zweckgebundenen und zuverlässigen Umgang mit Instrumenten, Ausrüstungen oder Medien beitragen können, z. B. Kletter- oder Segelkenntnisse, Knotenkunde, Wetter- oder Lawinenkunde (vgl. Fischer/Ziegenspeck 2009: 204 ff.).

Um (auch emotional) intensive Erfahrungen *(Grenzerfahrungen)* zu ermöglichen, dienen Natur, Sport, Reisen und andere Erfahrungsräume als Medium, wobei es sich um Inszenierungen handelt, deren Verlauf offen ist (bei einer Wanderung ist eine Wetterveränderung denkbar und zu berücksichtigen, aber nicht vorhersehbar): Unmittelbare Erfahrungen (einerseits z. B. die Grenzen der eigenen körperliche Leistungsfähigkeit wahrzunehmen, andererseits die Konsequenzen des eigenen Handelns für die Umwelt zu erleben) und die Einbindung in eine Gruppe (soziales Lernen, Rollenverteilung, aufeinander Angewiesensein, Verlässlichkeit) heben darauf ab, Aufgaben gemeinschaftlich zu bewältigen und Lernprozesse zu ermöglichen, die der Entwicklung und Entfaltung von Gemeinschaftsfähigkeit und (aufgrund starker emotionaler Erfahrungen) der Entfaltung der Selbstbildungskräfte dienlich sind (vgl. Schmidt-Grunert 2009: 82 f., Fischer 2010: 86, Stüwe 2013: 258).

Joe beschreibt das am Beispiel des Hochseilgartens, in dem man sich „gegenseitig sichern muss: Dann muss ich dem anderen auch vertrauen können, und derjenige, der dann sichert, muss (sich) andererseits auch seiner Verantwortung bewusst werden und diese erkennen: Wir sind jetzt erst mal aufeinander angewiesen, wir müssen zueinander finden, ob wir uns jetzt leiden können oder nicht, (das) ist jetzt gerade egal, wir müssen das hier zusammen über die Bühne kriegen."

Die Praxis der Erlebnispädagogik kennzeichnen v. a. Angebote, z. B. gemeinsamer Lager- und Feuerstellenbau, Trekking- oder Bergfahrten, Felsklettern, (Wildwasser-)Rafting, Sammeln von Nahrungspflanzen im Wald, Mountain- und Downhillbiking oder Hoch- und Niedrigseilgärten (vgl. Klawe/Bräuer 2001, Reiners 2013, 2014). Während einer Höhlentour (vgl. Schuhose 2016: 140–145) erlebten Jugendliche (neben der Erfahrung von Dunkelheit, Stille und Anspannung im unbekannten Raum) ganz unausweichlich die unmittelbare Notwendigkeit, in der engen Höhle mit anderen zusammenarbeiten zu müssen, sich auf andere verlassen zu können und für die anderen in der Hilfe verlässlich zu sein.

Zugleich erlebten sie sich selbstwirksam. So verweist z. B. *Joe* darauf, dass es Jugendliche gibt, „für die ist das das Größte, wenn sie irgendwo fünf Meter hochklettern, auch wenn sie gar nicht über das Seil gehen, obwohl sie gesichert sind, trauen sie sich nicht, über das Seil zu gehen, aber für die ist das ein Erfolg, wenn die mal die Leiter hochgegangen sind und erleben, wie es in fünf Metern Höhe aussieht." Er ist überzeugt, „dass Erlebnispädagogik auch die Chance hat, mal aufzuzeigen, dass jeder Erfolg für sich anders definiert. Auch das ist noch mal eine Chance, um Unterschiedlichkeit aufzuzeigen und gleichzeitig auch der Gruppe zu zeigen: Okay, das muss jeder auch für sich definieren und jeder hat seinen eigenen Erfolg."

Jedenfalls muss durch das erlebnispädagogische Setting die *Komfortzone* (der alltägliche Ort, der sicher ist, das Gewohnte, das Vertraute) verlassen werden, um ein Ziel zu erreichen. Hier beginnen die Lernprozesse, die mit einer Verstörung verbunden sind, die im „Alltagstrott" befindlichen Subjekte „produktiv aus dem Gleichgewicht bringt" (Lakemann 2018), sei es, mit *Joe,* doch das Ziel der Erlebnispädagogik, „junge Menschen aus ihren Denk- und Handlungsmustern ein wenig herauszuholen, Jugendliche auch mal zu animieren, … vielleicht auch mal in eine andere Richtung zu denken oder neue Blickwinkel einzunehmen."

Der Segeltörn gilt als „klassisches" (schon bei Hahn erwähntes) Beispiel für die Vorgehensweise im Rahmen des Verfahrens: Sich in der verantwortungsvollen Rolle der Steuerperson zu befinden, das Boot aktiv zu lenken und Anweisungen zu geben, die richtungsentscheidend sind, kann eine große Herausforderung bedeuten. Sich im gleichen Takt mit den anderen rudernd in das Team zu integrieren und zu erfahren, dass das Boot bei Stromschnellen trotzdem „aus dem Ruder" gerät, kann für manche mindestens genauso strapazierend sein. Was bedeutet abgeleitet daraus die Übernahme von Führungsrollen? Wie sieht gute Teamarbeit im Alltag aus? Bei einem Segeltörn sind manche Manöver nur möglich, wenn alle mit anpacken, man muss Ausdauer und Geduld entwickeln, kann nicht aus der Situation fliehen, muss Stressbelastungen aushalten, allesamt wichtige Erfahrungen (vgl. Northoff 2012: 139).

Erlebnispädagogische Elemente gehören mittlerweile zu den Arbeitsmitteln in vielen Handlungsfeldern der Sozialen Arbeit; so haben z. B. Teamtrainings mit Kanufahrten, Mountainbiken, Klettern, Orientierungsläufen oder Geocaching Eingang in die Schulsozialarbeit gefunden (vgl. Nödl/Schmid 2011). Bei intensiven Einzelmaßnahmen für junge Menschen (im Rahmen erzieherischer Hilfen), um durch eine Kontrasterfahrung (meist im Ausland) wieder zu sich selbst zu finden (vgl. z. B. Kaiser 1996), bei freizeitpädagogischen Maßnahmen in der Heimerziehung (vgl. z. B. Rens 2014), in Form von Schulprojekten (Gewaltprävention als Gruppenarbeit mit erlebnispädagogischen Schwerpunkten), in der Jugendsozialarbeit (z. B. im Rahmen von Ausbildungs- und Berufsvorbereitungsmaßnahmen) kommen erlebnispädagogische Ansätze zum Einsatz. Insb. in der Kinder- und Jugendarbeit, z. B. bei Freizeiten, Gruppentrainings und Wochenendaktionen (vgl. z. B. Fürst 2009, Schmölzer 2014, Mauch/Scholz 2018), haben sich erlebnispädagogische Elemente etabliert.

9.4 Wildnispädagogik

Einen auf den ersten Blick ähnlichen Zugang wählt auch das Verfahren der Wildnispädagogik (bzw. Wildnisbildung), die im Unterschied zur Erlebnispädagogik aber auf Inszenierungen und Animationen verzichtet. Stattdessen soll das Einlassen auf die (unanimierte) Natur und die „innere Wildnis" zu besonders intensiven Erlebenssituationen führen und Natur und Wildnis zu Medien des Erfahrungslernens werden (vgl. Wendt 2014, 2015a, 2016, vgl. insg. Langenhorst 2016, Langenhorst/Lude 2016).

Hintergrund des Ansatzes ist die Erfahrung, dass Natur als Handlungs- und Erfahrungsraum mehr und mehr aus dem Alltag junger Menschen verschwindet. So haben z. B. viele Kinder noch nie einen Käfer oder Schmetterling auf der Hand gehabt oder ein Reh in freier Wildbahn beobachtet. In der ökologischen Jugendbildungsarbeit tätige Fachkräfte machen dafür auch die Reizüberflutung der Hightech- und Medienwelt verantwortlich, die keinen Platz für Naturerfahrungen mehr lasse. Wildnis steht dabei als positiver Wert im Kontrast zu einer „zunehmend nervenden, stressenden Zivilisation" und wird zu einer mental wertvollen Erholungsressource". In ihr sollen sich Menschen als vorbeiziehende Besucher*innen der Wildnis und als Gast der dort lebenden Tiere und Pflanzen begreifen (Plate 2012: 2) – eine Haltung, die geprägt wird von dem Wissen, dass in der Kindheit vielfältige Erfahrungen in der Natur gemacht werden können (vgl. Halves 2010: 10). Der Ansatz der Wildnispädagogik steht für den Versuch, diese Erfahrungen auf intensive Art und Weise zu erschließen.

Wildnispädagogik kann daher als die „handlungsorientierte Verknüpfung von Naturerleben und ökologischer Bildung anhand konkreter Wildnis-Phänomene mit dem Fokus der Reflexion des Verhältnisses von Mensch und Natur" (Langenhorst 2007: 8) verstanden werden. Sie ist damit weder „einfache" Umweltpädagogik (die naturkundliche Kenntnis vermittelt) noch Erlebnispädagogik und erst recht nicht Überlebenstraining (Survival). Ihre zentrale Funktion besteht darin, durch die Kontrasterfahrung von Zivilisation (Versorgtheit) und Wildnis (Unmittelbarkeit) einen Perspektivwechsel anzuregen, „der die Gesellschaft und jeden Einzelnen zum Nachdenken über das Verhältnis Mensch-Natur und einen nachhaltigen Umgang mit unseren Lebensgrundlagen" bringt (Plate 2012: 3) und der dazu animiert, „die wilde Natur nur als Gast zu erleben und nicht verändernd in sie einzugreifen" (Langenhorst 2013: 9). Gruppen setzen sich (z. B. in deutschen Nationalparken) in mehrtägigen „Wildniscamps" unter Zurücklassung der üblichen zivilisatorischen „Errungenschaften" (ein sicheres Dach über dem Kopf, fließend Warm- und Kaltwasser, rund um die Uhr verfügbare Lebensmittel, Computer, neue Kommunikationsmittel, Unterhaltungsmedien u. a.) unmittelbar aus: dazu zählen die Übernachtung unter freiem Himmel, einfache Ernährung,

Verweilen am Ort, intensives Beobachten der direkten Umwelt u. a. In diesem Sinne werden z. B. seit 2005 im Nationalpark Harz im Projekt „Wildnis macht stark“ drei- und fünftägige Wildniscamps durchgeführt (vgl. dazu insg. Wendt 2015a).

Gruppendynamische Prozesse in der Wildnisgruppe (z. B. Teamarbeit, Unterstützung bei der Bewältigung erlebter Belastungsgrenzen, Lösung grundlegender Versorgungsaufgaben wie Feuermachen, gemeinsames Kochen) begünstigen diesen Prozess. Wildnispädagogik fördert somit „den ganzen Menschen mit Körper, Geist und Seele in seiner Gesamtheit und in Zusammenhang mit seinem Umfeld“ (Halves 2010: 14). Dafür gibt es kein besonders geplantes Setting. Die Natur hat – sozusagen – die Leitung, wie es z. B. *Olga* beschreibt: Sie hat sich „mit der Örtlichkeit vertraut gemacht und herausgefunden: für den jeweiligen Zweck finde ich passende Umstände vor. Ich finde ein bestimmtes Waldstück, 'ne geeignete Wiese, ich hab' vielleicht Wasser dabei, ich hab' Elemente, die einwirken können“. Sie begibt sich „in die Situation und lass' dann aber vorrangig (die) Natur wirken. Wildnispädagogik heißt auch, dass die Natur erst mal leiten kann. (…) Sie beeindruckt: Der Wald, der Baum, unter den sich jemand setzt, das braucht nicht mich, die das erklärt, sondern es reicht, wenn wir erst mal da sind.“

D. h.: Die Akteure begreifen sich als Teil des Mensch-Umwelt-Systems und erleben sich (im Einzelfall vielleicht erstmalig so) als an- und ernstgenommen und wichtig. Sie erleben die Wechselwirkungen in diesem System, nehmen dessen Vernetzungen wahr (ganzheitliches Erleben). Sie begreifen ihre eigene Rolle und Verantwortung in diesem System (Verantwortungslernen). An dieser Stelle geht es um Wissen über Umwelt, Naturschutz, Pflanzen und Tiere sowie die Stellung des Menschen im Ökosystem. Der Lebensraum junger Menschen ist nicht durch das Quartier allein bestimmt: auch der Lebensraum eines Nationalparks zählt dazu, wodurch sich der Lebensraum schrittweise vergrößert und der Mut wächst, auch anderes zu erleben. Hier geht es um direktes, kleinschrittiges und damit auf der Grundlage persönlicher Erfahrung nachhaltiges Engagement für den Schutz der natürlichen Lebensgrundlagen.

Sozialen kommt die Aufgabe zu, zunächst den Einstieg in die Wildnis zu gestalten, wie es *Olga* darstellt, „dass man vertrauensvoll weiter gehen kann. Wenn wir hier überfordern, kann es kippen“; es geht darum, „zu sehen: Wo ist der Einzelne dieser Gruppenteilnehmer, wo ist jemand, der vielleicht völlig hängt, der sich ganz unwohl fühlt, der auch schlecht vorbereitet ist?“. Sie merkt dann, „wie bei manchen das Bauchgrummeln (kommt), da sind Unsicherheiten, da ist auch vielleicht mal: hui, hab' ich mir gar nicht so den Kopf gemacht, da könnte ja doch 'ne Spinne auf mich zukommen, und eigentlich hab' ich ja Angst vor Spinnen.“ Das Gefühl wird zwar nicht in der Gruppe eingeräumt, denn es soll ja kein Zweifel entstehen, dass er/sie positiv gestimmt ist und auch wirklich in die Wildnis will. An dieser Stelle kommt es darauf, wie *Olga* das vermittelt. Wenn sie „das rational positiv, gut verpackt vermarkte(t)", dann laufen „alle hinterher, finden das klasse, und am Ende hab' ich 'ne Gruppe, in der zwei, drei Teilnehmer sind, die unter immensen Spannungen sich da durchprügeln, weil ... sie die tote Maus, die nun doch im Wassereimer ersoffen ist, so furchtbar traurig finden. Aber man lässt ja so 'ne Emotion für dieses Tierchen nicht zu, dann gehen die am Ende nur und kommen nicht an: boah, ich hab's geschafft!"

Dies aber möchte *Olga* nicht bewirken. Die Wildnis soll nicht „bewältigt" oder (wie in Formen der Erlebnispädagogik [sog. „survival"]) „bezwungen" werden, also auch nicht irgendwie „geschafft" oder „hinter sich gebracht" sein, sondern in ihr selbst und in der Kooperation (d. h. in der Verständigung darüber, sich in ihr zurecht zu finden) mit anderen erfahren werden. Es geht vielmehr darum, sehr intensive Erlebnisse in der Wildnis zu ermöglichen, die die Akteure als unmittelbar, direkt und intensiv erfahren, wie ein Bericht aus einem Wildniscamp andeutet: „Ich war schlafen gegangen, lag in meinem Schlafsack und konnte nicht schlafen. Nach einer Weile hörte ich hoch oben in den Bäumen einen Vogel schreien. Vielleicht eine Stunde später knackte es. Ich hörte, wie ein Tier in das Zelt ging, dabei immer mal wieder kleine Ästchen von den kleinen Buchen, die hinter unserem Zelt standen, abgebrochen wurden. So, als ob sie abgebissen würden. Das Tier verweilte kurz und ging den Weg zurück, den es gekommen war." Es handelt sich um direkte, starke Erlebensmomente: Berichtet wird von der Wucht des Erfahrens, von Ergriffenheit, der Gefangenheit im Moment, geschildert werden Situationen der Erfasstheit und des Erfasstseins, die Ergriffenheit und das Gefangensein im Moment vermitteln.

Solche Schilderungen erlauben es, von *Kathedraleffekten* (im Anschluss an lat. *cathedra:* Sitz, bzw. gr. *kathedrikos:* Lehrstuhl) zu sprechen, d. h. von Effekten einer unmittelbaren Lernerfahrung (wobei die Wildnis als Lehrmeisterin fungiert), die zu Besinnung, Impression und unmittelbarem Erleben führen (können). Dies wird durch die gruppendynamischen Effekte verstärkt, die sich im Unvermittelten und Aufeinandergeworfensein in der Wildnis ergeben, wenn die Gruppe z. B. mit ungünstiger Witterung zurechtkommen muss, sich dabei unterstützt, mit feuchtem Holz Feuer zu machen, oder sich gegenseitig Mut zuspricht, Beeren zu sammeln, obgleich Schwärme von Mücken den Platz besetzt haben. Dazu kommen Situationen solidarischen Handelns: *Olga* berichtet von einer jungen Frau, die im Wald „komplett zerstochen war von Mücken", und „da ist es so gewesen, dass die Gruppe das getragen hat, jeder hat versucht, ihr zu helfen, indem man ihr auch Erleichterung (verschafft) hat: *Komm', Du konzentrierst Dich und bist dabei, das ist für uns hilfreich, Du gibst gute Sachen ein, Du musst Dich jetzt nicht auch noch zum Holzsammeln ins Unterholz begeben, wo noch mehr Mücken sind!*"

Damit ist die Anschlussfähigkeit der Wildnispädagogik an die Soziale Gruppenarbeit unmittelbar gegeben, denn der wildnispädagogische Zugang hilft, den Horizont junger Menschen durch alltägliche Erfahrungen zu erweitern: Wichtig ist, nicht nur abstrakt über „Umwelt" zu sprechen, sondern Natur mit Freude direkt und unmittelbar zu erleben. Insgesamt eröffnen sich Felder und Räume für Persönlichkeitsstärkung: In der Wildnispädagogik erfahrene Soziale nehmen junge Menschen in ihrer Ganzheit wahr (zeigen also Wertschätzung), ermutigen sie, die offene, fremde und auch mit Sorgen wahrgenommene Situation anzunehmen und (persönlich und v. a. in der Gruppe) Wege zu finden, damit umzugehen (eine Form des Empowerment) und Neues zu erfahren (und empathisch für die Natur und den Gruppenprozess zu werden).

9.5 Zum Abschluss des Kapitels

Zum Weiterlesen

- *Jörg Fengler* (Feedback geben, 3. Aufl. Weinheim/Basel 2004: 26–136) stellt 15 Strategien mit Übungen vor, wie Gruppen und ihre Akteure sich gegenseitig Feedback geben können.
- *Josef Broich* (1980: 69–84) nennt ein zwar schon älteres Beispiel aus der Sozialarbeiterausbildung, das immer noch eine gute Anleitung für die Gestaltung eines Simulationsspiels darstellt, um die Interessenlage der Akteure herauszuarbeiten und ihre Strategien transparent zu machen.
- Die Beiträge in dem von *Barbara Deubzer* und *Karin Feige* herausgegebenen „Praxishandbuch City Bound" (Augsburg 2004) zeigen, dass auch Städte Möglichkeiten für erlebnisorientiertes soziales Lernen bieten, und *Tanja Klein* und *Christian Wustrau* (Abenteuer City Bound, Seelze und Velbert 2014) stellen dafür eine Sammlung von Ideen und Verfahren zur Anleitung, Durchführung und Reflexion eines City Bounds zur Verfügung.
- Das von *Werner Michl* und *Holger Seidel* herausgegebene „Handbuch Erlebnispädagogik" (München 2018) stellt das Wissen zur Erlebnispädagogik, relevante Forschungsergebnisse und Erfahrungen mit der Erlebnispädagogik systematisch zur Verfügung.
- Ein kurzes illustratives Beispiel für die Praxis der Wildnispädagogik geben *Sven Burger, Batus Savas* und *Marcel Hode* (Was ist Verzicht? In: Langenhorst, B./Lude, A./Bittner, A. [Hg.], Wildnisbildung, München 2014: 187–194).

Aufgaben

- Wann empfiehlt es sich, ein Rollenspiel einzusetzen, wann das Psychodrama?
- Wodurch unterscheiden sich Erlebnispädagogik und Wildnispädagogik?

Kapitel 10
Prozessorientierte Soziale Gruppenarbeit

Prozesse stellen, abstrakt formuliert, (ergebnis-)offene „Vorgänge" dar, Anliegen zu bearbeiten, die Subjekte in einer gemeinsamen Zielbestimmung als relevant ansehen. Solche „Vorgänge" ergeben sich i. d. R. aus aktuellen Themen, die die Subjekte beschäftigen; sie können sich aus lebenspraktischen Alltagsfragen, politischen Problemstellungen oder Konflikten ergeben. Dabei wird der Charakter des Experiments (z. B. der Erprobung einer Konfliktlösung) betont, wobei eine gelingende Beziehung zwischen Subjekten und Sozialen solche Prozesse im Wechselspiel zwischen beiden (als Lernen des Subjekts, als Lernhilfe des Sozialen) begünstigt. Beispielhaft hierfür sind die Schlüsselprozesse *Beziehung anbieten* (z. B. in der Jugendarbeit), *Raum geben* (in der Offenen Jugendarbeit), *Prozesse arrangieren* (in der politischen Jugendbildung) und *Erprobung und Experiment ermöglichen* (in der kulturellen Jugendbildung):

10.1 Beziehung anbieten

Die generelle Bedeutung der Beziehung zwischen Subjekten und Sozialen kann am Beispiel der *Jugendarbeit* (d. h. Kinder- und Jugend[verbands]arbeit gem. §§ 11, 12 SGB VIII [KJHG]) gut illustriert werden, weil hier die Entwicklung einer belastbaren Beziehung geradezu konstitutiv für alle Möglichkeiten ist, Lernen durch Lernhilfe zu ermöglichen. Kurz: Ohne Beziehungen „läuft" in der Jugendarbeit nichts. Zudem spielt in der Jugendarbeit die Soziale Gruppenarbeit eine herausgehobene Rolle, beziehen sich doch die Angebote *vor allem* auf Gruppen (→ 6.1).

Zur Jugendarbeit gehören v. a. die außerschulische Jugendbildung (u. a. mit politischer und kultureller Bildung), die Jugendarbeit in Sport, Spiel und Geselligkeit, die internationale Jugendarbeit und die Kinder- und Jugenderholung. Charakteristisch sind dabei die offene, selbstbestimmte thematische Struktur und die starke Orientierung an den (Freizeit-)Interessen junger Menschen. Die *Freiwilligkeit* der Teilnahme bestimmt das Arbeitsfeld: Es gibt keine verbindliche Mitgliedschaft, die zur Teilnahme an Projekten oder Maßnahmen der Jugendarbeit zwingt; die Teilnahme bleibt stets den Präferenzen, Interessen und spontanen Entscheidungen der jungen Menschen (i. d. R. vom 6. bis zum 21. Lebensjahr) überlassen (vgl. insg. Faulde 2021).

Dabei spielen stets Aneignungsprozesse eine Rolle, die durch Ziel- und Ergebnisoffenheit gekennzeichnet sind und damit Prozesse der Aushandlung und Vereinbarung zwischen Akteuren und Sozialen voraussetzen. Auf die besondere Bedeutung der Freiwilligkeit auch in der Sozialen Gruppenarbeit eines Jugendhauses kommt *Peter* zu sprechen, wenn er betont, „in dem Moment, wo ich das freiwillig mache, sprießt das Ganze. Deswegen würde ich sagen, das ist die Basis“; Aneignungsprozesse sind nach dieser Wahrnehmung also zentral mit der Freiwilligkeit der Teilnahme verknüpft. Dazu kommt, dass (anders als in der Schule) keine Bewertung erfolgt, worauf *Hilde* aufmerksam macht: „Das ist eine große Chance, die wir da haben. Wir haben einfach die Möglichkeit, Menschen ohne Bewertung … zu begleiten. Das müssen wir nicht tun, wir können da einfach wertungsfrei herangehen.“

Charakteristisch ist auch hier die starke *Beziehungsorientierung*, der sog. „pädagogische Bezug“: Nohl (1933) hat darauf hingewiesen, mit dem Kindes- und Jugendalter sei auch verbunden, dass junge Menschen nicht nur die Gleichaltrigen sehen, sondern auch (erfahrene, „reife“ Erwachsene als Partner*innen suchen, weil sie im Prozess des Erwachsen-Werdens „relevante“ Erwachsene brauchten. Dieses Erwachsen-Werden werde nicht (nur) durch pädagogische Programme unterstützt, sondern im pädagogischen Bezug, der zwischen dem Erwachsenen (als Lehrer/in und/oder Erzieher/in) und dem jungen (heranwachsenden) Menschen entwickelt wird. Auch heute noch suchen Jugendliche solche Erwachsene als Modell, um sich an ihnen sowohl orientieren als auch abgrenzen zu können. Der pädagogische Bezug personalisiert sich im „relevanten und gesuchten Erwachsenen“, den Soziale insb. in der (durch Offenheit und Zugänglichkeit gekennzeichneten) Jugendarbeit verkörpern können (vgl. Böhnisch 1998: 162 ff.). Der „Hunger nach Personen“ (Rauschenbach 1994: 106), die als zuverlässig, beständig und transparent erlebt werden, ist deshalb so groß, weil junge Menschen das Verhältnis zu verlässlichen Bezugspersonen (und auch Vorbildern) im sozialen Umfeld auch als brüchig und unsicher erleben.

Der Wert, den Jugendliche in der Jugendarbeit tätigen Sozialen daher beimessen, wird als *Vertrauen* gut umschrieben und drückt individuelle psychosoziale Sicherheit und das in der (über einen längeren Zeitraum aufgebauten) Beziehung zueinander erlebte und geteilte positive Sozialklima (vgl. Böhnisch 1994: 224) aus, das in Bezug auf die Sozialen durch die Erfahrung von Transparenz (z. B. deren Ziele und Vorgehensweise), Zuverlässigkeit (sie halten ein, was sie vereinbart haben) und Beständigkeit (sie sind z. B. kontinuierlich verfügbar) unterstützt wird. Sie stehen für eine „direkte Auseinandersetzung und Konfrontation mit Einstellungen und Meinungen“ zur Verfügung und geben Bestätigung, wo Bestätigung erforderlich ist (vgl. Seifert 1998: 223).

Dies bildet sich auch in Expert*innen-Einschätzungen ab: *Dietlind* verweist

z. B. darauf, „dass Jugendliche von sich aus auf uns zukommen und sagen: *Ey, wir haben auch 'ma Bock auf eine Mädchengruppe,* sie also von sich aus ein Interesse oder Bedürfnis anmelden, etwas tun zu wollen". *Tim* ist überzeugt, dass es entscheidend ist, Jugendlichen Raum zu geben, „in dem sich die Gruppen als Gruppen finden und aufhalten können und bei Bedarf, Interesse oder Notwendigkeit von uns begleitet, unterstützt und beraten werden können, wenn sie es wollen." Nach *Sally* geht diese Unterstützung „so weit, wie sie es wollen und in Anspruch nehmen. Wir sind da und vermitteln das täglich. Es gibt Tage, an denen das Interesse riesengroß ist, ... und an anderen Tagen ist halt die Luft raus, da interessiert sie es nicht. Sie haben dann andere Themen oder haben einfach kein Interesse, über irgendetwas mit uns zu reden. Das ist dann auch okay." Und *Nick* berichtet von den Planungen Jugendlicher, ihren Nachmittag zu gestalten, „und (sie) wissen: Hey, da ist doch Nick, der spielt bei uns immer mit, das macht mit ihm viel Spaß, mit dem kommen wir klar und dem kann ich vielleicht auch mein Problem von letzter Woche aus der Schule erzählen, weil ich mich da mit einem geboxt habe".

Damit wird deutlich, wie wichtig die Ausgestaltung einer tragfähigen Beziehung zwischen Sozialen und Akteuren für Formen prozessorientierter Sozialer Gruppenarbeit ist. Das Gelingen von Prozessen, teilzuhaben, selbstgewählte Ziele zu erreichen, sich im Setting der Jugendarbeit auszuprobieren, ist unmittelbar mit dem Gelingen einer Beziehung verknüpft – und zwar deutlicher, als in anderen Formen der Sozialen Gruppenarbeit. Soziale lassen deshalb den Jugendlichen ihre eigene Dramaturgie; sie gehen damit um, dass Jugendliche gerade am Anfang v. a. unter sich etwas machen, ohne aktive Handlungsmöglichkeiten zu offerieren oder zuzugestehen. Bei Aktivitäten verzichten sie deshalb auf die Vorgabe konkreter pädagogischer Settings und können abwarten, bis Wünsche nach Erlebnis (z. B. in Form von Musik, Jugendkultur oder Sport) formuliert werden. Beziehung schafft für junge Menschen diesen von *Tim* angesprochenen Raum, mit Erwachsenen (jenseits von Familie, Schule und Beruf) risiko- und sanktionsarm Erfahrungen sammeln zu können, weshalb sich diese als Form des „Probehandelns", des gefahrlosen Ausprobierens von Verhaltensweisen und im Umgang mit Älteren bezeichnen lässt (vgl. Bimschas/Schröder 2003: 175, 179, 109).

Merke
Beziehung anzubieten bedeutet, dass sich Soziale als verlässliche Personen auf Akteure einlassen, ohne sich dabei aufzudrängen oder mit eigenen Angeboten das Verhältnis zu ihnen zu bestimmen und zu prägen.

10.2 Raum geben

Eine Gelegenheit, dies weiterzuentwickeln, bietet die Offene Jugendarbeit: Ein Jugendhaus (auch als Jugendzentrum, -club, -treff, -raum o. ä. bezeichnet) ist eine offene Einrichtung, die zu festgesetzten (Öffnungs-)Zeiten von jungen Menschen aufgesucht und als Treffpunkt (sog. Offene Tür [OT]) genutzt werden kann und in dem auch (jugend-)spezifische (Dienst-)Leistungen wie Beratung, Hausaufgabenhilfe, Sport- oder Kreativangebote u. a. (selten im Einzelfall, i. d. R. als Gruppenarbeit) bereitgestellt werden (vgl. Ader 2013). Es stehen damit (i. d. R. auch geschlechtsspezifisch ausgerichtete) offene und gruppenbezogene Angebote zur Verfügung (vom Billardtisch über die Kraftsport- oder Tanzgruppe bis zu einem Social-Media-Team), die ohne besondere Voraussetzungen in Anspruch genommen werden können. Die Nutzung der Möglichkeiten eines Jugendhauses kann sporadisch, situativ und spontan erfolgen, was allein durch die jungen Menschen selbst bestimmt wird. Die Situation ist damit immer vollkommen offen: es wird sich Tag für Tag neu zeigen, wer kommt und bleibt (die OT in Anspruch nimmt – oder nicht), wer dort was macht (Kicker oder Billard spielt, bereitgestellte PCs nutzt, sich in eine Sitzecke zurückzieht, „abhängt", chillt oder das Gespräch mit Sozialen sucht) oder sich einbringt (z. B. andere im Kraftsportraum unterstützt, an der Theke hilft, Getränke oder Snacks verkauft, Spiele herausgibt – oder es lässt).

Peter z. B. findet, die OT (und damit die Offene-Tür-Arbeit) sei der „klassische" Fall Sozialer Gruppenarbeit, „weil sie so wahnsinnig informell abläuft, weil sie spontan ist, weil sie hochfreiwillig abläuft. Ich kann eigentlich nichts planen, und ich kann eigentlich auch nicht wirklich etwas steuern, weil die Kinder und Jugendlichen ja kommen, um ihre Freizeit hier zu verbringen." Die Offene Tür schafft einen Ausgleich zur Schule (und auch zur Familie) mit ihren eigenen Ansprüchen und Erwartungen an junge Menschen. Um hier mit ihnen in Kontakt zu kommen, ist eine Gelegenheit erforderlich, die eine gemeinsame Aufmerksamkeit erzeugt: „In der Regel ist das der Kicker oder ähnliches. Erst mal einzeln in Beziehungen zu gehen, und dann mal zu gucken: Leute, ich habe hier vielleicht ein gemeinsames Handeln, eine gemeinsame Aufmerksamkeit, also sprich irgendein Projekt: *Hey Leute, wir haben doch draußen diese Hütte, ich finde die nicht ganz so schick, wie ist das für Euch?*" Er kann so das Interesse der Jugendlichen als Gruppe wecken, und er kann die Rahmenbedingungen für den Fall schaffen, dass sich die Gruppe entschließt, etwas verändern zu wollen: „Dann hätte ich eine gemeinsame Aufmerksamkeit, dann hätten die ein gemeinsames Ziel: Die Hütte schöner zu machen. Und dann beginnt es."

Solche Gelegenheiten reichen in der Offenen Tür von einer Gruppenbildung aus dem Interesse junger Menschen heraus bis zur Gruppenbildung aufgrund von Angeboten der Sozialen, sozusagen *Einladungen zur Gruppenarbeit:*

- Einerseits gibt es, mit *Roland*, „die Gruppe, die nur hier ist, um zu chillen. Wir haben eine Gruppe, die mit uns als Pädagogen Zeit verbringen wollen, die mit uns kickern wollen. Wir haben die Gruppe Mädels, die halt nur ihr Ding machen wollen." Der Raum (sowohl als soziale Gelegenheit, etwas zu tun, als auch als physischer Raum) wird für die Gruppe so weit wie möglich offen gehalten (nur wenige Regeln, z. B. zum Schutz vor Gewalt, sind zu beachten), d. h., allein die Gruppe entscheidet, wie sie damit umgehen will. Diese Gelegenheit ist immer verbunden mit der Möglichkeit, die Sozialen anzusprechen „als von außen Impuls-Gebende oder auch als von außen zur Verfügung-Stehende für Reflexion und so, das ist das Entscheidende, diese Selbstregulierungsfähigkeiten, die da mit drinstecken", nennt das *Tim. Josef* erwähnt den OT, „wo einfach irgendwie etwas passiert", wo sich „die Gruppe der Stammbesucher eigentlich auch fast so wie eine Gruppe irgendwie herauskristallisiert" und „beständig gruppendynamische Prozesse aufweist." Auch *Inge* spricht von diesen Stammbesucher*innen (die regelmäßig die OT nutzen) als Gruppe, „die sich dann an einem bestimmten Tag irgendwie auch besonders zusammenraufen oder eine Dynamik zeigen, … aber vielleicht nur an dem einen Tag." Dabei wird in diesem offenen Raum auch der Stellenwert der Gruppe für die Jugendlichen selbst deutlich, wenn z. B. *Roland* feststellt: „Sie holen sich ganz viele Ratschläge, Infos, Wissen und jegliches Halbwissen von ihren Gruppenmitgliedern. Sie tauschen sich natürlich über das, was sie beschäftigt, aus." Dann sind sie sich selbst ihre Expert*innen in eigener Sache; sie suchen „ihresgleichen, vom Alter her", nicht die erwachsenen Sozialen. Im nächsten Moment kann sich dies ändern, dann sind die Sozialen gefragte Ratgeber*innen. Raum zu geben, heißt, mit dieser Offenheit, die sich auch als Unverbindlichkeit darstellen kann (wenn z. B. die OT-Gruppe sich anders verhält, als dies besprochen war), zu rechnen und umzugehen (zur [Un-]Verbindlichkeit von Gruppen in der Offenen Tür vgl. auch Bimschas/Schröder 2004: 67 ff.).
- Andererseits werden Beispiele genannt, die auf die Gruppeninitiierung durch die Sozialen (also eine Art Angebotsorientierung) verweisen: „Es gibt Momente, in denen wir sagen, ‚Mensch es würde ja mal wieder Sinn machen, mit der Gruppe gezielt Soziale Gruppenarbeit zu beginnen'", sagt *Dietlind*. „Das könnte auch eine Gruppe sein, die hier täglich an der Bushaltestelle abhängt, bei der wir sehen: Okay, irgendwie bräuchten die vielleicht einen anderen Rahmen, um sich mal auszutauschen." *Inge* verweist auf „regelmäßige Angebote, über die man sagt, das macht man mal ein halbes Jahr oder so lange, wie es dafür Interesse gibt" (z. B. ein Zirkusprojekt). Dabei spielt die Zielsetzung eine Rolle, „Möglichkeiten zu bieten, damit in einer Gruppe die Rolle gefunden werden kann und Kompetenzen aufgebaut werden können."

Dieses besondere Verhältnis von einerseits Offenheit für und andererseits zielgerichtetem Einlassen auf die Gruppe, indem sich OT-Arbeit und Soziale Gruppenarbeit verbinden (lassen), illustriert ein Beispiel, das *Josef* nennt. Er verweist auf sechs Jungen, die er angesprochen hat, „ob die sich nicht vorstellen könnten, mal ein Wochenende wegzufahren, so einen Abenteuertag zu gestalten, mit Wanderung, Lagerfeuer und spartanischer Übernachtung in einer Holzhütte. Das wurde dann von einigen wahrgenommen, und dann hat man gezielt genauso ein Gruppenangebot gemacht." Diese Gruppe war zuvor dadurch aufgefallen, dass sie „unglaublich viel Energie hatten, die wollten etwas machen, sind aber ein bisschen untergegangen." In der Offenen Tür hatten die Jungs keine Gelegenheit, sich körperlich auszuprobieren, „sich irgendwie zu messen und auch mal Grenzerfahrungen zu sammeln." So entwickelte sich die Überlegung: „Eigentlich muss man mit denen so Abenteuer erleben, dass die Einzelnen wirklich an ihre Grenzen kommen, dass sie sich spüren und dass die auch merken, ich schaffe das. Das ist auch positiv besetzt. Also nicht irgendwie nur diese Energie und diese Power heraus zu lassen, und dann immer wieder sofort reflektiert zu bekommen", dass dies im OT nicht angebracht ist und durch Regeln unterbunden wird, „sondern genau das Gegenteil zu erfahren, nämlich gesagt zu bekommen: *Das ist toll, diese Energie, die Du da mit 'reinbringst, und diese Power, die ist genau richtig und das macht Dich aus.*" Zielsetzung war, diese individuelle Energie auch der Gruppe zu Gute kommen zu lassen und zu vermitteln, dass bestimmte Ziele nur gemeinsam erreicht werden können und eben nicht, weil jeder Einzelne seine Energie „austobt". Die Beziehung zwischen *Josef* und der Jungengruppe ist nach diesem Abenteuerwochenende dichter geworden; sie konnte auch in der Offenen Tür leichter erreicht und angesprochen werden. Dabei zeigen sich auch Geschlechterdifferenzierung, wie z. B. *Dietlind* berichtet: „Wir haben festgestellt: Mädchen haben mehr den Bedarf, wirklich zu sitzen, zu reden, sich über ihre Belange auszutauschen, die mögen sicherlich auch Aktionen, machen Kanutouren und ähnliches, und sie machen auch Lagerfeuer und solche Dinge, aber bei Jungs ist es so, dass diese Anfangsphase meist reduzierter stattfindet als bei den Mädchen, und somit mehr Aktion bei jeder Gruppenstunde vonnöten ist."

Das Spannungsverhältnis zwischen der Offenheit für die Gruppe und dem Einlassen der Sozialen auf die Bedürfnisse der Gruppe verdeutlichen weitere „typische" Prozesse des Raum-Gebens und des Raum-Aneignens in der Offenen Tür:

- Der offene Raum ist immer auch *Arena* für die Rollenfindung in Gruppen und die Gruppendynamik: *Roland* erzählt von einem Jungen, für den seine Gruppe dessen Bühne ist. Wenn er alleine ist, mit Jüngeren zu tun hat, die nicht zu seiner Gruppe gehören, oder mit den Sozialen spricht, sei er ein umgänglicher Mensch, „der sein Ding macht und niemanden beeindrucken möchte. (…) Wenn seine *Homies* da sind, dann möchte er sie beeindrucken. Das ist das, was ich wahrnehme. Er möchte zeigen, dass er der Leader ist, dass er derjenige ist, der für seine Gruppe die Entscheidungen trifft." Das Problem sei aber, dass in dieser Gruppe von fünf bis zehn Jugendlichen „alle dasselbe wollen: Jeder möchte der Leader sein, was natürlich zu Stress führt. Stress innerhalb der Gruppe, Stress für jeden Einzelnen und letztendlich Stress für die Gesamtgruppe im Haus", denn die Art und Weise, wie sie dann miteinander umgehen (Lautstärke, Körpersprache, „Grenzen überschreiten, Beleidigungen und manchmal aber auch, dass sie sich gegeneinander körperlich angehen, dass sie versuchen sich durch Drohgebärden gegenseitig einzuschüchtern", die Lautstärke der Musik, die sie dann spielen) beeinflusst die Atmosphäre in der OT sehr nachteilig, vertreibt andere, sorgt für Konflikte zwischen den Gruppen der Besucher*innen.

- Der offene Raum ermöglicht die *Themenwahl* durch die Gruppe: Seit den 1970er Jahren gilt, dass z. B. alle das Jugendhaus betreffenden Fragen „im Plenum von den Jugendlichen diskutiert und entschieden werden (müssen). Diese Plenardiskussionen sollten … mit möglichst vielen interessierten Jugendlichen so vorbereitet werden, daß tatsächliche Entscheidungen gefällt werden können" (Damm 1977: 207). Vollversammlungen der jungen Menschen, Clubräte, Arbeitsausschüsse u. a. galten deshalb als Regelfall der Teilhabe in einem Jugendhaus, sind aber seitdem durch Formen der Alltagsteilhabe (ohne Formen wie Gremien) ergänzt worden. Dabei haben, wie *Dietlind* betont, die Jugendlichen in ihrer Gruppe Raum und Möglichkeit, ihre Themen einzubringen, und das geschieht durchaus auch deutlich, wenn eine Jugendliche ihr Interesse „einfach auf den Tisch (knallt), und dann ist das Thema da und dann stellen wir fest: Okay, vielleicht bedarf es noch einer weiteren Gruppensitzung, dann gucken wir halt", was dazu an Vorbereitung erforderlich ist, ob z. B. jemand Drittes hinzugezogen werden muss, damit das Thema behandelt werden kann. *Erna* berichtet von Hausversammlungen, „da kann ja die Gruppen ihre Wünsche und Meinungen äußern, wozu wir sie auch animieren. Und das beschränkt sich ja auch nicht nur auf diesen Tag." Wenn fünf oder sechs Jugendliche auf das Jugendhaus-Team zukommen und gerne einen Abend mit dem „Fifa"-PC-Game veranstalten wollen, dann „sagen wir ihnen, dass sie sich zusammenschließen sollen, um gemeinsam ihr Anliegen zu vertreten, und dann bekommen wir das auch hin. Es gelingt, wenn ihr als Team zusammenarbeitet. Ein Einzelner reicht oft nicht, aber es reicht, wenn der Einzelne das anstößt und andere mit dazu holt. Dann schreibt auf einen Zettel, wer sonst noch Lust auf ‚Fifa' hat. Und irgendwann lernen die Jugendlichen: Wenn ich etwas möchte, frage ich, gehe hin und habe das Selbstbewusstsein, erreiche ich etwas." So werden Jugendliche (ohne großen Aufwand) mit einem kleinen, niedrigschwelligen Angebot eingeladen, den Raum für Teilhabe zu nutzen. Ein/e Jugendliche/r kann so lernen, wenn er/sie etwas will, „worin auch Herzblut drinsteckt, ist das auch erreichbar, (dann) lerne ich etwas für das Leben, für die Arbeitswelt und für anderes. Es wird deutlich: Ich kann etwas erreichen! Das gibt Selbstvertrauen."

- Der offene Raum regt auch zum *Spielen* an, dem, in seiner grundsätzlichen Bedeutung für die Soziale Gruppenarbeit insgesamt, in der (offenen) Jugendarbeit eine besondere Bedeutung zukommt. Spiele sind eher beiläufige Formen, die keiner besonderen Initiierung bedürfen, sondern sich ergeben, weil ein Kicker-Tisch in der OT steht, eine Gruppe ein bekanntes Spiel (z. B. Strategiespiele) aus dem Fundus des Jugendhauses ausleiht (z. B., um es gegen eine andere Gruppe zu spielen), sie online oder im lokalen PC-Netz verfügbar sind oder als Angebot mit Wettbewerbscharakter von den Sozialen angekündigt werden. *Gerry* sagt z. B., Brettspiele seien „ein abgefahrenes Instrument der Sozialen Gruppenarbeit, denn es gibt Brettspiele, … die kann man nur miteinander gewinnen. Da spielen alle miteinander gegen das Spiel, gewinnen oder verlieren gemeinsam." Er findet es deshalb „total großartig", mit Spielen Soziale Gruppenarbeit zu machen.
- Der offene Raum regt schließlich auch zum *projektartigen Arbeiten* an einem Thema an (das über einen längeren Zeitraum angelegt ist und meist mit einer öffentlichen Aufführung oder Präsentation endet), z. B. Akrobatik und Zirkus, wovon *Inge* berichtet. Sie selbst hat die Erfahrung als Mitglied in einem Kinder- und Jugendzirkus gemacht, dass ihr dort viele Möglichkeiten geboten wurden, „mich und auch meine sozialen Kompetenzen zu entwickeln. Ich spüre das bis heute, sehr häufig wird mir diese Erfahrung immer noch helfen, in meinem beruflichen und sonstigen Alltag. Das wollte ich einfach weitergeben und deshalb ist das Projekt auch so aufgebaut, dass ich darauf allergrößten Wert auf diese soziale Komponente lege und v. a. darauf, die Kooperationsfähigkeit zu schulen." Die „innere Klammer vom Projekt ist eben, die sozialen Kompetenzen, die Kooperationsfähigkeit und letztendlich die Demokratiefähigkeit aufzubauen, weil wir die ganzen Entscheidungen im Zirkusprojekt gemeinsam treffen und über die Fragestellung diskutieren, wer mit was mit wem auftritt, wie wir uns darstellen wollen, welche Kostüme es geben soll. Es wird halt alles gemeinsam besprochen, und das ist mit dieser Gruppe sehr mühsam, immer wieder diese Beteiligung zu machen, aber es ist sehr lohnenswert." Die Offenheit des Raums, der zum Erproben einlädt, wird auch hier deutlich, denn *Inge* hat mit einer durchaus beachtlichen Fluktuation in der Zirkusgruppe umzugehen: Die Gruppe ist offen, alle können mitmachen, aber Zirkus und Jonglage erfordern Durchhaltevermögen (und damit Kontinuität). „Das Ziel ist immer, dass sie zumindest bis zu einer Vor-

stellung dabeibleiben und dieses Erlebnis, diese Krönung der gemeinsamen Arbeit dann auch noch mitnehmen. Da hat die Gruppe mittlerweile bestimmt schon drei- oder viermal komplett gewechselt. Es sind immer gerade welche neu und noch ein, zwei alte Hasen dabei."

Jeder dieser „typischen" Prozesse entwickelt eine Rückwirkung auf die Gestaltung der Beziehung (und das Arbeitsbündnis) zwischen Sozialen und Akteuren. *Inge* kann das am Beispiel der Beziehung zwischen ihr und den Kindern des Kinderzirkus nachzeichnen: „die hat sich auf jeden Fall verändert. Durch die Zirkusarbeit ist der Umgang im OT auch noch mal ein anderer, als er vorher war, möglicherweise auch, als er zu anderen ist. Dann nehme ich schon wahr, dass die mehr auch mit mir kooperieren oder wir zumindest viel offener Sachen besprechen können." Auch wenn es um ein Thema oder eine Idee geht, die nicht mit dem Zirkusprojekt zu tun hat, ist es nun so, „dass sie auch von mir erwarten, dass ich jetzt ganz offen bin und die Idee auch irgendwie annehme, wir darüber sprechen und ich mich mit denen darüber auseinandersetze. (...) eher so in die Richtung, dass die erwarten, dass ich noch viel mehr auf sie eingehe", als es andere Besucher*innen des Jugendhauses tun, „weil die ja diese Erfahrung im Zirkus ganz intensiv machen, dass ich immer ihre individuelle Sichtweise zu berücksichtigen versuche".

Merke
Soziale eröffnen Akteuren Entwicklungs- und Experimentierräume, sichern diese ab und begleiten sie durch Rückmeldungen, Beispiele und Anregungen, womit zugleich neue Möglichkeiten zur Vertiefung der gegenseitigen Beziehung entstehen.

10.3 Prozesse arrangieren

Die Praxis politischer Jugendbildung (d.h. im Rahmen außerschulischer Jugendbildung) hat eine lange Tradition (vgl. z.B. Müller/Maasch 1962, Kentler 1962/1964, Giesecke 1971, Damm 1977). *C. W. Müller* (2011: 14) nannte „Freiwilligkeit, Selbstbestimmung über die Freunde und Tätigkeiten in der Gruppe, Kommunikation und ihre Kultivierung, einen bestimmten Stil im Umgang mit Personen und Sachen, der uns unterscheidbar machte von anderen, sowie gleichzeitig auch ein Respekt gegenüber Menschen und Situationen, die anders waren als wir es kannten" als Elemente seines 1964 entwickelten Bildungskonzeptes. Dieser Beschreibung entspricht die Praxis der politischen Jugendbildung im Kern auch heute noch (vgl. insg. Hafeneger 2008): Betont wird ein eigenständiger Bildungsauftrag, der nicht auf die Benotung von Leistungen oder den Erwerb von formalen Abschlüssen abzielt, „sondern auf die Förderung der Interessen und Begabungen, der Verantwortungs- und kritischen Urteilskompetenz sowie der Persönlichkeitsentwicklung von Kindern und Jugendlichen" (Speck/Olk 2011: 108). Politische Jugendbildung umfasst damit – dem allgemeinen Bildungsbegriff folgend (vgl. 7.3.1.) – auch Momente informellen Lernens (in Familie, Nachbarschaft, Freundeskreis, Medien u. ä.), die geplant, beiläufig und spontan erfolgen (vgl. Coelen/Gusinde 2011: 195 f.).

Giesecke (1980) unterscheidet vier Ebenen politischer Jugendbildung: das *Bildungswissen* beschreibt, dass es Menschen auszeichnet, neben den allgemeinen geistigen Fähigkeiten auch über politische Vorstellungskraft und Phantasie zu verfügen, was ihnen eine Selbst- und Weltdeutung erlaubt, während das *Orientierungswissen* das bezeichnet, was als Grundlagenwissen über das politische System und den politischen Prozess (Wahlen, Parteien, Einfluss der Medien u. a.) genannt wird (ebd.: 78–91); die *politische Verhaltensweise* klärt die Prozesse, die nötig sind und erlernt werden müssen, um mit der politisch-ökonomischen Welt (und den dort gegebenen Prozessen) umzugehen und sich in ihr durchzusetzen, während das *Aktionswissen* ermutigt, sich in politische Konflikte einzubringen (ebd.: 91–99). Alle vier Ebenen sind in Prozessen politischer Jugendbildung in den Blick zu nehmen. Es geht dabei um die Ausbildung besonderer „Fähigkeiten, die Analyse der eigenen sozialen Situation, die Analyse der wichtigsten Bedingungsfaktoren gesamtgesellschaftlicher Verhältnisse, die Interpretation der eigenen Probleme und Interessen vor dem Hintergrund der vorgenannten Analyse, Selbstbestimmung und Selbstverwirklichung, problemlösendes und schöpferisches Verhalten (Kreativität, Sensibilität, Phantasie) sowie solidarisches, politisches Handeln" (Damm 1977: 31 f.). Damit wird der Katalog der Lernziele sozialen Lernens (→ 7.4) um Aspekte ergänzt, die sich aus der Eingebundenheit des Subjekts in politische Strukturen und Verhältnisse ergeben (vgl. Schröder/Baltzer/Schroedter 2004: 127 ff.). Aktueller wird dies auch als *Demokratiebildung* bezeichnet (vgl. BJK 2017). Solche Bildungsprozesse richten den Raum her, sich Politik als gesellschaftliches Handlungsfeld anzueignen, und bieten Gelegenheiten, den eigenen Standpunkt zu Themen, die im politischen Gemeinwesen relevant sind, zu formulieren. Auf öffentlicher Bühne (z. B. im Austausch mit örtlich tätigen Politiker*innen) können Jugendliche erfahren, dass ihre Sicht auf ein Thema, das sie beschäftigt, ernstgenommen wird, und es können Möglichkeiten der Zukunftsentwicklung entworfen und (wie in einem Labor) zur Diskussion gestellt werden. Politische Jugendbildung reicht von Projekten historisch-politischer Bildung (vgl. Nörber/Heitmann 2004: 170 ff.), z. B. in Form des Projekts „Stolpersteine", die, in den Straßenbelag eingelassen, an die früheren Wohnorte der von Nazis deportierten und getöteten Juden erinnern (vgl. ebd.: 172–177), über Projekte erzählter Geschichte (oral history), die das zeitgeschichtliche Erleben Älterer im Ort (z. B.

um Wiederaufbau in Nachkriegsdeutschland) zum Gegenstand haben, bis hin zu Themen aus der Stadtplanung (z. B. wie Prozesse [von der Verkehrsleitplanung bis zum Abbau von Freizeitdienstleistungen] beeinflusst werden können, die in der Kommunalpolitik und -verwaltung verhandelt werden und die Lebenswelt junger Menschen beeinflussen) oder konkrete Demokratieprojekte (z. B. Online-Petitionen für Themen, die Jugendliche für sich als relevant erachten).

Auch in der Jugendbildung spielt damit die Teilhabe junger Menschen eine wichtige Rolle: *Joe* berichtet z. B. von den Schwierigkeiten der Jugendbildungsarbeit, da viele Jugendliche „sich auch erst mal wundern: was wollen die eigentlich von uns? wieso wollen die jetzt von mir wissen, was da irgendwie bei dieser Bildungsfahrt passieren soll? Ich glaube, dass es da auch auf das Selbstverständnis der Jugendlichen ankommt. Es gibt Jugendliche, die sind kreativ und die haben sofort die Ideen und die wissen, wo wir hinwollen. Und es gibt andere, die müssen wir erst mal daran gewöhnen. (…) Dann kommen sie zu uns und merken, dass sie plötzlich Freiheiten haben, die sie gestalten können". In der Sozialen Gruppenarbeit kann man am politischen Beispiel jungen Menschen auch zeigen, was Mündigkeit bedeutet: „Ein selbst bestimmtes Leben funktioniert nicht, wenn du immer andere fragst, was du zu tun und zu lassen hast. Du musst versuchen, dich selber kennenzulernen, indem du mitmachst, mit anderen in Aktion trittst und in dich hineinhörst, was du selber möchtest."

Er deutet die Schwierigkeit, diese Möglichkeit zunächst nicht zu sehen, sozialisationsbedingt: Wenn es in der Schule oder in der Heimerziehung immer heiße, „*das musst du machen und, wenn du das nicht machst, gibt es diese oder jene Strafe,* dann geht es um Beteiligung und die Frage: Was soll ich jetzt? Das ist für die richtig schwere Herausforderung, und da sind wir tatsächlich wieder bei der Sozialen Gruppenarbeit. Das ist unsere Methode, um das aufzubrechen", also politische Jugendbildung nicht als Aufgabe der Bildung nur des Einzelnen zu sehen, sondern auch hier die Kraft der Gruppe zu nutzen.

Allerdings sind es dabei (anders als in der OT-Arbeit) v. a. die Sozialen, die den Bildungsprozess in der Gruppe (von der OT-Gruppe bis zur für diesen Zweck gebildeten Arbeits-/Seminargruppe) *arrangieren,* d. h. thematisch inszenieren (indem sie ein aussagekräftiges Fallbeispiel auswählen) und strukturieren (und ein geeignetes Verfahren der Verdeutlichung nutzen). Mit Hafeneger (2008: 355) kommt ihnen also eine „prägende" Funktion zu, die wohl stärker ist als in anderen Feldern der Sozialen Gruppenarbeit. Dies ergibt sich auch dadurch, dass überwiegend diskursgestützte Verfahren zum Einsatz gelangen, insb. das Planspiel (→ 8.5) und die Zukunftswerkstatt (→ 8.2), bei denen der Strukturierungsanteil, den die Leitung zu erbringen hat (besonders stark beim Szenario des Planspiels, schwächer, aber immer noch strukturierend gegeben, bei der Themengestaltung in der Zukunftswerkstatt), im Vorfeld hoch ist.

Abschwächen kann diesen strukturgebenden Einfluss Sozialer z. B. das Verfahren der *Fishbowl-Diskussion* (bzw. Aquariumsverfahren), bei dem versucht wird, die Möglichkeiten des Publikums, an einer Diskussion teilzunehmen, zu erweitern. Die Sitzordnung ähnelt einem Aquarium, in dem die Fische beobachtet werden: Eine Gruppe von Akteuren diskutiert im Aquarium *(Innenkreis)* zu einem Thema, für das die/der Moderator/in einige Leitfragen vorbereitet hat, um die Diskussion anzuregen (auch hier ist ein strukturgebender Einfluss also nicht ganz auszuschließen). Die übrigen Akteure verfolgen das Gespräch aus dem *Außenkreis.* Sie können dann an der Diskussion teilnehmen, indem sie entweder einen zu Beginn leer gebliebenen Stuhl im Innenkreis nutzen und mitdiskutieren (bis sie ihren Beitrag geleistet haben bzw. jemand anderes einen Beitrag leisten möchte) oder ein Teilnehmer des Innenkreises seinen Platz räumt (damit eine Teilnehmerin aus dem Außenkreis mitberaten kann) oder eine Teilnehmerin des Außenkreises ein Mitglied des Innenkreises bittet, den Innenkreis zu verlassen. Die Form der Beteiligung der Akteure wird vor der Diskussion geklärt. Als Vorteil des Verfahrens gilt, dass das Thema intensiver und verdichteter beraten wird; zwar können immer nur wenige Akteure gleichzeitig mitdiskutieren, ihre Zusammensetzung kann sich aber, im Rahmen der Regeln, ändern. Dadurch kommen unterschiedliche Perspektiven zum Ausdruck. Auch wird niemand gezwungen, an einer Diskussion weiter teilzunehmen, zu der er nichts mehr beitragen kann oder will (vgl. Peterßen 2009: 38 ff.).

Erna berichtet, dass sie ein Demokratieprojekt mit Kindern gemacht hat: „Wir haben Parteien gegründet", „wir haben Wahlkampf gemacht, bei uns im Haus", „wir haben eine Wahl durchgeführt" und „dann hatten wir hinterher einen gewählten Rat aus Kindern, die das Programm mitbestimmt, umgesetzt und vorbereitet haben."

Erna könnte eine Fishbowl-Diskussion im Wahlkampf oder im Gespräch mit den Erwachsenen *arrangieren,* und den Kindern ermöglichen, ihre Interessen und Vorstellungen „nach außen zu vertreten und zu sagen: *Das ist das, wofür wir stehen.* Zu den Erwachsenen zu gehen und zu sagen: *So, jetzt stellen wir Euch mal vor, was wir machen, was wir umsetzen wollen.*" In einem geschützten Rahmen würde sich die Möglichkeit ergeben können, politische Verantwortungsträger*innen nicht nur mit ihren Ideen vertraut zu machen, sondern das Gespräch mit den Regeln des Verfahrens auch angemessen weiterzuentwickeln; nicht die Erwachsenen bestimmen das Gespräch, sondern die Kinder selbst.

Merke

Soziale nutzen (z. B. in politischen Bildungsprozessen) Möglichkeiten, das Setting (durch Themen- und Verfahrenswahl) zu arrangieren; sie beziehen sich auf konkrete Themen aus der Lebenswelt der Akteure (Anlässe), die gesucht und gemeinsam entwickelt werden.

10.4 Erprobung ermöglichen

Unter kultureller Bildung werden Prozesse verstanden, die es Subjekten ermöglichen, „sich zu entfalten, an der Gesellschaft teilzuhaben und die Zukunft aktiv mitzugestalten. Zentrales Ziel ist die Entwicklung von Kreativität und eigenem subjektiven Ausdrucksvermögen" (BKJ 2011: 8), „sich lernend, handelnd und verändernd mit dieser Welt auseinanderzusetzen", um „die Welt als Ausdruck menschlicher Kultur wahrzunehmen, sie mit kreativer und sozialer Fantasie neu zu deuten, sie sinnlich-konkret zu begreifen und zu verändern" (Witt 2017: 38). Sie wird als lebenslange Aneignung verstanden und umfasst die Vielfalt von ästhetisch-künstlerischen Ausdrucksformen, wozu z. B. (zeitlich befristete) *Projekte* dienen, bei denen in der Gruppe gemeinsam etwas künstlerisch erarbeitet oder untersucht wird. Kulturelle Bildung z. B. in Form von Musik, Rhythmik und Tanz, Spiel und Zirkus, Kunst mit digitalen Medien, Fotografie, Film, kreativem Schreiben und Literatur „bietet Freiräume, um zu experimentieren und sich auszuprobieren, die Perspektive zu wechseln und zu reflektieren. Sie fördert die Auseinandersetzungsprozesse des Menschen mit sich, seiner Umwelt und der Gesellschaft und vermittelt Fähigkeiten, um das Leben erfolgreich zu bewältigen" (BKJ 2011: 9), also Wissen und Kompetenzen für den Alltag.

Theater als kulturelle Bildung in Gruppen hat seit den 1970er Jahren langsam Eingang auch in die Soziale Arbeit insgesamt gefunden. Dabei wird das konventionelle Theaterschema, das die Zuschauer*innen auf reines Zuschauen beschränkt, durch neue Formen der Darstellung und des Zuschauens überwunden. Statt fremde Rollen zu spielen, können sich die Darsteller*innen in ihren alltäglichen Rollen zeigen und die Zuschauer*innen sich am Bühnengeschehen beteiligen. Das Theaterspiel beschränkt sich nicht auf Sprache, es kann z. B. durch Pantomime, Schatten- und Figurentheater, Maskenspiel oder Zirkus ergänzt werden. Den Akteuren wird dabei durch Soziale und Künstler*innen Hilfe zur Selbsthilfe gegeben, um an Ausdrucksmöglichkeiten das zu verstärken, was schon gekonnt wird oder leicht fällt; das Einüben neuer Techniken und Ausdrucksmöglichkeiten ist nachrangig. Es geht darum, Mut zum Theaterspielen zu entwickeln, indem positive Erfahrungen mit und in der Gruppenarbeit gesammelt werden. Experimentieren, Selbstentdecken und Spiel stehen im Vordergrund. Dabei unterstützt die *offene Projektmethode* eine Gruppe, ein Theatervorhaben thematisch und organisatorisch weitgehend selbständig durchzuführen (vgl. Mies 2012: 178–185), in das z. B. Elemente aus Rollenspiel und Psychodrama integriert werden.

Theater mit und v. a. durch Kinder und Jugendliche entfaltet seine Wirkung durch das Lernen am Modell: die gesteigerte, verdichtete Kommunikation im Spiel machen es zu „einem idealen Übungs- und Experimentierfeld sozialen Lernens": In einem Jugendhaus erarbeitet und aufgeführt, entfällt die sonst für „Theater" (als Ort sog. „Hochkultur") übliche Schwellenangst, die Wahrnehmung (und Überprüfung) der Aufführung erfolgt nicht nur im vertrauten Rahmen, die Reaktionen sind auch direkter und in der Sprache und vor dem Hintergrund der Themen der jungen Menschen selbst formuliert (vgl. Nickel 2017: 599).

Es geht dabei immer um ein *Erproben,* was bedeutet, Experimentierräume zu ermöglichen oder zu schaffen, wie das Projekt „Beat and Dance" beispielhaft zeigt – ein Projekt, das bis zu 80 junge Menschen (durch ein professionelles Team begleitet) befähigt, eine Live-Performance zu entwickeln, einzustudieren und zur Aufführung zu bringen:

Beat and Dance 2018

„In diesem Jahr steht Beat and Dance unter dem Motto ‚Beginners in Love, Rhythm of my Life'. ‚Ich habe festgestellt, dass sich ganz allgemein ein Optimierungskult entwickelt hat. Nach dem Motto: Wenn ich mich gut ernähre, Sport treibe und wenn ich nur raffiniert und klug genug bin, habe ich Erfolg. Die Liebe ist die Antithese zur Optimierung. Die Liebe ist das Lebendige, Nichtkontrollierbare. Die Liebe ist das Medium, mit dem man seine Schwächen versöhnen kann', beschreibt Frank Düwel als Regisseur der Show den Gedanken, der ihn zur Auswahl des Themas bewogen hat. In der Diskussion mit den am Projekt teilnehmenden Kids ist darüber hinaus das Thema Rhythmus als tragendes Element der Show hinzugekommen. Die Jugendlichen haben sich intensiv darüber Gedanken gemacht, dass das Leben in großen Teilen durchgetaktet ist und der pulsierende Rhythmus des Lebens den Menschen überall hin begleitet. Dieses Spannungsfeld zwischen der Liebe mit all ihren Begleiterscheinungen und dem Takt des Lebens zieht sich als thematischer roter Faden durch die ganze Show. In diesem Jahr ist es darüber hinaus gelungen, drei Tanzkompanien mit mehr als 30 Tänzerinnen und Tänzern für die Aufführung zu gewinnen. Ein weiteres Highlight in diesem Jahr ist der Auftritt der Hamburger Opernsängerin Merlind Phol, die zusammen mit den Hip-Hoppern der Lauenburger G-Breaker die Habanera aus der Oper Carmen performen wird. Der besondere Charme der Show kann jedoch nur entstehen, weil alle Teilnehmer sich als Einheit verstehen. Sie helfen und begleiten sich bei den Vorbereitungen und der Aufführung gegenseitig" (Pressemitteilung der Stadt Schwarzenbek vom 20. Juni 2018).

2010 wurden erstmals Jugendliche angesprochen, ob sie, so *Sam*, „Interesse haben, mit uns ein Event zu machen“, ganz nach dem Grundsatz: „Alles geht, nichts muss!“ Musik und Medien werden als zentraler Anknüpfungspunkt wahrgenommen, denn „wir glauben, das ist die Sprache der Jugend, und wir glauben, dass wir über diese einen Zugang zu Jugendlichen, ihren Problemen finden … Es geht immer erst mal um die Sache, um die Inhalte. Was sich daraus ergibt, das nehmen wir gerne auf und verstärken es vielleicht auch oder bieten Möglichkeiten“, v. a. der Aufführung selbst, damit „all’ das, was die Jugendlichen ausdrücken wollen, dass sie das auch (ausdrücken) können. Wir geben einen Rahmen und wollen Jugendlichen die Möglichkeit geben, wenn sie denn möchten, sich die Welt anzueignen. Und dabei unterstützen wir sie so weit, (wie) wir dazu in der Lage sind.“ Die beteiligten Sozialen sprechen Jugendliche aus Schwarzenbek an, sorgen für den organisatorischen Rahmen (von der technischen Realisation über Organisation, Finanzierung, Koordination bis zur Information via soziale Medien), während für das Inhaltliche (Musik, Choreografie u. a.) Profis aus dem Theater zuständig sind.

In der Großgruppe erzählen sich zunächst die Akteure einmal gegenseitig, „was sie auf dem Herzen haben. Das ist zentral. Das geben wir nicht vor.“ Dabei ist alles erlaubt, „wenn es nicht gegen die verfassungsmäßige Ordnung dieses Landes verstößt; rechtsradikale Lieder werden bei uns nicht gesungen, auch frauenfeindliche Sachen nicht.“ Die Jugendlichen werden eingeladen: „Bringt etwas mit, bringt euch mit, eure Stimme, eure Lust, eure Idee.“ Die Jugendlichen machen also das, „worauf sie Lust haben. Sie singen z. B. irgendetwas, weil das, was sie noch singen wollen, können sie noch gar nicht.“ *Sam* und *Theo* sitzen dann „einfach nur dabei. Und dann sitzen wir da, drei-, vier Stunden, und die Leute tragen ihre Sehnsüchte vor. Und beim ersten Mal ist es noch richtig hart, dann wenn irgendjemand einen Scheiß zusammengerappt hat“. Alle aus der Gruppe müssen sich diesem Prozess unterziehen, müssen dabei bleiben und „erleben, was dem anderen auf dem Herzen liegt. Es gibt kein: *Jetzt singt die deutschen Schlager, die doofe Kuh,* und die coolen Rapper stehen draußen und rauchen. Das machen wir nicht.“ Auch dann, wenn jemand einen schlechten Musicalsong singt, weiß er, „dass ihn damit irgendetwas verbindet, dass ihm das wichtig ist.“ Solche Akteure müssen den Experimentierraum finden, um sich darin *ausprobieren* zu können.

Wenn schließlich alle wissen, wohin sie „ungefähr wollen, haben wir eine wichtige musikalisch-organisatorische Aufgabe. Ich versuche, zu verstehen, wer mit wem arbeiten kann, wer ist der Schlagzeuger? Inzwischen sind wir im Netz so: *Möchtest du bei ihm mitspielen, ist das dein Song? Ist das deine Band?*“ Jeder Rapper muss z. B. selbst einen Schlagzeuger finden und eine Band zusammenstellen, um seinen Song einzuarbeiten *(Theo).*

Dabei müssen *Sam* und *Theo* „aufpassen, dass uns Leute nicht verloren gehen". Einigen fällt es leichter, sich in diesen Prozess einzubringen, und die Teilnahme ist immer freiwillig. Sie „versuchen einen Sog herzustellen, durch das, was wir tun. Wir sind einfach da". Die Gruppe kommt im Prozess über Wochen dazu, dass sich ein Song so verändert, „dass sie mehr musizieren, was ihnen am Herzen liegt. Und das ist dann der wirklich lange Prozess, dass wir immer wieder fragen: *Was möchtest du damit? Was ist dir wichtig an dem Ding?*" Die Songs entwickeln sich im Verlauf der Zeit, und erreichen ein aufführungsfähiges Niveau *(Theo).*

Während der Aufführung sind die Akteure für alle Elemente alleine verantwortlich, und sie wissen, wenn sie am Abend ihre Aufgabe nicht wahrnehmen, dann wird die Performance nicht laufen. *Theo* ist dann „der ältere Herr, der sich an den Tisch setzt, mitten in den Saal", der aber sonst ganz unbeteiligt ist, und auch *Sam* hat dann keine Funktion.

Uli begreift „Beat and Dance" aus der Perspektive des Beobachters als ein Beteiligungsprojekt, an dem jede/r mitwirken und Verantwortung übernehmen kann, ohne sich dessen bewusst sein zu müssen, denn es ist ja nur Musik, die gemacht wird, aber die Jugendlichen „müssen im Rahmen dieses Projektes tatsächlich Verantwortung übernehmen, mehr Verantwortung als in manch anderem Demokratie-Projekt."

Merke
Soziale schaffen durch (z. B. kulturelle) Projekte einen sozialen Raum, in dem sich Akteure ausprobieren (experimentieren) können und in der Erprobung zugleich Verantwortung übernehmen für das Gelingen des Projekts der Gruppe insgesamt.

10.5 Zum Abschluss des Kapitels

Übungen (zum Kennenlernen, zum Kommunikationsverhalten, für die Stärkung der Kooperation, für das Feedback u. a., sowohl für Klein- als auch für Großgruppen) stehen in großer Zahl und an verschiedenen Stellen zur Verfügung, so z. B. die von *Johannes Schilling* (3 × 52 Gruppenstunden, München 1980) zusammengestellten Gruppenübungen in der Jugendarbeit oder gruppenbezogene Erlebnisspiele, die *Adelheid Stein* (2009: 172–176) nennt.

Zum Weiterlesen

- *Lothar Böhnisch* und *Richard Münchmeier* beschreiben in zwei älteren, aber immer noch relevanten Büchern die Grundlagen der Jugendpädagogik (Pädagogik des Jugendraums, 2. Aufl. Weinheim/München 1993, und: Wozu Jugendarbeit? 3. Aufl. Weinheim/München 1992).

- *Hans Gängler* und *Gerd Stecklina* erläutern, welche pädagogischen Aufgaben und Funktionen Jugendverbände haben (in: Schröer, W./Struck, N./Wolff, M. (Hg.), Handbuch Kinder- und Jugendhilfe, 2. Aufl. Weinheim/Basel 2016: 721–736).

Aufgabe

Worin besteht die Gemeinsamkeit der Schlüsselprozesse *Beziehung anbieten, Raum geben, arrangieren* und *erproben* in den jeweils dargestellten Arbeitsfeldern?

Kapitel 11
Peerorientierte Soziale Gruppenarbeit

Die Peer[24] (bzw. Peergroup), deren Mitglieder zueinander gleichgestellt sind und sich gegenseitig beeinflussen (i. d. R. sind es befreundete, mit einander bekannte und Personen mit engerer persönlicher Beziehung), stellt neben der Familie die wichtigste Bezugsgruppe dar. Sie bietet Gelegenheiten, sich freiwillig als Gruppe zusammenzufinden, und wird charakterisiert durch ähnliche Lebensverhältnisse, Einstellungen zu den für die Peer insgesamt relevanten Themen, dort kollektiv geteilten Erfahrungen und gemeinsamen Aktivitäten. Zugleich unterstützen sich ihre Mitglieder gegenseitig z. B. bei der Bewältigung persönlicher Krisen, und sie sind auch Ort wechselseitiger Information und Beratung.

Damit bildet die Peer z. B. für junge Menschen ein zentrales Erfahrungsfeld im Übergang aus der Herkunftsfamilie in ein eigenständiges Netz sozialer Beziehungen. Ihr kommt eine bedeutende Funktion bei der Entwicklung eigener inhaltlicher Interessen, beruflicher Zukunftspläne, jugendkultureller Orientierungen (Musikvorlieben, Lebensstile u. a.) zu. Die Peer trägt zur Entwicklung einer Ich-Identität bei und sie unterstützt dabei, eine Geschlechtsrolle herauszubilden und gleich- oder gegengeschlechtliche Beziehungen aufzubauen. Sie hat damit für junge Menschen im Prozess der Sozialisation eine umfassende Bedeutung. Die Freiwilligkeit, einer Peergroup anzugehören, und die „Gleichheit" ihrer Mitglieder erfordern dabei ein hohes Maß an Kooperations-, Verhandlungs- und Kritikfähigkeit, führen dadurch zugleich aber zu Lernprozessen, die in Familie oder Schule kaum möglich sind. Neben diesen eher positiv bewerteten Aspekten spielen zugleich aber auch der Gruppendruck in Bezug auf Konsum und Lebensstil und der Anpassungsdruck an negative bzw. deviante und dissoziale Verhaltensweisen innerhalb der Peer eine Rolle (vgl. Düx/Rauschenbach 2010: 64 ff., vgl. insg. Krüger/Grunert 2008).

Peerbezogene Soziale Gruppenarbeit nutzt die Kraft der Peergroup. Dabei ist zu beachten, dass dies nicht auf junge Menschen beschränkt ist; auch in Engagementgruppen (in der Selbsthilfe oder in ehrenamtlicher Tätigkeit) aktive Men-

24 Der Begriff Peer (bzw. Peergroup) wird weitgehend synonym mit dem Begriff „Gleichaltrigengruppe" verwendet, er bringt ein „Gleichsein" zum Ausdruck, das sich nicht nur auf das Alter, sondern z. B. auch auf die Lebenssituation und gemeinsames Engagement bezieht.

schen bilden eine Peergroup, die mit Sozialer Gruppenarbeit unterstützt werden kann.

Beispielhaft für Formen peerorientierter Sozialer Gruppenarbeit sind die Schlüsselprozesse *Da-Sein* (z. B. in der aufsuchenden Arbeit), *Begleiten* (in der Arbeit mit Selbsthilfegruppen), *Coachen* (in der Arbeit mit Engagementgruppen) und *Sich entwickeln lassen* (in der Pflegeelterngruppe):

11.1 Da-Sein

Peerorientierte Soziale Gruppenarbeit v. a. mit jungen Menschen ist aufsuchende Soziale Arbeit (die auch als mobile oder cliquenorientierte Arbeit bzw. Streetwork bezeichnet wird), die im öffentlichen Raum erfolgt. Die Arbeitsfelder reichen von der Mobilen Kindersozialarbeit (vgl. Forster 2015: 47) bis zur Arbeit mit Straßenkindern und der Vermeidung von Obdachlosigkeit junger Menschen (vgl. Britten 2009, Mögling/Beierle 2015).

Öffentlicher Raum ist nicht als bloßer Ort zu begreifen, an dem sich (z. B. junge) Menschen treffen und aufhalten; er ist kein statisches „Gebilde" (das sich nicht ändert), sondern als Ausdruck (Konstruktion) der Wahrnehmung und der Sichtweisen Einzelner zu verstehen, was sie im Kontext sozialer Gruppen als öffentlichen Raum jeweils subjektiv erleben. „Den" öffentlichen Raum gibt es also nicht, sondern nur die Erwartungen an z. B. öffentliche Plätze, eine Ecke im Park, das Buswartehäuschen, eine Sitzgruppe im Einkaufszentrun u. a. Dabei spielen Privatisierung, Inbesitznahme und Kontrolle dieser öffentlichen Räume (wie sie genutzt werden, genutzt werden können und genutzt werden dürfen) ebenso eine Rolle wie Ver- und Abdrängung, d. h., wer von der Nutzung des je gegebenen Raumes (und wie) ausgeschlossen wird (vgl. Klose 2012). Öffentlicher Raum kann zum Streitfall und -feld unterschiedlicher Interessen und Erwartungen werden, wer dort „den Ton" angibt (also bestimmen kann, wie sich Menschen dort aufzuhalten haben). Jugendliche Peers können schnell an diese Barrieren stoßen, die Erwachsene (oder konkurrierende Peergruppen) bestimmt haben, wenn sie nach ihren eigenen Vorstellungen (meist abweichend von den Vorgaben Erwachsener) diesen öffentlichen Raum für sich nutzen (in Besitz nehmen).

Auch der Sozialen Arbeit (v. a. der Jugendarbeit) wurde deshalb (verstärkt seit den 1970er Jahren) die Aufgabe zugeschrieben, solchem „abweichenden" Verhalten entgegenzuwirken bzw. Polizei und Justiz „pädagogisch" dabei zu unterstützen, im öffentlichen (sichtbaren) Raum Peers, nun auch als „Cliquen" oder „Banden" bezeichnet, aus dem Blickfeld öffentlicher Wahrnehmung zu nehmen, nach Möglichkeit entweder zu zerschlagen oder sie wenigstens unter Kontrolle zu halten. Das auffällige Verhalten, das junge Menschen gegenüber ihrem sozialen

Umfeld (z. B. im öffentlichen Raum oder der Nachbarschaft) zeigten (oder das als solches wahrgenommen wurde, etwa als gewalttätige Ruhestörer) stand hier im Fokus, nicht aber ihre persönlichen Schwierigkeiten (z. B. Arbeitslosigkeit, Drogenabhängigkeit, persönliche Sinnkrisen, Obdachlosigkeit).

Sofern nicht durch Erwartungen, z. B. aus dem politischen Raum, dazu gezwungen, fühlten sich in der Jugendarbeit tätige Soziale ganz überwiegend nicht zuständig, mit diesen Jugendlichen zu arbeiten. Cliquen Jugendlicher wurden eher als Gegenentwurf zu sinnstiftenden, „positiven" Gruppenbildungen wahrgenommen, wie sie in Form (sozial-)pädagogisch inszenierter und gestalteter Gruppenarbeit in der Jugendarbeit entwickelt worden waren. Aus den Jugendhäusern hinausreichende Arbeit mit Cliquen fand nicht oder i. d. R. nur zur Disziplinierung statt (vgl. z. B. Klose 2009).

Zugleich wehrten sich die betroffenen Jugendlichen gegen pädagogische Versuche, ihre Cliquen als soziale, im öffentlichen Erscheinungsbild erkennbare Gesellungsform zerschlagen zu wollen, denn ihr Cliquenzusammenhang wurde infrage gestellt und die pädagogischen Angebote Sozialer wurden meist als Störung des Eigenlebens der Gruppe erlebt.

Die Kritik sowohl an der Zurückhaltung der Jugendarbeit, sich mit Cliquen befassen zu wollen (vgl. Brenner 1987), als auch die wiederkehrenden Versuche, Cliquen zu vertreiben, und die Anerkennung für die Art und Weise, wie Jugendliche im öffentlichen Raum (über-)lebten und sich auch gegenüber den Versuchen der Vertreibung zu behaupten verstanden, führte zu einer Reihe von Konzepten einer neuen, eigenständigen Jugendarbeit (vgl. Schilling/Damm 1979), die zunächst als mobil (vgl. Miltner/Specht 1977), später auch als aufsuchend (vgl. Schröder 1994) bzw. als (cliquen-)akzeptierend (vgl. Krafeld 1992a/b, 1996a/b, 2013) oder unaufdringlich (vgl. Wendt 1993) bezeichnet wurde.

So verlangte z. B. Specht (1977) eine in ihren Strukturen und Arbeitsweisen veränderte Jugendarbeit als Angebot ausdrücklich (und positiv formuliert) an „Randgruppen": an störende, marginalisierte, ausgegrenzte und aussortierte junge Menschen, z. B. alleingelassene oder suchtgefährdete Jugendliche oder aggressive und delinquente Straßengruppen (z. B. „Bahnhofskinder, Drogengebraucher, Hooligans usw. … im Blickpunkt von Politik, Justiz, Polizei, aber auch dem sozialen Umfeld" [Kahl 1995: 94]). Mobile Jugendarbeit sollte sie in ihren Alltag begleiten und sich an den Schwierigkeiten orientieren, die ihnen durch das Ausleben ihrer Entwürfe und Alltagsbewältigungsmuster erwachsen könnten, um gemeinsam mit denen, die das wünschten, durch eine parteiliche Unterstützung, Beratungs- und Hilfsangebote deren Lebenswelt lebenswerter zu gestalten und/oder Alternativen aufzuzeigen, welche ein weniger gefährdendes Zurechtkommen im öffentlichen Raum ermöglichen sollten (vgl. Specht 1987b: 86, weiter ders. 1987a/c). Sie sollte damit „nicht am Verhalten der Jugendlichen (anknüpfen), sondern am Strukturproblem ihrer sozialen Verdrängung und Ausgrenzung aus öffentlichen und halb-öffentlichen Räumen" (Keppler 1993: 168, vgl. auch Krafeld 1998, Stefan/Krauß 1998).

Aufsuchende Arbeit setzt sich folglich mit jungen Menschen auseinander, die zu den allgemeinen (frei zugänglichen) Angeboten, z. B. zur Jugendarbeit in Einrichtungen (Jugendhäusern, Offene Tür u. a.), keinen Zugang gefunden haben. Sie agiert unmittelbar in ihren sozialen Bezügen und versteht ihre Cliquen (in ihrer Funktion als Unterstützungsgruppe, die jungen Menschen Stabilität, Rückhalt, Selbstwert und Entwicklungschancen bietet [vgl. Krafeld 2005]) als entscheidende Instanzen, die beim Erwerb von Kompetenzen zur Alltagsbewältigung helfen. Sie betont das Recht junger Menschen auf pädagogisch unbesetzten Raum und versucht, Cliquen Angebote für Räume zur selbstverantworteten Nutzung zu vermitteln (vgl. z. B. Kampermann/Wittmann 2008, Deinet/Mildner 2009). Mit Wolfer (2009: 323) lässt sich sagen, dass aufsuchende Arbeit es mit jungen Menschen zu tun hat, „die auffallendes, illegales bzw. Risikoverhalten zeigen"; dazu zählen u. a. der frühe Konsum (il-)legaler Drogen, der (il-)legale Aufenthalt in öffentlichen Räumen, demokratiealternative Einstellungen oder das Arbeiten in illegalen und informellen Szenen.

Aufsuchende Soziale Arbeit berücksichtigt, dass junge Menschen bei der Suche nach eigenen Wegen der Lebensgestaltung immer weniger unbesetzte, uneingeschränkte und unverregelte Räume und Territorien (z. B. Freiflächen in der Stadt, Winkel, Ecken, Nischen, Brachen u. v. m.) vorfinden. Früher zugängliche Räume werden für andere Nutzungszwecke okkupiert (z. B. als Verkehrsfläche, Parkplatz) oder sozial reguliert (z. B. als Jugendhaus mit verbindlichen Strukturen und Regeln). Der Zusammenhang zwischen solchen Prozessen der Stadt- und Raumentwicklung und deviantem Verhalten Jugendlicher ist offensichtlich (vgl. Kilb 2009: 92–210, insb. 117 ff.). Soziale müssen deshalb verstehen (lernen), dass solche Räume für offene Interaktionen und Kommunikation unter jungen Menschen von großer Bedeutung sein können. Deshalb geht es auch darum, ihnen zu helfen, sich öffentliche Räume zu erobern, ohne Ausgrenzung und Abwehr befürchten zu müssen, sondern nach ihren Vorstellungen soziale Kontakte und Aktivitäten entfalten zu können. Das gilt umso mehr, weil gerade Jugendliche Räume nicht nur erleben, sondern räumlich leben und dies in ihrer Biografie eine spezifische Bedeutung für die Auseinandersetzung mit ihrer Umwelt hat. Raumaneignung macht also ein besonders wesentliches und notwendiges Moment ihrer Kultur aus (vgl. z. B. Krafeld 1995, Hafeneger u. a. 2009, Steckelberg/Homann 2011). Grundlegende Arbeitsprinzipien aufsuchender Arbeit mit Peers sind:

- *Niedrigschwelligkeit:* Angebote Sozialer müssen so gestaltet sein, dass sie den Bedürfnissen und den Möglichkeiten der Peers entsprechend zeitlich und räumlich einfach zu erreichen sind und ohne Vorbedingungen in Anspruch genommen werden können.

- *Bedürfnis- und Lebensweltorientierung:* Subjekte sollen mit ihren Stärken und Schwierigkeiten im Kontext ihrer Lebenswelt und ihrer sozialen Bezüge wahrgenommen werden; Soziale sind für die gesamte Breite dort auftretender Fragen ansprechbar.
- *Akzeptanz:* Im Sinne der Subjektorientierung werden Peergroups möglichst wertungs- und vorurteilsfrei angenommen. Soziale wirken deshalb auch nicht vordergründig aufklärerisch (v. a. nicht belehrend), sondern erst einmal darum bemüht, verstehen zu wollen, was der Peer die ihr eigenen Orientierungs- und Handlungsmuster bedeuten (wobei unter Sozialen durchaus umstritten ist, ob sie in negative Verlaufsprozesse eingreifen sollen, um objektive Gefährdungen abzuwenden, Ausstiegshilfen anzubieten, also Krisenintervention zu betreiben).
- *Freiwilligkeit:* Dauer und Intensität des Kontaktes werden durch die Akteure bestimmt.
- *Parteilichkeit:* Soziale sollen die Interessen der Subjekte vertreten, ohne deren Ansichten und Überzeugungen zwingend teilen zu müssen, was auch heißt, gegenüber Öffentlichkeit (Gemeinwesen, Medien), Politik und Verwaltung, Polizei und Justiz für ein (größeres) Verstehen der Andersartigkeit der Lebensentwürfe der Peer einzutreten und für Spielräume, diese Entwürfe auch realisieren zu können, zu werben (vgl. BAG SW.MJA 2018: 5–8).

Vor diesem Hintergrund verfolgt aufsuchende (v. a. mobile Jugend-)Arbeit vier methodische Perspektiven (vgl. Reuting 2013: 15 f.):

- Erstens dient aufsuchende Arbeit dem Aufbau tragfähiger Beziehungen (wobei der Kontaktanbahnung über social media eine wachsende Bedeutung zukommt [→ 15.4]). Dazu müssen Handlungsweisen junger Menschen in ihrer Peergroup verstanden werden, z. B. herkunftsbedingte Unterschiede in Einstellungen und Verhalten berücksichtigt werden können (vgl. Krafeld 1999, Dölker 2006). Zurückhaltend bringen sich Soziale als ganze Person in die Beziehung zur Peergroup ein. Jugendliche sind an ihrer Reaktion auf Provokationen interessiert. Das setzt Authentizität voraus und die Kompetenz, sich situativ offen und flexibel auf andere einzulassen und damit Zugang zur Peer zu finden (vgl. BAG SW.MJA 2018: 6).
- Zweitens bezieht sich die Hilfe im Einzelfall auf alle Themen, die die Jugendlichen mit den Sozialen bearbeiten *wollen,* was zugleich auch bedeutet, sich auf ihre Lebensrealität und die Alltagsprobleme einzulassen, aus der abweichende Verhaltensweisen folgen können, so widersprüchlich diese Verarbeitung auch

sein mag: Sozial akzeptierte Formen der Interessenartikulation, Problemidentifikation und Konfliktlösung sind nicht Bedingung für die Arbeit mit jungen Menschen, sondern ein Ziel. Durch Soziale initiierte Aktivitäten stehen dabei im Hintergrund.

- Drittens zielen ihre Angebote für Gruppen im Kern v. a. darauf, die stärkenden Ressourcen bestehender Cliquen zu fördern und Raum für Alternativen zu riskantem Verhalten zu geben. Soziale leben immer wieder vor, dass sie andere Umgehensweisen und Konfliktregelungsmuster verwenden und diese auch für geeigneter halten.
- Viertens ist die gemeinwesenorientierte Arbeit darauf ausgerichtet, Anerkennung und Unterstützung für die Jugendlichen im Stadtteil oder dem Dorf zu organisieren und sie dabei zu fördern, wenn sie ihre Interessen aktiv wahrnehmen wollen.

Aufsuchende Arbeit haben Berndt und Fritz (2013: 46) als dreiphasigen Prozess beschrieben:

1. *Kennenlernphase:* „Umfassende Feldanalyse (Präsenz vor Ort – Recherche, Erhebungen, Kennenlernen des Umfeldes). Kontaktaufnahme zu Gruppen/Szenen sowie zu potenziellen Kooperationspartnern. Niedrigschwellige Aktionen zur Freizeitgestaltung (sozialpädagogische Gruppenarbeit); erste Verbindlichkeiten werden eingegangen. ‚Abchecken' und ‚Ausreizen' der Grenzen der Streetworker erfolgt. Hierbei beobachten die Jugendlichen sehr genau die Reaktionen der Streetworker und lassen sich auf einen intensiveren Kontakt ein."
2. *Kontaktintensivierung/Beziehungsaufbau:* „In der nächsten Phase beginnt das Bearbeiten der gruppenspezifischen und individuellen Problemlagen. Die Jugendlichen nehmen Hilfe und Unterstützung in allen für sie wichtigen Belangen (Schule, Eltern, Ausbildung/Arbeit, Straffälligkeit, Konflikte mit Anrainern etc.) an. Verhaltensweisen dürfen von den Streetworkern genauer hinterfragt werden. Mittel- und langfristige Ziele werden definiert, Inhalte der Gruppen- und Projektarbeit werden anspruchsvoller, sie orientieren sich immer an den Bedürfnissen der Gruppe/der Szene und erreichen ein hohes Maß an Verbindlichkeit. Die Jugendlichen beginnen, sich produktiv im Gemeinwesen einzubringen, und werden entsprechend wahrgenommen."
3. *Vertrauensphase:* „Entwicklung einer anderen Diskussionskultur in Gruppen (z. B. tiefergehende Auseinandersetzungen über Rollenmuster und -verhalten/geschlechtsdifferenzierte Arbeit; kulturelle und politische Bildung, Entwicklung interkultureller Kompetenz etc.). Die Jugendlichen nehmen die Streetworker als ‚alltagsrelevante' Vorbilder wahr und orientieren sich an ihnen."

Um in diesem Sinne angemessen mit Gruppen handeln zu können, müssen Soziale in der Lage sein, situationsangemessen zuhören zu können: einfach Da-Sein, ohne damit schon die Erwartung zu verbinden, einbezogen oder in spezifischer Weise gefordert zu werden. Dieses einfache Da-Sein macht die kompetente Bezugsperson aus, die sich v. a. einlassen kann und Zeit hat, mit der man sprechen und sich (über Alltägliches wie über persönliche Sichtweisen und Probleme) austauschen kann, die z. B. bei Konfliktlagen vermittelt oder andere soziale Aktionsformen vorlebt. Soziale stehen individuell „als Universalansprechpartner zur Verfügung", z. B. durch Hilfe in Notlagen und Krisensituationen, bei der Durchsetzung von Rechtsansprüchen (etwa Unterstützung bei der Existenzsicherung), Schul-, Berufs-, Wohnungsproblemen. Sie vermitteln, wo nötig, an andere Institutionen und Beratungsstellen, helfen, Schwellenängste (gegenüber Institutionen und Behörden) abzubauen und die Akzeptanz von anderen Hilfsangeboten zu steigern (vgl. Gref 1995: 16, BAG SW.MJA 2018: 9, Steffan 2017: 1003 f.). Sie sind damit alltagsrelevante Vorbilder, ohne Expert*innen zu sein; sie bieten immer nur dort Unterstützung an, wo junge Menschen dies wünschen und diese Unterstützung auch selbst nutzen wollen. Da-Sein stellt sich somit als ein doppelter Balanceakt dar: einerseits zwischen Zurückhaltung (die Clique so zu akzeptieren, wie sie ist) und Interaktion (wenn möglich, Unterstützung anzubieten, zu beraten u. ä.,), andererseits zwischen Subjekt (als Einzelfall) und Gruppe (als Kollektiv, das sich Raum aneignet).

In der Clique haben Soziale deshalb auch nur einen *Gaststatus*, den *Hilde* wie folgt bestimmt: „Ich arbeite aufsuchend, ich gehe da hin, wo die Menschen, mit denen ich arbeiten möchte, sind, und bin dort Gast", weil sie ihren Raum (z. B. eine Parkbank „oder was auch immer, wo die Menschen sich aufhalten") aufsucht und akzeptiert, dass dort Regeln gelten, die sich die Cliquen gegeben hat, „die wahrscheinlich durchaus sinnvoll sind, weil sie sich dort aufhalten und (es) für sie sinnvoll ist, dort zu sein" (auch wenn sie diese Regeln auf den ersten Blick nicht verstehen oder hinterfragen mag, ob sie sinnvoll sind).

Gerry spricht deshalb von der „positiv besetzte(n) Gastrolle", davon, dass er „diese ‚Mit dir kann man arbeiten'-Perspektive auch zugeschrieben bekommt. (…) Wenn das dann eröffnet ist und sie Themen anbringen, entsteht danach vielleicht eine Moderatoren-Rolle oder nur die Unterstützungsrolle, das ist dann immer noch mal unterschiedlich." Erst dann können auch Soziale ansprechen, was sie in der Gruppe erleben, wie sie die Gruppe wahrnehmen. Wenn eine Schwelle des Vertrauens und der Vertrautheit überschritten ist, werden die Peers „nicht gleich sagen: ‚*Ach geh doch weg*', sondern ernsthaft darüber nachdenken, weil man diesen anerkannten Status hat." Als „guter Gast" wird *Hilde* mit der Zeit „die Gelegenheit haben, bei Bedarf zu verschiedenen Themen und in verschiedenen Konstellationen eine Leitungsrolle übernehmen zu dürfen, weil dann würden sie mir gestatten, dass ich das machen kann"; dies ist „die Kunst, das so zu machen". Sie findet es „richtig toll, diesen Gaststatus haben zu dürfen, weil ich nämlich nicht von Anfang an die Person bin, die alle Fäden in der Hand haben muss, weil ich die Leitung bin." Sie ist erst einmal nur Gast, und das gibt ihr die Möglichkeit, die Gruppe zu beobachten und zu analysieren, also zu verstehen, wie die Gruppe „tickt", wie sie arbeitet, welche Rollen sich herausgebildet haben und welche Prozesse typisch sind. Erst das erlaubt es Sozialen, mit Cliquen zu arbeiten.

Zwingend ist daher, dass Soziale auf Verhaltensweisen verzichten, die Jugendliche aus langjährigen (Ausgrenzungs-)Erfahrungen gut abzuwehren gelernt haben (v. a. Bewertungen und Belehrungen). Es geht darum, an die vorgefundenen Verhaltens- und Kommunikationsmuster anzuknüpfen, selbst aber auf die Initiierung von Gesprächen oder Aktivitäten zu verzichten, z. B. an der bestehenden Situation des Nichtstuns teilzuhaben und abwarten zu können, ob und wie die Clique sie ganz allmählich überhaupt einbeziehen will. Womöglich müssen Soziale mit Provokationen umgehen, bevor die Clique erste Akzeptanzsignale aussendet oder im positiven Sinne nachfragt, ob sie/er wiederkommen wird. Die Anfangsphase ist durch Distanz, Austesten und allmähliches Warmwerden gekennzeichnet. Pädagogische Inszenierungen werden dagegen eher als Versuche einer Einengung ihrer Selbstentfaltung wahrgenommen. Es spricht sich also (v. a. in den Social-Media-Kanälen von Messenger-Diensten) sehr schnell herum, ob Soziale den Ansprüchen einer Clique entsprechen, ob sie eine Unterstützung sind und ob ihnen vertraut und mit ihnen weitergearbeitet werden kann – oder nicht (vgl. Willms 2006).

Die Akzeptanz des in der Clique gepflegten Lebensstils und Verhaltens trägt dazu bei, dass sich eine Clique öffnet. Wo Zugang zu ihr gefunden und ihre gruppendynamischen Prozesse miterlebt werden können, wächst auch die Chance zielgerichteter Aktivitäten, wobei entscheidend ist, dass Ideen aus der Clique aufgegriffen und unterstützt werden, wie ein Beispiel zeigt:

Mobile Jugendarbeit im Oberland (Sachsen)

„Ziel von sozialer Gruppenarbeit ist es, über die Beteiligung und Einbeziehung an Projekten Jugendliche zu befähigen, selbständig und verantwortungsbewusst die eigene Lebenswelt zu gestalten und zu organisieren, sowie strukturelle, soziale und individuelle Ressourcen zu erschließen. Dabei entscheidet die Gruppe selbst über die Dauer, konkrete Zielrichtung und Intensität der Zusammenarbeit. Während in der Kennenlernphase, in welcher noch Vertrauen aufgebaut werden muss, niederschwellige und leicht zu realisierende Aktionen angeboten werden, wird auf der Basis eines kontinuierlichen Kontaktes und eines stabilen Vertrauensverhältnisses intensivere pädagogische Gruppenarbeit möglich. Mobile

Jugendarbeit im Oberland möchte an bestehende soziale Beziehungen Jugendlicher und ihrer jeweiligen Gesellungsform ansetzen, wobei über angebotsspezifische und projektbezogene Aktivitäten andere Formen von Gruppen gebildet werden können. Die Gruppenarbeit soll bei stigmatisierten und sozialräumlich ausgegrenzten Gruppen im Vordergrund stehen, um dadurch ihren allgemeinen Status zu verbessern. Bei Bedarf wird geschlechtsspezifisch sowohl in gemischten als auch in reinen Mädchen- oder Jungengruppen gearbeitet. Erlebnisorientierte Aktivitäten, Freizeitveranstaltungen sowie erlebnispädagogische, demokratiebildende, kulturelle und sportliche Angebote sollen unter anderem Bestandteil der Gruppenarbeit sein. Diese Aktionen, Aktivitäten und Projekte werden in der Regel gemeinsam mit den Adressat_innen vorbereitet und durchgeführt" (Valtenbergwichtel 2018: 9).

Es geht darum, den inneren Zusammenhalt der Clique zu fördern und sie lernen zu lassen, mit äußerem Druck (Vertreibungen, Stigmatisierungen) umzugehen.

Wolfer (2009: 325) spricht davon, dass die aufsuchende Arbeit ein „Sprachrohr für die Probleme junger Menschen" sei und Soziale sich als „Artikulationshilfe" zur Verfügung stellten. *Hilde* nennt dies das „anwaltschaftliche Vertreten der Gruppe", dann, „wenn Einflüsse von außen kommen, die stören, für den Moment, für das, was die Gruppe gerade hat." Manchmal gibt es Anforderungen (z.B. des Dorfbürgermeisters, der erwartet, dass sich eine Clique an der Organisation des Dorffestes beteiligt), die die Gruppe aber gerade nicht erfüllen kann. Dann ist es ihre Aufgabe, „nach außen hin zu erklären, warum jetzt diese Gruppe genau das noch nicht leisten kann oder auch nie leisten wird. Vielleicht ist es gar nicht ihr Ding, das zu machen. Das ist eine Funktion, die plötzlich dazukommt, die oft viel herausfordernder ist, als mit der Gruppe zu arbeiten."

Grundsätzlich gilt auch hier die Bewertungsfreiheit (wie sie schon aus der Jugendarbeit bekannt ist). Das schließt jede isolierende Einzelfallorientierung aus (die mit der Bewertung eines besonderen Bedarfs oder gar eines gegebenen Defizits verbunden wäre), die die Gruppe durch Zuwendung zu Einzelnen und deren allmähliche Herauslösung aus der Gruppe schwächen würde.

Dass es sich dabei um einen Balanceakt handelt (nämlich zugleich auch durch geeignete Interventionen Grenzen zu betonen), haben v.a. die Erfahrungen in der aufsuchenden Arbeit mit rechten Jugendcliquen deutlich werden lassen (vgl. Schneider 1994, Klare/Sturm 2011, Bormann 2006/2016; → 5.3): Manches im Verhalten der Jugendlichen kann ihren Maßstäben grundlegend widersprechen (z.B. Sexismus, Drogenkonsum, geschlechtsspezifische Überheblichkeit, Nazisymbole, Gewaltverherrlichung). Immer wieder stellt sich daher die Frage, wo dabei die Grenze gesetzt werden soll, jenseits derer nicht mehr angehört, zugesehen und hingenommen werden kann: Grenzen müssen jeweils für die Clique soweit gezogen werden, wie dies eben möglich und für die Sozialen subjektiv noch erträglich ist. Sie dürfen nicht so eng gefasst sein, dass sie wesentliche Verhaltensweisen, Symbole oder Rituale der Cliquen ausgrenzen. Grenzziehungen dürfen i. d. R. nicht durch eine Clique hindurch verlaufen; wer zur Clique gehört, definieren die Jugendlichen allein, und Soziale haben sich für oder gegen die Arbeit mit einer Clique als Ganzes zu entscheiden.

Aufsuchende Arbeit folgt unausgesprochen den Prinzipien der TZI, die Gruppe sich selbst entwickeln zu lassen und sich als Soziale/r auf Anregungen zu beschränken, die dem Gruppenprozess in einer Balance zwischen den Einzelnen (Ich), der Gruppe (Wir), ihrem Thema (als Prozess der Abgrenzung und Annäherung zur Umwelt) und dem öffentlichen Raum (Globe) dienen.

Merke
Soziale müssen bereit sein, zuzuhören und situativ dann das Gespräch zu führen, wenn dies von der Clique gewünscht wird: einfach da zu sein, die Peergroup so zu akzeptieren, wie sie ist, ihr Gast zu sein, ohne die Erwartung zu haben, als professionelle/r Unterstützer/in gefordert zu werden und eigene Angebote machen zu müssen.

11.2 Begleiten

Seit den 1980er Jahren hat sich in Deutschland eine allmählich wachsende Selbsthilfebewegung jenseits institutionalisierter, professioneller Hilfe für neu bestimmte Anlässe und von Einzelnen erlebte Problemstellungen entwickelt. Selbsthilfegruppen (z. T. als Selbstorganisations-, Initiativ- oder Alternativgruppen/-projekte bezeichnet) stellen Engagement dar, das (organisatorisch selbstbestimmt/-verwaltet, d. h. ohne professionelle Leitung) bestehende Angebote ergänzt. Selbsthilfe steht damit „für unterschiedliche sozialpolitische Strömungen, Bewegungen (und Gegenbewegungen), für Forderungen von Jugendlichen und Erwachsenen für neue, eigene, den Menschen nahe Gestaltungs- und Selbstbestimmungsmöglichkeiten, gegen überkommene, einschränkende, unterdrückende, unzulängliche (öffentliche) Angebotsstrukturen" (Mielenz 2017: 803 f.). Sie stellt die persönliche Betroffenheit und individuelle Themen in den Mittelpunkt (z. B. spezifische Erkrankungsformen, Co-Abhängigkeit bei Suchterkrankung). Sie zeichnet die ressourcenorientierte Überzeugung aus, dass Menschen die Kraft der Gemeinschaft Gleichbetroffener (der Peer) zur Bewältigung ihrer Probleme nutzen können (siehe Textbox „Männergruppe").

Männergruppe

Aus dem Pressetext der Männergruppe Trier: „Noch immer ist die Hemmschwelle für Männer, sich bei Problemen Hilfe zu holen, sehr hoch. Es scheint einerseits ein Eingeständnis von Schwäche zu sein. Andererseits gibt es auch wenig Hilfsangebote, die sich speziell männlichen Problemen bzw. männlicher Beratung widmen. Denn es bestehen hier schon Unterschiede unter den Geschlechtern. Für Männer sind bei einem Beratungsgespräch andere Dinge wichtig als für Frauen. Auch legen Männer andere Wertmaßstäbe an das Leben als Frauen.

Deshalb kann es für Männer eine große Hilfe sein, Selbsterfahrung ausschließlich unter Geschlechtsgenossen zu machen. Was zunächst ungewöhnlich klingt, erweist sich oft als positive und angenehme Erfahrung. (...) Hierzu sind Männer eingeladen, die sich einmal offen mit anderen Männern austauschen wollen, gleichgültig ob sie nun Probleme haben oder nicht. Es gibt keine thematische Festlegung, es kann über alles gesprochen werden“ (Graf 2001: 87 f.).

Auch die Mitglieder der Selbsthilfe-Peer bestimmen als Gleichbetroffene gleichberechtigt und gemeinsam die Gruppenarbeit. Wie die Peer junger Menschen eröffnet die Gruppe in schwierigen Phasen der Lebensbewältigung neue Beziehungen und Bindungen, und sie vermittelt die Erfahrung, mit den eigenen Schwierigkeiten nicht allein zu sein. Im Schutz der Vertraulichkeit können neue Gesichtspunkte wahrgenommen werden, und die Darstellungen der anderen können im Vergleich die Selbstwahrnehmung und -reflexion stärken; in der Peer wird so verständlich, wie andere die Schwierigkeiten bewältigen (vgl. Grawe 2009: 175, Northoff 2012: 135 f.). *Daniela* berichtet z. B. von einer Narkotika-Anonymus-Gruppe, in der sich abstinent lebende Süchtige zusammenfinden, um ein weltweit von Selbsthilfegruppen genutztes Programm verfolgen: „Es gibt eine Struktur, es gibt eine konkrete Aufgabe und das Ziel ist natürlich, von der Sucht freizukommen“. Das ist das klare Ziel, das die Gruppe verbindet, „es wird thematisiert und reflektiert, und das Wichtigste in den Selbsthilfegruppen ist auch der Aspekt: Ich merke, dass ich nicht alleine bin, ich muss nicht alles alleine durchstehen, ich kann von den Erfahrungen der anderen profitieren, ich kriege Tipps und Unterstützung, und das wöchentlich, und wenn ich will, vielleicht sogar noch mehr, denn die stehen ja noch im Kontakt.“

Der Selbsthilfe stellen sich die für den ehrenamtlichen oder freiwilligen Einsatz insgesamt typischen Schwierigkeiten (so gelten z. B. viele Engagierte als überlastet und erschöpft). Die auch deshalb vor Ort in Selbsthilfekontaktstellen tätigen Sozialen haben deshalb die Aufgabe, dabei zu helfen, die Arbeitsweise der Gruppe zu verbessern, indem sie z. B. eine Orientierungsfunktion im System auch der sozialen Dienstleistungsangebote wahrnehmen. Sie beraten deshalb auch weniger zum Thema der Gruppe, sondern sie verstehen sich eher als Unterstützer*innen für die Gründung und Stabilisierung von Gruppen (vgl. Grawe 2009: 183 ff.). In der Gründungsphase einer Selbsthilfegruppe bieten sie z. T. eine *Anleitung* an, die u. a. über Gruppendynamik und -erfahrungen informiert oder Gesprächshilfen gibt. Von der Nationalen Kontakt- und Informationsstelle zur Anregung und Unterstützung von Selbsthilfegruppen (NAKOS 2006: 63–72) wird freilich empfohlen, diese Begleitung auf maximal zehn (Gruppen-)Beratungen zu begrenzen, denn die Erfahrung habe gezeigt, je länger die Anleitungsphase dauere, desto schwieriger werde die „Abnabelung der Gruppe".

Mit der Zeit entwickeln Selbsthilfegruppen das Bedürfnis, (extern begleitet) die Erfahrungen mit der Gruppenarbeit auszutauschen und den Gruppenprozess unabhängig von den Gruppentreffen zu reflektieren, was oft mit dem Eindruck verbunden ist, dass die Gruppenarbeit stagniert und Gruppenprobleme nicht aus eigener Kraft gelöst werden können. Diese externe *supervisorische Begleitung* ist (im Gegensatz zur Beratung bei der Gründung einer Selbsthilfegruppe) auf einen längeren Zeitraum ausgerichtet, um den gemeinsamen Austausch zu ermöglichen (der in der Gruppe nicht mehr oder nur erschwert möglich zu sein scheint). Die Begleitung durch Soziale schafft u. a. Gelegenheiten, im Gruppengespräch die Gruppenregeln zu thematisieren (z. B. zu klären, welche Bedeutung Zuverlässigkeit, Pünktlichkeit, das Nacheinander-Reden, das Sprechen in der Ich-Form haben); sie können Rollenspiele anleiten (z. B. um Konflikte in der Gruppe zu verdeutlichen) oder Übungen (z. B. zum aktiven Zuhören, Einübung von Anfangs- und Schluss-Blitzlichtern) anregen (vgl. ebd.: 66 f.).

Das zeigt auch das Beispiel, das *Daniela* nennt: „Wenn sich eine Gruppe neu findet, ist ein ganz wichtiger Bestandteil, dass wir sie ein Stück begleiten, wenn sie das wollen", um z. B. das gegenseitige Kennenlernen zu moderieren: „Ganz in Ruhe darf jeder erst mal sagen, warum er hier ist und mit welchen Vorstellungen. Dann kann sich Vertrauen entwickeln. Sie überlegen, was sie wollen und wie sie es wollen. Regelwerk und Struktur können sich entwickeln. Und das darf in unterschiedlichem Tempo passieren. Manche brauchen nicht so viel Zeit, manche brauchen halt ein bisschen mehr." Sie hält es für wichtig, den Akteuren dazu zu raten, sich nicht gleich vollständig zu zeigen, sondern sich Zeit zu nehmen, sich miteinander vertraut zu machen. Es sollte eine Initiations-, Anfangs- und Motivationsphase der Gruppe gegeben sein, die sie gut begleiten muss.

Bei Gruppen, die schon länger zusammenarbeiten, ist es immer wieder wichtig, Anhaltspunkte zu geben, wie neue Mitglieder in die Gruppe aufgenommen und integriert werden können, „denn das fühlt sich erst mal an, wie eine Burg. Und das auch immer wieder zu reflektieren: *Wie ist denn das, wenn ich neu in eine Gruppe komme? Könnt ihr Euch noch daran erinnern, als ihr neu in die Gruppe gekommen seid, wie war das denn für Euch? Und wollt ihr, dass das für die anderen auch so stattfinden soll?* Das ist auch Gruppenreflexion", eine Aufgabe, die Sozialen in der Selbsthilfe-Peer auch an anderer Stelle zukommt, wie ein weiteres Beispiel zeigt: *Daniela* spricht, wie auch *Emil*, die Rituale an, die sich die Gruppe gibt, wie sie z. B. mit der abendlichen Gruppenarbeit beginnt. Sie hatte einmal mit einer Gruppe zu tun, in der es Beschwerden gab, dass am Anfang nur „gelabert" wurde: „Und dann haben wir gemeinsam geguckt, was wäre ein gutes Ankommen miteinander. Die wollten sich (um) 18 Uhr treffen, manche kommen von der Arbeit angeschossen. Dann sofort umschalten zur Selbsthilfegruppe, (das) ist echt schwierig." Die Gruppe hat sich auf ein gemeinsames Abendbrot verständigt, denn „da konnte halt jeder so dazukommen, wie es ihm gepasst hat, und nach einer halben Stunde war klar: *Jetzt können wir mit der Gruppenarbeit beginnen.*"

Merke
Auch die Soziale Gruppenarbeit in und mit Selbsthilfegruppen ist durch den für die aufsuchende Arbeit methodisch entwickelten Gaststatus mit der ihn prägenden Zurückhaltung gekennzeichnet: Die Gruppe wird begleitet und Soziale nehmen sich zurück, um ihre Dynamik und Entwicklung nicht fremdzubestimmen.

11.3 Coachen

Eine Funktion als *Coach* kommt Sozialen in der Zusammenarbeit mit ehrenamtlich tätigen Engagementgruppen zu, wie sie sich in Vereinen und Verbänden finden, z. B. in der Jugendverbandsarbeit mit den dort typischen Elementen: die (regelmäßige) Gruppenarbeit (z. B. das wöchentliche Treffen einer Jugendfeuerwehrgruppe), das Projekt (z. B. ein Tanztheaterstück der Evangelischen Jugend, das mit einer öffentlichen Performance abschließt) und freie Angebote (z. B. ein Volleyball-Workshop der Sportjugend in den Sommerferien) sowie Freizeitfahrten (z. B. die Reise einer katholischen Jugendgruppe nach Rom) und internationale Begegnungen (z. B. die Reise einer „Falken"-Gruppe in die örtliche Partnerstadt).

Dabei ist (im Unterschied zu Selbsthilfegruppen) die ausschließliche Selbsttätigkeit/-verantwortung der Gruppe nicht zwingend, sondern die Gruppenarbeit kann durch Soziale angeleitet und begleitet werden (wobei diese Unterstützung durch berufliche tätige Soziale eher selten ist): *Joe* z. B. berichtet über den ehrenamtlichen Vorstand seines Jugendverbandes; er weiß aus langjähriger Erfahrung, dass nicht erfolgreich zusammengearbeitet werden kann, wenn es in der Vorstands-Peer (noch) an Vertrauen untereinander fehlt. Deswegen setzt sich die Vorstand-Peer nach ihrer Wahl an einem Wochenende zusammen, wobei mit einer gruppendynamischen Aktion begonnen wird und erst anschließend die inhaltliche Arbeit (z. B. über die gemeinsamen Ziele für die Amtsdauer des Vorstandes) geleistet wird. So hat sich eine Vorstandsgruppe in einen Escape-Room einschließen lassen, wo sie 90 Minuten Zeit hatte, sich daraus zu befreien, wobei die Gruppe und die Einzelnen sich mit ihren Stärken kennenlernen können. Durch die Dynamik der Gruppe entsteht ein Gefühl der Gemeinsamkeit, der Zusammenhalt wird gestärkt und das Selbstwertgefühl aufgebaut. Das ist für die gemeinsame Arbeit der nächsten beiden Jahre „sehr positiv, sehr begünstigend, und (es) hat bis jetzt immer weitergeholfen, für die Zusammenarbeit." Die zunächst noch in der Gruppe verborgenen Ressourcen (der Einzelnen und der Gruppe) werden sichtbar und künftig für die Gruppe verfügbar. Dies zu reflektieren und dafür zu sorgen, dieses Gefühl der Zusammengehörigkeit und gemeinsamen Stärke zu bewahren, wird die Aufgabe von *Joe* als *Coach* sein. Er hat darauf zu achten, dass die Basis für eine im Sinne der gemeinsamen Ziele gelingende Kooperation erhalten bleibt. Der Einbau gruppenstärkender erlebnisorientierter Elemente in die Vorstandsarbeit (etwa durch einen Besuch im Hochseilgarten) belebt die Erfahrung gemeinsamer Stärke.

Auch die Schilderung von *Alfons* illustriert diese Handlungsweise. Er führt u. a. Konfirmand*innen-Freizeiten (in der Großgruppe mit bis zu 170 Jugendlichen) durch, bei denen etwa 35 bis 40 ehrenamtliche Teamer*innen beteiligt sind, die – als Leitungs-Peer – vorher in Zusammenarbeit mit ihm ein inhaltliches Konzept für diese Freizeit erarbeitet haben, für dessen Umsetzung sie dann auch verantwortlich sind. *Alfons* hält sich aus der inhaltlichen Arbeit vollständig heraus. Er nimmt nur infrastrukturelle Aufgaben wahr, z. B. die Einteilung in Kleingruppen, oder macht Ansagen in der Großgruppe. Ansonsten beobachtet er die Gruppe, analysiert das Verhalten der Akteure untereinander, nimmt wahr, wie es Einzelnen geht, um mit ihnen ins Gespräch zu kommen. Die Leitungs-Peer soll sicher sein, dass sie für die Realisierung des Programms allein verantwortlich ist und auch mit auftretenden Schwierigkeiten alleine fertig werden muss. Nur in wirklichen Notfällen soll sie auf *Alfons* zugehen (können).

Dies setzt sich auch bei den Projekten, Sommerferien-Freizeiten und der Ausbildung von Jugendleiter*innen fort, die er nicht mehr, wie früher noch, leitet, sondern sie werden auch hier immer durch junge Erwachsene oder ältere Jugendliche geleitet. Er lernt junge Menschen ab 14 Jahren im Rahmen seiner Arbeit kennen, begleitet sie vier bis sechs Jahre, in denen die Jüngeren die unterschiedlichen Persönlichkeiten der älteren Leiter*innen (und auch ihn selbst) kennenlernen und erfahren, wie sie mit den verschiedenen Leitungsfunktionen umgehen. Einerseits findet ein Lernprozess in der Peer (Peer-Learning) statt (vgl. Nörber 2003), andererseits ein angeleiteter Lernprozess mit ihm als Coach: *Alfons* betont, wie wichtig es ist, dass sich in dieser Zeit gegenseitiges Vertrauen aufbaut, denn „sonst könnte ich sie ja gar nicht für zwei Wochen mit 50 Jugendlichen ins Ausland schicken und sagen: *Ich vertraue Dir so stark, dass Du alleine eine Freizeit im Ausland machen kannst.*“ Wenn er mit ihnen über einen längeren Zeitraum arbeitet, dann lernt er die Stärken und Schwächen der Ehrenamtlichen kennen. Wenn es darum geht, für eine Freizeit Ziele zu formulieren, dann geht es auch darum zu klären, wie diese Kompetenzen erweitert werden können, die die Ehrenamtlichen brauchen, woran Sie Interesse und wozu sie Lust haben, an sich zu arbeiten und für sich etwas zu tun. Es ist seine Aufgabe, diese Gelegenheiten zu schaffen und zu begleiten, z. B. die einzelnen Schritte gemeinsam zu reflektieren, zu klären: „Was braucht die Person? Vorbereitungsseminare? Wie sieht das mit dem Team aus? Dann wird gemeinsam beraten, welche Kompetenzen in diesem Team noch fehlen. Natürlich brauchen Leute im Alter von 20 oder 21 auch einen emotionalen Bezug zu Menschen, wenn sie mit diesen ins Ausland gehen. Sie müssen sich dabei sicher fühlen.“

Zu den Kompetenzen gehört auch, die Kalkulation zu machen, das „mache ich nicht alleine. Kalkulation mache ich mit der Leitung zusammen. Wir setzen uns hin und kalkulieren die Freizeit zusammen: *Wieviel Geld hast Du da und dafür?* Das was passiert, muss transparent sein. Man kann nicht nur sagen: *Du machst das jetzt, das und das ist dein Rahmen, auf geht's!* Sie werden von der Pike auf begleitet, um dann selbst hinterher zu wissen, das und das Geld habe ich zur Verfügung. Was muss ich tun, damit ich dieses oder jenes erreiche.“ Gleiches gilt für die Werbestrategie: „Das bespreche ich alles, das klingt nach sehr viel, ist es auch.“ Zu seinen Aufgaben gehört auch, die z. B. während einer Wochenendfreizeit gesammelten Eindrücke, Erlebnisse und Erfahrungen mit den Ehrenamtlichen zu reflektieren, „zu gucken tatsächlich: *Das waren Deine Zielformulierungen für das Wochenende, Du hast die eine oder andere Methode angewandt, das sind anscheinend die Ergebnisse dessen,* und dann bewerten wir das“. Zu reflektieren ist, warum bestimmte Prozesse geschehen sind (oder warum auch nicht). Hier zeigten sich oft blinde Flecken, warum z. B. ein Jugendlicher die eigenen Anteile an einem Konflikt mit einem anderen Jugendlichen nicht sieht. Er merkt dann, „wo auch noch Schwachstellen (sind), so würde ich es vielleicht bezeichnen, oder wo noch Handlungsbedarf ist, noch ein bisschen an sich zu arbeiten.“

Alfons steht während der Freizeit „jederzeit für Beratung zur Verfügung. Sie können mich bei einem Problem anrufen, wann sie wollen“. Dabei unterscheidet er nicht zwischen einer Konfirmand*innen-Freizeit (bei der er vor Ort anwesend ist) oder einer Ferienfreizeit, die an einem entfernten Ort stattfindet und nur eine telefonische Kontaktaufnahme erlaubt: „Sie rufen immer nur zwischen zwölf und drei nachts an. Dann frage ich immer nur: *Was würdest Du denn tun?* (Antwort:) *Ja, das und das und das.* – (Alfons:) *Dann mache es!* Damit ist meine Beratungstätigkeit in vielen Fällen eigentlich schon beendet.“

Seine Aufgabe sieht er in der telefonischen Beratung darin, die Situation und das berichtete Verhalten zu erfassen und nach den persönlichen Anteilen der Ehrenamtlichen zu fragen, um die vielleicht vorhandene Gefangen- oder Blindheit in der Situation zu erschließen, denn „das kennen wir ja alle, auch als Erwachsene: in dem Moment, in dem ich für etwas brenne, werde ich auch blinder. Dann braucht es auch manchmal einen Impuls von außen". Oder es geht darum, die erlebte Dramatik aus der Situation herauszunehmen und zu raten, eine Nacht vergehen zu lassen, denn es zeigt sich, dass sich danach eine als kritisch erlebte Situation entspannter darstellt.

Merke
Von wachsender Bedeutung ist, dass vor allem selbstorganisierte Gruppen durch Soziale gecoacht werden, indem ihr Gruppenprozess von außen betrachtet und von außen Anregungen zur Weiterentwicklung gegeben werden.

11.4 Sich entwickeln lassen

Erziehungshilfe in Form der Vollzeitpflege stellt (gem. § 33 KJHG) die Erziehung in einer anderen Familie dar. Sie erstreckt sich auf die Versorgung und Erziehung von Kindern und Jugendlichen, deren Eltern über einen längeren Zeitraum oder dauerhaft die Erziehung und Versorgung ihrer Kinder nicht gewährleisten können. Die Pflegeeltern haben die anspruchsvolle Aufgabe, den ihnen anvertrauten Kindern für einen begrenzten Zeitraum oder auf Dauer ein liebevolles Zuhause zu bieten und gleichermaßen die in der Vergangenheit erlittenen Mangelsituationen, Belastungen oder Traumata der Kinder überwinden zu helfen. Zudem müssen sie auch den Wünschen der Herkunftseltern nach Kontakt, unter Umständen auch nach Rückkehr der Kinder, gerecht werden.

Pflegeeltern haben im Pflegekinderdienst des örtlichen Jugendamtes feste Ansprechpartner*innen. Durch eine Grundqualifikation sollen sie umfassend auf ihre Rolle als Pflegeeltern vorbereitet werden. Während des Pflegeverhältnisses können sie Beratung, Fortbildungsangebote und Supervision in Anspruch nehmen. Zur Unterstützung des Jugendamtes können auch Gesprächskreise für Pflegeeltern gehören (vgl. insg. Lenz 2011).

Lydia organisiert im Zuständigkeitsbereich ihres Jugendamtes mehrere (regional verteilte) „Stammtische" für Pflegeeltern, die etwa alle vier bis fünf Wochen stattfinden und zu denen die Pflegeeltern im Einzugsbereich eingeladen sind. Etwa ein Drittel nimmt mehr oder weniger regelmäßig teil. Es gibt aber auch Abende, an denen nur zwei oder drei Pflegeeltern zum „Stammtisch" kommen. Es geht ihr darum, den Pflegeeltern für den Austausch Raum zu geben, wobei sie ihre Themen im (Erfahrungs-)Austausch (aktuelle Schwierigkeiten, Fragen zur Unterstützung, Ratschlag über konkretes erzieherisches Vorgehen u. ä.) selbst bestimmen.

Bei geschilderten Schwierigkeiten regt *Lydia* die anderen Akteure an, positive Sichtweisen und Erfahrungen einzubringen. Auf Provokationen (z. B. wiederholte Klagen über unzureichende Unterstützung durch das Jugendamt) geht sie kurz, aber bestimmt, ein, die etwas Stilleren, zurückhaltend agierenden Pflegeeltern motiviert sie, sich einzubringen. Ansonsten lässt sie das Gespräch laufen und findet es in Ordnung, wenn sich die Gruppe vorübergehend situativ in kleinere Murmelgruppen auflöst, um zu zweit oder zu dritt ein Thema zu besprechen.

Die Pflegeeltern, so ihre Beobachtung, erlangen mit der Zeit (die Stammtische werden seit drei Jahren angeboten) eine beachtliche Kompetenz, das Gespräch selbst zu strukturieren, an Themen und Erfahrungen aus früheren „Stammtischen" anzuknüpfen und diese erneut lösungsorientiert in den Austausch einzubringen.

Merke
Zeigen sich von Sozialen initiierte Gruppen kompetent, ihr Gespräch und ihre (Zusammen-)Arbeit selbst zu strukturieren, dann ziehen sich Soziale aus der Interaktion mit ihnen schrittweise zurück.

11.5 Zum Abschluss des Kapitels

Die Zusammenarbeit mit Selbsthilfegruppen wird immer wichtiger: Der NAKOS-Leitfaden „Selbsthilfe unterstützen. Fachliche Grundlagen für die Arbeit in Selbsthilfekontaktstellen und anderen Unterstützungseinrichtungen" führt in die Zusammenarbeit ein (und kann unter https://www.dag-shg.de/service/publikationen/var@nakos/key@100 [8. Nov. 2021] kostenlos heruntergeladen werden). NAKOS hat dazu ein Web-Portal gestartet um die Selbsthilfe auch online zu unterstützen: https://www.nakos.de/aktuelles/nachrichten/key@8141 (8. Nov. 2021).

Aufgaben

- Kann es den Gast-Status der aufsuchenden Arbeit auch in einer Engagementgruppe geben?
- Worin sehen Sie den Unterschied zwischen Coachen und dem Sich-entwickeln-Lassen in der Pflegeelterngruppe?

Kapitel 12
Aneignungsorientierte Soziale Gruppenarbeit

Für Formen der aneignungsorientierten Sozialen Gruppenarbeit ist der Zusammenhang von Ich-Identität und sozialem Lernen von besonderer Bedeutung:

- Subjekte sammeln (alltägliche) Erfahrungen, setzen sich emotional mit der eigenen Entwicklung auseinander und sind in der Lage, die eigene Persönlichkeit mithilfe entsprechender Charakterisierungen zu beschreiben, die eigene Stärken, Ressourcen, aber auch Schwächen ausdrücken. Dieser Prozess der Selbstverortung ist zugleich auch immer mit der Bemühung verbunden, die verschiedenen sozialen (Rollen-)Erwartungen so zu erfüllen, dass sich im Rahmen der persönlichen Lebensgeschichte *(Lebenslauf)* eine zusammenhängende, stabile *Ich-Identität* herausbildet, die sich seiner Einzigartigkeit ebenso bewusst ist und auch spürt, das eigene Leben gestalten zu können (selbstwirksam zu sein), wie es seinen Platz in der sozialen Umwelt zu bestimmen versteht (vgl. Tenorth/Tippelt 2007: 331, Dörpinghaus/Poenitsch/Wigger 2006: 140 f.).
- Soziales Lernen in der Gruppe kann diesen Prozess der Herausbildung einer Ich-Identität unterstützen. Allerdings (und damit anders als bei den prozess- und peerorientierten Formen) geschieht dies im Rahmen aneignungsorientierter Sozialer Gruppenarbeit vor dem Hintergrund von Prozessen sozialer Benachteiligung, wenn die Entwicklung der Ich-Identität in Frage gestellt wird: Gearbeitet wird dann insb. mit jungen Menschen, die Schwierigkeiten haben, den gesellschaftlichen Erwartungen an eine geregelte Berufstätigkeit zu entsprechen, sich eine berufliche Perspektive zu erarbeiten und ein eigenständiges, selbstbestimmtes Leben zu führen, das durch die Nutzung sozialer Handlungskompetenzen (z. B. Kooperation, konstruktives Konfliktverhalten) gekennzeichnet ist.

Misserfolge in der Orientierung auf die spätere Berufstätigkeit (die sich z. B. in misslingenden Schulbiografien mit Phasen der Schulverweigerung zeigen) oder im Beruf (wie dies v. a. in der Jugendsozialarbeit erlebt wird) können dazu führen, dass junge Menschen an den eigenen Fähigkeiten zweifeln und den Eindruck haben, das eigene Leben nicht gestalten und die persönliche Entwicklung nicht mehr beeinflussen zu können. Sinkendes Selbstvertrauen, eine negative Grundstimmung, Mutlosigkeit und das Gefühl, äußeren Umständen ausgeliefert zu sein, sind dann mögliche Folgen. Möglich ist auch, den Misserfolg umzudeuten und unrealistische Vorstellungen über die eigenen Kompetenzen und die Gestaltbarkeit des Lebens zu entwickeln, die sich unter den gegebenen Verhältnissen und Ressourcen nicht verwirklichen lassen.

In beiden Fällen wird es angesichts des Stellenwerts von Arbeit und Berufstätigkeit (→ 7) erforderlich, Unterstützung dabei zu geben, ein zielorientiertes, kompetentes Verhalten zu entwickeln, bei dem sich das Subjekt als *selbstwirksam* erleben kann, d. h. die Überzeugung gewonnen wird, Aufgaben und Schwierigkeiten aufgrund eigener Fähigkeiten und Ressourcen erfolgreich bewältigen zu können (vgl. Bandura 1979, 1986, Petermann/Petermann 1995). *Soziale Trainings* sollen helfen, dass sich die Subjekte als selbstwirksam erfahren.

Dabei wird die Motivation des Subjekts, etwas zu tun, z. B. im Sozialen Training an den eigenen Kompetenzen zu arbeiten, durch die Kompetenzerwartung (d. h. über die nötigen Fähigkeiten zu verfügen, etwas erfolgreich tun zu können) und die Ergebniserwartung (d. h. die innere Überzeugung, etwas erfolgreich tun zu können) kognitiv und emotional beeinflusst, was i. d. R. auch durch die eigene Peer begünstigt oder abgeschwächt werden kann. Solche kognitiven, sozialen und emotionalen Prozesse müssen im sozialen Training berücksichtigt werden. Ausgangspunkt ist ein wahrgenommener Entwicklungsbedarf. Kompetenzen sind zu ergänzen oder zu vervollkommnen. Es geht deshalb auch darum, dass sich Subjekte im Training Fertigkeiten aneignen, die z. B. die Selbstwahrnehmung verbessern, Selbstkontrolle und Ausdauer erhöhen, die Empathie schärfen oder dem Umgang mit Kritik und Misserfolg, Lob und Anerkennung dienen (vgl. von Wolffersdorff 2002: 33 f., Jugert u. a. 2013: 42).

Implizit schließen Konzepte sozialer Trainings damit z. B. an die Lernkonzeption der TZI an, v. a. die Persönlichkeitsentwicklung der Gruppenmitglieder zu fördern (vgl. Stollberg 2009: 148).

Beispielhaft hierfür sind die Schlüsselprozesse *Aneignung ermöglichen* (z. B. in der Jugendsozialarbeit), *Moderieren* (im Programm „Positive Peer Culture“), *Feedback ermöglichen* (im Programm „Fit for Life“), *Offenheit sichern* (im [sexualpädagogischen] Kurzzeitsetting) und *Sensibilisieren* (durch Theaterarbeit):

12.1 Aneignung ermöglichen

Als Jugendsozialarbeit (verkürzt auch: Jugendberufshilfe) werden gem. § 13 KJHG die Maßnahmen und Angebote der Kinder- und Jugendhilfe verstanden, die sich vorrangig an sog. sozial bzw. individuell benachteiligte Jugendliche und junge Erwachsene richten und deren beruflicher wie sozialer Integration dienen. Als sozial benachteiligend gelten solche Bedingungen, die die Chancen auf gleichberechtigte Teilhabe an der Gesellschaft beschränken, z. B. Armut, ein unzureichender Schulabschluss, Schwierigkeiten, eine Ausbildung zu beginnen. Angebote der Jugendsozialarbeit richten sich daher v. a. an junge Menschen, die im Übergang von der Schule in Ausbildung und Beruf hinsichtlich der Entwicklung sozialer Fähigkeiten und Fertigkeiten (z. B. im Umgang mit Konflikten, motiviertes Arbeiten und Lernen, Konzentration und Ausdauer und ein angemessenes Kommunikationsverhalten) noch Entwicklungsbedarf haben (vgl. Galuske 2004: 235, Jugert u. a. 2013: 48). Dazu dienen v. a. soziale Trainings, die i. d. R. von Formen erfahrungsorientierten Lernens bestimmt werden (vgl. insg. Christe 2008, vgl. Steimle 2015, Fülbier 2017, Enggruber 2018, van Rießen 2018). Dabei sind vier Grundorientierungen kennzeichnend:

1. Programme der Jugendsozialarbeit stellen Situationen mit einem klaren Realitätsbezug (Ernstcharakter) her, d. h., es geht immer auch um realistische Absprachen und Verbindlichkeit in den gegenseitigen Erwartungen, die (z. B. in einer Jugendwerkstatt) beachtet werden müssen. Die Akteure wollen sich mit Inhalten auseinandersetzen, haben aber oft das Lernen verlernt oder sich nur unzureichend aneignen können.
2. Immer geht es darum, die Ressourcen und Stärken der Akteure zu sehen und ihre Netzwerke (z. B. in der eigenen Peergroup) zu berücksichtigen, die gezielt für ihre Unterstützung eingesetzt werden können.
3. Sozialkompetenztrainings sollen Selbstwirksamkeitserfahrungen unterstützen.
4. Es geht auch um die Einübung von Toleranz, d. h. die Anerkennung und den Respekt des Fremden, Andersartigen und -denkenden oder der Außenseiter*innen, also die Fähigkeit, sich auch auf Neues einzulassen und zugleich, (z. B. in der eigenen Peer) eigene Überzeugungen zu entwickeln und an ihnen (trotz Gruppendrucks) festzuhalten. Im Training müssen deshalb Soziale auch berücksichtigen, dass sie den Akteuren diese Grundeinstellung selbst vorleben und den in den Überzeugungen der jungen Menschen zum Ausdruck kommenden Eigen-Sinn respektieren können (vgl. von Wolffersdorff 2002: 28–34).

Sozialkompetenztrainings folgen diesen Grundorientierungen. Sie ermöglichen es, die Selbstwahrnehmung durch Rückmeldung der anderen zu erweitern, neue situationsangemessene Verhaltensweisen auszuprobieren und die dabei gewonnenen Erkenntnisse in Übungssituationen spielerisch zu vertiefen, wie zwei Beispiele verdeutlichen: die *Schulsozialarbeit* und die *Jugendwerkstatt*.

Schulsozialarbeit

Schulsozialarbeit (bzw. auch Jugendsozialarbeit an Schulen) stellt ein niederschwelliges Angebot der Kinder- und Jugendhilfe am Ort Schule dar, das eine ganzheitliche, lebensweltbezogene und lebenslagenorientierte Förderung und Hilfe für Schüler*innen umfasst (vgl. Speck 2008, Rademacker 2011). Sie wendet sich dabei v. a. an Schüler*innen, deren soziale und berufliche Integration gefährdet ist, weil sie den Schulbesuch verweigern, im Unterricht (so die Meldungen von Lehrer*innen) durch ihr Verhalten (störend) „auffallen" oder Probleme haben, eine Ausbildungs- oder Arbeitsstelle zu finden. Ihre Selbsteinschätzung kann z. B. durch geringes Selbstwertgefühl oder Versagensangst gekennzeichnet sein.

Themen Sozialer Gruppenarbeit in der Schulsozialarbeit sind (neben Sozialkompetenztrainings und Berufsorientierung, die i. d. R. in schulische Projektwochen eingebunden sind) u. a. Konzentrations- oder Coolnesstrainings, sexualpädagogische Einheiten (→ 12.4) oder gruppenbezogene Projektarbeit (etwa eine Schulband [vgl. Mayr 2017: 216 f.]).

Daneben dienen Maßnahmen der Sozialen Gruppenarbeit auch der Übertragung von Verantwortung für das Schulleben an Schüler*innen, z. B. die Einführung und Begleitung von Klassenräten oder die Ausbildung und Begleitung von Streitschlichter*innen (vgl. Stüwe/Ermel/Haupt 2015: 298 f.). Zu *Streitschlichter*innen* ausgebildete Schüler*innen sollen in eigener Regie und Verantwortung die Schlichtung bei Konflikten unter jüngeren Mitschüler*innen durchführen. Als unparteiische Dritte sollen sie gemeinsam mit den Streitenden eine einvernehmliche Lösung ohne Verlierer*innen finden. Die Tätigkeit von Streitschlichter*innen unterstützt (neben dem Einüben eines konstruktiven Umgangs mit Konflikten) die Ausbildung weiterer Sozialkompetenzen (v. a. Team- und Kooperationsfähigkeit, Empathie). Die Akteure lernen, eigene Wünsche und Interessen angemessen zum Ausdruck zu bringen (vgl. Schubarth 2010, Engert 2011).

Aufgabe der Sozialen ist dabei auch, in der Gruppe der Streitschlichter*innen (i. d. R. als schulischer AG organisiert) die Reflexion über die Schlichtungstätigkeit zu ermöglichen, also Raum zu geben, die Erfahrungen (z. B. Anfeindungen über als ungerecht erlebte Schlichtungen) auszusprechen und in Situationen emotionaler Belastung so zu beraten, dass künftige Schlichtungsprozesse nicht beeinträchtigt werden und die Motivation zur weiteren Tätigkeit als Schlichter*innen aufrechterhalten bleibt.

Im *Coolnesstraining* (das als Projektwoche und als mehrmonatiges Training durchgeführt werden kann) geht es v. a. darum, eigene und fremde aggressive Gefühle und damit verbundene körperliche Empfindungen wahrzunehmen und (z. B. im Blick auf eigene Bedürfnisse) verstehen zu können, um Provokationen und Aggressionen fördernden Stress in Realsituationen auszuhalten und ein kontrolliertes Verhalten in solchen und anderen Konfliktsituationen einzuüben. Die

Akteure sollen dabei in der Gruppe (z. B. durch Rollenspiele und Feedback) lernen, in einer Situation provokative Momente erkennen, deuten und friedfertige Formen der Einmischung einüben zu können, um Konflikte aktiv abzubauen. Die innere Struktur des Trainings ist meist gleich (vgl. Kilb/Weidner/Gall 2013): Dem warming up (z. B. einem Begrüßungsritual) folgen (kleinere) Kampf- und Bewegungsübungen, die Behandlung des Tagesthemas (z. B. die Befassung mit dem „Gewaltthermometer“ [Textbox]), ein Cool Down und eine Abschlussaktion.

Gewaltthermometer

Um ins Gespräch über unterschiedliche Formen von Gewalt zu kommen, bietet sich die Übung mit folgendem Ablauf in vier Schritten an (Dauer: ca. 45 Minuten):

1. Auf dem Boden werden in einigem Abstand zwei „Thermometerkarten“ (0 Grad = keine Gewalt bis 100 Grad = Gewalt) abgelegt (u. U. auch als Enden eines langen Seils). Die vorbereiteten Arbeitsblätter mit Beispielen, die Gewaltsituationen bzw. -handlungen schildern, werden an die Gruppe verteilt. Beispiele solcher Situationen und Handlungen sind: Ein Jugendlicher wird von einem anderen Jugendlichen bedroht. – Beim Fußballspiel wird ein gegnerischer Spieler schwer gefoult. – Ein Jugendlicher drückt sich Kippen auf dem Arm aus. – Auf dem Pausenhof wird eine Schülerin angerempelt. – Weil sie unruhig ist und den Unterricht stört, erhält eine Schülerin eine schlechte Note. – An einer Mauer werden unerlaubt Graffitis angebracht. – Ein Jugendlicher beschimpft ein Mädchen aus seiner Gruppe. – Ein Lehrer beachtet einen Schüler ständig nicht. – Ein Trainer bezeichnet eine Spielerin im Training als „dämlich“. – Während eines Fußballturniers wird eine Flasche auf das Spielfeld geworfen.
2. Die Akteure werden nun eingeladen, ohne weiteres Gespräch ihre Beispiele auf dem Gewaltthermometer zwischen 0 und 100 Grad zuzuordnen und abzulegen.
3. Liegen alle Karten, dann können sie von den anderen Akteuren (immer noch schweigend) ganz nach ihrer eigenen Einschätzung umgelegt wenden. Die Karten dürfen ruhig oft hin- und hergetragen wenden. Nach einiger Zeit wird die stumme Diskussion erlahmen.
4. Die Beispiele auf den Karten, die oft hin- und hergetragen wurden, werden nun Thema der Diskussion, die nicht unbedingt zu einer Einigung über die „richtige“ Position des Beispiels auf dem Gewaltthermometer führen. Wichtig ist vielmehr, zu erkennen und zu verstehen, dass Gewalt höchst unterschiedlich aufgefasst werden kann, und zu reflektieren, welche (persönlichen, fami-

liären, gesellschaftlichen u. a.) Gründe für diese Wahrnehmung gegeben sind (vgl. Stein 2002: 116 f.).

Jugendwerkstatt

In Stralsund z. B. betreibt der Jugendkunst e. V. eine Druckwerkstatt, die aus alten Buchdruckmaschinen, einem Siebdruckbereich, einem Steindruckbereich, modernen Maschinen (Risikograph, Digitaldrucker), Bleihand- und Maschinensatz (Linotype) sowie einer Buchbindewerkstatt besteht (vgl. Landkreis Vorpommern-Rügen 2018). Die Arbeit in dieser Jugendwerkstatt dient dazu, sowohl Kontakt mit den jungen Menschen aufzubauen (Beziehungen zu entwickeln) als auch Möglichkeiten zur direkten Berufsorientierung zu erschließen und die Chancen für ihre Einmündung in Ausbildung und Berufstätigkeit zu verbessern. Alle Bereiche der Werkstatt sind für das (kunst-)handwerkliche, technische und pädagogische Arbeiten offen. Dort wird ihnen unter Anleitung erprobt, Sicht- und Greifbares in einem schöpferischen Prozess zu erschaffen.

Damit folgt auch diese Werkstatt den in Jugendwerkstätten insgesamt entwickelten Vorstellungen, dass ein regelmäßiges und kontinuierliches Arbeiten mit Ernstcharakter (durch die Herstellung von Produkten oder Erbringung von Dienstleistungen) die Sozialkompetenz junger Menschen steigern und arbeitsfeldtypische Eigenschaften (z. B. ein pünktliches Erscheinen am Arbeitsplatz, die Einübung in ein kontinuierliches, konzentriertes Arbeiten und die Verbesserung der handwerklichen Geschicklichkeit) vermittelt werden können. Da die Jugendwerkstatt in den Produktionsprozess der „Spielkartenfabrik Stralsund" eingegliedert ist, werden die Produkte auch marktüblich verkauft.

Hinter der Herstellung der (kunst-)handwerklichen Produkte steckt ein jeweils von den jungen Menschen und Erwachsenen ausgearbeitetes Projekt. Die gemeinsame Diskussion über Kalkulation, Preise, Material- und Personaleinsatz, Verpackung und Werbung geht der Produktion in der Druckwerkstatt voraus. Der ressourcenschonende Einsatz der Materialien im Produktionsprozess wird beachtet und der Umgang mit den Maschinen erlernt, eingeübt und immer weiter verbessert. Die jungen Menschen können so Schritt für Schritt Zutrauen zu sich selbst und Vertrauen in ihre Fähigkeiten entwickeln und sich selbstwirksam erleben, weil z. B. das eigene Produkt gebraucht bzw. durch andere erworben wird.

Zentrales Element ist die Kooperation in der Werkstattgruppe, die in den Prozess einer arbeitsteiligen Produktion eingebunden ist. Erfahrungsgestützt kann gelernt werden, sich in die Gruppe zu integrieren, sich gegenseitig abzustimmen, gemeinsam etwas herzustellen und dabei Verlässlichkeit zu entwickeln, denn die anderen sind in der arbeitsteiligen Produktion auf die Teilprodukte angewiesen.

Merke
Soziale können (technische, künstlerische u. ä.) Gelegenheiten schaffen, damit die Akteure lernen, in praktischen Anwendungssituationen alternative Handlungsmöglichkeiten kennenzulernen, sich anzueignen und einzuüben.

12.2 Moderieren

In den 1980er Jahren entwickelten Vorrath und Brendtro (2007) das Arbeitskonzept *Positive Peer Culture/Counseling* (PPC) für die Arbeit mit delinquenten Jugendlichen, die in regelmäßigen Gruppentreffen lernen sollten, sich gegenseitig zu helfen, mit ihren Problemen umzugehen (vgl. Steinebach/Steinebach 2008, 2010). Das Konzept basiert auf der Überzeugung, dass junge Menschen Verantwortung für sich und andere übernehmen können (vgl. Mehringer 1998: 40 ff.), wobei die positive Wirkung sozialer Gemeinschaften im Mittelpunkt steht (bei PPC handelt es sich um ein Programm, das z. B. auch in der Schulsozialarbeit, der Jugendarbeit oder der Heimerziehung zum Einsatz kommen kann). Genutzt wird auch hier die Erkenntnis über die Relevanz der Peer. Die dort erfahrene Unterstützung ist wichtig für die Entwicklung pro-sozialen Verhaltens und freundschaftlicher Beziehungen mit Gleichaltrigen sowie für die Erzielung guter Leistungen in Schule, Ausbildung und Beruf. Die Peer fungiert als Übungsfeld, das dabei unterstützt, sich mit den eigenen Schwierigkeiten auseinanderzusetzen, die Hilfe Anderer einzufordern und selbst Unterstützer zu sein. Unter ähnlichen Lebensumständen erproben die Jugendlichen neue Handlungsoptionen und erhalten die Unterstützung und Hilfe der Gleichaltrigen (vgl. Opp 2006: 55, 62, Opp/Otto 2016: 195 ff.). Sie können damit Zutrauen in ihre eigenen Kompetenzen und Ressourcen erlangen, was *Handlungsmacht* verleiht.

Das Konzept der Positiven Peerkultur kennzeichnet vier Stufen, die der Stärkung von Bewältigungskompetenzen dienen sollen:

1. *Über eigene Probleme sprechen können:* PPC bietet einen geschützten Raum, in dem die Jugendlichen (ohne Bloßstellungen befürchten zu müssen) über ihre Probleme sprechen können, was zunächst Mut und Stärke erfordert.
2. *Nach Lösungen für diese Probleme suchen können:* Das Gruppengespräch über Alltagsprobleme schafft Solidarität unter den Peers, die ähnliche Situationen kennen und bei deren Klärung und der Entwicklung von Lösungsalternativen Expert*innen in eigener Sache sind.
3. *Verantwortung für die Umsetzung akzeptierter Problemlösungsvorschläge übernehmen können:* Es geht auch darum, Verantwortung für das eigene Verhalten

und für den produktiven Umgang mit den eigenen Problemen zu übernehmen, ohne dafür Dritte verantwortlich zu machen oder in die Pflicht nehmen zu wollen.
4. *Anderen bei der Lösung ihrer Probleme helfen können:* PPC beruht auf Gegenseitigkeit. Vertrauen, Hilfestellung und Solidarität gewährt sich die Peer gegenseitig, wobei gilt: „Ein Jugendlicher, der einem anderen Jugendlichen hilft, kann nicht ‚wertlos' sein" (Opp 2006: 65 ff., zit. S. 67).

Dabei ist für PPC kennzeichnend und entscheidend, dass nicht die Sozialen maßgebliche Helfer*innen sind (die als Moderator*innen das Gespräch nur *begleiten*), sondern die Peers untereinander: Sie bilden eine Helper/Helpee-Gruppe, die sich ständig verändert, weil die Rollen von Hilfe-/Ratsuchenden und Helferin/Ratgebern ständig wechseln. Für diesen permanenten Rollenwechsel sorgt auch der Ablauf des Gesprächs. Es geht immer darum, Informationen zu sammeln, Gefühle zu klären, Schwierigkeiten zu benennen, Ziele zu bestimmen, Lösungsalternativen zu erarbeiten, Folgen für jeden Vorschlag zu besprechen, Aktionspläne vorzustellen, Hilfestellungen einzubauen und einen Zeitplan zu entwickeln (vgl. Unger 2006: 172, 185). Struktur und Ablauf eines Gruppentreffens sind geregelt, der Ablauf in drei Phasen ist bekannt und in allen Gruppen gleich, was allen eine gute Orientierung ermöglicht:

(1) Beginn: Die Gruppentreffen (acht bis 15 Akteure) können auf freiwilliger Grundlage stattfinden oder auch Teil des verpflichtenden Programms einer Einrichtung (z. B. der Heimerziehung) sein. Die Treffen finden im Regelfall wöchentlich statt (u. U. mehrmals in der Woche oder im 14tägigen Turnus). In den Auftakt können Spiele, die den Zusammenhalt der Peers fördern oder ihnen als Begrüßungs- oder Abschiedsritual dienen, integriert werden. So können z. B. für Entspannung sorgende Elemente (z. B. Traumreisen) sinnvoll sein, wenn die Gruppe emotional stark gefordert war (oder sie nach einem anstrengenden Schultag zusammenkommt). Es geht immer darum, als Soziale/r für eine gemütliche und gelockerte Atmosphäre zu sorgen, die für die problemzentrierten und lösungsorientierten Gespräche erforderlich ist; jüngere Peers fordern z. B. kleine Spiele ein, sei es zum Auflockern zwischendurch oder auch als Ablenkung, wenn ihnen Themen persönlich zu nahe gehen (vgl. Steinebach u. a. 2018: 75, 92–104, Unger 2006: 175 f.).

(2) Themenwahl: Jedes Treffen beginnt inhaltlich damit, dass jede/r Jugendliche ein aktuelles Problem benennt, das ihn/sie gegenwärtig beschäftigt. Die Peer einigt sich dann anhand der Dringlichkeit der Probleme und der Motivation der Einzelnen einstimmig darauf, wessen Thema bearbeitet werden soll (vgl. Steinebach u.a. 2018: 74). Jedenfalls muss die Gruppe selbst ein Thema für wichtig genug halten, um es zu besprechen. Die Meinung der Sozialen ist dabei unwichtig. Durch ihre Moderation müssen sie aber vorbeugen, dass die Gesprächsrunde sich nicht zu einem Beschwerderaum entwickelt, in dem ein Gruppenmitglied angeprangert wird (vgl. Unger 2006: 189, Opp/Otto 2016: 199).

(3) Themenbearbeitung: Den zeitlich größten Anteil des Gesprächs macht die Arbeit der Gruppe an den Problemen und Verhaltenszielen des Jugendlichen aus, dessen Thema ausgewählt wurde. Er erhält ausreichend Zeit und Raum, seine Situation zu schildern und mit den anderen Peers in ein intensives Gespräch über ähnliche Situationen oder Gefühle einzusteigen. Themen sind dabei oft die Probleme mit der Autorität anderer, meist erwachsener Menschen (Elternhaus, Schule, Ausbildung, Polizei oder Jugendamt): „Jugendliche, die sozial benachteiligt aufgewachsen sind, sind leicht zu verärgern, zu beeinflussen oder zu frustrieren. Sie explodieren oft schon bei nichtigen Anlässen, schlagen zu, statt zu reden. Manch einer klaut, trinkt, kifft, lügt – die ganze Palette pubertärer Probleme. Meist wird nicht groß darüber nachgedacht, was das eigene Handeln für andere bedeutet. Wer nie gelernt hat, Verantwortung für irgendwas zu übernehmen, übernimmt sie auch nicht für sich selbst“ (Schmidt 2006: 152).

Die Jugendlichen sollen sich dabei Analogien bewusst machen und ähnliche Erfahrungshintergründe und Gefühlslagen aufdecken. Findet die Gruppe den Weg dorthin nicht allein, sind die Sozialen gefordert, sie z.B. durch geeignete Fragen dabei zu unterstützen (vgl. Unger 2006: 175f., Steinebach u.a. 2018: 74). Dabei ist jedes Gespräch anders, obwohl immer dieselben Jugendlichen teilnehmen. Ihre „Tagesform“ bestimmt den Verlauf, ob sie offen und gesprächsbereit sind oder ob sie keine Lust haben, z.B. nach den Schulferien, wenn mitgeteilt wird, „kein Problem“ zu haben, oder gefragt wird: „Was gehen mich die Probleme anderer an?“. Dann ist es mühselig, überhaupt ein Gespräch in Gang zu bringen. Emotionale „Ausraster“ sind möglich, Gespräche können scheitern, abgebrochen wird aber keine Sitzung (vgl. Schmidt 2006: 154).

Die Peers überlegen, welche Hilfen sie sich gegenseitig geben können. Kein Gruppenmitglied hat das Recht, jemanden zu ignorieren, der/die Hilfe braucht. Die Mitglieder bemühen sich, das Problem zu verstehen und den Jugendlichen bei der Problembewältigung und Zielerreichung bestmöglich zu unterstützen (vgl. Steinebach u.a. 2018: 74f.), und sie überlegt auch, wer welche „Hausaufgaben“ übernehmen kann. Nicht der/die Jugendliche, der/die das Thema eingebracht hat, soll allein die Lösungsverantwortung übernehmen, sondern es wird unter Einbeziehung möglichst der ganzen Gruppe überlegt, wer ihn/sie auf welche Weise unterstützen kann, wie ein Beispiel zeigt:

Tom hat Ärger in der Klasse

„Tom wird in der Klasse durch seine Mitschüler unterdrückt. Er wird häufig gehänselt und angegriffen. Er fühlt sich in der Klasse nicht richtig wohl. Ihm fällt es schwer, sich zu wehren. Die anderen drohen ihm mit weiterem Ärger, wenn er sich Hilfe holen würde und sie dadurch verpetzt. Tom ist hilflos und verzweifelt. Während des Gesprächs einigen sich seine Peers darauf, gemeinsam einen aufklärenden und um Hilfe bittenden Brief an die Schulleitung zu verfassen und diesen zwar hinzubringen, aber um Geheimhaltung ihrer Namen zu bitten. Nur so können sie sich eine Lösung dieses Mobbingfalles vorstellen. Andernfalls hätten sie Angst um Tom, der mit weiteren Erpressungen und Drangsalierungen rechnete. Die Gruppe verfasste einen Brief an die Schulleitung, die das Gespräch mit Tom suchte. In darauffolgenden Unterhaltungen mit Toms Klassenkameraden konnten Vereinbarungen geschlossen werden" (Teichmann 2006: 141).

Das Ergebnis der Hausaufgaben wird zum Beginn des nächsten Treffens angesprochen (vgl. Steinebach u. a. 2018: 98).

PPC schafft damit zugleich den Raum, in dem die Jugendlichen (im Sinne ihrer Teilhabe) Regeln für ihr Zusammenleben und das Gespräch entwickeln und einüben können, was die Bildung stützender Gemeinschaften fördert (Opp/Otto 2016: 198). Für den Gesprächsprozess gibt es Grundregeln, die für das Verfahren verbindlich sind (und stark an die TZI erinnern): *Wir hören einander zu! Alles Besprochene bleibt unter uns! Wir gehen respektvoll miteinander um! – Interesse für andere zeigen und die Gruppe ernst nehmen! – Vertraulichkeit wahren und Gewissenhaftigkeit garantieren! – Unparteiisch sein, Mitgefühl zeigen und keine Anweisungen geben! – Genieße das Zuhören und erfahre, wie es dich bereichert! – Unterbreche nicht den Erzählfluss des Sprechers! – Versuche, die absichtlich oder unabsichtlich verborgenen Gedanken und Gefühle des Sprechers zu finden und zu verstehen! – Bleibe wach und aufmerksam beim Geschehen! – Urteile nicht und gib keine Anweisungen!* (Unger 2006: 180–183).

Zwei Regeln haben dabei aus der Perspektive einer aneignungsorientierten Sozialen Gruppenarbeit besondere Bedeutung:

- *Keine Verantwortung für fremde Probleme übernehmen!* Jedes Gruppenmitglied ist „„Besitzer/in" des eigenen Problems und entscheidet, ob und wann darüber gesprochen werden soll und wie er/sie mit den Vorschlägen der Gruppe umgehen will. Es gibt keinen Zwang, die Lösungsvorschläge umzusetzen. Alle bleiben für sich selbst verantwortlich, aber die Gruppe unterstützt auf Wunsch, so gut sie kann. Alle sind Peerhelfer*innen, aber keine „Retter*innen". „Dies ist deshalb zu betonen, weil die ‚Tatkräfte' der Teilnehmer unterschiedlich hoch sind und manche sofort Hilfe leisten und für den anderen aktiv werden wollen. In diesem Falle ist daran zu erinnern, dass der Problembesitz beim Vortragenden bleiben muss und nur mit ihm gemeinsam und auf seinen eigenen Wunsch hin Hilfe da ankommt, wo sie benötigt wird."

- *Aktiver Teil einer fürsorglichen Gemeinschaft sein!* Niemand kann gezwungen werden, eigene Probleme anzusprechen. Es gibt „stille" Teilnehmer/innen, die sich nicht äußern. Die Erfahrung in der PPC-Arbeit zeigt aber, dass auch ihnen das Gruppengespräch nutzt, was auch „an ihrer großen Aufmerksamkeit für die Probleme anderer zu erkennen (ist). Vielleicht brauchen sie einfach länger, um sich sicher und stark genug zu fühlen, eigene Schwierigkeiten in der Gruppe zu besprechen" (ebd.: 180 f.).

(4) Abschluss: Die/Der Soziale fasst den inhaltlichen Verlauf der Beratung der Gruppen, den Gruppenprozess sowie die Ergebnisse zusammen und gibt jedem Jugendlichen eine Rückmeldung zu seinem/ihrem Verhalten in der Gruppensitzung (vgl. Steinebach u. a. 2018: 74 f., 98).

Soziale sind im PPC-Prozess darauf beschränkt, das Gespräch zu *moderieren:* Sie begleiten es, beobachten den Verlauf, achten darauf, dass die Abfolge der Phasen eingehalten und die Regeln im Ablauf beachtet werden, und verhindern manipulative Übergriffe der Gruppe gegenüber Einzelnen, die sich z. B. in Aufforderungen, „endlich zum Schluss" zu kommen, zeigen können (vgl. Behnisch/Lotz/Maierhof 2013: 51, Opp/Otto 2016: 199, Steinebach u. a. 2018: 75). Ihre Beiträge dienen der Aufrechterhaltung des Gesprächs (indem sie für die Einhaltung der Struktur, sowie der Umgangs- und Kommunikationsform sorgen), und sie vermitteln dabei, wie wertvoll es ist, sich um jemanden zu kümmern, zu helfen und damit etwas Positives zu leisten. Als Moderator*innen vertrauen sie in die Kompetenzen der Jugendlichen und fördern („fürsorglich, authentisch, empathisch, verständnisvoll, feinfühlig, geduldig und zuversichtlich") ihre Potenziale als „eine Autorität, ohne autoritär zu sein". Die Verantwortung für und die Kontrolle über das Gespräch überlassen sie der Gruppe. Soziale in der Moderationsrolle sind kein Teil der Gruppe und verzichten deshalb konsequent auf Äußerungen in der „Wir"-Form (ebenso wird von „Ich"-Botschaften abgesehen). Und sie sehen davon ab, das eingebrachte Thema zu analysieren oder Lösungen zu erarbeiten, sondern sie leiten die Gruppe zum Arbeiten an einer Lösung an (vgl. ebd.: 80 ff.).

Merke

Soziales Lernen wird von Sozialen so moderiert, dass den Akteuren in einem strukturierten (Programm-)Rahmen (wie z. B. PPC) ein Maximum an Selbstorganisation und Selbstbestimmung möglich ist.

12.3 Feedback ermöglichen

1983 wurde das erste Programm für sozial unsichere Kinder veröffentlicht (Petermann/Petermann 2010b). In der Folge erschienen weitere Verhaltenstrainings für Jugendliche, die wesentliche Merkmale eines Selbstsicherheitstrainings aufwiesen (vgl. Petermann/Petermann 2010a). Ziel solcher Trainings ist es, junge Menschen zu fördern, „die Ängste (soziale Unsicherheit) oder dissoziales Verhalten zeigen". Sie sollen lernen, sich im sozialen Kontakt fair zu verhalten und sich dabei zugleich mit ihren Eigenheiten entfalten können, ohne damit andere einzuschränken. Dazu sollen sie Fertigkeiten einüben, „die eine Person beherrschen muss, um angemessen im Kontakt mit anderen Forderungen zu stellen, sich von anderen abzugrenzen (Nein-sagen-Können), Gefühle (Freude, Wut, Trauer usw.) angemessen auszudrücken, Kritik angemessen zu formulieren und mit berechtigter oder unberechtigter Kritik an der eigenen Person angemessen umzugehen" (Jugert u. a. 2013: 20). Auch hier steht im Zentrum, dass sich junge Menschen selbstwirksam erleben können.

Das Fit-for-Life-/FfL-Training (Jugert/Rehder 2004) richtet sich an Jugendliche und junge Erwachsene, die aus verschiedenen Gründen als sozial benachteiligt bezeichnet werden, z. B. Jugendliche ohne Hauptschulabschluss, nach Abbruch einer Lehre oder mit Migrationshintergrund (es ist aber darauf nicht beschränkt, denn es kann ebenso in der Offenen Jugendarbeit oder der Heimerziehung zum Einsatz kommen). Es ist als Kleingruppentraining (für etwa sechs bis acht Akteure) konzipiert, da sich so die Lernziele besser erreichen lassen. Es lässt sich schnell eine vertrauensvolle Atmosphäre in der Gruppe und im Verhältnis zu Sozialen entwickeln; es steht ausreichend Zeit für Übungen, individuelle Rückmeldung und Auswertung zur Verfügung. Die Akteure einer FfL-Gruppe sollen vergleichbare Lern-/Leistungsvoraussetzungen und kognitive Fähigkeiten mitbringen, um eine Über- oder Unterforderung zu vermeiden, die zu Motivationsverlusten führt. Auch sollen sie über ähnliche emotionale Ausdrucksfähigkeiten verfügen. Unklar bleibt, ob gleich- oder gemischtgeschlechtliche Gruppen vorteilhaft sind (vgl. Jugert u. a. 2013: 62 f.).

Regeln für die Arbeit in der Gruppe können durch die Sozialen vorgegeben oder mit der Gruppe zusammen erarbeitet werden. Sie sollen positiv (d. h. mit erstrebenswerten Zielen), einfach und verständlich formuliert werden, sich auf beobachtbare Verhaltensweisen beziehen und leicht umsetzbar sein. Außerdem soll die Phase der Regeleinübung zeitlich begrenzt sein. Bei der Vorgabe einer Gruppenregel orientieren sich Soziale an den beobachteten Verhaltensweisen der Gruppe, d. h., sie reagieren auf wiederholt verspätetes Erscheinen oder Störungen des Gesprächs (vgl. Jugert u. a. 2013: 55).

Das Programm besteht aus 16 Trainingsmodulen: Motivation, Feedback,

Selbstsicherheit, Selbstmanagement, Kommunikation, Körpersprache, Kooperation und Teamfähigkeit, Freizeit, Lebensplanung, Beruf und Zukunft, Gefühle, Fit für Konflikte 1 und 2, Fit für Gefühle, Einfühlungsvermögen sowie Lob und Kritik. Die Trainingsmodule enthalten konkrete Verhaltensübungen, die in Form von Rollenspielen (→ 9.1) realisiert werden, weil dadurch die Entwicklung unterschiedlicher Lösungsstrategien und die Unterscheidung zwischen angemessenem und unangemessenem Verhalten besonders intensiv gefördert werden kann. Dabei müssen die Akteure die vereinbarten oder vorgegebenen Regeln einhalten, soziale Verhaltensweisen anwenden und Einfühlungsvermögen sowie Selbstkontrolle zeigen. Themen, Ziele und Auswertungsmethoden werden durch die Sozialen definiert und ebenso – dem Verfahren folgend – die Rollen (und ihre Verteilung auf die Akteure) mit genauer Bestimmung von Ort, Zeit und Handlung festgelegt (womit ein deutlicher Unterschied z. B. zu PPC erkennbar wird). Der im Spiel erfolgende Rollentausch dienst dazu, die Selbst- und Fremdwahrnehmung und das Verständnis für die Spielpartner*innen (und damit das mögliche Gegenüber in einer Realsituation) zu stärken (vgl. ebd.: 56 f., 68–77).

Zwei Beispiele verdeutlichen, wie – insb. durch Anwendung des Rollenspiels – die Module umgesetzt werden:

- Im Modul *Beruf und Zukunft* sollen sich die Jugendlichen ihre beruflichen Vorstellungen und Wünsche bewusst machen und mögliche Alternativen bearbeiten, deren Chancen und Grenzen realistisch einschätzen lernen und ein Verhalten trainieren, das bei Vorstellungsgesprächen vorteilhaft ist. Dazu bieten sich drei Ausgestaltungsmöglichkeiten an:
  1. Sie sollen erfahren, welche Vorteile sich aus einer gründlichen Vorbereitung auf ein Bewerbungsgespräch ergeben, das im Rollenspiel durchgeführt wird (wozu vorbereitend eine Collage angefertigt wird, die u. a. die beruflichen Perspektiven darstellt).
  2. Um eine Vorstellung davon zu gewinnen, wie differenziert Ausbildungswege verlaufen, dass eine berufliche Entscheidung ein langer Prozess sein kann und wie sich im Laufe der Zeit Tätigkeiten verändern können, führen sie Interviews mit Erwachsenen in ihrem Betrieb bzw. in ihrer Schule durch.
  3. Sie erhalten Gelegenheit, an einem simulierten Bewerbungsgespräch teilzunehmen, das als Video aufgezeichnet, anschließend ausgewertet und mit einem Feedback versehen wird.
- Im Modul *Fit für Konflikte* geht es darum, zu vermitteln, dass in Konflikten z. B. Interessen, Bedürfnisse und Ängste eine Rolle spielen, die den Inhalt und den Verlauf des Konflikts beeinflussen. Die Akteure sollen dabei lernen, wie sich Gefühle und Bedürfnisse in angemessener Form ausdrücken lassen, um

eine Konflikteskalation zu vermeiden, und Schritte der Konfliktbewältigung im Rollenspiel anwenden. Auch hier bietet das Programm Möglichkeiten an:

1. Von typischen provozierenden Verhaltensweisen ausgehend, sollen die Akteure erkennen und analysieren, wie sich ein Konflikt entwickelt.
2. Mithilfe des Eisbergmodells wird mit ihnen erarbeitet, dass im Hintergrund eines Konflikts immer Gefühle, Bedürfnisse, Vorstellungen, Ziele und Absichten beteiligt sind, und im Rollenspiel wird geübt, diese unsichtbaren Anteile zu erkennen und zu verbalisieren.
3. Schließlich werden mit ihnen in einem Fünf-Schritte-Prozess in Rollenspielen Formen konstruktiver Konfliktbewältigung trainiert (vgl. ebd.: 74, 76).

Da als Folge schlechter Erfahrungen im Lern- und Leistungsbereich nicht alle Jugendlichen Interesse am Lernen zeigen, wird weitgehend von Frontalunterricht und schultypischen Wissensabfragen abgesehen. Konzentrationsübungen (wie die Progressive Muskelentspannung[25]) können Bestandteil der Übungen sein, da eine gute Aufmerksamkeit eine differenzierte Wahrnehmung begünstigt (vgl. ebd.: 55, 60 f.).

In der Auswertungsphase reflektiert die Gruppe den Verlauf des Rollenspiels, bespricht die Angemessenheit des gezeigten Verhaltens und prüft, ob und wie die spielerisch erarbeiteten Lösungsmöglichkeiten auf ihre realen Lebenssituationen übertragen werden können (vgl. ebd.: 57.).

Dem *Feedback* als der Rückmeldung zum Verhalten der Akteure kommt im FfL eine besondere Bedeutung zu, denn es geht darum, die Selbst- und Fremdwahrnehmung zu schulen und Unterschiede zwischen beiden deutlich werden zu lassen: Feedback zu geben heißt, die Jugendlichen zu ermuntern, in der Ich-Form zu sprechen, eigene Gefühle und Bedürfnisse auszudrücken, Verhalten zu beschreiben und Interpretationen sowie moralische Bewertungen zu vermeiden. Sie sollen lernen, sich auf konkrete Situationen zu beziehen und nur Verhaltensweisen anzusprechen. die zu beeinflussen sind. Kritisches oder negatives Feedback soll durch Wünsche und Vorschläge konstruktiv ausgedrückt werden, wobei die eigene Beobachtung durch andere überprüft werden soll. Dazu gehört auch, die Möglichkeit eines Irrtums einzuräumen. Feedback nach den Vorgaben des Programms soll die jungen Menschen bei einer realistischen Selbsteinschätzung

---

25 Bei der Progressiven Muskelentspannung geht es um das Erleben des Kontrasts von aktiv herbeigeführter Anspannung bestimmter Muskelgruppen und deren anschließender Entspannung, wodurch (gerade auch im Austausch in der Gruppe) ein Umgang mit angespannten, belasteten Situationen gelernt werden kann, ohne wieder in gewaltbesetzte Bewältigungsmuster zu verfallen.

unterstützen und bei der Entwicklung situationsangemessener Verhaltensweisen helfen. Konzept des Programms ist es, unerwünschte Verhaltensweisen durch konstruktive Verhaltensvorschläge zu ersetzen. Positives (anerkennendes) Feedback unterstützt zudem die Motivation zum Lernen (vgl. ebd.: 67 f.).

Merke
Soziale schaffen und nutzen Situationen, den Akteuren Gelegenheit zum gegenseitigen Feedback zu geben; sie helfen, systematisch einzuüben, wie Feedback gegeben und angenommen wird.

12.4 Offenheit sichern

Thema sexualpädagogischer Angebote ist

> „die Vermittlung des Themas Sexualität und ebenso … die pädagogische Arbeit zur Vermeidung ungewollter Schwangerschaften, sexuell übertragbarer Krankheiten und sexueller Gewalt. Sexualpädagogik will aber mehr als ‚nur' informieren, sondern Lernmöglichkeiten über reine Wissensvermittlung und Prävention hinaus schaffen. Sexualpädagogik will Menschen in der Weiterentwicklung ihrer sexuellen Identität begleiten und unterstützen mit dem Ziel, dass Sexualität selbstbestimmt, lustvoll, sinnlich und verantwortlich gelebt werden kann" (pro familia 2018).

Sexualpädagogische Angebote richten sich an verschiedene Zielgruppen, u. a. an Schulklassen und Jugendliche. Sie werden i. d. R. in getrennten Gruppen für Mädchen und Jungen angeboten.

Otto berichtet von (90-minütigen) sexualpädagogischen Kurzzeitseminaren, die er mit Schulklassen durchführt (und die sich in Zusammenarbeit mit Sozialen der Schulsozialarbeit durchführen lassen): Er begrüßt die Schüler*innen, „das Setting wird geklärt: Was ist das hier, was wird euch erwarten, was sind die Regeln für die Zusammenarbeit in der Gruppe und mit mir zusammen? Da geht es auch um die Schaffung von Schutzräumen. (…) Das ist bei unseren Themen, die sehr nah, sehr intim und ungewöhnlich zu bereden sind, extrem wichtig." Die *Freiwilligkeit* ist auch hier von zentraler Bedeutung: „Das expliziere ich noch mal in der Anfangserzählung, in der Begrüßung: *Ihr könnt euch zurücklehnen, Ohren auf Durchzug stellen,* erzähle ich dann immer: *Ihr müsst Euch nicht beteiligen, das ist okay für mich.* Das ist auch wichtig bei dem Thema. Das ist das eine. Wenn ein offener Angriff gefahren wird, (dann) unterbinde ich das sofort und werde dabei auch laut und sage sehr deutlich: *Das will ich hier nicht sehen!*" Dies wirkt auch, aber ansonsten lässt er die Gruppe auch laufen und unruhig sein; die Gruppe kann die Zeit nutzen, wenn sie das möchte, es ist ihre Zeit und ihr Raum. Solange niemand gestört wird, kann *Otto* damit umgehen. Er wird keine Leute hinausschicken oder mit den Lehrer*innen darüber sprechen. Er arbeitet mit einer (Kurzzeit-)Gruppe, die in dieser Zeit keine Klasse mehr ist.

In der Regel zeigt er dann einen der Altersstufe angepassten (Kurz-)Film, der das Thema Sexualität oder Pubertät behandelt und den sich die Schüler*innen allein anschauen. Danach bildet er erst einmal einen Stuhlkreis; es geht nun darum, über den Film ins Gespräch zu kommen und zu fragen, was ihnen aufgefallen, was bei ihnen „hängengeblieben" ist. Es kommt eigentlich immer, egal in welcher Altersstufe und egal zu welchem Film, zu einem Austausch darüber. Erst anschließend führt er eine Vorstellungsrunde durch, um die Namen einmal gehört zu haben, auch wenn er sie sich nicht merken kann und die Schüler*innen auch nicht mit Namen ansprechen wird. Dennoch ist ihm das wichtig, denn dies hat auch mit der Wertschätzung der Schüler/innen zu tun. Wenn er das Gefühl hat, dass es passend ist, lässt er sich neben dem Namen, Alter und Hobby auch noch das Lebensziel der Jugendlichen sagen.

Otto kommt danach mit der Gruppe ins Gespräch, er kann auf erste Fragen reagieren, „oder es ist so, dass ich ein Gespür entwickeln muss: was passt jetzt? Ich mache das dann auch insofern transparent, als ich sage: *Ich habe zwei, drei Ideen, wie wir über dieses Thema ins Erzählen und Arbeiten kommen können.*" Er arbeitet mit offenen oder anonymen Fragen, die an einer Pinnwand oder einer Flipchart gesammelt werden, abhängig davon, wie gesprächsbereit die Gruppe ist. Wenn nach seinem Eindruck das Vertrauensverhältnis untereinander nicht so gut ist, dann arbeitet *Otto* eher mit anonymen Fragen, lässt das aber die Gruppe entscheiden. Dabei kann es vorkommen, dass sich ein oder zwei für die anonymen Fragen melden, aber schnell „eine Hand wieder runter (geht), weil sie merken, es melden sich gar nicht die Coolen. Dann kommen noch so Beiträge: *Ja, wir haben doch nichts zu verheimlichen, wir wissen doch eh schon alles.* Und dann frage ich trotzdem noch mal: *Wer ist für offene Fragen?*" Er versucht, dies in der Gruppe zu spiegeln: Es gibt in der Gruppe einige, die lieber anonym fragen würden, dann sollte es besser nicht nach der Mehrheit gehen, sondern danach, dass niemand etwas zu verlieren hat, wenn anonym gefragt wird, weil so alle ihre Fragen anbringen können. Er hat unterschiedliche Möglichkeiten, damit umzugehen. Situativ kann es vorkommen, dass er nur die Möglichkeit anonymer Fragen erwähnt und Bögen mit der Aufforderung austeilt, alle sollten darauf ihre Fragen stellen (und diejenigen, die keine Fragen haben, sollten „keine Frage" schreiben). Alle sollen sehen, dass die anderen schreiben.

Anschließend liest er alle Fragen vor, auch die Beiträge, dass es „keine Fragen" gibt. Jeder Beitrag wird gleich behandelt und gleich ernst genommen, „auch

Spaßbeiträge, die nur aus vulgären Ausdrücken bestehen, werden vorgelesen, weil ich die auch als Anlass nehme und als Beitrag werte, den ich offen mache. So kommen wir dann ins Gespräch und in den Austausch." Dabei versucht *Otto*, Grenzen sensibel wahrzunehmen. Er spricht davon, dass es in jeder Gruppe „Vorreiter, Alphatiere (gibt), du hast die Coolen, die Obercoolen, du hast die Introvertierten, die Zurückgezogenen", eine Rollenteilung, die er als Referent schnell wahrnehmen kann. Es geht darum, „da zu gucken: Okay, wo übertrete ich mit einer bloßen Erzählung die Grenze von denen, die ich vielleicht so nicht im Blick habe?". Es kommt entscheidend darauf an, dann achtsam zu sein, wenn die „Coolen" den Ton angeben (um ein Thema „offensichtlich nicht an sich heran zu lassen, vermeintlich keine blöden naiven Fragen zu haben"). Allein durch ihre Körperlichkeit, ihre Präsenz im Raum, durch die Art und Weise, wie sie Fragen formulieren oder kommentieren, wie sie Sprüche machen und wie sie lachen, drohen sie die Stilleren (denen manche Fragen unangenehm sind) in den Hintergrund zu drängen.

Wenn sich einzelne in dieser Art und Weise „cool" abwertend gegen andere äußern, unterbindet das *Otto* dies „sehr streng", wie er sagt: „Wenn eine Frage formuliert wird, wird darüber nicht gelacht, obwohl eine Regel besagt: ‚Lachen ist erlaubt', weil es ein hoch tabuisiertes Thema ist: Die andere (Regel) ist: ‚Bleibt bei Euch und erzählt auch nur von Euch oder erzählt von einem anonymen Dritten'. Das muss ich dann anders formulieren, weil es sonst nicht verstanden wird. Sie sollten nicht aus der Klasse oder Personen sein, die andere kennen könnten."

Diese Handlungsweise ist keinesfalls auf das sexualpädagogische Setting beschränkt: Das Gespräch zu öffnen, die Stilleren in einer Gruppe zu Wort kommen zu lassen und sie zugleich vor der verbalen oder körperlichen Übergriffigkeit der Lauten und „Coolen" zu schützen, schafft ein offenes Setting und gibt dadurch den Raum, auf den sich die Akteure einlassen können (es aber nicht müssen), was es erst erlaubt, Inhalte in der Kürze der gegebenen Zeit überhaupt zu *vermitteln*. Insoweit nutzt *Otto* die Dynamik der Gruppe und der in ihr etablierten Rollen, die sich in der Schule entwickeln, und durchbricht die gewohnten Rollenzuschreibungen (die „Coolen" sind aufdringlich und laut, die Stillen schweigen weiter).

Merke
Gruppen mit verfestigten (stabilen) Rollenzuschreibungen machen es erforderlich, dass Soziale die Offenheit der Akteure für Neues, die Interessen aller oder die Möglichkeit zur (aktiven) Teilnahme auch durch Grenzziehungen und Regeln ermöglichen und sichern müssen.

12.5 Sensibilisieren

Theater als Form des Spiels und als Sozialkompetenztraining wird u. a. auch in der gewaltpräventiven Arbeit angewendet, wie z. B. Krenz (2007) berichtet: Die Akteure sollen unter Berücksichtigung ihrer aktuellen Themen und Probleme, gegebener Spannungen, aktueller Erfahrungen u. ä. für sich und mit sich spielen. Dabei zielt das Training darauf ab, das Vertrauen in die eigenen Fähigkeiten zu stärken und das Zutrauen in die eigenen Ressourcen in Situationen zu fördern, die durch Aggressionen und Gewalt geprägt sind, etwa im (nach-)schulischen Alltag. Dabei kommen theaterpädagogische und -therapeutische Elemente zum Einsatz (vgl. Scheller 1998, Knitsch/Auge 2009), die dadurch gekennzeichnet sind, dass die Spontanität des Subjekts und dessen Reaktion auf neue Situationen im Mittelpunkt stehen und dabei die Improvisation betont wird (vgl. Krenz 2007: 144, 154). Im Anschluss an Moreno steht nicht die Sprache im Vordergrund, sondern das szenische Sichtbarmachen einer Situation und ihrer Entwicklung. Beabsichtigt ist:

- die *Verbesserung der Wahrnehmung:* Da im Alltag die gesammelten Erfahrungen und Erlebnisse kaum noch reflektiert werden, soll das Training Gelegenheiten eröffnen, die eigene Wahrnehmungsfähigkeit (als Erleben und Einschätzen des Umfeldes, des Raumes, der körpersprachlichen und verbalen Aussagen des Gegenübers und der eigenen Empfindungen und Gefühle) anzuregen;
- die *(körperliche) Selbstwahrnehmung:* Zwar haben junge Menschen dann, wenn es um die Demonstration von Größe und Stärke geht, ein durchaus ausgeprägtes Körperbewusstsein und können sich (wie *Otto* im sexualpädagogischen Setting schildert) im Raum Geltung verschaffen, aber v. a. Jungen entwickeln kaum eine Beziehung zu ihrem eigenen Körper, wenn es um innere Reaktionen angesichts verletzender Gefühle oder Schmerz geht (vgl. ebd.: 145 f.). Auch hierfür soll das Training sensibilisieren.

Das in der Szene in und mit der Gruppe Erfahrene soll deshalb Raum für Interpretationen und Wahrnehmungsweisen geben. Die Fremdwahrnehmung kann an konkreten Verhaltensweisen präzisiert, überprüft und erklärt werden (Krenz 2007: 147).

Krenz nennt als Beispiel das „Spiel mit den Archetypen“, bei dem es im Rollenspiel um die Klärung verschiedener Statusebenen und ihrer Wechselwirkung geht und das mit drei Figuren arbeitet:

- *Der/die König/in* zeigt Würde und Stärke; sie sind würdevoll, gütig, gnädig, verständig (positiv), ist aber auch von oben herab, arrogant wirkend und selbstsüchtig (negativ);
- *Der/die Krieger/in:* Die Figur ist geerdet, macht sich groß und dokumentiert Stärke; sie ist edel, kämpft fair für eine gute Sache und hält Regeln ein (positiv), kann aber auch tyrannisch sein, hinterrücks meuchelnd und unfair kämpfend (negativ).
- *Der/die Bettler/in* ist gebeugt, muss immer von unten nach oben schauen, bitten, flehen, unterwürfig und devot sein; die Figur kann selbst noch das letzte Hemd verschenken (positiv), aber auch gierig, falsch, raffgierig und auf den eigenen Vorteil bedacht sein.

In vier Phasen wird das Spiel aus unterschiedlichen Perspektiven gespielt, wobei sich der Erfahrungshintergrund mit den Szenen erweitert:

(1) *Zunächst* üben die Akteure jeweils eine der drei Figuren ein; zufällig (durch Blickkontakt) begegnen sich anschließend z. B. zwei Könige, sprechen miteinander und begegnen sich eine kurze Zeit von gleich zu gleich. Es zeigt sich schon jetzt, dass v. a. Jungen mit den Figuren des Kriegers und des Bettlers gut umgehen können, während Krenz bei den Mädchen die Erfahrung gemacht hat, dass sie mit allen Figuren gut zurechtkommen, sich aber insb. als Königin ausprobieren.

(2) In der *zweiten Phase* der Übung begegnen sich (wieder aufgrund des zufälligen Blickkontakts) zwei Spieler*innen in einer kurzen szenischen Darstellung, wobei sie nun die Wahl einer Figur haben. Dabei legt die Spielleitung (der/die Soziale) Wert darauf, die Rollen stärker herauszuarbeiten. So würde z. B. ein Krieger nicht einfach am Mitspieler vorbeigehen, sondern ihn auch bis zum Schluss mit seinem Blick fixieren. In der Auswertung kann reflektiert werden, wem z. B. welche Rolle mehr liegt, welche als unangenehm erlebt wird und woher die Rollen schon bekannt (vertraut) sind.

(3) Die *Transferphase* ist mit der Aufgabe verbunden, innerhalb von zehn Minuten in einer Dreiergruppe ein kurzes Spiel miteinander zu entwickeln, wobei jede Figur im Spiel vorkommen und auf ein Stichwort (ein Ort, ein Thema, das die Spielleitung nennt) reagiert werden muss (z. B. zwei arbeiten schon zusammen, ein/e Dritte/r kommt hinzu und möchte mitmachen). Aus den Figuren werden in dieser Phase schnell reale Personen und Situationen (die sich so oder so ähnlich zutragen könnten). Jede Szene wird gespielt, beobachtet und reflektiert, wobei es nicht um die Interpretation geht, sondern darum, was die Spieler*innen gegenseitig wahrgenommen haben.

(4) *Abschließend* bekommen die Akteure die Aufgabe, dieselbe Szene nochmals ohne Vorbereitung und Absprachen zu spielen. Alle wechseln die Figur; sie spielen zwar mit der gleichen Intention (was will ich erreichen?), aber der Rollentyp ändert sich. Die Frage ist also, was nun geschieht. Krenz (2007) verweist darauf, dass die Akteure nun (auf der Grundlage der im Spiel bereits gesammelten Erfahrungen) bereit und in der Lage sind, in einen intensiven Austausch über ihr Erleben und ihre in der Szene gesammelten Erfahrungen zu treten; die anfänglich vorhandene Reserviertheit der Akteure, ihre Distanz zum Spiel, ihre Abwehr, sich auf etwas Unbekanntes einzulassen, hat sich i. d. R. gelegt. Oft wird deutlich, dass die Rolle als Bettler/in als äußerst unangenehm empfunden wird und ihre unterwürfige Haltung bei anderen (v. a. bei den Krieger*innen) Aggressionen auslösen. Die Auswertung von Anti-Aggressionstrainings (→ 14.2) hat gezeigt, dass es sich bei den Opfern junger Täter*innen „häufig um genau diesen Typus ‚Bettler' gehandelt hat. Ist ihnen aber bewusst, wie sie auf die damit verbundenen Reize reagieren, haben sie die Möglichkeit, in Konfliktsituationen auf sich und die eigenen Reaktionen zu achten. Damit ergeben sich viele Anknüpfungspunkte für eine inhaltliche Auseinandersetzung darüber“ (vgl. ebd.: 147–150), wie die Akteure künftig in durch Aggression, Provokation und Gewalt gekennzeichneten Situationen (oder solchen, von denen sie vermuten, dass sie dadurch gekennzeichnet sein könnten) reagieren, indem sie die szenischen Erfahrungen auf Realsituationen übertragen.

Das gemeinsame Tun im szenischen Spiel der Gruppe kann also helfen, Widerstände aufzubrechen, und die Bereitschaft fördern, sich auf etwas Neues einzulassen. Nach Krenz (2007: 153 f.) führt das Training zu einer Steigerung des Selbstwertgefühls, denn die Akteure erleben unmittelbar, über welche (bislang unterschätzten) Fähigkeiten und Ressourcen sie verfügen (können), und sie können sich in der Gruppe als kompetent, gewaltlos durchsetzungsfähig und anerkannt wahrnehmen. Dann sei eine „erfolgreiche Gewaltvorbeugung sehr wahrscheinlich“.

Das szenische Spiel nutzt die sich meist entwickelnde Freude am darstellenden (Rollen-)Spiel, das zunächst noch erlaubt, sich hinter einer (vorgegebenen) Rolle zu verbergen, die mit den anderen aus der Gruppe, denen es (wahrscheinlich) genauso ergeht, gespielt werden kann. Das Spiel in der Gruppe und das situative Erleben öffnen aber im Fortgang des Spiels (hier v. a. in der dritten und vierten Phase) den Kopf der Akteure für eine Reflexion und die Übertragung auf eine Realsituation. Die so hervorgerufene Bereitschaft der Gruppe, sich auf Reflexion und Übertragung in den Alltag einzulassen, sorgt anschließend dafür, dass (mehr unbewusst als bewusst) aus der gespielten Rolle eine Rolle wird, die das eigene Erleben stärker zum Ausdruck bringt, die eigene Wahrnehmung und das eigene

Körperbewusstsein sensibel macht für störende Aggressionen und Provokationen.

Merke
Durch Soziale werden Settings geschaffen, die die Wahrnehmung der Akteure und der Gruppe für neue Erfahrungen sensibilisieren und dadurch Alternativen zu gewohnten (Handlungs-/Wahrnehmungs-)Mustern eröffnen.

12.6 Zum Abschluss des Kapitels

Zum Weiterlesen

- *Günter Opp* (Die Kraft der Peers nutzen; in: ders., und Unger, N. [Hg.], Kinder stärken Kinder, Hamburg 2006: 49–72) gibt eine komprimierte Einführung in die Positive Peer Culture..
- *Erich Ziegler* (Das australische Schwebholz und 199 andere Spiele für Trainer und Seminarleiter, 4. Aufl. Offenbach 2012: 44–71) beschreibt 38 Entspannungsübungen.

Aufgaben

- *Achim Krenz* spricht von Sensibilisierungseffekten durch Theaterarbeit; ergeben sich solche Effekte auch durch PPC?
- Klären Sie, inwieweit das Verfahren der Wildnispädagogik geeignet sein kann, Aneignungsprozesse in der Jugendsozialarbeit zu unterstützen! Was spricht dafür, was dagegen?

Kapitel 13
Lösungsorientierte Soziale Gruppenarbeit

Wenn von Lösungsorientierung die Rede ist, dann wird in der Sozialen Arbeit davon ausgegangen, dass grundsätzlich alle – Subjekte wie Soziale – bereits über die Ressourcen verfügen, die zur Bewältigung einer Schwierigkeit und zur Klärung eines Anlasses benötigt werden, diese aber gegenwärtig ungenutzt bleiben. Es geht darum, „ein Passen" zu entwickeln. „Passen" stellt einen gegenseitigen Prozess dar, an dem der Adressat und die Fachkräfte beteiligt sind: Im Prozess „beginnen sie sich zu vertrauen, schenken einander große Beachtung und akzeptieren die jeweiligen Weltbilder als einleuchtend, wertvoll und bedeutsam". Dieses lösungsorientierte Arbeitsbündnis wird gefördert, wenn Ziele gesetzt werden, die dazu beitragen sollen, gegenseitig festzustellen, „wann das Problem gelöst ist" (de Shazer 2012: 107, 109). Lösungsorientiert handelnde Soziale *vertrauen* darauf, dass Menschen selbst diese Lösungen für ihre Schwierigkeiten finden können und sie selbst lediglich als Fachleute für die Methoden der Lösungsfindung fungieren. Diese lösungsorientierte Haltung beinhaltet ein höchstes Maß an Respekt gegenüber den Subjekten, deren Sicht der Dinge und ihrem Expertentum für die eigenen Ziele und Möglichkeiten. (Wobei grundsätzlich gilt, dass auch in Fällen aneignungs- oder prozessorientierter Gruppenarbeit die Bewältigung eines Anlasses stets nur durch die Subjekte selbst erfolgen kann. Dabei wird der Schwerpunkt anders gesetzt. Die Lösungsorientierung ist nicht essentielles Element des Handelns Sozialer.)

Bei Beachtung dieser Prinzipien werden unterschiedliche Arbeitsfelder zugänglich, in denen die Lösungsorientierung eine zentralere Rolle spielt, und zwar im Blick auf

1. einen *fall*spezifischen Zugang, z. B. die Hilfen zur Erziehung, soweit sie als Soziale Gruppenarbeit erbracht werden, oder den Familienrat als Clearinginstrument, das das soziale Netzwerk einer Familie als soziale Gruppe nutzt, und
2. einen *fach*spezifischen Zugang, v. a. die Kollegiale Beratung als Instrument, Lösungen in beruflichen Kontexten zu entwickeln.

Beispielhaft hierfür sind die Schlüsselprozesse *Entwicklung unterstützen* (z. B. durch Hilfen zur Erziehung), *Ressourcen aktivieren* (durch den Familienrat) und *Lösungen erschließen* (im beruflichen Kontext).

13.1 Entwicklung unterstützen

Gem. § 1 KJHG hat jeder junge Mensch „ein Recht auf Förderung seiner Entwicklung und auf Erziehung zu einer eigenverantwortlichen und gemeinschaftsfähigen Persönlichkeit". Die Kinder- und Jugendhilfe soll dazu beitragen, junge Menschen in ihrer individuellen und sozialen Entwicklung zu fördern und Benachteiligungen zu vermeiden oder abzubauen. Eltern und andere Erziehungsberechtigte (Personensorgeberechtigte) sind bei der Erziehung zu beraten und zu unterstützen. Sie haben gem. § 27 KJHG dann Anspruch auf Hilfe zur Erziehung, „wenn eine dem Wohl des Kindes oder des Jugendlichen entsprechende Erziehung nicht gewährleistet ist und die Hilfe für seine Entwicklung geeignet und notwendig ist", wobei Art und Umfang der Hilfe sich nach dem erzieherischen Bedarf im Einzelfall richten. Hilfe zur Erziehung umfasst insb. die Gewährung pädagogischer und damit verbundener therapeutischer Leistungen (gem. §§ 27–35, 41 KJHG), d. h. neben stationären Hilfen (z. B. Heimerziehung, Pflegefamilie) v. a. ambulante Hilfen (vgl. allg. Helming 2016, Hansen 2016).

Mit diesen erzieherischen Hilfen stehen Angebote zur Verfügung, die (neben der Unterstützung der Personensorgeberechtigten) auch Lernprozesse ermöglichen sollen, junge Menschen in die Lage zu versetzen, mit ihren Schwierigkeiten, die sie mit anderen Kindern und Jugendlichen haben, umzugehen. Sie sind damit zwischen offenen pädagogischen Angeboten (z. B. der Jugendarbeit) bzw. beratenden Hilfen (z. B. Jugend-/Erziehungsberatung) als Erziehung in geschlossenen Settings (von der festen [ambulanten] Gruppe bis zur Heimerziehung) angesiedelt.

Soziale Gruppenarbeit wird dabei im KJHG nur an wenigen Stellen angedeutet; sie wird als Verfahren nur in § 29 KJHG ausdrücklich genannt. Allerdings nutzen weiteren Hilfe (lösungsorientierte) Formen der Sozialen Gruppenarbeit:

Soziale Gruppenarbeit

Soziale Gruppenarbeit ist gem. § 29 KJHG in erster Linie auf den jungen Menschen und weniger auf sein soziales Umfeld (Eltern) ausgerichtet (zu Zielgruppen vgl. Wendt/Weimann 2004) sie ist von Sozialen Trainingskursen für straffällig gewordene Jugendliche zu unterscheiden, die aufgrund einer richterlichen Weisung oder im Verfahren der Diversion durchzuführen sind [→ 14]. Gearbeitet wird häufig mit Kindern und Jugendlichen, die durch Verhaltensprobleme und Entwicklungsschwierigkeiten aufgefallen sind bzw. als „nicht gruppenfähig" eingeschätzt werden, z. B. durch aggressives Verhalten in der Peer oder der Schulklasse (wobei sich Überschneidungen zur Schulsozialarbeit ergeben können)[26].

26 2015 wurden 7 100 Hilfen zur Erziehung als Soziale Gruppenarbeit gem. § 29 KJHG neu begonnen und insg. 9 147 Maßnahmen (davon 6 232 Jungen/junge Männer) durchgeführt

Die dabei gebildeten Gruppen können auch Selbsthilfecharakter haben, z. B. als Gruppe ähnlich belasteter Kinder und Jugendlicher, z. B. Scheidungskinder (vgl. Freigang 2016: 84 f.). Die Teilnahme an der Gruppe soll ihnen ermöglichen, mit diesen Schwierigkeiten umzugehen und helfen, sie zu bewältigen.

Die Aufnahme eines Kindes in die Soziale Gruppenarbeit erfolgt im Rahmen eines Hilfeplanes (vgl. Wendt 2021: 65 f.) aufgrund eines positiv beschiedenen Antrages der Personensorgeberechtigten und nach Beratung i. d. R. durch den Allgemeinen Sozialen Dienst (und/oder der Erziehungsberatungsstelle) des örtlichen Jugendamtes: „Im Beratungsgespräch eines dieser Dienste werden verschiedene Hilfestellungen vorgestellt. Zur Klärung und Hilfegewährung wird eine Pädagogische Konferenz mit den Eltern und dem Kind durchgeführt, an der verschiedene Fachkräfte beratend teilnehmen", heißt es dazu z. B. in der entsprechenden Konzeption der Stadt Wolfsburg (2011: 4).

Dietlind z. B. hat mit Sozialer Gruppenarbeit ihre ersten Erfahrungen in diesem Arbeitsfeld gesammelt: „Mit Sozialer Gruppenarbeit bin ich das erste Mal konfrontiert worden, als ich tatsächlich für einen Träger gearbeitet habe, bei dem wir Soziale Gruppenarbeit angeboten haben, im Rahmen von Hilfen zur Erziehung … Das waren Jugendliche, die entweder besonders auffällig gewesen sind und wir haben auch immer von Beginn an versucht, das zu mischen. Immer zu gucken, dass wir eine Vielfalt von jungen Menschen haben, die sich gegenseitig so positiv beeinflussen können, dass eine gewisse Gruppendynamik auch aufkommen kann." Sie deutet damit das lösungsorientierte „Potenzial" der Hilfe an, die ja das Ziel verfolgt, Kinder und Jugendlichen in der Gruppe (und deren Dynamik in alltäglichen Situationen) den Umgang mit Konflikten, Aggressionen und eigenen Gefühlen erlernen zu lassen, d. h. die Formen und Ebenen (non-)verbaler Kommunikation zu verstehen, einen respektvollen Umgang untereinander einzuüben, Empathie zu entwickeln und die eigene Selbstwirksamkeit zu erleben. Im Kern geht es „immer darum, dass sich der Einzelne selbst als Bestandteil eines sozialen Gefüges verstehen lernt und das eigene Handeln als konstitutiv für das Gruppengeschehen versteht" (Pluto/van Santen 2014: 98). Ziel ist die Verbesserung der sozialen Handlungskompetenz, es sollen alternative Handlungsstrategien, größere Konfliktfähigkeit (z. B. durch das Einhalten von Regeln und Grenzen gewaltfreier Konfliktlösungsstrategien) und Frustrationstoleranz entwickelt werden (vgl. Oxenknecht-Witzsch 2018: 455).

(2016: 9 009 Hilfen), wobei 8 794 Minderjährige erreicht wurden (vgl. destatis 2017/2018). Die Soziale Gruppenarbeit spielte damit im Rahmen der Hilfen zur Erziehung eine nur sehr untergeordnete Rolle. 2016 wurden allein 31 698 Hilfen durch Erziehungsbeistände und Betreuungshelfer*innen erbracht, in 71 846 Fällen Sozialpädagogische Familienhilfe geleistet und Heimerziehung und sonstige betreute Wohnformen in 95 582 Fällen durchgeführt (vgl. destatis 2018).

Über die Gruppengröße besteht Uneinigkeit: Gissel-Palkovich (2011: 130) spricht z. B. davon, dass eine Gruppe in der Regel aus drei bis zehn Personen besteht, Freigang (2016: 844) nennt acht bis 18 Kinder und Jugendliche. Die Gruppe mit festen Teilnehmer*innen trifft sich (meist für die Dauer von einem halben bis zu zwei Jahren) üblicherweise einmal wöchentlich zwischen zwei bis vier Stunden. Fortlaufende kursartige Gruppen sind von offenen Gruppen (insb. mit Blick auf die Gruppendynamik) zu unterscheiden: Während bei den Kursgruppen alle Teilnehmer*innen zum gleichen Zeitpunkt beginnen und den Kurs auch gemeinsam beenden sollen, kennzeichnet fortlaufende Gruppen eine wechselnde Zusammensetzung mit der Anforderung, sich auf jeweils neue Mitglieder einzulassen und einzustellen (vgl. Pluto/van Santen 2014: 98).

Dabei werden i. d. R. unterschiedliche Verfahren, orientiert an der TZI (→ 8.1), an konfrontativen Elementen (→ 14) oder erlebnispädagogischen Ansätzen (→ 9.3) und unter Einbezug v. a. spielerischer Elemente eklektisch verknüpft. Insb. die Thematisierung und die Reflexion des Handelns und der Erfahrungen in der Gruppe (v. a. als Feedback der Gruppenmitglieder) und Rollenspiele sind häufig gewählte Verfahren, um das Ziel der Förderung sozialer Kompetenz zu erreichen, was ein Beispiel illustriert:

Ablauf einer Gruppenstunde

„Wir beginnen die Nachmittagsgruppen zu einer festgelegten Uhrzeit. Kinder, die vor dieser Zeit kommen, haben die Möglichkeit, sich im Gruppenraum aufzuhalten und zu spielen. Dieser informelle Teil der Gruppenstunde ist uns wichtig. Kinder, die vor Beginn kommen, knüpfen Kontakte ohne die Gruppenleiter/innen und einigen sich oft schon auf gemeinsame Aktivitäten für die Gruppenstunde. Wir setzen für diese Zeit vor dem formellen Beginn die Bedingungen, Spiele sorgfältig zu behandeln, sie pünktlich wegzuräumen und die Gruppenregeln einzuhalten. Der von uns gesetzte Rahmen wird dadurch von den Kindern auch über die Gruppenstunde hinaus eingehalten und als verbindlich erlebt.

Die Gruppenstunde beginnt mit einer Anfangsrunde. Hier geschehen zwei Dinge: Zum einen verwenden wir ein sogenanntes ‚Stimmungsbarometer' bzw. den ‚Wetterbericht': Auf einer runden Scheibe sind Gemütszustände aufgemalt in Form von Symbolen wie: Sonnenschein, Bewölkung, Regen, Donner. Mit Namensklammern können die Kinder sich anklammern an die Stimmung, mit der sie hier angekommen sind und dürfen darüber berichten. Weiterhin wird der weitere Verlauf der Gruppenstunde besprochen. Unterschiedliche Wünsche für Spiele und Material müssen hier ‚unter einen Hut' gebracht werden.

Als wirkungsvoll für soziales Lernen hat sich in diesem Prozess des Aushandelns das Prinzip erwiesen, dass Entscheidungen ausschließlich durch Konsens herbeigeführt werden. Alle Gruppenteilnehmer sind in diesen Aushandlungsprozessen sehr gefordert. Sie müssen verzichten können, Kompromisse erkennen und bereit sein, diese mitzutragen. Sie müssen ertragen, dass ohne eine gemeinsame Absprache nichts passiert.

Da sich als Ergebnis des Aushandelns Untergruppen bilden können, die verschiedene Aktivitäten unternehmen, bringen wir als Gruppenleiter/innen immer wieder gemeinsame Spiele und Übungen in die Gruppe ein. Oftmals bestimmen wir den ersten Teil der Gruppenstunde, während im zweiten Teil Platz und Zeit für Einzel- oder Kleingruppenaktivitäten bleibt. Wir geben den Kindern dadurch die Möglichkeit, verschiedene altersgemäße Gruppenaktivitäten kennenzulernen, und schaffen gleichzeitig Situationen, in denen sie sich durch gemeinsame Aktivitäten mit der Gruppe identifizieren können.

Wir beenden die Gruppenstunde mit einer Abschlussrunde, in der die Kinder die Möglichkeit haben, über die Gruppenstunde zu reflektieren, eigenes Verhalten und das der anderen zu bewerten. Jedes Kind bekommt eine wertschätzende und lobende Rückmeldung und hat selbst die Möglichkeit, eine solche anderen zu geben, Kritik zu üben und Wünsche an die anderen zu richten oder Spielwünsche zu äußern und zu verhandeln für die nächsten Treffen.

Ein gemeinschaftliches Essen und Trinken schließen die Stunde ab" (Stadt Wolfsburg 2011: 6f.).

Erziehung in der Tagesgruppe

Die Erziehung kann gem. § 32 KJHG teilstationär in einer Tagesgruppe) oder in einer Familienpflegestelle durch fachspezifisch ausgebildete Pflegeeltern erfolgen. Tagesgruppen sollen Eltern in der Erziehung unterstützen (auch: entlasten) und zugleich Orte der gezielten Förderung ihrer Kinder und Jugendlichen zu sein. Damit kann Erziehungshilfe gewährt werden, ohne dass das Kind aus seiner Familie und seinen häuslichen Bezügen herausgelöst werden muss; das Kind wird tagsüber betreut und kehrt gegen Abend in seine Familie zurück. Die Erziehung in der Tagesgruppe soll

- das Sozialverhalten der Kinder (z. B. durch entsprechende Freizeitgestaltung, gemeinsames Spiel, das Erlernen von Regeln und die Orientierung an Strukturen) und ihre schulische Entwicklung (v. a. in einer strukturierten, zielgerichteten und intensiven Förderung des Lernen in der Gruppe) fördern und
- durch die intensive Elternarbeit den Verbleib der jungen Menschen in der Familie sichern. Die Tagesgruppenarbeit ist damit an der Nahtstelle von Gruppen- und Einzelfallarbeit angesiedelt (vgl. Gissel-Palkovich 2011: 133, Freigang 2016: 847 f.).

Soziales Lernen findet auch hier v. a. in der Gruppe Gleichaltriger statt, wobei Formen des Rollenspiels (→ 9.1) oder Erlebnispädagogik (→ 9.3) ebenso wie PPC (→ 12.2) und Fit for Life (→ 12.3) zur Anwendung kommen können. Verhaltensauffälligkeiten, Entwicklungsverzögerungen und -störungen, die in der Gruppe nicht ausreichend bearbeitet werden können, werden allerdings i. d. R. Gegenstand ergänzender und vertiefender Einzelfallarbeit sein.

Heimerziehung

Grundsätzlich ist die Heimerziehung ein Setting, das (in einer Wohngruppe) die Entwicklung des einzelnen Kindes bzw. Jugendlichen im Blick hat und durch die Gestaltung der Lebensverhältnisse in der Einrichtung, in der Wohngruppe selbst sowie entsprechende (sozialarbeiterische) Interventionen und therapeutisches Herangehen zu fördern versucht. Neben Wohngruppen, in denen Soziale (dauerhaft) mit den Kindern und Jugendlichen zusammenleben (familienartige Gruppen), bestehen Einrichtungen, in denen sie im Schichtdienst betreut werden. Üblich sind Einrichtungen, die aus vier bis sechs (z. T. auch mehr) Gruppen mit i. d. R. zehn jungen Menschen bestehen (vgl. Birtsch 2017: 464, vgl. Pluto u. a. 2007: 223 ff.). Daneben bestehen Wohngruppen für unbegleitete minderjährige Flüchtlinge. Das nachfolgende Beispiel zeigt aber, dass sich der Alltag in einer solchen Wohngruppe kaum von anderen Wohngruppen unterscheidet:

Wohngruppe für unbegleitete minderjährige Flüchtlinge

„Bezüglich der Grundversorgung, Tagesablauf und Alltagsorganisation sind die Kinder und Jugendlichen in den Tagesablauf integriert und in die Alltagsstrukturen eingebunden. Der Tagesablauf ist ähnlich wie in den anderen Kinder- und Jugendheimen des Trägers. Entsprechend der Grundsätze ist der Tagesablaufplan kein starres Dogma. Nach den individuellen Bedürfnissen der jungen Menschen werden flexible Absprachen getroffen.

Die Essensversorgung erfolgt als Selbstverpflegung in der Gruppe. Die Gruppe verfügt dafür über eine hinreichend ausgestattete Küche. Die jungen Menschen erfahren Anleitung und Unterstützung bei der Zubereitung der Mahlzeiten durch die in der Wohngruppe Mitarbeitenden. Unterschiedliche Religionszugehörigkeit und ethnische Besonderheiten werden in der Speisenplangestaltung entsprechend berücksichtigt und transparent dargestellt.

Je nach Alter der Kinder und Jugendlichen werden Freizeitangebote individuell entwickelt und in Abstimmung mit der Gruppe umgesetzt. Die Aktivitäten werden nachmittags und/oder abends sowie an den Wochenenden durchgeführt bzw. angeboten. Eine Förderung der selbständigen Freizeitgestaltung und die Integration in Vereine und Freizeitangebote im Lebensumfeld der Jugendlichen ist fester Bestandteil unserer Arbeit. In der Wohngruppe können folgende Angebote umgesetzt werden: kreatives Gestalten, z. B. Werken und Basteln, erlebnispädagogische Angebote wie Angeln, Trekking, Camping, Paddeltouren, Sport, Musik, Gesellschafts- und freie Spiele, Rollenspiele, Hauswirtschaft (Kuchen backen, individuelles und gemeinschaftliches Kochen), Wochenend- und Urlaubsreisen, Ausflüge, Theater, Kino, Schwimmhalle, Jugendfreizeitzentrum, Sportfeste (gruppen- und einrichtungsübergreifend)" (PSW 2015: 12 f.).

In einer Wohngruppe verstärken sich gruppendynamische Prozesse aufgrund der besonderen Situation, über unbestimmte Zeit alltäglich miteinander leben (und auskommen) zu müssen. Rollen verfestigen sich nachhaltiger, Positionen in der Gruppe spielen dauerhafter eine Rolle. Günder (2011: 208 f.) z. B. verweist darauf, dass es einzelne Kinder in einer Wohngruppe trotz Unterstützung durch Soziale schwer haben, aus einer Außenseiterposition herauszukommen, wenn die (Wohn-)Gruppe sie nicht anerkennt. Sie werden „daher immer die Situation der gesamten Gruppe und die Reaktionen der verschiedenen Gruppenmitglieder beachten und die Beobachtungen zur weiteren Handlungsorientierung nutzen" müssen (Günder 2011: 208 f.; zur Praxis und zum Verständnis Sozialer Gruppenarbeit im Rahmen der Heimerziehung vgl. Freigang/Bräutigam/Müller 2018: 151 ff., Behnisch 2013).

Positive Peer Culture (→ 12.2) hat sich in vielen Einrichtungen der Heimerziehung bereits als Verfahren der Sozialen Gruppenarbeit etabliert, und auch erlebnispädagogische Elemente spielen eine Rolle (vgl. Klawe/Bräuer 2001).

Familienbildung

Angebote der Familienbildung (gem. § 16 KJHG), die die Hilfen zur Erziehung ergänzen können (selbst aber keine Hilfe zur Erziehung sind), haben sich seit den 1970er Jahren unter Anwendung von Verfahren sowohl der Sozialen Arbeit als auch der Erwachsenenbildung entwickelt. Sie verfolgen „das allgemeine Ziel, Eltern in vielfältigen Erziehungsfragen Orientierung und mehr Sicherheit zu geben und dadurch in der Erfüllung familienbezogener Aufgaben zu stärken" (Bauer 2016: 896, vgl. Pluto u. a. 2007: 189 ff.).

Familienbildung erfolgt i. d. R. in Form von Elterntrainings und -kursen, die z. B. von Familienbildungsstätten und Volkshochschulen angeboten werden. Solche Trainings der erzieherischen Kompetenzen von Eltern, z. B. durch die Reflexion erzieherischer Erfahrungen in der eigenen Herkunftsfamilie oder durch das Gespräch in der Gruppe mit anderen Eltern (vgl. Tschöpe-Scheffler 2006, Tschöpe-Scheffler/Wirtz 2008), versuchen „als förderlich betrachtete Varianten elterlichen Erziehungsverhaltens zu stärken, indem sie Wissensvermittlung mit Übungen und erfahrungsorientierten Reflexionen verbinden" (Bauer 2016: 896). Neben der Informationsvermittlung kommen Formen der TZI, des Rollenspiels, u. U. auch des Psychodramas, zum Einsatz.

Kritisch muss dabei allerdings gesehen werden, dass damit gelegentlich auch der Anspruch verbunden ist, die Erziehung in der Familie in eine bestimmte Richtung zu lenken, was „implizite Bewertungen und Kategorisierung von Familien und Elternschaft" (d. h. Bewertungen von richtigen/gutem bzw. falschen/schlechten Erziehungsverhalten) bedeuten kann. Dabei werden die Alltagslogiken der Akteure ausgeblendet, „aus deren Perspektive andere Handlungsoptionen durchaus Sinn ergeben können" (Bischoff 2012: 73).

Merke
Geschlossene Settings v. a. im Bereich erzieherischer Hilfen schaffen einen Schutzraum, in dem Soziale die Entwicklung Einzelner im Kontakt, ggf. auch im Konflikt mit der Gruppe, unterstützen.

13.2 Ressourcen aktivieren

Eine sehr stark lösungsorientierte Form stellt der sog. Familienrat (FR, auch als Familiengruppenkonferenz, family group conference, Verwandtschaftsrat bezeichnet) dar, bei dem zwar keine (dauerhafte) Gruppe entsteht, der aber die Kräfte und Ressourcen, die in einer Gruppe entstehen und hervorgerufen werden (können), der Lösung eines (Einzel-)Falles zugänglich gemacht werden. Dabei kommt es zu einer beispielgebenden Verknüpfung von Elementen der Einzelfall- und der Sozialen Gruppenarbeit (vgl. insg. Budde/Früchtel 2008, Früchtel/Straub 2011a/b, Früchtel/Hinte 2012).

Das Verfahren hat seine Wurzeln in Neuseeland. Dort wurde in den 1980er Jahren festgestellt, dass ein überdurchschnittlich hoher Anteil von Kindern der Maori-Urbevölkerung in Heimen erzogen wurde, während ein ebenso überproportionaler Anteil weißer Professioneller in der Heimerziehung und fast ausschließlich Weiße als Pflegeeltern tätig waren. Die über Jahrhunderte tradierte Vernetzung und Kooperation der Maoris in Familienangelegenheiten spielte in der Hilfeplanung und -gewährung keine Rolle. 1989 wurde daraufhin im Anschluss an das bei den Maoris selbst entwickelte (und bereits über Generationen praktizierte) Verfahren, familiäre Konfliktlagen in der Familiengruppe (die selbst bestimmt, wer dazu gehört) anzugehen, die Family Group Conference eingeführt und in der Jugendhilfe und Jugendgerichtsbarkeit gesetzlich verankert. Das Verfahren wird heute auch in der Erziehungs- und Familienberatung, im Schulwesen und anderen Bereichen praktiziert (vgl. Roth 2017, Budde/Früchtel 2008) und in verschiedenen Ländern angewendet, zunächst in den Niederlanden, in skandinavischen Ländern, Großbritannien und Polen und (etwa seit 2005) in Deutschland (vgl. Plewa/Picker 2010; zur Verbreitung und Akzeptanz vgl. Früchtel/Roth 2017: 169 ff., 203 ff.).

Mit dem FR wird hauptsächlich die Absicht verfolgt, dass (wenn die Erziehung von Kindern in der Familie gefährdet erscheint) die Familie und ihr soziales Netzwerk durch eine Konferenz dabei gestärkt werden sollen, Schwierigkeiten mit der Erziehung in der Familie (z. B. die Überforderung eines alleinerziehenden Elternteils) lösen zu helfen, damit Kinder in ihrer Familie bleiben können. Dabei sollen die Wünsche des betroffenen Kindes bzw. Jugendlichen berücksichtigt werden und alle Anstrengungen unternommen werden, um dessen Ressourcen und die Ressourcen der Eltern und anderer Akteure, die an der Erziehung beteiligt sind, zu nutzen.

Nach dem KJHG ist es Aufgabe der Fachkräfte des Jugendamtes, einerseits Familien zu beraten, andererseits aber zugleich das (staatliche) Wächteramt wahrzunehmen, um das Wohl von Kindern zu schützen (vgl. Früchtel/Roth 2017: 141 ff.). Der FR ersetzt diese Aufgabenbestimmung im Vertrauen auf die Kraft der Familiengruppe, selbst eine Lösung zu entwickeln, statt dies den Sozialen als Expert*innen zu überlassen. Dazu muss die Familiengruppe genau wissen, was im FR geschehen und von ihr erwartet wird. Wichtig ist, dass schon die mit dem Fall befassten Sozialen (sobald das Verfahren zum Einsatz kommen soll) vermitteln, dass es (positiv formuliert) nur darum geht, eine brauchbare Lösung zu entwickeln und Helfer*innen zu aktivieren, die Lösung auch umzusetzen. Es geht weder um die Klärung einer Schuldfrage, noch muss die Familie alles akzeptieren und hinnehmen.

Der fallverantwortliche Soziale (z. B. im Allgemeinen Sozialdienst/ASD des örtlichen Jugendamtes) hat die Aufgabe, einen FR anzuregen und die Familie genau darüber zu informieren, was „Sorge macht", etwa eine Sorge zur Lebenssituation eines Kindes (z. B. eine akute Unterversorgung), beim Ausfall eines Elternteils u. a. (vgl. FamilienRatbüro Stuttgart 2014).

Fall Justin

„Justin (13) hat die Schnauze voll. Weil er Sven gezeigt hat, wer schneller zuschlagen kann, will der Bezugsbetreuer ein ‚klärendes Gespräch veranstalten'. Er entschließt sich abzuhauen – mal wieder. Justin wollte sowieso nie in diesem ‚Kinderknast' sein, wie er es nennt. Seine Mutter kommt mit ihm nicht zurecht und deswegen war er in gefühlt zehn verschiedenen Kinderheimen. ‚Das brauchst du, mein Junge', sagt seine Mutter zu ihm, wenn er sie fragt, warum er nicht daheim sein kann. Aber jetzt reicht es ihm. Justin hat keine Lust mehr auf Regeln und Reden der Erzieher. Er packt seine wichtigsten Sachen und schleicht in die Nacht" (Früchtel/Roth 2014: 1).

Wenn also Justin aus dem Heim flieht und der für ihn zuständige Soziale im ASD des örtlichen Jugendamtes die Sorge formuliert, die Erziehung zu einer eigenverantwortlichen und gemeinschaftsfähigen Persönlichkeit könnte misslingen, da Justin hin- und hergerissen ist zwischen seinen Eltern, dann bietet ein FR die Möglichkeit, alle Akteure „an einen Tisch" zu holen, die Justin und seine Eltern unterstützen könn(t)en. D.h., es geht zunächst darum, präzise zu beschreiben, für welchen Anlass die Familie im FR einen Lösungsplan erarbeiten soll (z.B., ob es für Justin eine Erziehung in der Familie statt im Heim geben kann). Dazu ist eine Darstellung ohne Fachjargon und Fremdworte erforderlich, die durch konkrete Beispiele verdeutlicht wird. Der für Justin zuständige Soziale muss seine Einschätzungen belegen können. Er muss andere Fachkräfte (z.B. die Hausärztin, den Klassenlehrer, einen beteiligten Polizisten, Soziale anderer Dienste) bereits im Vorfeld darauf aufmerksam machen, dass deren Aufgabe nicht darin bestehen wird, Lösungen zu empfehlen. Sie sollen „nur" ihre Erfahrungen und ihr Wissen einbringen, nicht aber Vorschläge, wie die Familie es besser machen könnte. Er muss auch über die notwendigen Kenntnisse und Beziehungen verfügen, um dabei helfen zu können, ggf. vorhandene Netzwerklücken der Familie zu schließen.

Der fallverantwortliche Soziale muss also einen wichtigen Teil seiner fachlichen Verantwortung an die Familie dann abgeben, wenn sie sich (mit ihrem sozialen Umfeld) auf den FR einlässt. Soziale sind (entgegen jedem sonst üblichen Verfahren und beruflichem Selbstverständnis) an der Lösungsentwicklung nicht unmittelbar beteiligt (weshalb sich davon sprechen lässt, dass hier ein Grundverständnis von Empowerment maximal realisiert und in die Ressourcen der Akteure im Familienrat *vertraut* wird). Die (neue) Funktion der Sozialen ist es, die Sorge hervorrufenden Fakten darzulegen und die erwartbaren Konsequenzen aufzuzeigen, wenn keine Änderung eintritt. Sollten sie den Lösungsvorschlag des Familienrates nicht akzeptieren können, wird erwartet, dass sie konkret begründen können, wo Nachbesserungen erforderlich sind. Dafür müssen Soziale über sozialen Optimismus, d.h., „einen ausgesprochenen Stärkeblick verfügen. Sie können die Lösungsversuche in Verhaltensweisen erkennen, die von anderen Menschen oder Organisationen als Defizit markiert werden. Sie sehen eine Familiengruppe als Ressourcen- und Kompetenzpool und trauen ihr tragfähige Lösungen zu"; es geht nicht um ihre Lösungsideen, sondern die der Familie. Sie müssen fähig sein, die Aspekte zu dem im Familienrat zu klärenden Fall verständlich (frei z.B. von Fachbegriffen) darstellen zu können.

Ein/e Koordinator/in ist Moderator/in des FR. Seine/Ihre Aufgabe ist es, von Anfang an deutlich zu machen, dass es darum geht, die Familie stark zu machen und Bedingungen zu entwickeln, die zu einer Lösung des Anlasses für den FR führen. Er/sie lernt alle kennen, die teilnehmen sollen, wirbt für deren Teilnahme, macht sie mit den Grundsätzen und der Vorgehensweise des FR vertraut und bereitet ihn zusammen mit der Familiengruppe organisatorisch vor. Geklärt wird die Frage, wer am FR teilnehmen soll, d.h., wer aus der Familie dabei ist und welche Personen aus ihrem sozialen Netzwerk einbezogen werden können.

Von der Familie sollen so viele Menschen wie möglich aus ihrer Lebenswelt dafür gewonnen werden, sich an der Lösungsentwicklung zu beteiligen. Die Familie entscheidet auch über den Ort, wo beraten wird. Entscheidend für die Wahl des Ortes ist allein, dass die Familie davon ausgeht, den FR dort am besten durchführen zu können. Auch Familientraditionen und Rituale (Essgewohnheiten, Begrüßungsformen u.a.) spielen eine wichtige Rolle und werden im FR berücksichtigt.

Der Familie macht sie/er deutlich, dass sie jede Idee, die von Sozialen vorgeschlagen wird, ablehnen kann, und dass sie festlegt, wer am FR teilnimmt. Schließlich bereitet er die beteiligten Fachkräfte darauf vor, dass deren Lösungsideen nicht gefragt sind (vgl. Früchtel/Cyprian/Budde 2007: 36–44, Uhlendorff/Euteneuer/Sabla 2012: 178). Den FR selbst kennzeichnen drei Phasen:

(1) Informationsphase: Zu Beginn wird ggf. eine Tasse Kaffee oder Tee gereicht oder etwas gegessen, die Plätze sind durch Tischkarten markiert (was ggf. auch verhindert, dass Menschen sich räumlich nahe kommen, die besser [noch] nicht [wieder] so dicht beieinander sitzen), oder es sind besondere Gäste (z.B. die Pfarrerin oder der Imam) zur Begrüßung eingeladen worden. Die Koordinatorin begrüßt die Anwesenden und lädt alle zu einer kurzen Vorstellungsrunde ein. Anschließend erklärt sie die Funktion des Familienrates (v.a., dass es um Lösungen, nicht um Schuldklärungen geht) und macht die Gesprächsregeln deutlich (nur eine spricht zur selben Zeit, Wortmeldungen sind erforderlich).

Zunächst bittet der Koordinator alle beteiligten Fachkräfte, ihre Sorge vorzutragen (dass z.B. das Wohl des Kindes gefährdet ist). Anschließend fragt er die Familiengruppe, ob die Sorge geteilt wird und die Anwesenden bereit sind, eine Lösung zu finden. Wenn wichtige Familienmitglieder jetzt erklären, dass sie die Sorge des Jugendamtes für unbegründet halten und den Sinn des Familienrates nicht einsehen, kommt der Familienrat nicht zustande (vgl. Früchtel/Cyprian/Budde 2007b: 45, 47, Uhlendorff/Euteneuer/Sabla 2013: 179).

Ist das Einvernehmen hergestellt, dass eine Lösung gemeinschaftlich gefunden werden soll, trägt die für den Fall zuständige Soziale den Anlass genau vor (warum das Wohl des Kindes gefährdet ist) und andere Fachkräfte (z.B. eine Ärztin) ergänzen aus ihrer fachlichen Sicht. Sie tragen vor, was sie wissen. Der Koordinator unterstützt die Familiengruppe, ihre Fragen zu stellen. Er muss darauf achten, dass sich die Fachkräfte verständlich ausdrücken, zum Thema sprechen und keine Lösungswege unterschwellig anbieten (vgl. Früchtel/Cyprian/Budde 2007b: 46). Die Fachkräfte beantworten Fragen der Familie. Sie bringen weitere Informationen ein, die einen Lösungsvorschlag unterstützen können.

Der/Die Koordinator/in formuliert den Auftrag für die Familie und stellt ihr Hilfsmittel (z. B. Flipcharts, Stifte, Metaplankarten und -wände u. ä.) zur Verfügung (Aufträge können z. B. sein: „Wo kann Justin in den kommenden sechs Monaten leben?", „Was muss getan werden, damit er regelmäßig zur Schule geht?").

(2) Family-only-Phase: Danach verlassen alle Professionellen den Raum, womit die exklusive Familienzeit eingeläutet wird. Der Familie wird der nötige und sichere Rahmen für die eigenständige Planung gegeben. Nach dieser ‚Family-only-Phase' präsentiert die Familie in der ‚Verhandlungsphase' ihren Plan, der jetzt von der Fachkraft des Jugendamtes geprüft wird, ob er ihre vorher formulierte Sorge (auf)löst (vgl. Früchtel/Roth 2014: 2 f.). Der Koordinator wird dennoch ein- oder zweimal den Raum betreten, z. B. um zu fragen, ob etwas zu trinken gewünscht ist, und kann so auch einen Einblick gewinnen, ob die Familiengruppe Unterstützung braucht (vgl. Früchtel/Cyprian/Budde 2007b: 45). Ein Familienrat scheitert, wenn in dieser Phase keine Einigung über einen Lösungsvorschlag erzielt werden kann.

(3) Entscheidungsphase: Wenn diese Beratung erfolgreich abgeschlossen ist, werden die nun noch benötigten Fachkräfte zurückgeholt. Anschließend stellt die Familiengruppe ihren Lösungsplan vor (der z. B. folgende Elemente haben kann: „Ziele und Aufgaben der Eltern und des jungen Menschen", „Welche Unterstützungsleistung erbringt welches Familienmitglied? Welche Unterstützungsleistung erbringt das Jugendamt?"). Auch kann (sollte) geklärt sein, was geschieht, wenn ein Teil des Planes nicht funktioniert (vgl. ebd.: 46 f.). Die Fachkräfte können Fragen zu dem Lösungsplan vorstellen und Bedenken bzw. (neue oder alte) Sorgen formulieren. Erforderlichenfalls muss eine zweite exklusive Familienzeit stattfinden, wenn der fallzuständige Soziale bestimmte Aspekte noch nicht gelöst sieht (vgl. Uhlendorff/Euteneuer/Sabla 2013: 179).

Der/die Koordinator/in hat nun die Aufgabe, der Familie dabei Hilfestellung zu geben, den Lösungsplan abzusichern. Der Plan wird durch ihn in Zusammenarbeit mit den Akteuren schriftlich konkretisiert, d. h., es wird verbindlich geklärt, wer wofür zuständig ist (und wer die Einhaltung überprüft), z. B. auf einer Flipchart; auch ein zweiter FR zur Evaluation der erzielten Ergebnisse ist möglich (Früchtel/Cyprian/Budde 2007b: 38, 47).

Wenn der/die fallzuständige Soziale trotz Nachbesserungen in einer zweiten exklusiven Familienzeit nicht überzeugt ist, dass der Lösungsplan das Wohl des Kindes sichert, dann wird der/die Koordinator/in genau klären, ob wirklich ein Scheitern vorliegt oder noch Chancen für einen einvernehmlichen Plan bestehen. Ggf. wird er/sie die/den fallzuständige/n Soziale/n ermuntern, flexibler zu sein, oder die Familiengruppe im Bemühen um eine Lösung stärken. Führt auch die Suche nach Kompromissen zu keiner Lösung, dann wird er/sie gemeinsam mit allen Anwesenden feststellen, dass der FR erfolglos ist. Dann wird die/der fallzuständige Soziale die Lösung, die sie/er „für angemessen hält, gegebenenfalls familiengerichtlich durchsetzen“ (ebd.: 47).

(4) Überprüfungsphase: Die Akteure beginnen mit der Umsetzung des Plans, was Koordinator und fallzuständige Soziale überprüfen (vgl. Uhlendorff/Euteneuer/Sabla 2013: 180).

Das Verfahren knüpft damit nicht nur an traditionelle Gemeinschaftsprozesse an (die Familie hat die Kraft zur Lösung ihrer [Erziehungs-]Schwierigkeiten), es stattet die Familiengruppe auch mit Entscheidungsrechten aus, wodurch das staatliche Handeln (der Sozialen im Jugendamt) „besser in Einklang mit lebensweltlichen Gepflogenheiten gebracht werden“ kann (Früchtel/Roth 2014: 15).

Ergebnisse aus wissenschaftlichen Begleitforschungsvorhaben deuten darauf hin, dass das Verfahren positiv bewertet wird, wohl auch, weil es sicherstellt, „dass das familiale Netzwerk seine eigenen Problemsichten, Prioritäten und Erwartungen im Verfahren angemessen zum Ausdruck bringen und auf den Ausgang von Hilfeentscheidungen Einfluss nehmen kann“ (Hansbauer 2013: 106). In Berlin hat sich gezeigt, dass dann, wenn sich eine Familie auf einen FR einlässt, fast immer ein Plan entwickelt wird, den die Sozialen des Jugendamtes akzeptieren können (vgl. Kodra 2017: 35, vgl. Früchtel/Roth 2017: 203 ff.). Prinzipiell ist das Verfahren auch auf Anlässe außerhalb der Kinder- und Jugendhilfe (etwa in der Altenhilfe) anwendbar. Zudem kann der FR auch als Verfahren zur Stärkung sozialer Kontakte und Netzwerke dienen (vgl. ebd.: 73 ff., 85 ff.).

Merke

Der Familienrat ermöglicht, dass die Akteure – unter geringstmöglicher Einflussnahme durch Soziale – selbst Lösungen für ihre Anliegen und Notlagen entwickeln, dafür Ressourcen erschließen und die selbst entwickelten Pläne anschließend umsetzen.

13.3 Lösungen erschließen

Mit den in den 1970er Jahren angestellten Überlegungen zur Entwicklung professioneller Formen der Teamarbeit wurde deutlich, dass Mitarbeiter/innen bereit sein müssen, Kolleg*innen z. B. zu helfen, wenn Grenzen des Wissens oder der Fähigkeiten erreicht werden. „*Regelmäßige Kommunikation* ermöglicht einen Austausch von Informationen über Sachen, Personen und Gefühle, bei dem jeder Beitrag gewürdigt und den Ursachen von Meinungsverschiedenheiten nachgegangen wird“ (Scherpner/Funk/Kowollik 1976: 45 f.).

„Teamarbeit beschreibt die Zusammenarbeit in einer Gruppe, in der unter Einsatz unterschiedlicher fachlicher und persönlicher Möglichkeiten der Mitglieder und bewusster Beachtung bestimmter Regeln auf ein gemeinsames Ziel hingearbeitet wird“ (Stahmer 2017: 1031). So besteht z. B. in der Heimerziehung eine unmittelbare Notwendigkeit zur Teamarbeit, wenn es etwa bei der Übergabe der Wohngruppe unter den im Schichtdienst tätigen Sozialen darum geht, Auffälligkeiten, besondere Interventionen, getroffene Entscheidungen u. ä. mitzuteilen und dabei zu wissen, dass es ein gemeinsames Verständnis über die Wahrnehmung von Auffälligkeiten, besonderen Interventionen und zu treffenden Entscheidungen unter allen Mitgliedern des Teams (unabhängig von Zeitpunkt und der Möglichkeit gemeinsamen Handelns) gibt. Die große Selbstverständlichkeit, mit der solche Prozesse im Arbeitsalltag vollzogen werden, verweist auf das meist unausgesprochene Grundverständnis, wie in Gruppen beruflich tätiger Sozialer kooperiert werden soll. Forschungsbefunde weisen nach, dass die Lösung komplexer Probleme und die Entwicklung von Lösungen in Gruppen besser und wirkungsvoller geschieht als durch die Arbeit Einzelner, was das Verfahren der Kollegialen Beratung (KB, die auch als „kooperative Beratung“, „Peergroup-Supervision“ oder „kollegiales Coaching“ bezeichnet wird) als lösungsorientierte Soziale Gruppenarbeit systematisch nutzt (vgl. Linderkamp 2011: 45). Die Gruppe von Fachkräften bildet eine Beratungsgemeinschaft, die sich gegenseitig eine honorarlose Beratung gibt. Selbstklärungsverfahren in Gruppen (zu denen neben der KB u. a. auch Focusing, Co-Counseln und Supervision zählen) sind Gelegenheiten der Selbstreflexion und Klärung des eigenen Verhaltens, z. B. in fachlich anspruchsvollen Aufgabenstellungen, im „Dickicht“ eines komplexen Falles oder in Konflikten. In der Beratungsgruppe geht es um die „Integration von Wissen und Erfahrung und die Nutzbarmachung der zusätzlichen Kräfte und Möglichkeiten im Interaktionsprozess der Gruppe“ (Stahmer 2017: 1031). Dabei wird vergegenwärtigt, wie wichtig es ist, sich etwa biografisch bedingter Verstrickungen in die Dynamik eines Falles bzw. einer Situation im beruflichen Alltag bewusst zu werden und damit achtsam (d. h. reflektiert und zugleich sich selbst schützend) umgehen zu können. Diese selbstreflexiven Fähigkeiten stellen eine wichtige Kompetenz Sozialer zur kritischen Beurteilung des eigenen Handelns dar.

Obgleich eine (allgemeine Gültigkeit beanspruchende) theoretische Begründung des Verfahrens (noch) fehlt, sind die allgemeinen Rahmungen einer KB unbestritten:

- Nach Steffan (2003) stellen vier bis zehn (jeweils freiwillig teilnehmende) Soziale eine günstige Gruppengröße dar; Tietze nennt „mindestens fünf, besser aber sieben Teilnehmer" (und er rät dazu, eine Gruppe mit mehr als zehn Mitgliedern ggf. in zwei Gruppen aufzuteilen).
- Die Akteure sollen nach Möglichkeit keine direkten Arbeitsbeziehungen zueinander und keinen hierarchischen Bezug haben (d. h. Vorgesetzte werden nicht Teil der Gruppe), aus verschiedenen Arbeitsfeldern stammen, aber vergleichbare Erfahrungen hinsichtlich ihres beruflichen Hintergrundes mitbringen.
- Die „soziale Chemie" (d. h. ein vertrauensvoller, offener Umgang) unter Kolleginnen und Kollegen gilt als unverzichtbar (Konflikte sind absehbar, wenn bereits im Vorfeld persönliche Abneigungen bestehen, weil Teilnehmende miteinander schlechte Erfahrungen gemacht haben oder meinen, solche gemacht zu haben).
- Es sollten regelmäßig Beratungen (i. d. R. alle zwei Wochen) stattfinden können.
- Alle Gespräche sind von allen Akteuren verschwiegen zu behandeln.
- Die Gruppe sollte darauf achten, dass Widerstand bzw. eine Blockade provozierende, konfliktbesetzte, Angst fördernde oder persönlich nahe gehende Themen nicht Gegenstand der Beratung werden (verdichten sich solche Beratungsthemen, dann sollte ein externer Coach hinzugezogen werden).
- Die Einflussnahme durch Vorgesetzte (auf Inhalte wie Rahmungen) wird als kontraproduktiv bewertet (vgl. Tietze 2007: 217–224, Linderkamp 2011: 62–65, Steffan 2013: 461).
- Je Beratungsgang wird ein Zeitrahmen von ca. 45–60 Minuten angenommen.

Die fehlende theoretische Begründung des Verfahrens äußert sich auch in den uneinheitlich ausgearbeiteten Arbeitsschritten: Fallner/Gräßlin (1989: 33–53) haben z. B. sechs Prozessschritte definiert:

1. *Eröffnen und Beginnen:* Wer bringt ein Thema ein?
2. *Darstellen und Orientieren:* Was ist das Thema, was ist noch unverständlich?
3. *Betrachten und Erweitern:* Kontakt zur Situation aufnehmen, Assoziationen einbringen.

4. *Differenzieren und Beurteilen:* Statements und Hypothesen, Ideen einbringen und abwägen.
5. *Entscheiden und Übersetzen:* Vorschlag annehmen und Umsetzung angehen.
6. *Abschließen und Beenden:* Feedback/Blitzlicht.

Andere sechsschrittige Vorgehensweisen wählen einen anderen Ablauf (vgl. z. B. Liebig 2009). Diese Vorschläge unterscheiden sich überwiegend im Grad der Differenziertheit einzelner Schritte, nicht im grundsätzlichen Zugang (vgl. auch Linderkamp 2011: 65). Weigand (2009: 241 f.) regt ein neunschrittiges Ablaufschema für die kollegiale Beratung an, das den Differenzierungen auch der übrigen Vorschläge Rechnung trägt (ein alternatives Verfahren stellt Wendt [2017: 407] vor):

Arbeitsschritte	Leitfragen für alle	Leitfragen für die Falleinbringer	Leitungsaufgaben
1. Sammlung der Fälle	Was beschäftigt mich zurzeit in der Arbeit? Zu welchem Fall möchte ich beraten werden?	Die Situation in Stichpunkten zusammenfassen: Welche (erste) Frage möchte ich klären? Wie wichtig ist es mir, jetzt dranzukommen?	Darstellung in Stichworten, kein Einstieg!
2. Entscheidung in der Gruppe	Was interessiert mich am meisten? Wo kann ich mich am intensivsten beteiligen?		Herbeiführung einer Entscheidung. Leitfrage: Welcher Fall findet am meisten Interesse/Resonanz?
3. Erzählen (ca. 10 Min.)	Zuhören	Was fällt mir zu meinem Fall ein? Was habe ich vorbereitet?	(Möglichst) keine Unterbrechungen. Fragestellung der Einbringenden klären.
4. Rückfragen (ca. 10 Min.)	Was fehlt mir an der Erzählung? Warum? Was habe ich nicht verstanden? (Keine Hypothesen und Tipps in Frageform!)	Antworten – nicht rechtfertigen!	Hintergründe für die Frage beachten und, wenn nötig, klären!
5. Phantasien, Einfälle, Assoziationen, Bilder, Theorien, Hypothesen (Protokoll!) (ca. 20 Min.)	Welche Bilder, Vergleiche fallen mir ein zur Situation, zu einzelnen Personen? Wie ginge es mir an der Stelle von ...? (Identifikationen) Wie ging es mir bei der Erzählung?	Zuhören!	Sammeln der Ideen, keine Diskussion und Bewertung.
6. Ordnen (ca. 10 Min.)	Um was geht es wirklich? Was ist das Kernproblem? Wie ist der/die Einbringer*in beteiligt? Welche Herausforderung steckt darin?	Zuhören und/oder eigene Formulierung des Kernthemas.	Zusammenfassung auch der Widersprüche! Es muss keine Gruppenmeinung entstehen!

Arbeitsschritte	Leitfragen für alle	Leitfragen für die Falleinbringer	Leitungsaufgaben
7. (Handlungs-) Perspektiven, die nächsten Schritte (ca. 10 Min.)	Was würde ich machen? Eigene Erfahrungen.	Zuhören! Meine ersten Schritte.	Zusammenfassung, auch der Unterschiede!
8. „Sharing“	Was teile ich mit den Einbringern? Wo erging es mir ähnlich? Was habe ich für mich gelernt?		Keine (weiteren) Tipps, eigene Erlebnisse sind gefragt!
9. Auswertung der Beratung	Was hat meine Mitarbeit gefördert, behindert?	Rückmeldung an die Leitung und die Gruppe.	

Daneben kommen sieben- bzw. achtschrittige Vorgehensweisen zum Einsatz (vgl. z. B. Universität Koblenz-Landau 2006: 19–29, oder Poller/Brune 2004: 7). Unabhängig vom jeweils gewählten Modell wird eine spezifische Rollenteilung erkennbar, die charakteristisch für das Verfahren ist:

- *Fallgeber/in:* Sie/Er stellt den Anlass der Beratung vor, i. d. R. einen belastenden und/oder komplexen Fall, formuliert die Beratungsfrage, d. h. das Thema, die Fragestellung, das Problem, für dessen weitere Bearbeitung sie/er die Unterstützung der Gruppe braucht.
- *Gruppe:* Ihre Aufgabe ist es zu fragen, was der/die Fallgeber/in braucht und was die nächsten Schritte sein können. Ihr Beitrag ist die systematische Strukturierung der in der Befragung zur Fallschilderung gesammelten Eindrücke und Ergebnisse. Dies kann z. B. mittels Brainstormings geschehen, um denkbare Handlungsorientierungen und die nächsten Arbeitsschritte zusammenzutragen. Die/Der Fallgeber/in soll so eine Vorstellung davon erhalten, welche unterschiedlichen Ideen und Handlungsstrategien es geben und wie er/sie in der konkreten Situation agieren kann. Dabei hat die KB-Gruppe auch die Aufgabe, widersprüchliche Gedanken, Einfälle und Ideen miteinander zu verbinden, da alle Einfälle Teile der Dynamik des Falles sein können (vgl. Ader 2011: 168 f.).

  Fragen der Gruppe können sich u. a. aus dem Repertoire der lösungsorientierten Beratung ableiten lassen. So eignen sich z. B. konstruktive Fragen („Was würde passieren, wenn Sie nichts weiter unternehmen?“) und Was-wäre-wenn-Gedankenspiele, um neue Verknüpfungen anzubieten, indem eine veränderte Situation konstruiert wird. Es können auch geschlossene Fragen, sein, um z. B. „Details auf den Punkt zu bringen oder gezielt gewisse Nuancen in Erfahrung zu bringen“. Alternativfragen „bilden eine Variante der geschlossenen Fragen. Sie eignen sich für das Erfragen von Details“, die Antwortalternativen werden gleich mit genannt. Offene Fragen; hier „for-

muliert der Gefragte eigenständige Antworten"; sie werden durch W-Wörter eingeleitet (Wie? Was? Welche? Wer? usw.). Verständnisfragen verfolgen die Absicht, „dass der Fragende mehr von dem Gefragten erfährt. Es geht darum, ein besseres Verstehen zu ermöglichen. Verständnisfragen können offen oder geschlossen sein" (Tietze 2007: 237 f.). Auch wenn es in der Sozialen Arbeit angesichts der Subjekt- und Ressourcenorientierung verbietet, Ratschläge zu erteilen, geht es bei der Kollegialen Beratung „ausdrücklich darum, dem Fallerzähler alle möglichen Tipps, Ratschläge und Empfehlungen zu geben" (ebd.: 11).
- *Moderation:* Durch die Moderation wird der Ablauf der Kollegialen Beratung strukturiert, begrenzt und auch diszipliniert. Sie erarbeitet/präzisiert (falls notwendig) mit der ratsuchenden Person die Ausgangsfragestellung, überwacht den Ablauf, die Zeiten, Rollen und Regeln, die sich aus dem Phasenmodell ergeben (und unterbindet z. B. Diskussionen, die dort nicht vorgesehen sind). Sie sorgt für einen respektvollen Umgang miteinander und das empathische Herangehen der Beteiligten an den Fall (indem sie z. B. Analysen und Bewertungen unterbindet) und schützt so die Akteure beispielweise vor zu weit gehenden Fragen. Die Besetzung der Moderation kann nach dem Rotationsprinzip, die Wahl durch den Fallerzähler oder aufgrund anderer Kriterien (z. B. die größtmögliche emotionale Distanz) erfolgen.

KB kennzeichnet, dass alle Gruppenmitglieder gleichwertig sind, eine gemeinsame berufliche Perspektive haben, freiwillig und (z. B. in Bezug auf den verabredeten Zeitrahmen) verbindlich und in einer durch Lösungsorientierung geprägten methodischen Struktur zusammenarbeiten. Strukturbildend ist auch, dass die Zusammensetzung einer KB-Gruppe, abgesehen von Stellenwechsel u. ä., nicht geändert werden soll (vgl. Lippmann 2004: 17 f., Ader 2011: 175).

Schwierigkeiten bei der Durchführung können sich aus der Gruppendynamik ergeben, nicht nur, weil die Gruppenmitglieder ihre Vorerfahrungen (beruflich und persönlich bedingte Gefühle wie Sympathie, Vertrautheit, Neid oder Ängstlichkeit) mitbringen, die die Beratung belasten können; auch gruppendynamische Belastungen können „eingeschleppt" werden, wenn sich Mitglieder bereits aus Arbeitszusammenhängen kennen (Tietze 2007: 236). Auch das Fehlen einer externen Leitung kann bei gruppeninternen Konflikten eine Schwierigkeit darstellen. Deshalb brauchen Kollegiale Beratungsgruppen Struktur, die sich in der kontinuierlichen Arbeitsweise, der dauerhaften Zusammensetzung der Gruppe, den definierten Arbeitsphasen und den Rollenklärungen zu Beginn jeder Beratung zeigen. Dies lässt erwarten, dass sich mit der Zeit für die Beratungsgruppe Regeln ergeben und sich ein gemeinsamer Arbeitsstil herausbildet, der auch den Umgang mit Störungen klärt (vgl. ebd.: 334 ff.).

Merke
Soziale werden selbst zu Akteuren, wenn sie ihre Anlässe im Rahmen einer Kollegialen Beratung bearbeiten, um dafür Lösungen zu erschließen. Das Verfahren wird damit zugleich zum Übungsfeld, in die Ressourcen jeder Gruppe zu vertrauen.

13.4 Zum Abschluss des Kapitels

Zum Weiterlesen

- *Werner Freigang, Barbara Bräutigam* und *Matthias Müller* (Gruppenpädagogik, Weinheim/Basel 2018) stellen die Bedeutung der Gruppenpädagogik in den Erziehungshilfen etwas ausführlicher dar (S. 128–158).
- *Ute Straub* (Familienrat; in: socialnet Lexikon, Bonn 2018; URL: https://www.socialnet.de/lexikon/Familienrat) gibt eine kurze Einführung in den Familienrat.
- In die Kollegiale Beratung führt *Kim-Oliver Tietze* (Kollegiale Beratung; in: Dick, M./Marotzki, W./Mieg, H. [Hg.], Handbuch Professionsentwicklung, Bad Heilbrunn 2016: 309–320) ein.

Aufgabe

Erinnern Sie sich bitte daran, was Sie über die *aufsuchende Arbeit* und die *Positive Peer Culture* erfahren haben. Welche Themen („Fälle“) aus beiden Feldern erscheinen Ihnen denkbar, in denen die Kollegiale Beratung eine Rolle spielen und zum Einsatz kommen könnte?

Kapitel 14
Soziale Gruppenarbeit im Zwangskontext

Die bislang vorgestellten Formen der Sozialen Gruppenarbeit sind durch weitgehende Freiwilligkeit und Offenheit gekennzeichnet. Daneben kann sie auch in Kontexten erfolgen, die durch *legitimen Zwang* gekennzeichnet sind, in denen Normen durch Akteure verletzt wurden und die Erwartung formuliert wird, dass diese sich künftig ein normgerechtes Verhalten aneignen. Gesellschaftliche Normalitätserwartungen bilden sich v.a. in Form gesetzlicher Vorschriften ab, z.B. in konkreten Vorgaben, die das Verhalten von Menschen begrenzen, sei es, wie sich Jugendliche im öffentlichen Raum zu bewegen haben (Ge- und Verbote, Bestimmungen des Jugendschutzrechts), oder welche Schutzrechte Kinder und welche Pflichten ihre Eltern haben. Um legitimen Zwang handelt es sich dann, wenn Gerichte die Verletzung dieser Vorschriften feststellen und Straftäter*innen der Bewährungshilfe unterstellen, die die Einhaltung von (im Urteil ausgesprochenen) Bewährungsauflagen zu kontrollieren und ggf. auch zu erzwingen hat. Soziale Arbeit erfolgt damit im Spannungsfeld von Hilfe und Kontrolle, das auch als doppeltes Mandat beschrieben wird,

- einerseits als *Hilfe* durch Begleitung und Förderung (z.B. durch Positive Peerkultur), Ermächtigung und Befähigung (z.B. zur Aktion im Rahmen politischer Jugendbildung) und Unterstützung (z.B. durch anwaltschaftliche Vertretung im Rahmen aufsuchender Arbeit) und
- andererseits als *Kontrolle,* u.a. durch die Ausübung von Zwang und Verhinderung oder Korrektur abweichenden Verhaltens (z.B. im Rahmen eines Sozialen Trainingskurses), um gesellschaftliche Verhaltenserwartungen durchzusetzen.

Ein Sozialer Trainingskurs (STK), an dem ein junger Straftäter aufgrund einer richterlichen Weisung teilnehmen *muss,* bringt zugleich die (im Rechtssystem verankerte) Erwartung dessen zum Ausdruck, was er dort lernen (sich aneignen) muss, um sich (künftig) im Rahmen dieser Erwartungen angemessen verhalten zu können. Grundüberlegung ist dabei, dass delinquentes Verhalten, das sich in Straftaten zeigt (z.B. Körperverletzung, Verstöße gegen das Betäubungsmittelrecht, Diebstahl, nicht selten in Mehrfachtäterschaft), als ein Signal für eine angespannte Lebenssituation und dahinterliegende persönliche, familiäre, soziale und psychische Schwierigkeiten gesehen werden kann, die sich auch in unangemessenen Handlungsmustern (z. B. Gewaltandrohung und -ausübung) zeigen. Eine angemessene Konfliktbewältigung setzt soziale Handlungskompetenzen voraus, die durch Erfahrungen in der Auseinandersetzung mit der eigenen Delinquenz, v. a. in gruppendynamischen Prozessen, erworben werden. Beispielhaft hierfür sind die beiden Schlüsselprozesse *Konfrontieren* (z. B. im Sozialen Trainingskurs) und *Provozieren ermöglichen* (im Antiaggressionstraining):

14.1 Konfrontieren

Als *Soziale Trainingskurse (STK)* werden i. d. R. ambulante Angebote für straffällig gewordene Menschen (insb. junge Menschen bis zu 21 Jahren) verstanden, um delinquentes Verhalten künftig zu vermeiden. Sie wurden in den 1980er und 1990er Jahren eingeführt, wobei zunächst z. B. handwerkliche Arbeiten mit erlebnispädagogischen Elementen verknüpft wurden. Dabei stand zunächst die pädagogische Betreuung und persönliche Hilfe im Vordergrund.

Entscheidend für die Teilnahme an einem STK ist neben der Altersbegrenzung die Möglichkeit der erzieherischen Einwirkung auf die straffällig gewordenen jungen Menschen. Die richterliche Betreuungsweisung (§ 10 JGG) für drei bis sechs Monate (in Einzelfällen auch länger) soll im Einzelfall auch eine Alternative zu Arrest und Jugendstrafe sein und kann auch als Bewährungsauflage erteilt werden. Einzelne Angebote (z. B. das Gruppentraining „Stop and Go" [vgl. Müller/Schwabe 2009: 112–147]) dienen auch der Vermeidung von Untersuchungshaft. (Grundsätzlich ist es auch möglich, nach dem KJHG freiwillig an einem Trainingskurs teilzunehmen, z. B. im Rahmen von Angeboten der Jugendsozialarbeit, ggf. auch innerhalb der Hilfen zur Erziehung.)

Im STK sollen neben einer intensiven Auseinandersetzung mit der Straftat, den Hintergründen und den Ursachen des eigenen straffälliges Verhaltens die Perspektive des Opfers (z. B. einer Körperverletzung) eingenommen und die Akteure mit den Folgen ihrer Straftat *konfrontiert* werden. Es geht weiter darum, gewaltfreie Konfliktlösungsstrategien kennenzulernen, sich in der Gruppe als kooperations- und gruppenfähig zu erweisen, durch die Entfaltung von Initiative, Kommunikation, Selbststeuerung und Selbstverantwortung Verhaltensänderungen anzuregen (d. h. Reflexion des eigenen – auch geschlechtsspezifischen – Verhaltens, eigene Stärken erkennen und entwickeln zu können) und eine eigene Lebensperspektive zu bestimmen (Auseinandersetzung mit der aktuellen Lebenssituation, Bestimmung neuer Ziele), um so eine erneute Delinquenz zu verhindern. Inhaltliche Schwerpunkte sind deshalb u. a. Übungen zur Förderung der Selbst- und Fremdwahrnehmung, zur Entwicklung eines stabilen Selbstbildes und einer realistischen Selbsteinschätzung, zur Unterstützung der Kooperations-

und Verantwortungsbereitschaft sowie der Kommunikations- und Teamfähigkeit (wozu neue Kooperationsformen erarbeitet und erprobt werden) und zum Erlernen von Toleranz.

STK können in geschlossenen (festen) Gruppen zeitlich begrenzt an einem Thema arbeiten, offen in wechselnder Gruppenzusammensetzung und zeitlich fortlaufend mit wechselnden inhaltlichen Schwerpunkten ausgerichtet sein. Die Angaben zur Größe eines STK unterscheiden sich von Ort zu Ort. Üblicherweise werden zehn bis zwölf oder 15 Akteure genannt. Häufig wird darauf hingewiesen, dass ein STK-Gruppentreffen wenigstens drei Stunden Zeit in Anspruch nimmt, um die gewünschten (auch gruppendynamischen) Effekte erzielen zu können. Dabei können Elemente der Einzelfallarbeit (zur Entwicklung einer persönlichen Perspektive), der Rechtsberatung und v. a. der Sozialen Gruppenarbeit, etwa in Form videounterstützter Rollenspiele (wenn beispielhaft Konfliktsituationen durchgespielt und gewaltvermeidende Handlungsformen eingeübt werden), zur Anwendung gelangen. Auch erlebnispädagogische Einheiten und handwerkliche Tätigkeiten werden in STK durchgeführt (die Gruppe lernt z. B., Kanus zu bauen, und setzt sie anschließend im Rahmen einer gemeinsam geplanten und vorbereiteten, erlebnispädagogisch ausgerichteten Freizeit ein). Zum Repertoire eines STK zählen Übungen in Einzel-, Paar- und Gruppenarbeit (in der Gesprächsgruppe z. B. die Befassung mit eigenen Gewalterfahrungen, Drogenmissbrauch und Schwierigkeiten in Familie und Partnerschaft, Schule, Ausbildung und Beruf, um die Bedeutung des damit verbundenen Verhaltens für die Straffälligkeit zu reflektieren) und angeleitete Gesprächsrunden in der Gruppe, z. B. die Konfrontation mit den Strategien, die eigene/n Straftat/en zu rechtfertigen. Die inhaltliche Ausgestaltung eines STK kann sich – je nach örtlichem Konzept – stärker an den Bedürfnissen und Interessen der Akteure ausrichten, indem z. B. Themen in und mit der Gruppe ausgehandelt werden, schon dadurch nimmt jeder Kurs einen individuellen Verlauf (vgl. von Wolffersdorff 2016: 653, Oxenknecht-Witzsch 2018: 456, Höynck 2016: 979, Kluge/Weigel 2008: 53 ff.). Kritisch wird allerdings gesehen, dass der Transfer aus dem Training in den Alltag nur schwer vollzogen werden kann (vgl. z. B. Brosius 2009: 269 f.).

Beate berichtet über ihre Arbeit mit jungen Straftäterinnen: Sie spricht von einem „Arbeitsfeld, in dem die Selbstmotivation am Anfang nicht da ist, weil sie eine richterliche Weisung haben", bei dem es daher zunächst um eine starke Verknüpfung mit der Einzelfallarbeit gehen muss, bevor in der Gruppe gearbeitet werden kann: „Der Anfang einer Sozialen Gruppenarbeit ist bei uns das Einfach-da-Sein und ein Miteinander-Aushalten" (in einem Raum mit anderen, fremden Straftäterinnen). Zu Beginn geht es darum, die jungen Frauen aufzufangen. Um wirksam sein zu können, muss die Einzelfallarbeit vorausgehen, denn „die Mädchen oder jungen Frauen kommen sonst nicht gut über die Schwelle zur Sozialen

Gruppenarbeit. Da sind zu viele Ängste, eigene Erfahrungen, Erfahrungen aus dem Leben. Wir hätten nicht so gute Erfolgsmöglichkeiten, wenn es keine vorgeschaltete Beziehungsaufbauphase gäbe, mittels derer sie es schaffen können, in die Soziale Gruppenarbeit reinzukommen." In dieser vorgeschalteten Phase finden Pflichtgespräche statt, die dem Beziehungssaufbau dienen und Vertrauen aufbauen sollen.

„Wenn diese Beziehung sich stabil anfühlt, kommt der Großteil der jungen Frauen in der Gruppenarbeit an. Es gibt auch fitte, es gibt auch diejenigen, die nur einmal straffällig geworden sind und andere persönliche Ressourcen haben, denen es etwas leichter fällt, mit weniger Kontakt auch in der Sozialen Gruppenarbeit anzukommen. Die meisten aber spüren Angst vor der Befragung ihrer Person und vor den Prozessen, die in der Gruppe passieren könnten", davor, sich nicht kontrollieren zu können, weinen zu müssen, wenn sie etwas emotional betrifft, oder sie keine Lust haben, mit anderen Mädchen oder Frauen *in einer Gruppe zusammen zu sein.* Erst dann, wenn dies überwunden ist (eine Beziehung zur Sozialen entwickelt und Vertrauen zwischen beiden aufgebaut wurde), kann der STK wirksam werden. „Sie kommen an ihre inneren, eigenen Themen heran, die als pädagogischer Prozess nutzbar werden, wenn Beziehungen entwickelt werden konnten. Sonst ist es ein Misserfolgserlebnis. Es kann sein, dass sie zur Tür hinaus rennen, weil sie überfordert sind."

Auch der STK „Mädchen in Aktion" (MiA) rückt die Lebenssituation und die Nöte und Bedürfnisse der Mädchen und jungen Frauen in den Vordergrund (vgl. Ahnert/Hofmann/Weigel 2006, Ahnert/Goeschel 2008). Dafür richten sich die Themen des Kurses an den individuellen Entwicklungserfordernissen der Teilnehmerinnen und nicht an ihren Straftaten aus. Auch hier gilt der für STK meist geltende Grundsatz, dass nicht die/der Täter/in abgelehnt wird, sondern dessen/deren Tat. „MiA" wird von der grundlegenden Einschätzung geleitet, dass sich Mädchen in Mädchengruppen selbstbewusster und aktiver einbringen, sich weniger auf geschlechtsstereotypes Verhalten und „typisch weibliche" Aktionsfelder einschränken. In einer so ausgerichteten Gruppe fällt es leichter, ein positives Selbstbild zu entwickeln und Selbstbewusstsein aufzubauen. Ziele sind deshalb, eigene Bedürfnisse, Wünsche und Lebensvorstellungen zu erkennen (und deren Umsetzbarkeit zu reflektieren) und eigene Stärken und Ressourcen bestimmen und nutzen zu können. Die Kommunikations- und Kritikfähigkeit soll z. B. durch neue Formen der Konfliktlösung verbessert sowie akzeptierendes und tolerantes Verhalten eingeübt werden. Auch die Fähigkeit zur besseren Selbstbehauptung und Selbstregulierung (in grenzüberschreitenden Situationen selbstsicher[er] agieren und deeskalierend wirken zu können) und Alternativen zum (auto-)aggressives Verhalten sollen entwickelt werden.

Mit sechs bis acht Teilnehmerinnen werden im Zeitraum von vier bis viereinhalb Monaten 16 Gruppentreffen (wöchentlich drei Stunden) und ein erlebnispädagogisches Wochenende durchgeführt. Die gruppendynamisch bestimmten Phasen (→ 2.3) werden für die Ausgestaltung des STK genutzt:

(1) Kennenlernphase: Die beiden ersten Gruppentreffen mit Spielen zum Kennenlernen und ersten kleinen gemeinsame Unternehmungen sollen die Erwartungen und die Themen der Gruppenarbeit klären helfen.

(2) Stormingphase: Im 3. bis 5. Gruppentreffen werden die Teilnehmerinnen aneinandergeraten, wozu z. B. ein dreitägiges erlebnispädagogisches Wochenende (z. B. mit Kanufahrten, Trekking oder Klettern) dient. Sie sollen sich selbst durch die Verbindung der Elemente Natur, Erlebnis und Gemeinschaft im Gruppenprozess erfahren, in der Teamarbeit (z. B. beim Floßbau, Paddeln oder Übernachten im Wald) ein Zusammengehörigkeitsgefühl entwickeln und Konflikte in der Gruppe zulassen und fördern. Erlebnispädagogische Elemente sind dabei besonders geeignet, da sie die Möglichkeit bieten, exemplarische Lernprozesse zu schaffen, in denen die Teilnehmerinnen vor physische, psychische und soziale Herausforderungen gestellt werden. Solche Erlebnisse können im weiteren Prozess nutzbar gemacht werden und zur Förderung der Persönlichkeitsentwicklung beitragen, was sie befähigt, ihre Lebenswelt eigenverantwortlich zu gestalten.

(3) Normingphase: Im 6. und 7. Gruppentreffen werden persönliche und gemeinsame Ziele der Gruppe geklärt und Vereinbarungen zur Zusammenarbeit und zum Umgang untereinander getroffen.

(4) Performingphase: Im 8. bis 13. Gruppentreffen geht es darum, mit Spaß gemeinsam produktiv zu sein. Zu den Arbeitsformen in der Gruppe zählen dann

- der Austausch über die eigene *Lebenssituation*, um Bedürfnisse und Notlagen wahrzunehmen und Ideen einer Veränderung und Möglichkeiten für deren Umsetzung zu prüfen (z. B. durch Gruppengespräche und Feedback),
- das Wahrnehmen eigener Gefühle als Signal für Bedürfnisse, Erkennen eigener *Grenzen* und von erlebten Grenzverletzungen, Anregung zur aktiv-tätigen Bewältigung (durch theaterpädagogische Elemente, erlebnis- und naturpädagogische Elemente [die Natur als Spiegel der Seele], Rollenspiele),
- das Training des konstruktiven Umgangs mit Aggression (z. B. durch Erlebnispädagogik),
- die Arbeit an den *sozialen Kompetenzen*, Konfliktlösungsstrategien und das Training der Kommunikation (durch Rollenspiele mit anschließender videogestützter Reflexion),

- die Arbeit an der eigenen (Geschlechts-)*Identität,* Auseinandersetzung mit der eigenen Person, dem eigenen Rollenverständnis und dem selbst- und fremdbestimmten Bild als Frau,
- Erkennen von und Arbeit an eigenen Stärken und Ressourcen sowie die Klärung der Bedeutung der eigenen Sexualität (z. B. durch ein kleines theaterpädagogisches Projekt, Gruppenarbeit und Feedback der Gruppe).

(5) Closing: In der Abschlussphase werden die letzten drei Gruppentreffen in Abständen von zwei bis drei Wochen durchgeführt; Ziel dieser Phase ist das Ablösen der einzelnen Teilnehmerinnen von der Gruppe und der Sozialen, um den Verselbstständigungsprozess voranzubringen. Innerhalb der Abschlussphase spielt die Reflexion – auch im Gruppenprozess (Auswertung der gemeinsamen Zeit, Klärung weiter bestehenden Hilfebedarfs, ggf. Weiterleitung an entsprechende Dienste) – eine große Rolle.

Insgesamt handelt es sich um eine Kollektion von handlungs- und erlebnisorientierten Elementen (zum Vertrauensaufbau in der Gruppe) sowie themen- und problemzentrierten Anteilen zu Themen junger Menschen (v. a. Schule, Ausbildung und Beruf, Freizeit, Freundschaft, Partnerschaft, Konflikttraining, Selbstbehauptung). In anderen STK-Konzeptionen werden auch Elemente von PPC (→ 12.2), Fit for Life (→ 12.3) oder Coolness-Trainings (→ 12.1) eingebunden.

Merke
Settings legitimer Zwangsausübung durch Soziale dienen dazu, Akteure durch die Konfrontation mit ihren Normverletzungen lernen zu lassen, um sie zu einem normgerechten Leben zu befähigen.

14.2 Provozieren

In vielen STK spielen Elemente oder Anleihen beim sog. *Anti-Aggressions-Training* (*AAT;* vgl. Weidner 2017) als speziellem Verfahren der Arbeit mit Straftäter*innen eine Rolle, das sich aus der sog. „konfrontativen Pädagogik“ (vgl. Weidner/Kilb/Kreft 2002) ableitet. Konfrontative Pädagogik grenzt sich sowohl vom autoritären Erziehungsstil als auch von einem (durch akzeptierendes Begleiten gekennzeichneten) permissiven Verständnis ab, das deviantes Verhalten v. a. als gesellschaftlich verursacht ansieht. Sie begreift sich als „letztes Mittel“ in der Arbeit mit gewaltbereiten Mehrfach- bzw. Intensivtäter*innen. Ziel ist es, die für sie verhaltensprägende Annahme zu verändern, dass Aggressivität unberührbar macht, Macht und Überlegenheit signalisiert und Respekt zur Folge hat, während

Friedfertigkeit mit Schwäche und Feigheit verbunden ist und als „weibisch" diffamiert wird (vgl. Weidner 2017: 99 ff.). Auch im AAT sollen die Akteure zunächst mit dem Unrechtsgehalt ihres Handelns konfrontiert werden. In einem zweiten Schritt wird versucht, mit ihnen Verhaltensalternativen zu erarbeiten.

Ein AAT kann gem. §§ 27 ff. KJHG als Hilfe zur Erziehung (z. B. als Soziale Gruppenarbeit, in Zusammenhang mit einer Einzelbetreuung oder der Heimerziehung) durchgeführt werden. § 10 Abs. 1 Satz 3 Nr. 6 JGG schafft die Möglichkeit, ein AAT als Erziehungsmaßregel oder Bewährungsweisung anzuordnen. Darüber hinaus kann es im Jugendstrafvollzug als besondere Hilfs- und Behandlungsmaßnahme verhängt und im Rahmen des Strafgesetzbuches (StGB) eine Teilnahme richterlich angewiesen werden (vgl. Krüger 2018).

Das AAT als spezielle Form des sozialen Trainings „orientiert sich unmittelbar am lebens- und alltagspraktischen Üben" und kann „als sozialpädagogische Behandlungsmaßnahme mit begrenzter Reichweite oder als Breitbandbehandlungsmaßnahme deklariert werden" (Weidner 1997: 135 f.).

Konzeptionell folgt es dem Ansatz des sozial-kognitiven Lernens (vgl. Bandura 1979), wobei es darum geht, pro-soziale (Re-)Aktionsformen als Alternative zu aggressiven Mustern zu vermitteln (zur Konzeption vgl. weiter Weidner 2006 und 2011, Weidner/Sames 2011 oder Kilb/Weidner 2013). Zielgruppe des AAT sind „nicht-psychotische, gewalttätige Wiederholungstäter (aber keine Sexualstraftäter), die zu einer Jugendstrafe verurteilt wurden und die ihr exzessiv gewalttätiges Handeln als alltägliche Konfliktlösungsstrategie begreifen (Weidner 1997: 137).

Das Grundverständnis wird von einem optimistischen Menschenbild geprägt, das sich z. B. in einem respektvollen Umgang der Akteure untereinander ausdrückt: Dem Grundsatz auch hier folgend, die Tat abzulehnen, den/die Täter*in aber zu achten, reflektieren die AAT-Trainer*innen (u. U. Soziale mit entsprechender Zusatzqualifikation[27]) die individuelle Bedürfnisstruktur, die für die Straftaten eine Rolle spielt, und gehen ressourcenorientiert auf die Akteure zu (vgl. Krüger 2018). Sie verstehen sich als Antagonist*innen, als friedfertige Gegenspieler*innen, die in ihrer Arbeit von Nicht-Professionellen unterstützt werden, die eine Affinität zum Thema „Gewalt" haben, z. B. Kampfsportler, die im Alltag auch bei Provokationen friedfertig bleiben, oder ehemalige Gewalttäter, die den Akteuren ihren Weg zu einem gewaltfreieren Leben vermitteln wollen (vgl. Weidner 1997: 138).

---

27 Die Leitung eines AAT, so Weidner (2017: 100), soll aus zwei geisteswissenschaftlich qualifizierten Hochschulabsolvent*innen (eine/r mit qualifizierter AAT/CT-Zusatzausbildung und Selbsterfahrung auf dem heißen Stuhl) bestehen.

Die Akteure sollen ihre individuellen *Aggressivitätsauslöser* kennenlernen und einschätzen können, welche Umstände eine Situation gewaltförmig eskalieren lassen. Vor dem Hintergrund der Konfrontation zwischen dem oft unbesiegbaren und cool-cleveren Idealselbst und dem unsicheren, leicht kränkbaren Realselbst soll bewirkt werden, ein realistisches *Selbstbild* zu entwickeln. In *Provokationstests* erfahren sie in emotional aufgeheizten Testsituationen die eigene Erregbarkeit und Aggressionsbereitschaft sowie die Grenzen ihrer Selbstkontrolle. „Sie wenden in derartigen Situationen neu erworbene Reaktions- und Verhaltensweisen an und bleiben kontrolliert und gelassen. Diese Tests werden solange durchgehalten, wie die einzelnen Mitglieder die problematische Situation entschärfen oder deeskalieren können". Die Akteure müssen sich systematisch mit der *Opferperspektive* auseinandersetzen und lernen, Gefühle der Betroffenheit, des Mitgefühls, der Empathie, der Schuld und Scham zu entwickeln und Verantwortung für ihr gewalttätiges Handeln zu übernehmen. Schließlich sollen sie auch verstehen können, wie die Struktur und Dynamik der Peergroup, der dort gegebenen Rollenmuster und Führungsrollen auf ihr eigenes Gewaltverhalten wirkt und welche *positive Peerkultur* (→ 12.2) dagegen gesetzt werden kann (vgl. Krüger 2018, zit. ebd., zum AAT-Curriculum vgl. auch Weidner/Sames 2011: 126 ff.).

In der Regel umfasst ein (ca. 60-stündiges) AAT vier Phasen (vgl. Krüger 2018):

(1) *Integrationsphase,* die dem Beziehungsaufbau und der Entwicklung des Gruppenzusammenhalts und – auf Grundlage der (rollenspielartigen) Gewaltschilderungen der Akteure – der Analyse provozierender Situationen und der Auslöser von Aggression und Gewalt dient. „Die *Gewaltschilderungen* aus eigener Praxis beziehen sich einerseits auf Kindheitserlebnisse, d. h. Mißhandlungen durch Eltern oder ältere Jungen im Heim, die als schmerzhaft empfunden werden, während andererseits Krankenhausaufenthalte nach Schlägereien mit Gleichaltrigen als ‚Härteprüfung' gesehen werden." (Weidner 1997: 144).

(2) *Konfrontationsphase,* zu der u. a. die Konfrontation mit den Gewalthandlungen, ihren Folgen für die Opfer und das Hinterfragen der Rechtfertigungsstrategien zählt. Hier findet zwischen den Trainer*innen und den Betroffenen ein verbaler Schlagabtausch auf dem *heißen Stuhl* statt. Der heiße Stuhl ist ein konfrontatives Instrument, mit dessen Hilfe sich die Akteure mit ihrer Gewaltstraftat auseinandersetzen. Ziel ist es, sich vor und in der Gruppe allen Fragen zur Tat, zu den Gefühlen im Zusammenhang mit der Tat, den Gründen und Rechtfertigungen für die Tat, zur Person und zum eigenen Verhalten zu stellen und dabei verbal angemessen zu reagieren. Sie sollen zudem für die Sicht des Opfers sensibilisiert werden. Die Grundlage bildet ein Interview, das in einigen AAT per Video

aufgezeichnet wird. Der Akteur schildert z. B. den Ablauf der Tat, seinen Anteil daran, die Reaktion des sozialen Umfeldes (z. B. Eltern, Freunde), den aktuellen Stand der Schadenswiedergutmachung, die Ursache/n für die Straffälligkeit, und er schätzt seine Stärken und Schwächen ein. Er kann sich gemeinsam mit der Gruppe das Video anschauen, wie es in einem Bericht zum heißen Stuhl heißt:

> „Dann wird ohne den Interviewten nach möglichen Angriffspunkten gesucht. Dabei wird besonders auf Neutralisationstechniken, die Kongruenz der Körpersprache zum Gesagten, das Verhalten während des Kurses, die Opfersicht sowie das Einsichtsvermögen geachtet. Durch die anschließende Konfrontation wird dem Teilnehmer die Möglichkeit gegeben, zum Sachverhalt Stellung zu nehmen und seine Position zur Straftat neu zu überdenken. Dabei kann die Auseinandersetzung mit der Tat auf andere Themenbereiche ausgedehnt werden, um neue straffreie Lösungsansätze für die persönliche Weiterentwicklung des Teilnehmers zu erarbeiten" (Kluge/Weigel 2008: 58 f.).

Mit dem Instrument des heißen Stuhls[28] werden die Akteure bis an die Belastungsgrenze in ihren kränkbaren Persönlichkeitsanteilen angegriffen. Dabei werden die auslösenden Reize unter Nutzung von Elementen des Psychodramas zur Reinszenierung konflikthafter Situationen in der Gruppe wiederholt, um ihnen kathartisch das „Durchleben emotional aufgeladener Situationen zu ermöglichen. Danach werden die *Gewaltrechtfertigungen* der Teilnehmer solange hinterfragt, bis die Bereitschaft besteht, die realen Tatfolgen einzugestehen. (…) Das Einbeziehen der *Opferperspektive* soll den Abbau der Neutralisierungstechniken und den Aufbau von Empathie verstärken" (Weidner 1997: 144). Bezweckt wird, dass sich die Akteure (auch in der Gruppe) nicht nur mit der eigenen Gewalttat und deren Folgen auseinandersetzen, sondern Schuld- und Schamgefühl entwickeln und für das gewalttätige Handeln Verantwortung übernehmen. Die gesprächsorientierte Trainingspraxis kann durch asiatische Bewegungskünste zur Stärkung der Selbstbeherrschung begleitet werden (vgl. Weidner 1997: 145).

(3) Während der *Gewaltverringerungs-* oder *Coolness- und Kompetenzphase* geht es u. a. um die Entwicklung von Handlungskompetenz, sich z. B. in bedrohlichen Situationen selbstbeherrschen zu können. Dabei verfolgt das AAT eine Verschiebung der Werte der Akteure. Friedfertigkeit soll als Souveränität und Stärke (und nicht als Feigheit und Schwäche) begriffen werden (vgl. Weidner 1997: 144). Sie können z. B. in der Gruppe Handlungsmöglichkeiten einüben, um Provokations-

28 Von der umstrittenen Praxis des *heißen Stuhls* wird heute i. d. R. abgesehen.

situationen zu vermeiden oder anders auf sie zu reagieren. Ziel ist es, ein Bewusstsein dafür zu entwickeln, dass das Gesagte etwas anderes als das Gedachte sein kann und es z. B. eine Lösung wäre, dem Provokateur zu antworten, jetzt keine Zeit zu haben (und so das Gefühl, benutzt zu werden, abzuwenden bzw. gar nicht erst aufkommen zu lassen). Im Rollenspiel lässt sich lernen, zwischen „Ich denke“ und „Ich sage“ zu unterscheiden, um aus der Situation zu gehen (vgl. Kluge/Weigel 2008: 57 f.).

(4) Und in der *Reflexions- und Nachbetreuungsphase* werden auch die persönlichen Erfahrungen im Verlauf des Trainings ausgetauscht.

In der Wahrnehmung des Verfahrens wird u. a. reflektiert, ob das AAT überhaupt eine Form Sozialer Gruppenarbeit darstellt bzw. ob es mit Sozialer Gruppenarbeit, wie sie sonst entwickelt wird, vergleichbar ist (vgl. Krüger 2011), und es bleibt fachlich noch immer umstritten (ausf. hierzu: Grummt/Schruth/Simon 2010, Simon 2015). Kritisch wird z. B. angemerkt, dass Gewalt als Eigenschaft von Täter*innen betrachtet und damit die gesellschaftliche Bedingtheit von Gewalt(-handeln) ausgeblendet wird. Kritisiert wird auch, dass die dem Training ureigenen Provokationen selbst Elemente des Gewalthandelns sind. Es ist daher fraglich, ob das Training deshalb überhaupt Verhaltensänderungen hervorrufen kann (vgl. Plewig 2007). Dagegen steht das Argument, dass es sich um ein spezifisches Angebot v. a. für gewaltbereite Intensivtäter*innen handelt, die sonst durch Lern- und Förderangebote der Sozialen Arbeit nur schwer erreichbar sind (vgl. Krüger 2018).

Merke
Settings legitimer Zwangsausübung durch Soziale können dazu dienen, Akteure durch eine maximale Provokation erleben und erfahren zu lassen, dass sie ihre Aggressionen und ihr Gewalthandeln beherrschen können.

14.3 Zum Abschluss des Kapitels

Zum Weiterlesen

- Weidner, J./Sames, K.-H.: Curriculum und Methodik des Anti-Aggressivitäts-Trainings; in: Weidner, J./Kilb, R. (Hg.), Handbuch konfrontative Pädagogik, Weinheim/München 2011: 126–131.
- Weidner, J./Kilb, R./Kreft, D.: Gewalt im Griff, Weinheim/München 2002.
- Zur Kritik am AAT: Grummt, R./Schruth, P./Simon, T.: Neue Fesseln der Jugendhilfe: Repressive Pädagogik, Baltmannsweiler 2010.

Aufgabe

Rufen Sie sich noch einmal die im zweiten Teil dieses Lehrbuches geschilderten Schlüsselprozesse in Erinnerung! Ziehen Sie eine Bilanz: Was verbindet die Verfahren und Formen Sozialer Gruppenarbeit? Was trennt sie?

Kapitel 15
Soziale Gruppenarbeit als Navigation

Professionelle Soziale Arbeit wird durch drei Merkmale – Wissen, Können und Haltung – beschrieben, die erfüllt sein müssen, um *Lernhilfe* (wie sie hier beschreiben wurde) leisten zu können:

- Das *(Fach-)Wissen* befähigt Soziale, zielorientiert und effektiv zu handeln und anlassangemessene Verfahren anzuwenden (vgl. Wendt 2021: 34 ff.). In der Jugendarbeit heißt dies z. B., die Relevanz der Peers sicher einschätzen, in Bezug zu den Gruppenprozessen setzen und geeignete Verfahren und Schlüsselprozesse zur Anwendung bringen zu können.
- Das *Können* Sozialer kennzeichnet, z. B. institutionelle und rechtliche Vorgaben mit dem Respekt vor dem (eigen-sinnigen) Lebensentwurf der Subjekte, ihren Ressourcen und Kompetenzen zu verbinden. Das besondere Können Sozialer zeigt sich als *Beziehungskompetenz,* d. h. der Fähigkeit, eine berufliche Beziehung aktiv aufbauen zu können, die durch wechselseitiges Vertrauen und durch Gegenseitigkeit gekennzeichnet ist. So sagt z. B. *Peter,* dass er „ohne Beziehungen nicht langfristig eine erfolgreiche Soziale Gruppenarbeit machen (kann). Ich brauche eine Wechselseitigkeit, auch, wenn ich der Anleiter bin, auch, wenn ich der Erwachsene bin, brauche ich ein Gespräch, ein Wahrnehmen auf Augenhöhe. Ich benötige emotionale Resonanz und die ihr innewohnende gelingende Beziehung."
- Die *Haltung* kennzeichnet die innere Einstellung Sozialer, die (durch eigene Werte und Normen geprägt) die Grundlage ihres Handelns darstellt. Für die Soziale Arbeit ist dabei kennzeichnend, einen an den Menschenrechten ausgerichteten Gestaltungsauftrag wahrnehmen zu sollen (vgl. Wendt 2021: 255 ff.) und „zur Verwirklichung sozialer Gerechtigkeit und sozialer Sicherheit" (§ 1 Abs. 1 SGB I) beizutragen. *Gerry* nennt dies „die Haltungsfrage: Was ist meine grundsätzliche Annahme von Gesellschaft und menschlichem Miteinander? Was ist das gute Leben für diese Personen?") Diese Haltung hilft in der Sozialen Gruppenarbeit, mit dem Spannungsfeld zwischen den Bedürfnissen des Einzelnen und den solidarischen Effekten der Gruppen umzugehen. Soziale beziehen sich zwar auf konkrete Inhalte des sozialen Lernens, sind aber auch immer in die Beziehungsdynamik der Gruppe eingebunden. „Dies verlangt eine wertgebundene, ethisch fundierte Gruppenarbeit, um die eigene Haltung zu reflektieren, gerade angesichts institutioneller und ‚äußerer' Zwänge, wel-

che Gruppenarbeit immer wieder vor Herausforderungen stellen" (Behnisch/Lotz/Maierhof 2014: 52).

Wissen, Können und Haltung bilden die *berufliche Identität,* wobei fünf professionelle Qualitäten von Bedeutung sind:

- *Gespür für den Alltag und die Lebenswelt:* Ein (im Blick auf die alltägliche Lebensführung) angemessener Zugang zu den Subjekten äußert sich darin, für deren Lebensverhältnisse ein gleichschwebendes Interesse zu entwickeln (d. h. immer wieder neu das scheinbar schon „Bekannte" sehen zu wollen), ihre Eigen-Sinnigkeit verstehen und auch aushalten zu können und dabei zugleich optimistisch zu sein, dass sich in ihrer Lebenswelt immer wieder etwas Neues entwickeln kann, um Anliegen und Notlagen gelingend zu bewältigen. *Nick* arbeitet z. B. mit einem Spielmobil, das am späten Nachmittag auch von einer Gruppe Jugendlicher aufgesucht wird, die dabei laut auftritt: „jeder (hat) eine Bluetooth-Box, die laut ist, Zigarette in der Hand, Jacke offen, gehen wie die Checker", was für eine eindeutige Reaktion anwesender Eltern sorgt: „Einige werden blass, Augenrollen, oh Gott, oh Gott, jetzt wird es hier gleich kritisch. Man muss locker auf die Jungs zugehen. Denen habe ich einen Ball in die Hand gedrückt und sie haben Fußball gespielt. Da war es glatt. Und sie haben sogar die Kleinen mitspielen lassen." Er nennt das „auch eine Kompetenz, ich muss ohne Vorannahmen, ohne Vorurteile in jede Gruppe reingehen. Es ist nicht meine Aufgabe, zu urteilen. Meine Aufgabe ist es, mit der Gruppe zu arbeiten." Die Interessen der Gruppe nimmt er aufmerksam wahr, urteilt nicht (und schließt sich auch dem Augentrollen der Eltern nicht an) und „sieht" die Möglichkeit, in der Situation etwas Neues entstehen zu lassen (die Gruppe Fußball spielen zu lassen mit dem Ergebnis, dass auch die „Kleinen" mitspielen können).
- *Empathie, Echtheit und Wertschätzung* sind v. a. im Blick auf den Aufbau einer Beziehung und die Herstellung eines Arbeitsbündnisses und das Verstehen der gegebenen Situation von großer Bedeutung:
  - *Empathisch* sind Soziale dann, wenn sie (präzise, einfühlend verstehend) eine Situation und die Gefühle der Subjekte erfassen und mitteilen können, ohne zu vernachlässigen, dass dies immer nur eine gedankliche und emotionale Annäherung sein kann. Die Frage, eine Situation oder Gefühle eines Anderen „objektiv" erfassen zu können, stellt sich nicht, sondern es kann sich immer nur um eine Annäherung daran handeln.
  - *Echt* (kongruent und authentisch) zu sein heißt, dass Soziale mit ihren Gefühlen, Stärken und Schwächen in ihrem Handeln erkennbar sind und sich nicht hinter einer professionellen Fassade verstecken. Das, was sie

Subjekten gegenüber fühlen, soll nicht im Widerspruch zu dem stehen, was sie zu ihnen sagen. Im Gespräch wird kein Theaterspiel aufgeführt (das Interesse und Verständnis nur vortäuscht), und es regiert auch keine „Taktik" (es sind z. B. keine im Hintergrund steuernden Absichten im Spiel). Damit erst wird die Basis für eine tragfähige Beziehung zwischen Sozialen und Subjekten geschaffen.

- *Wertschätzung* schließlich bedeutet, dass Soziale die Subjekte in ihrem „So-Sein" akzeptieren und ihnen positiv zugewandt sind und sie schätzen können. Dazu gehören das Interesse an der Meinung des anderen und die Bereitschaft, sich um die Anliegen und Notlagen des Anderen zu kümmern (auch wenn diese Ausdruck einer anderen Lebenswelt und fremd sind). Soziale begegnen Subjekten dann mit bedingungsfreier Wertschätzung, wenn sie ihnen gegenüber frei von Vorurteilen und Bewertungen in Bezug auf deren Gedanken, Gefühle und Handlungen sind. Sie verzichten auf die Person betreffende Urteile, trennen Person und Verhalten (wie es in der Sozialen Gruppenarbeit im Zwangskontext konstitutiv ist): Subjekte werden so angenommen, wie sie sind.

Für *Peter* ist diese Einstellung „das Entscheidende. Da kann ich ja noch so eine tolle Methode oder noch so einen tollen Gesprächsleitfaden in der Beratung wählen, wenn da kein empathischer Kontakt zustande kommt und sich das Subjekt nicht wirklich verstanden fühlt und auch wahrgenommen und wertgeschätzt fühlt mit all seinen Interessen und Anliegen." Ihm geht es darum, Selbstbestimmung, Eigen- und Mitverantwortung zu ermöglichen. Es „gibt nur eine einzige Person, die ich beeinflussen und mit der ich arbeiten kann. Das bin ich".

- *Nähe und Distanz* bedeutet, einerseits Beziehungen zu Subjekten aufzubauen, sich auf ihre Anliegen und Notlagen einzulassen, Vertrauen und Empowerment zu entwickeln, und zugleich andererseits Freiraum zu gewähren und die Eigen-Sinnigkeit der Subjekte anzuerkennen, wobei diese Distanz (die in die Fähigkeit des Subjekts, selbsttätig zu sein und sich selbst helfen zu können, vertraut) zum Kennzeichnen Sozialer Arbeit wird (vgl. Thiersch 2009: 121, 124). Nähe und Distanz meint damit auch die Fähigkeit, sich aus Gruppenprozessen heraushalten zu können, wie dies am Beispiel der aufsuchenden Arbeit (→ 11.1) und PPC (→ 12.2) deutlich wird. Damit ist auch gemeint, fachliche Distanz zu halten, wie *Alfons* betont, wenn er davon spricht, wie 20-Jährige in der Ehrenamtlichengruppe mit Konflikten umgehen: Sie „können vielleicht die Konfliktstruktur erkennen, aber sie sind natürlich in ihrer Entwicklung noch nicht so weit, … das Ganze aus der Vogelperspektive betrachten und bewerten (zu) können. Sie sind ja mit ihren Emotionen ein Teil des Ganzen und das macht es halt in dem Moment so schwer. Sie sind dann

Teil des Konfliktes“, weshalb es darauf ankommt, dass er dann „so viel Distanz und Nähe (hat), dass ich immer noch ein Stück weit weg stehe und Leute anleite. Die 20-Jährigen ... bringen viele ihrer persönlichen Anliegen ein. Als professioneller Jugendarbeiter habe ich gelernt, das nicht zu tun.“ Dies erst erlaubt die Steuerung der Gruppendynamik zugunsten des Lernprozesses in der Gruppe, dem „Handwerkszeug“, wie es Langmaack (2001: 200) nennt.

- *Einmischung:* Wenn Teilhabe ein zentrales Ziel Sozialer Arbeit ist, dann geht es auch darum, als Soziale überall dort, wo Teilhabe be- oder verhindert wird, darüber aufzuklären und dies öffentlich zu skandalisieren (wer und was be- oder verhindert) und zu verhandeln (dass Teilhabechancen eröffnet werden), also *parteilich* zu sein gegen die Verdrängung von Cliquen aus dem öffentlichen Raum. Einmischung als parteiliche („anwaltschaftliche“ bzw. „advokatorische“) Vertretung der Interessen der Subjekte bedeutet zugleich auch, *allparteilich* sein zu können, z. B. im Gespräch mit und bei der Verhandlung von Konflikten unter Subjekten. Nur dann wird in der Sozialen Gruppenarbeit die „Beschützerrolle“, von der z. B. in der aufsuchenden Arbeit die Rede ist, wirksam ausgeübt werden können. *Gerry* spricht darüber so: „nämlich zu gucken, wie kann diese Gruppe im Gemeinwesen gut agieren, dass es auch für sie eine gewinnbringende Geschichte ist?“.
- *Selbstkritisch zu sein* (und damit reflexive Kompetenz zu beweisen) meint, ein Bewusstsein für die eigenen subjektiven Theorien (und deren „Fallen“) zu entwickeln. Soziale sind durch ihren Status (als Leiter*innen, als Fachleute) immer der Gefahr ausgesetzt, zu beschämen (z. B. Subjekte durch „gut gemeinten Rat“ vor der Gruppe zu belehren) oder Kontrollaspekte bei der Wahrnehmung des doppelten Mandats (etwa im Sozialen Trainingskurs) überzubetonen. Sie könnten ihre Expertenmacht überlegen ausspielen, da sie über Fachwissen verfügen, mit der Vorerfahrung „vergleichbarer Fälle“ argumentieren und dies im Gespräch (durchaus auch manipulativ [→ 5]) zur Geltung bringen, womit die Eigen-Sinnigkeit der Subjekte „ausgehebelt“ wird.

Es geht damit um die auf sich selbst bezogene Fähigkeit Sozialer, sich die eigenen Prägungen und das So-geworden-Sein bewusst zu machen und reflektiert auf das berufliche Handeln zu beziehen (vgl. Geißler/Hege 1999: 229 ff.), also sensibel zu sein z. B. für die Gefahren der Beschämung oder die Grenzen von Nähe und Distanz. Einschätzungen und Urteile sind immer Ergebnis biografischer Erfahrungen und kultureller Prägungen in Familie, (Hoch-)Schule, Ausbildung und (Herkunfts-)Milieu. Dies zu wissen muss Soziale veranlassen, in der Einschätzung und Beurteilung der Anliegen und Notlagen der Subjekte keine falsche „Sicherheit“ an den Tag zu legen, was z. B. ihre Möglichkeiten und Ressourcen angeht, zur Bewältigung ihrer Anlässe *in einer Gruppe* beizutragen (oder nicht beitragen zu können). Jede Gruppensituation ist als neue und eigene Situation wahrzunehmen. Die Möglichkeiten der Akteure, zum Gelingen der Gruppenarbeit oder zur erfolgreichen Bearbeitung des gemeinsamen Themas beizutragen, werden von den je neu wahrgenommenen Umständen der Situation mitbestimmt, wie auch die „Tagesform" des/der Sozialen das Gelingen beeinflusst. *Peter* etwa spricht davon, er versuche sich erst einmal selbst bewusst zu werden, was ihn im Moment bewegt und was seine aktuellen Bedürfnisse sind, bevor er z. B. in eine Gruppe hineingeht:

> „Und je stärker mich die Themen emotional ergreifen, umso länger dauert dieser Achtsamkeitsprozess an. Ich meditiere sehr gerne, da finde ich die Ruhe, da mal reinzuhorchen und mir durch meinen Geist Reize zu setzen. Ich denke mal an morgen, an die Sitzung: Was passiert dann in mir? Da merke ich ja, was alles an Emotionen hochkommt, versuche die aufzudröseln. Wenn ich merke, dass das sehr starke (Emotionen) sind, versuche ich dieses der Gruppe am Anfang klar zu machen".

Selbstkritisch zu sein heißt auch, sich mit dem eigenen Konfliktverhalten und den eigenen Verhaltensmustern im Konflikt auseinanderzusetzen, d. h. zu klären: „Bin ich offen für die Einsicht, dass meine Vorstellung, meine Sichtweise von der Wirklichkeit einseitig, fragmentarisch oder auch ganz falsch sein kann? Ist es mir möglich, persönliche Gefühle und meine Werturteile über andere auseinanderzuhalten?" (Beck/Blum 2002: 35).

Die Professionalität Sozialer zeigt sich auch in der Sozialen Gruppenarbeit, wenn Soziale ihr Handeln haltungsbegründet (als Menschenrechtsprofession) auf der Grundlage eines – mit der beruflichen Erfahrung kontinuierlich erweiterten – (Fach-)Wissens und (durch reflektierte Praxis wachsenden) Könnens strukturieren und weiterentwickeln (z. B. aus Erfahrungen und Fehlern in der Arbeit mit Gruppen Schlussfolgerungen ziehen und lernen).

Die Schlüsselprozesse *Beziehung anbieten* (→ 10.1), *Raum geben* (10.2), *Prozesse arrangieren* (10.3), *Erprobung ermöglichen* (10.4), (einfach) *Da-Sein* (11.1), *begleiten* (11.2), *coachen* (11.3), *sich entwickeln lassen* (11.4), *Aneignung ermöglichen* (12.1), *moderieren* (12.2), *Feedback ermöglichen* (12.3), *Offenheit sichern* (12.4), *sensibilisieren* (12.5), *Entwicklung unterstützen* (13.1), *Ressourcen aktivieren* (13.2), *Lösungen erschließen* (13.4), *konfrontieren* (14.1) und *provozieren* (14.2) bilden an einzelnen (Gruppen-)Situationen dokumentierte Handlungsweisen der Sozialen Gruppenarbeit ab. Sie stellen keinen vollständigen Katalog von Schlüsselprozessen dar. So müssen Soziale Prozesse stets auch *organisieren,* also z. B. technisch-administrative Leistungen erbringen (z. B. Räume bereitstellen oder herrichten, Materialien vorbereiten, Medien besorgen) oder Gelegenheiten, in einer Gruppe mitzuarbeiten, *kommunizieren* (z. B. dafür werben, Öffentlichkeit herstellen). Groß (2018: 66 ff., 98 ff., 127 ff.) ordnet z. B. dem Moderieren die Prozesse *Themen strukturieren und ordnen, Konflikte klären* sowie *Transfer und Anschlussmöglichkeiten sicherstellen* zu. Schlüsselprozesse „beleuchten" zudem nur *einen* Aspekt, ohne damit bereits umfassend das Handeln in einer Situation (in der Offenen Tür, in der Heimgruppe, in der Kollegialen Beratung u. a.) zu beschreiben. So erschöpft sich die Soziale Gruppenarbeit im Kontext politischer Jugendbildung nicht nur darin, die hier typischen Prozesse durch Anwendung geeigneter Verfahren zu *arrangieren.* Auch andere Schlüsselprozesse spielen eine Rolle, z. B. *Feedback zu ermöglichen* (und damit eine wertschätzende Rückmeldung zur Mitarbeit anderer zu fördern) oder *Offenheit zu sichern* (d. h. alle Akteure zu beteiligen und zu Wort kommen zu lassen).

Aufgabe Sozialer ist es daher, unterschiedliche Schlüsselprozesse im Wissen um die Gruppendynamik gekonnt zusammenzustellen. Die Intensität, wie Soziale Verfahren Sozialer Gruppenarbeit anwenden, ist unterschiedlich, d. h.

- (eher) *schwach* z. B. bei der TZI, der Open Space Technique, der Zukunftswerkstatt, den Trainingsgruppen, der PPC und der Wildnispädagogik, da diese Verfahren eher die Fähigkeit der Gruppe zur Selbstorganisation betonen;
- (eher) *stark* beim Psychodrama, dem Rollenspiel, dem World Café, dem Planspiel, den Sozialkompetenz- und Sozialen Trainings, dem AAT und der Erlebnispädagogik, da diese Verfahren bei der Durchführung mehr Anleitung und Begleitung erfordern.

Es geht also auch immer darum, das eigene Wissen und Können zu nutzen, um abwägen zu können, welche Verfahren bzw. welche Schlüsselprozesse situativ angemessen sind, ohne einerseits die Gruppe (z. B. durch die Komplexität des Verfahrens) zu überfordern. Andererseits müssen sie dabei immer auch die für die Soziale Arbeit selbstverständlichen Aspekte der professionellen Haltung – Verwirklichung der Menschenrechte, der sozialen Gerechtigkeit und der Teilhabe zu dienen – im Blick haben. Damit erfahren die eingangs erwähnten fünf *Prinzipien der Gruppenarbeit* (Schiller 1966: 138 f.) eine zeitgemäße Aktualisierung:

- *Individualisieren:* Alle Akteure haben in der Gruppe Bedeutung als einzigartige Subjekte mit den ihnen eigenen Ressourcen. Sie werden in der Entwicklung ihrer Möglichkeiten durch Soziale unterstützt, ohne dabei den Blick auf die Gruppe mit ihren Möglichkeiten zu verstellen, als Kollektiv und damit auch als Subjekte zu lernen und sich zu entwickeln.
- *Da beginnen, wo die Gruppe steht:* Soziale sehen die aktuelle Situation, in der sich die Gruppe befindet, die Anlässe (Themen) der Akteure (ihre Anliegen

und Notlagen) und ihren Entwicklungs- und Wissensstand als Gruppe, um Über- oder Unterforderung in der Bearbeitung der Anlässe zu vermeiden.

- *Grenzen setzen:* Wenn Soziale Einzelnen oder der Gruppe Grenzen setzen (z. B., um Offenheit zu ermöglichen, oder um zu verhindern, dass die Gruppe durch sehr spezifische Wünsche oder Probleme Einzelner dominiert wird), kann sich die Gruppe insgesamt weiterentwickeln.
- *Sich entbehrlich machen:* Da die Gruppe sich entwickeln, ausprobieren und zu sich selbst finden soll, müssen Soziale die Balance halten zwischen einfachem Da-Sein (bzw. Gast-Sein), aktivem Handeln (anregen, arrangieren u. ä.) und Rückzug (die Gruppe sich entwickeln lassen, sie sich selbst überlassen).
- *Zur Lernquelle werden:* Soziale geben Raum für das, was sich gerade bei den Akteuren bzw. in der Gruppe an Themen (Anliegen und Notlagen) entwickelt: Sie versorgen die Gruppe mit Informationen oder bringen sie auf den Weg, sich diese Informationen selbst zu besorgen. Sie helfen dabei, bei der Bearbeitung und Bewältigung der Themen einer Gruppe (den Anliegen und Notlagen) Ziele zu entwickeln und Entscheidungsprozesse herbeizuführen, indem sie Bedürfnisse der Akteure abklären, die Vorgehensweise transparent machen und die Arbeitsschritte festlegen. Sie stellen den Prozessablauf zur Diskussion, eröffnen Möglichkeiten zur Reflexion und sorgen dafür, dass niemand (v. a. emotional) verletzt wird. Dadurch bieten sie Anregungen, die auf den Alltag übertragen werden und die Kompetenzen der Akteure erweitern können.

Allerdings stellt sich zunehmend die Frage, ob dieses grundsätzlich durch physische (tatsächliche) Anwesenheit Sozialer gekennzeichnete Verständnis Sozialer Gruppenarbeit, also *da zu beginnen, wo die Gruppe steht,* durch Prozesse der Digitalisierung und Virtualisierung menschlicher Kommunikation relativiert wird. *Digitalisierung* bezeichnet „einen umfassenden Wandel, der durch digitale Technologien (Computer, Internet, Robotik, Künstliche Intelligenz) vorangetrieben wird und alle Lebensbereiche umfasst“ (vgl. Kreidenweis 2018). Unter *virtueller Kommunikation* kann also das verstanden werden, was nicht direkt an Kommunikation zwischen Menschen (Face to Face) erfolgt, sondern durch Datennetze (z. B. Messengersysteme) vermittelt wird.

Virtualisierung ist in vielen Feldern der Sozialen Arbeit als Herausforderung für die eigene Professionalität präsent: So verweist z. B. *Alfons* auf „gesellschaftliche Veränderung(en), Medien, soziale Netzwerke und die Sozialisation haben sich verändert.“ Die Digitalisierung erreicht die Soziale Arbeit unmittelbar: Virtuelle Formen der Kinder- und Jugendbeteiligung (E-Partizipation z. B. durch Online-Petitionen) tragen längst zur Teilhabe und Meinungsbildung auf politischer Ebene bei. Dennoch ist *Tim* überzeugt, dass die Virtualisierung „etwas in den Zugängen verändert (hat), aber nicht in der eigentlichen Arbeit.“ Auch *Sally* verweist darauf, dass die Virtualisierung Teil der Lebenswelt der Jugendlichen geworden ist. Sie „ist ein großer Bestandteil ihres Lebens. Es gibt keinen Unterschied mehr zwischen Off- und Online, das schreitet immer weiter fort.“ Aber die Gruppenarbeit, die sie macht, läuft weiter „analog ab. Wir schreiben denen nicht über WhatsApp oder so.“ Und *Hilde* spricht davon, dass „sich die soziale Gruppe verändert (hat). Dann ist zu fragen: Okay, wo setze ich denn an?“ Sie braucht die Gruppe, „um arbeiten zu können. Wenn ich in den ländlichen Raum blicke und mich mir vor 15 Jahren vorstelle, da stand ich oft an der Parkbank, da stand ich oft mit Kids auf der Straße. Das mache ich nicht mehr. Ganz provokativ: Die Gruppe ist erst mal weg. Das ist mein Ausgangspunkt. Da kann man nur überlegen: wie viel Einfluss hat das und was bedeutet das für unsere Arbeit?“

Daher müssen Soziale, um auch weiterhin „nah am Menschen“ sein zu können, „auch in den digitalen Räumen und Informationskanälen präsent sein und sich dort kompetent bewegen“ und zugleich „auch für benachteiligte Menschen erreichbar sein, die nicht in der digitalen Welt unterwegs sind“ (Kreidenweis 2018). *Tim* z. B. ist überzeugt, „dieser alte Spruch der Sozialen Arbeit“ sei entscheidend, „sie da abzuholen, wo sie sind, (und) ihnen nicht irgendwie vorzuschreiben, wie sie zu kommunizieren haben, sondern einfach zu akzeptieren, dass sie so kommunizieren, wie sie halt kommunizieren, oder als Gruppe die Mittel und Wege wählen, die sie als Gruppe wählen wollen“; Sozialen bleibt nur, ob und wie sie damit umgehen. So glaubt *Peter*, dass auch die Soziale Gruppenarbeit von der Virtualisierung profitieren kann, weil sich dadurch neue Kontaktmöglichkeiten ergeben: Musste er früher telefonieren und ein Treffen vereinbaren, so kann er nun „mit einer Gruppe eine Konferenz planen, ohne dass wir uns einmal live gesehen haben“, z. B. über Videotelefonie oder Chats: „Es erweitert die Arbeitsgrundlage. Das habe ich bei meinen Veranstaltungen oft, bei denen etliche sagen: *Aber Zusammensitzen und Spielen ist doch viel schöner, als wenn jeder an seinem Computer und Multiplayer-Spiele spielt.* Das ist auch so, und ich habe tiefes Vertrauen in die Menschen, dass wir uns, wenn wir die Gelegenheit haben und die Rahmenbedingungen das erlauben, persönlich treffen.“

Ivo verweist auf neue Aspekte der Beziehungsqualität: „Du hast die Gruppe, die sich über das Messangern definiert. Sie erleben in Spielen eine sehr intensive Gruppenzeit. Es gibt derzeit gut grafisch animierte Spiele, in denen du Gruppenprozesse durchstehen musst, um überhaupt zu bestehen.“ Im Online-Spiel mit einigen Jugendlichen hat er gemerkt, dass er drei Stunden lang Zeit hatte, um mit ihnen virtuell (durch das Spiel) spazieren zu gehen: „Wann hast du sonst drei Stunden lang Zeit, um mit drei Jugendlichen einfach mal in der Welt, auch wenn es nicht die reale Welt ist, herumzuspazieren? Für die war es die reale Welt.“ Für ihn entsteht damit eine neue Chance, Beziehungen virtuell zu entwickeln. Es entstehen Kontaktflächen, die *Gerry* veranlassen, festzustellen: „Wenn du in einer WhatsApp-Gruppe bist, dann schreibt der eine später mal: *Ich hab' eine Frage.* Dann sagst du: *Pass mal auf, ich komme zu dir oder ich rufe an, das mache ich nicht über WhatsApp.* Ich glaube, das sind die beiden Dimensionen, die eine Relevanz haben. Diese Form der Beziehung ist anders. Trotzdem brauche ich immer beides, um etwas tun zu können." Dann, wenn persönliche Belange zu besprechen sind, versucht auch *Peter* „immer das Video mit anzuschalten, weil ich einfach weiß, dann ist die Fehlerquote des Empfängers nicht ganz so hoch, wie in einem Chat. Wenn ich merke, jetzt geht es um einen Konflikt oder jetzt wollen wir etwas klarstellen, dann rufe ich an. Dann merke ich einfach den Impuls, da will ich eine Tonlage hören." Die rein textbasierte Information einer Nachricht via Messenger reicht ihm dann nicht aus, eine Beziehung zu entwickeln, die den Unterton der Kommunikation zu verstehen in der Lage ist.

Es entwickelt sich also *beides:* Das digitale Medium, das Smartphone, bietet die Möglichkeit, dauerhaft Kontakt zu halten. Prinzipiell wird die Entwicklung einer Beziehung zeit- und ortsunabhängig; sie ist nicht mehr allein auf regelmäßige Treffen an einer Parkbank, in der Offenen Tür oder in einem Projekt der politischen Jugendbildung beschränkt. Aber nur in der Face-to-Face-Interaktion, d. h. im unmittelbaren gegenseitigen Erleben im gemeinsamen Raum (an der Parkbank, an der Theke im OT-Bereich oder in einem Projekt), wird soziales Lernen möglich sein. Im Anschluss an Brock (2017, 2018) lässt sich damit sagen, dass sich eine Form von *hybrider Sozialer Arbeit* entwickeln wird, die „die bisher getrennt wahrgenommenen Systeme zueinander in Beziehung setzt und damit neue Möglichkeiten schafft für die Wahrnehmung junger Menschen, die Beziehungsaufnahme und Interventionen"[29]. Das bisher gültige Verständnis von realer und virtueller Welt, Öffentlichem und Privatem, Herkunftskultur und Ankunftskultur, Stadt und Land wird durch Hybride Streetwork „bewusst irritiert. Sie bricht mit der Tradition, diese Systeme als Entweder-oder zu verstehen, sich auf einer der beiden Seiten zu verorten und entsprechende Bewertungen vorzunehmen" (Brock 2018: 18 f.), indem sie Kontakte sowohl über Online-Beratung, Social Media, Online-Spiele als auch unmittelbare Face-to-Face-Beziehungen

29 Das Konzept ist zu unterscheiden vom Ansatz der Digital Streetwork, einem Ansatz aus der Rechtsextremismusprävention (vgl. Dinar/Heyken 2017, Amadeu Antonio Stiftung 2017), einer Form online-gestützter Sozialarbeit ausschließlich im Web 2.0. Es stellt das Subjekt als einzelnen Internet-Akteur in den Mittelpunkt, was zu einer individualisierenden Strategie des Umgangs v. a. mit rechtsextremistischen, aber auch fremdenfeindlichen oder sexistischen Hassposts in sozialen Netzwerken führt. Zwar wirkt das Konzept, sich online in Form mit Re-Posts mit Einstellungen und Meinungen auseinanderzusetzen, auch übertragbar auf andere Fälle, aber die Subjektfixierung schafft keine virtuellen Gruppenstrukturen, und damit auch keine Ansatzpunkte für Formen Sozialer Gruppenarbeit, denn eine virtuelle Gruppenstruktur wird nicht aufgebaut.

herstellt und gestaltet (vgl. Brock 2017: 26). Es wird sich eine Form Sozialer Gruppenarbeit entwickeln, die durch die Fähigkeit gekennzeichnet sein wird, den Kontakt- und Beziehungsaufbau auch virtuell zu gestalten.

Die Herausforderungen, die die Digitalisierung bzw. Virtualisierung der Kommunikation für Formen der Sozialen Gruppenarbeit darstellen, machen deutlich, warum sich auch hier *kein* explizites Schema zeigen kann, wie mit Gruppen professionell zu arbeiten ist. Soziale Gruppenarbeit ist also immer *Umgang im Ungewissen der Gruppe,* ihrer Dynamik, der etablierten Rollen und der aktuellen Situation. Es lässt sich nicht *die eine* Vorgehensweise identifizieren, die Soziale zuverlässig anwenden können. Sichtbar wird vielmehr die Erfahrungsgestütztheit, wie Soziale jeweils im Einzelfall eine Situation „lesen", Verhältnisse in der Gruppe „sehen", dazu eine differenzierte Einschätzung vornehmen, eine Haltung einnehmen (z. B. zu fremdenfeindlichen Statements aus der Gruppe heraus) und ein flexibles Ausprobieren und Anwenden unterschiedlicher Handlungsweisen (im Rahmen des in der Situation Möglichen) ableiten. Die systematische Anwendung von Verfahren bzw. Schlüsselprozessen stellt den Idealfall dar, die *eklektische Verknüpfung* aber den Regelfall[30]. Soziale Arbeit zeichnet sich durch eine *reflektierte* Eklektik aus, die unterschiedliche Verfahren auf den Anlass bezieht, woraus Lösungen entstehen, die jeweils *einzigartig* sind. Es handelt sich um die „Phantasie, in gegebenen Schwierigkeiten Alternativen und freie Optionen zu entwickeln", Verhältnisse zu strukturieren, längerfristige Arbeitskonzepte durchzuhalten und zu planen, zu organisieren und zu „managen" (Thiersch 1992: 215 f.). Soziale müssen in einer spezifischen Situation diese (Entwicklungs-)Leistung erbringen, reflektiert eklektisch (und damit: *kreativ*) eine anlass- und situationsangemessene Vorgehensweise zu entwickeln.

Hier bietet sich eine Analogie an, dieses Vorgehen zu illustrieren: das Bild von der nautischen *Kunst, ein Schiff zu navigieren,* in dem sich zeigt, dass das Handeln Sozialer in der Sozialen Gruppenarbeit eine Form flexiblen Umgangs im Ungewissen der Gruppe darstellt (und dabei dem Grundsatz folgt, dass kein Fall ist wie der andere, und keine Situation wie die andere). Die Schiffer des Spätmittelalters verfügten nur über ungenügende nautische Hilfsmittel und hatten auf der Suche nach fremden Märkten und sicheren Häfen oft nur unsichere Informationen über den Reiseweg ihres Schiffes. Sie mussten ihre ganze Erfahrung im Umgang mit den Naturgewalten aufbieten, die sie umgebende Welt, ihre Küstenlinien und Inseln sowie die Zeichen der launischen Natur vorausschauend deuten, um entscheiden zu können, wohin sie ihr Schiff bewegten, welchem Wind sie sich

30 Als eklektisch ([gr.]: aus bereits Vorhandenem auswählend) wird eine Vorgehensweise beschrieben, die aus Elementen verschiedener Erklärungen, Verfahren und Schlüsselprozessen kreativ neu entwickelt wird.

aussetzten, welchen Berichten sie Glauben schenkten oder welche Landmarken sie als zuverlässig einschätzten. Die Kunst der *Navigation* zu beherrschen, die Gestirne zur Orientierung zu nutzen, sich an wichtige Landmarken und andere natürliche Erkennungshilfen zu erinnern, die Meeresströmung zu verstehen und aufziehenden Sturm schon frühzeitig zu erkennen, erwies sich für sie als überlebenswichtig.

Navigation als die Kunst, ein Schiff unter solch widrigen Bedingungen zu führen, charakterisiert auch die Leistung Sozialer, Soziale Gruppenarbeit gelingend zu gestalten. Auch sie haben keine Sicherheit im Umgang mit Fällen und Situationen, mit und in denen sie handeln müssen. Es gibt nicht den *einen* Modus, erfolgreich Soziale Gruppenarbeit zu leisten. *Gelingende Navigation als Wahl von Verfahren und Schlüsselprozessen in einer gegebenen Situation* ist somit als eine (Vermittlungs-)Leistung von Sozialen zu begreifen, die im Spannungsverhältnis unterschiedlicher Interessen (z. B. rechts-orientierte Jugendliche am informellen Treffpunkt einerseits und den Sozialen mit ihren persönlichen Überzeugungen und fachlichen Vorstellungen einer Menschenrechtsprofession andererseits [Haltung]) erbracht werden muss. Entscheidend ist die Kundigkeit der Sozialen, in Kenntnis der Rahmenbedingungen der sozialen Umwelt und Nutzung der dort gegebenen Möglichkeiten (erfolgreich) navigieren zu können. Dazu ist …

- (Navigations-)*Wissen* (z. B. über die Dynamik der Gruppe, die Strukturen der sozialen Umwelt, in der Soziale handeln, und den Optionen, darin zu agieren, d. h., das Set der Schlüsselkompetenzen zu beherrschen) und
- (Navigations-)*Können* (z. B. die Qualität, zu Jugendlichen eine durch Distanz und Nähe zugleich gekennzeichnete Beziehung aufbauen und entwickeln oder mit verfestigten Rollenzuschreibungen in der Gruppe umgehen zu können)

… bedeutsam. Dann können Prozesse initiiert und (im Wissen um die Lebenswelt der Akteure) Prozesse sozialen Lernens (z. B. durch das Erteilen von Feedback, Reflexionsschleifen, Integration von Rollenspielen, Einsatz erlebnis- oder wildnispädagogischer Elemente) angestiftet werden.

Mit diesem Wissen und Können ist auch die legitime *Intuition*, die Nutzung unbewussten (Erfahrungs-)Wissens, das in einer Situation „aufleuchtet", jetzt dies oder jenes zu tun (oder es zu lassen), von Bedeutung für das Gelingen des Handelns. Dies ist keineswegs ein rein spontanes und damit zufälliges Handeln (das mit „Bauchgefühl" falsch bezeichnet wäre [vgl. Wendt 2021: 409 ff.]), wie *Mirko* erläutert: „Kopf und Bauch spielen ja zusammen". Er kennt das vom Gitarre-Spielen, bei dem er nicht mehr überlegen muss, welche Saiten er greifen muss, weil er es gelernt und verinnerlicht hat. In der Sozialen Arbeit handelt es sich um die „Differenz zwischen dem Anspruch ‚professionellen Wissens', das rationale Problemlösungen anstrebt, und dem faktischen ‚Arbeitswissen'" (von Spiegel 2013: 254), das sich in der Erfahrung vieler Aushandlungsprozesse zwischen Sozialen und Subjekten, der Anwendung von Verfahren und der Praxis zahlreicher Schlüsselprozesse (unbewusst) verdichtet. Die durch Soziale konstruierte (komplexe) Verschränkung von Wissensanwendung und personalem Können stellt *Kunstfertigkeit* dar, in einzigartigen Situationen (Unikate) im Arbeitsbündnis mit Subjekten anlassangemessen handeln zu können. „Standardlösungen" gibt es nicht.

Aber es gibt den „Standardfall" der professionellen Begleitung durch Soziale, was *Peter* an den alltäglichen Konflikten in der Offenen Tür deutlich macht; Konflikte nennt er „unser Geschäft"; jeder Tag ohne Konflikt ist für ihn „ein verloren gegangener Tag. Wir werden gebraucht, … wenn die jungen Leute im Rahmen ihres Bewusstwerdungs- und Wachstumsprozesses gerade nicht mehr weiter wissen, aber weiter wollen. Dann brauchen sie einen Profi, der das gelernt (hat), der sie da anleiten kann." Erst dort, wo die Anliegen und Notlagen aus der Gruppe heraus nicht mehr (selbstorganisiert) bewältigt werden können (mit *Peter:* die Konflikte in der Gruppe nicht gelöst werden können), wird die Professionalität Sozialer, ihr Wissen, ihr Können und ihre Haltung (Konflikte als Chance zu begreifen) erforderlich. Damit wird aus der („einfachen") Gruppenarbeit die Soziale Gruppenarbeit.

In der Rollenbestimmung als Coach (coachen als *ein* Schlüsselprozess unter anderen!) wird deutlich, was Navigation im „Standardfall" professioneller Begleitung durch Soziale bedeutet. *Alfons* beschreibt sich „nicht mehr (als) den Vortänzer. Ich bin nicht mehr einzig und allein Anleitender. Das Rollenverhältnis hat sich geändert, ich verstehe mich nur noch als Coach." Er versucht, sich „überflüssig zu machen und andere Leute so zu begleiten und zu schulen, dass sie Gruppenleitungsfunktionen übernehmen und so auch alle möglichen Projekte der Jugendarbeit durchziehen." Nahe an den Grundlagen der TZI spricht er davon, dass es darum geht, „Jugendliche (zu) befähigen, selbst Verantwortung zu übernehmen, sie dabei zu begleiten, in all dem, was sie gut können, Stärken zu stärken und Schwächen zu schwächen." Stärken zu stärken heißt für ihn, die Kooperationsfähigkeit einer Gruppe Ehrenamtlicher zu unterstützen, die eine Ferienfreizeit verantwortlich vorbereiten, durchführen und anschließend auch reflektieren soll.

In der Einführung zu unserem Lehrbuch war von *Hilde* die Rede, die mit ihrer Kollegin eine Mädchengruppe begleitet hat. Das scheinbar so einfache, alltägliche Beispiel verdeutlicht bei genauem Hinsehen, dass Soziale Gruppenarbeit einen komplexen Prozess methodisch abgestützten Handelns darstellt, der sich nicht spontan (d. h. auch zufällig) ergibt, der durch die Situation geprägt ist. Im Anschluss an die von *Kurt Lewin* entwickelte Feldtheorie (→ 3.3) lässt sich das Handeln in der Sozialen Gruppenarbeit damit (am Beispiel von *Alfons* und *Hilde*) als wiederkehrender dreistufiger Prozess verstehen:

1. Zunächst schätzen *Alfons* und *Hilde* die Verhältnisse in der Gruppe als Reaktion auf die dort gegebenen gruppendynamischen Prozesse bzw. die Situation ein:

Alfons kann sich z. B. fragen, welche Interessen die Ehrenamtlichen haben, mit denen er zusammenarbeitet. Wie kooperieren sie gegenwärtig untereinander? Wer hat welche Rollen eingenommen? Was behindert eine gute Kooperation?

Hilde kann z. B. fragen, worin die Interessen der Mädchen bestehen. Vor welchem Hintergrund kommen die Mädchen zusammen, worin besteht ihr gemeinsames Ziel? Welche Erfahrungen in der Planung einer Freizeit bringen sie mit?

2. Dann konzipieren sie ihr Handeln in Form von Schlüsselprozessen, was unter Berücksichtigung der Situation (Lewin spricht von der Lage im Feld) und der wirkenden (Gruppen-)Dynamik zu tun ist:

Alfons wird sich fragen: Wer braucht noch welche Qualifikation? Wer muss in welcher Situation sein/ihr Handeln reflektieren können? Wo kann in welcher Situation eine (Krisen-)Intervention notwendig werden?

Hilde wird überlegen, durch welche Mittel sie die Mädchen in die Lage versetzen kann, sich selbstwirksam in der Planung ihrer Freizeit zu erleben (z. B. indem sie ein Budget zur Verfügung stellt).

(Das Handeln hat also zwingend auch immer antizipierende Elemente, welche Möglichkeiten zum Handeln gegeben sein *könnten.*)

3. Schließlich werden beide handeln (sowie ggf. ihr Handeln aufgrund der Folgen ihres Handelns) anpassen):

Alfons kann unter Umständen einen weiteren Qualifizierungsschritt „einbauen" und z. B. mit der Gruppe Übungen arrangieren (die helfen sollen, die Kooperation untereinander zu verbessern); er wird die durch sein Handeln (im Feld) eingetretenen Veränderungen (z. B. wie die Gruppe anschließend zusammenarbeitet) bewerten, indem er sich fragt, ob das, was er zur Qualifizierung angeboten hat, angebracht war. Hat es der Gruppe geholfen, besser (konfliktfreier) zusammenzuarbeiten?

Hilde kann z. B. reflektieren, ob es ihrer Kollegin (aus der Schulsozialarbeit) leicht fällt, sich auf einen offenen Planungs- und Realisierungsprozess einzulassen, der den Mädchen den Raum und die Mittel zugesteht, ihre Fahrt nach Y-Stadt zu planen und nach eigenen Vorstellungen zu entwickeln. Sie wird sehen, wo diese Form der weitgehenden Selbstorganisation Grenzen erkennen lässt, um klären zu können, welche konkrete Unterstützung die Mädchen *dann* benötigen.

Beide werden aus ihrem Handeln (lernend) Schlussfolgerungen für die weitere Arbeit mit der Engagementgruppe oder der Mädchengruppe ziehen, die auch für die künftige Arbeit mit anderen Gruppen gelten.

Dies führt zu einer abschließenden (und zugleich bilanzierenden) Fragestellung: *Joe* spricht von der „subversive(n) Methodik, mit der wir arbeiten, die Jugendlichen anzuleiten, ohne dass sie merken, dass sie gerade etwas lernen, (das) hat aus unserer Sicht immer die größten Erfolgsaussichten."

- Was spricht dafür, was dagegen, dass Joe Recht haben könnte?
- Wie würden Sie die hier dargestellten Verfahren der Sozialen Gruppenarbeit insgesamt charakterisieren?
- Können diese Verfahren zur Verwirklichung der dargestellten Bildungsziele beitragen? Wenn ja: in welcher Art und Weise? Wenn nein: warum nicht?

Literatur

Ader, S.: Fallverstehen und Kollegiale Beratung in schulischen Zusammenhängen; in: Baier, F./ Deinet, U. (Hg.), Praxisbuch Schulsozialarbeit, Opladen/Farmington Hills 2011: 159–177

Ader, S.: Arbeit mit Gruppen; in: Deinet, U./Sturzenhecker, B. (Hg.), Handbuch Offene Kinder- und Jugendarbeit, 4. Aufl. Wiesbaden 2013: 433–438

Adorno, T. W.: Erziehung nach Auschwitz, Frankfurt/M. 1966

Aghamiri, K.: Soziales Lernen; in: Bassarak, H. (Hg.), Lexikon Schulsozialarbeit, Baden-Baden 2018: 457–459

Ahnert, S./Goeschel, A.: Sozialer Trainingskurs „Mädchen in Aktion"; in: Arbeiterwohlfahrt Chemnitz und Umgebung (Hg.), Das Leben hat mehr zu bieten …, Chemnitz 2008: 62–78

agonda: Zukunftskonferenz – Future Search; URL: http://www.zukunftskonferenzen.de/ (9. Aug. 2021)

Ahnert, S./Hofmann, D./Weigel, J.: Mädchen in Aktion (Konzeption), Chemnitz 2006

Allport, F. H.: The influence of the group upon association and thought (1920); in: Herkner, W., Einführung in die Sozialpsychologie, 3. Aufl. Bern 1983

Amadeu Antonio Stiftung: Digital Streetwork, Berlin 2017

Amann, A.: Gruppendynamik als reflexive Vergesellschaftung, in: Antons, K., u. a., Gruppenprozesse verstehen, 2. Aufl. Wiesbaden 2004: 28–39

Anastasiadis, N./Meller, H.: Psychodrama in einer österreichischen Jugendwohngemeinschaft; in: Zeitschrift für Psychodrama und Soziometrie 2/2011: 297–308

Anderl, M., und Reineck, U.: Handbuch Prozessberatung, 2. Aufl. Weinheim 2016

Antons, K.: Praxis der Gruppendynamik, 6. Aufl. Göttingen/Toronto/Zürich 1996

Antons, K., u. a.: Gruppenprozesse verstehen, 2. Aufl. Wiesbaden 2004

Arlt, D.: Soziale Kompetenz an Bord, Hamburg 2013

Bachmann, C. H. (Hg.), Kritik der Gruppendynamik, Frankfurt/M. 1981

BAG SW.MJA/Bundesarbeitsgemeinschaft Streetwork. Mobile Jugendarbeit: Fachliche Standards 2018, Eisenach 2018

Bahrdt, H. P.: Umwelterfahrung, München 1974

Bales, R. F.: Interaction process analysis, Reading 1950

Balz, H.-J.: Team; in: socialnet-Lexikon, Bonn, 26. März 2021; URL: https://www.socialnet.de/lexikon/Team (9. Aug. 2021)

Bandura, A.: Sozial-kognitive Lerntheorie, Stuttgart 1979

Bandura, A.: Social foundation of thought and actions, Englewood Cliffs 1986

Bauer, P.: Förderung der Erziehung in der Familie; in: Schröer, W./Struck, N./Wolff, M. (Hg.), Handbuch Kinder- und Jugendhilfe, 2. Aufl. Weinheim/Basel 2016: 886–912

Beck, U.: Risikogesellschaft, Frankfurt/M. 1986

Behnisch, M.: Nach der Schule in einer Heimwohngruppe; ders./Lotz, W./Maierhof, G.: Soziale Gruppenarbeit mit Kindern und Jugendlichen, Weinheim/Basel 2013: 178–185

Behnisch, M.: Annäherungen an soziale Gruppenarbeit; in: Sozial Extra 1/2014: 37–40

Behnisch, M./Lotz, W./Maierhof, G. (2013): Soziale Gruppenarbeit mit Kindern und Jugendlichen, Weinheim/Basel 2013

Behnisch, M./Lotz, W./Maierhof, G. (2014): „… dann werde ich selbst mutiger"; in: Sozial Extra 1/2014: 50–52

Berndt, E./Fritz, R.: street college; in: dreizehn. Zeitschrift für Jugendsozialarbeit 10/2013: 44–48

Bernstein, L./Lowy, S.: Neue Untersuchungen zur Sozialen Gruppenarbeit in Theorie und Praxis, Freiburg 1969, 1975

Bernstein, L./Lowy, S.: Untersuchungen zur sozialen Gruppenarbeit, 2. Aufl. Freiburg/Brsg. 1971, 7. Aufl. Freiburg/Brsg. 1982

Bettmer, F.: Partizipation; in: Coelen, T./Otto, H.-U. (Hg.), Grundbegriffe Ganztagsbildung, Wiesbaden 2008: 213–221

Bimschas, B./Schröder, A.: Beziehungen in der Jugendarbeit, Opladen 2003

Bimschas, B./Schröder, A.: Bildung und Beziehung in der außerschulischen Jugendarbeit; in: Sturzenhecker, B./Lindner, W. (Hg.), Bildung in der Kinder- und Jugendarbeit, Weinheim/München 2004: 61–76

Bion, W. R.: Erfahrungen in Gruppen, Stuttgart 1971

Birtsch, V.: Heimerziehung; in: Kreft, D./Mielenz, I. (Hg.), Wörterbuch Soziale Arbeit, 8. Aufl. Weinheim/Basel 2017: 462–465

Bischoff, S.: Eltern als aktive Bildungsarrangeure ihrer Kinder; in: Bertelsmann-Stiftung (Hg.), Familienpolitik neu denken, Berlin 2012: 65–81

Bittlingmayer, U. H./Bauer, U.: Erwerb sozialer Kompetenzen; in: Coelen, T./Otto, H.-U. (Hg.), Grundbegriffe Ganztagsbildung, Wiesbaden 2008: 164–172

BJK/Bundesjugendkuratorium: Demokratie braucht alle, Berlin 2017

BKJ/Bundesvereinigung Kulturelle Kinder- und Jugendbildung e. V.: Kulturelle Bildung, Remscheid 2011

Blum, H./Beck, D.: Trainingsarbeit zur konstruktiven Konfliktaustragung; in: Neumann, U., u. a. (Hg.), Gewaltprävention in Jugendarbeit und Schule (Bd. 1), Marburg 2002: 28–49

Blusch, A.: Sozialtherapeutisches Rollenspiel mit Kindern und Jugendlichen im Heim; in: Aschenbrenner-Egger, K./Schild, W./Stein, A. (Hg.), Praxis und Methode des Sozialtherapeutischen Rollenspiels in der Sozialarbeit und Sozialpädagogik, Freiburg/Brsg. 1987: 133–147

Böcker, I.: Psychodramatische Schulsozialarbeit; in: Zeitschrift für Psychodrama und Soziometrie, 1/2004: 47–68

Bödiker, M.-L./Lange, W.: Gruppendynamische Trainingsformen, Reinbek 1975

Böhnisch, L.: Gespaltene Normalität, Weinheim/München 1994

Böhnisch, L.: Grundbegriffe einer Jugendarbeit als „Lebensort“; in: ders./Rudolph, M./Wolf, B. (Hg.), Jugendarbeit als Lebensort, Weinheim/München 1998: 155–168

Böhnisch, L.: Sozialpädagogik der Lebensalter, 5. Aufl. Weinheim/München 2008

Borrmann, S.: Soziale Arbeit mit rechten Jugendlichen, Wiesbaden 2006

Borrmann, S.: Jugendarbeit mit rechten Jugendlichen; in: Soziale Arbeit 5/2016: 162–167

Brenner, G.: Besetzt Euren Platz! In: deutsche jugend 2/1987: 62–70, und 3/1987: 123–130

Britten, U.: Bündnis für Straßenkinder statt kommunaler Vereinzelung; in: Sozialmagazin 1/2009: 53–57

Brocher, T.: Gruppendynamik und Erwachsenenbildung, Braunschweig 1967

Brock, J.: Hybride Streetwork; in: Corax 2/2017: 26–29

Brock, J.: Digitale Lebenswelt – Hybride Mobile Jugendarbeit; in: Rundbrief der Gilde Soziale Arbeit 2/2018: 6–15

Brock, J./Fritsche, K.: „Bollerwagen, Lautsprecher, Powerbank, Hotspot. Der Rest ergibt sich“; in: Rundbrief der Gilde Soziale Arbeit 1/2021: 44–50

Broich, J.: Rollenspiel mit Erwachsenen, Reinbek 1980

Bronfenbrenner, U.: Ökologische Sozialisationsforschung, Stuttgart 1976

Brosius, K.: Soziales Lernen in Gruppen; in: Edding, C./Schattenhofer, K. (Hg.), Handbuch Alles über Gruppen, Weinheim/Basel 2009: 260–285

Brown, J./Isaacs, D.: The World Café: Shaping our Futures Through Conversation That Matter, San Francisco 2005

Brown, J./Isaacs, D.: Das World Café, Heidelberg 2007

Brühwiler, H.: Methoden der ganzheitlichen Jugend- und Erwachsenenbildung, Opladen 1994

Budde, W./Früchtel, F.: Familienrat; Link: http://www.sozialraum.de/familienrat.php (31. Oktober 2014; zuerst in: Jugendhilfe 3/2008: 121–130)

Budde, W./Früchtel, F.: Verwandtschaftsrat; in: Jugendhilfe 3/2008: 121–130

Bührmann, T.: Partizipation in der Jugendsozialarbeit; in: dreizehn. Zeitschrift für Jugendsozialarbeit 14/2015: 20–29

Bullinger, H./Nowak, J.: Soziale Netzwerkarbeit, Freiburg/Brsg. 1998

Bund der Deutschen Landjugend: Schweigen heißt Zustimmung (erstellt von T. Simon u. a.), Berlin 2017

Büttenbender, G./Rittelmeyer, C.: Selbsterfahrung als Ausgangspunkt politischer Bildung; in: Lüers, U., u. a., Selbsterfahrung und Klassenlage, 2. Aufl. München 1973: 31–100

Camper/Barcamp Open Data: Forschen mit verfügbaren Daten; URL: https://barcamps.eu/barcamp-open-data/ (9. Aug. 2021)

Christe, G.: Übergänge in den Beruf für benachteiligte Jugendliche; in: Coelen, T./Otto, H.-U. (Hg.), Grundbegriffe Ganztagsbildung, Wiesbaden 2008: 358–365

Clark, H.: The crowd (1916), in: Hofstätter, P. R., Gruppendynamik, 2. Aufl. Reinbek 1990

Coelen, T./Gusinde, F.: Epilog; in: dies. (Hg.), Was ist Jugendbildung? Weinheim/München 2011: 191–196

Coffey, A.: Dragon Dreaming – Projekte gemeinsam entwickeln; in: Stiftung Mitarbeit/Österreichische Gesellschaft für Umwelt und Technik (Hg.), Bürgerbeteiligung in der Praxis. Ein Methodenhandbuch, Bonn 2018: 135–141

Cohen, A. K.: Kriminelle Jugend, Reinbek 1961

Cohn, R. C.: Von der Psychoanalyse zur Themenzentrierten Interaktion, Stuttgart 1975

Cohn, R. C.: Zur Grundlage des themenzentrierten interaktionellen Systems. Axiome, Postulate, Hilfsregeln; in: dies., Von der Psychoanalyse zur themenzentrierten Interaktion, 6. Aufl. Stuttgart 1983a: 120–128

Cohn, R. C.: Das Thema als Mittelpunkt interaktioneller Gruppen; in: dies., Von der Psychoanalyse zur themenzentrierten Interaktion, 6. Aufl. Stuttgart 1983b: 111–119

Cooperrider, D. L., Whithney, D., und Stavros, J. M.: Appreciative Inquiry. Handbook, 2. Aufl. Brunswick/Ohio und San Francisco 2008

Croft, J.: DragonDreaming (Version 2.09); URL: https://dragondreaming.org/wp-content/uploads/2020/01/DragonDreaming_eBook_german_V02.09.pdf (9. Aug. 2021)

Crott, H.: Soziale Interaktion und Gruppenprozesse, Stuttgart u. a. 1979

Dahrendorf, R.: Homo sociologicus, Köln 1964

Damm, D.: Politische Jugendbildung, 2. Aufl. München 1977

Dauscher, U.: Zukunftswerkstatt; in: socialnet-Lexikon. Bonn, 26. Aug. 2020; URr: https://www.socialnet.de/lexikon/Zukunftswerkstatt (9. Aug. 2021)

Dauzenroth, E.: Ein Leben für Kinder. Janusz Korczak, 5. Aufl. Gütersloh 2002

de Shazer, S.: Der Dreh, 12. Aufl. Heidelberg 2012

Decker, O./Brähler, E.: Vom Rand zur Mitte, Berlin 2006, 2008

Decker, O./Kiess, J./Brähler, E.: Rechtsextreme Einstellungen in Bayern, München 2014

Deinet, U./Mildner, M.: Projekte der Mobilen Jugendarbeit gegen die Verdrängung Jugendlicher aus dem öffentlichen Raum; in: deutsche jugend 7-8/2009: 312–318 destatis/Statistisches Bundesamt (Hg.): Statistiken der Kinder- und Jugendhilfe. Soziale Gruppenarbeit, Wiesbaden 2017

destatis/Statistisches Bundesamt (Hg.): Statistiken der Kinder- und Jugendhilfe. Hilfen zur Erziehung, Wiesbaden 2015 und 2016

Dinar, C./Heyken, C.: „Digital Streetwork"; in: Hohnstein, S./Herding, M. (Hg.), Digitale Medien und politisch-weltanschaulicher Extremismus im Jugendalter, München 2017: 151–163

Dörpinghaus, A./Poenitsch, A./Wigger, L.: Einführung in die Theorie der Bildung, Darmstadt 2006

Dt. Gesellschaft für Gruppendynamik und Organisationsdynamik; URL: www.dggo.de/index.phb.de/node/635 (3. Juli 2018)

Düx, W./Rauschenbach, T.: Informelles Lernen im Jugendalter; in. Nörber, N. (Hg.), Informelles Lernen im Sport, Wiesbaden 2010: 53–77

DV/Deutscher Verein für öffentliche und Private Fürsorge (Hg.): Fachlexikon der sozialen Arbeit, 7. Aufl. Baden-Baden 2011

Edding, C./Schattenhofer, K. (Hg.): Handbuch Alles über Gruppen, Weinheim/Basel 2009

Edding, C./Schattenhofer, K.: Einführung in die Teamarbeit, 2. Aufl. Heidelberg 2015

Ehrenspeck, Y.: Bildung; in: Krüger, H.-H., Grunert, C. (Hg.), Wörterbuch Erziehungswissenschaft, 2. Aufl. Opladen und Farmington Hills 2006: 64–71

Erpenbeck, J., und Sauter, W.: Kompetenz; in: socialnet-Lexikon. Bonn, 18. Sept. 2020; URL: https://www.socialnet.de/lexikon/Kompetenz (9. Aug. 2021)

Enggruber, R.: Jugendberufshilfe: ein vielfältiges und widerspruchsvolles Tätigkeitsfeld Sozialer Arbeit; in: dies. und Fehlau, M. (Hg.), Jugendberufshilfe, Stuttgart 2018: 39–53

Erler, M.: Systemische Familienarbeit. Eine Einführung, Weinheim/München 2003

Euteneuer, M./Sabla, K.-P.: Soziale Arbeit mit Familien, München/Basel 2013

Fachhochschule Nordwestschweiz: Gruppendynamik; URL: www.gruppendynamik.ch/formate-gruppendynamischer-trainings/das-sensitivity-training (3. Juli 2018)

Fallner, H./Gräßlin H.-M.: Kollegiale Beratung, Hille 1989

FamilienRatbüro: Familienrat – was ist das? Handout Stuttgart 2014

Farau, A./Cohn, R. C.: Gelebte Geschichte der Psychotherapie, Stuttgart 1984

Faulde, J.: Kinder- und Jugendarbeit; in: socialnet-Lexikon. Bonn, 7. Juni 2021; URL: https://www.socialnet.de/lexikon/Kinder-und-Jugendarbeit (9. Aug. 2021)

Fehlau, M.: Professionelles Handeln Sozialer Arbeit in der Jugendberufshilfe; in: Enggruber, R./Fehlau, M. (Hg.), Jugendberufshilfe, Stuttgart 2018: 123–137

Fengler, J.: Feedback geben. Strategien und Übungen, Weinheim 2004

FES/Friedrich Ebert-Stiftung: Die Zukunftskonferenz. Ein Partizipationsverfahren, Bonn 2018

Festinger, L.: Informal social communication (1950); in: Crott, H., Soziale Interaktion und Gruppenprozesse, Stuttgart u. a. 1979

Festinger, L.: A theory of social comparison processes (1954); in: Herkner, W., Einführung in die Sozialpsychologie, 3. Aufl. Bern 1983

Fiedler, F. E.: A theory of leadership effectiveness, New York 1967

Fischer, T./Ziegenspeck, J.: Erlebnispädagogik – Experiential Learning; in: Kilb, R./Peter, J. (Hg.), Methoden der Sozialen Arbeit in der Schule, München/Basel 2009: 196–208

Fischer, T.: Erlebnispädagogik; in: Jordan, S./Schlüter, M. (Hg.), Lexikon Pädagogik, Stuttgart 2010: 84–86

Flick, U./Röhnisch, G.: Jugendobdachlosigkeit; in: Sozial Extra 5-6/2009: 49–52

Forster, Z.: Mobile Kindersozialarbeit in Ellwangen; in: dreizehn. Zeitschrift für Jugendsozialarbeit 14/2015: 46–47

Franzenburg, G.: Planspiel; in: socialnet-Lexikon. Bonn, 4. Aug. 2021; URL: https://www.socialnet.de/lexikon/Planspiel (9. Aug. 2021)

Freigang, W.: Ambulante und teilstationäre Erziehungshilfen; in: Schröer, W./Struck, N./Wolff, M. (Hg.), Handbuch Kinder- und Jugendhilfe, 2. Aufl. Weinheim/Basel 2016: 832–851

Freigang, W.: Soziale Gruppenarbeit; in: Wendt, P-U. (Hg.), Soziale Arbeit in Schlüsselbegriffen, Weinheim/Basel 2020: 150–155

Freigang, W./Bräutigam, B./Müller, M.: Gruppenpädagogik, Weinheim/Basel 2018

Freitag, E.: Kreativitätstechniken, Stuttgart 2020

Freud, S.: Massenpsychologie und Ich-Analyse (1921); in: Freud, A. (Hg.), Siegmund Freud. Gesammelte Werke, Bd. XIII, Frankfurt/M. 2001

Frey, H. P.: Theorie der Sozialisation, Stuttgart 1974

Fritz, J.: Gruppendynamik und Jugendarbeit, 2. Aufl. München 1974

Früchtel, F./Cyprian, G./Budde, W.: Sozialer Raum und Soziale Arbeit, Wiesbaden 2007

Früchtel, F./Hinte, W.: Betroffene sind Experten; in: NDV 10/2012: 490–494

Früchtel, F./Roth, E.: Justin hat die Schnauze voll; in: Das Jugendamt 3/2014: 119–125

Früchtel, F./Roth, E.: Familienrat und inklusive, versammelnde Methoden des Helfens, Heidelberg 2017

Früchtel, F./Straub, U.: Standards des Familienrates; in: Sozialmagazin 2/2011a: 53–57

Früchtel, F./Straub, U.: Fachliche Prinzipien und Standards des Familienrates; in: NDV 2/2011b: 91–93

Fülbier, P.: Jugendsozialarbeit; in: Kreft, D./Mielenz, I. (Hg.), Wörterbuch Soziale Arbeit, 8. Aufl. Weinheim/Basel 2017: 546–549

Furness, P.: Soziales Rollenspiel, Ravensburg 1978

Fürst, W.: Gruppe erleben, München 2009

Galuske, M.: Lebensweltorientierte Jugendsozialarbeit; in: Grunwald, K./Thiersch, H. (Hg.), Praxis Lebensweltorientierter Sozialer Arbeit, Weinheim/München 2004: 233–246

Garland, J./Jones, H./Kolodny, R.: A model for stages of development in social work groups (1965); in: Bernstein, S./Lowy, L, Untersuchungen zur sozialen Gruppenarbeit in Theorie und Praxis, Freiburg 1969

Geißler, G.: § 32 SGB VIII: Hilfe zur Erziehung in einer Tagesgruppe; in: Macsenaere, M., u. a. (Hg.), Handbuch der Hilfen zur Erziehung, Freiburg/Brsg. 2014: 116–121

Geißler, K. A./Hege, M.: Konzepte sozialpädagogischen Handelns, 10. Aufl. Weinheim 2001

Gerlich, W., und Posch, H.: „Blended Participation" – das Beste aus zwei Welten verschränken; in: Stiftung Mitarbeit/Österreichische Gesellschaft für Umwelt und Technik (Hg.), Bürgerbeteiligung in der Praxis. Ein Methodenhandbuch, Bonn 2018: 13–17

Giere, W.: Der Trainer und die Macht; in: Bachmann, C. H. (Hg.), Kritik der Gruppendynamik, Frankfurt/M. 1981

Giesecke, H.: Didaktik der politischen Bildung, 4. Aufl. München 1969

Giesecke, H.: Jugendarbeit und Emanzipation; in: Neue Sammlung 3/1971: 216–230

Giesecke, H.: Politische Bildung in der Jugendarbeit, 3. Aufl. München 1972

Giesecke, H.: Bildungsreform und Emanzipation, München 1973

Gissel-Palkovich, I.: Lehrbuch Allgemeiner Sozialer Dienst, Weinheim/München 2011

Graf, G.: Sozialtherapeutische Männerarbeit; in: Dt. Fachverband für Sozialtherapie (Hg.), Sozialtherapie in Aktion, Neukirchen-Vluyn 2001: 84–96

Gref, K.: Was macht Streetwork aus? In: Becker, G./Simon, T. (Hg.), Handbuch Aufsuchende Jugend- und Sozialarbeit, Weinheim/München 1995: 13–20

Grieger, G.: Appreciative Inquiry, Paderborn 2001

Groß, S.: Moderationskompetenzen, Wiesbaden 2018

Groß, S. (2020a): Großgruppenmoderation; in: socialnet-Lexikon. Bonn, 13. Okt. 2020; URL: https://www.socialnet.de/lexikon/Grossgruppenmoderation (9. Aug. 2021)

Groß, S. (2020b): Open Space; in: socialnet-Lexikon. Bonn, 22. Dez. 2020; URL: https://www.socialnet.de/lexikon/Open-Space (9. Aug. 2021)

Grummt, R./Schruth, P./Simon, T.: Neue Fesseln der Jugendhilfe, Baltmannsweiler 2010

Grunwald, W./Lilge, H.G.: Antizipative Führung, Bern/Stuttgart 1980

Günder, R.: Praxis und Methoden der Heimerziehung, 4. Aufl. München 2011

Günther, M.: Pädagogisches Rollenspiel, Berlin 2019

Hafeneger, B.: Politische Jugendbildung; in: Coelen, T./Otto, H.-U. (Hg.), Grundbegriffe Ganztagsbildung, Wiesbaden 2008: 349–357

Halves, J.: Projektskizze „Wildnis macht stark", Torfhaus 2010

Halves, J.: Wildnis macht stark; in: erleben & lernen, 1/2013: 21 f.

Hamburger, F.: Bildungsbenachteiligung; in: Tenorth, H.E./Tippelt, R. (Hg.), Lexikon Pädagogik, Weinheim/Basel 2007: 96 f.

Handler, M.: World Café; in: Stiftung Mitarbeit/Österreichische Gesellschaft für Umwelt und Technik (Hg.), Bürgerbeteiligung in der Praxis. Ein Methodenhandbuch, Bonn 2018: 277–282

Handler, M., Sippel, H.-G., und Stock, M.: Bürgerbeteiligung – Grundlagen, Qualitätskritierien und aktuelle Beteiligungspraxis; in: Stiftung Mitarbeit/Österreichische Gesellschaft für Umwelt und Technik (Hg.), Bürgerbeteiligung in der Praxis. Ein Methodenhandbuch, Bonn 2018: 9–12

Hansen, M.: Methoden- und Praxisvielfalt in den ambulanten Hilfen zur Erziehung; in: Baumeister, P., u.a. (Hg.), Arbeitsfeld ambulante Hilfen zur Erziehung, Freiburg/Brsg. 2016: 107–150

Haug, F.: Kritik des Rollenspiels; in: Kochan, B. (Hg.), Rollenspiel als Methode sozialen Lernens, Königstein 1981: 217–235

Heckmair, B./Michl, W.: Erleben und Lernen. Einstieg in die Erlebnispädagogik, 7. Aufl. München 2012

Hedtke-Becker, A.: Themenzentrierte Interaktion nach Ruth C. Cohn; in: Kilb, R./Peter, J. (Hg.), Methoden der Sozialen Arbeit in der Schule, München/Basel 2009: 182–188

Heiner, M., u.a.: Methodisches Handeln in der Sozialarbeit, Freiburg 1996

Heinz, W.R.: Arbeit, Beruf und Lebenslauf, Weinheim 1995

Helming, E.: Ambulante Hilfe zur Erziehung im Kontext gesellschaftlicher Veränderungen; in: Baumeister, P., u.a. (Hg.), Arbeitsfeld ambulante Hilfen zur Erziehung, Freiburg/Brsg. 2016: 17–30

Herkner, W.: Einführung in die Sozialpsychologie, 3. Aufl. Bern 1983

Herriger, N.: Empowerment in der Sozialen Arbeit, 4. Aufl. Stuttgart 2010

Hintner, R./Middelkoop, T./Wolf-Hollander, J.: Partizipierend Leiten; in Schneider-Landolf, M./Spielmann, J./Zitterbarth, W. (Hg.), Handbuch Themenzentrierte Interaktion (TZI), Göttingen 2009: 183–188

Hofstätter, P.R.: Gruppendynamik. Kritik der Massenpsychologie, 2. Aufl. Reinbek 1990

Holzinger, H.: Zukunftswerkstatt: Betroffene zu Beteiligten machen; in: Stiftung Mitarbeit/Österreichische Gesellschaft für Umwelt und Technik (Hg.), Bürgerbeteiligung in der Praxis. Ein Methodenhandbuch, Bonn 2018: 295–301

Hör, H.: Ein FamilienRat ersetzt eine professionelle Hilfe durch Verwandtenpflege; URL: http://sfbb.berlin-brandenburg.de/sixcms/media.php/bb2.a.5723.de/H%C3%B6r_zwei%20Beispiele.pdf (1. Juli 2018)

Horn, K.: Gruppendynamik und der subjektive Faktor, Frankfurt/M. 1972
Höynck, T.: Jugendhilfe im Strafverfahren/Jugendgerichtshilfe; in: Schröer, W./Struck, N./ Wolff, M. (Hg.), Handbuch Kinder- und Jugendhilfe, 2. Aufl. Weinheim/Basel 2016: 969–983
Hundenborn, A./Sussenburger, M.: Digitalisierung in der Kinder- und Jugendhilfe. Nicht nur eine technische Herausforderung; in: Unsere Jugend 6/2018: 6–15
Hutter, C.: Beratung verbindet – persönlich, Vortrag anlässlich des 2. Beratungskongresses des Bundesforums Katholische Beratung, Köln, 21. Oktober 2010
Hutter, C./Schwehm, H. (Hg.): J. L. Morenos Werk in Schlüsselbegriffen, Wiesbaden 2009
IJAB/Fachstelle für Internationale Jugendarbeit der Bundesrepublik Deutschland e. V.: Jugend-Barcamp. Leitfaden für ein offenes Veranstaltungsformat, 2. Aufl. Bonn 2020; URL: https://ijab.de/bestellservice/jugendbarcamp (9. Aug. 2021)
Ikosom/Institut für Kommunikation in sozialen Medien: JugendBarCamp. Ein Leitfaden für die Praxis, 3. Aufl. Berlin 2014; URL: https://jugend.beteiligen.jetzt/sites/default/files/download/Leitfaden-JugendBarCamps-2014.pdf (9. Aug. 2021)
Jugert, G., u. a.: Soziale Kompetenz für Jugendliche, 8. Aufl. Weinheim/Basel 2013
Jugert, G./Rehder, A.: Soziale und interkulturelle Kompetenz, Heidelberg 2004
Jungk, R./Müllert, N. R.: Zukunftswerkstätten, 6. Aufl. München 1989
Junker, H.: Das Beratungsgespräch, München 1973
Kahl, M.: Die Rolle des Streetworkers; in: Becker, G./Simon, T. (Hg.), Handbuch Aufsuchende Jugend- und Sozialarbeit, Weinheim/München 1995: 87–97
Kampermann, K./Wittmann, M.: Mobile Jugendarbeit, Stuttgart/Tübingen o. J. (ca. 2008)
Karas, F./Hinte, W.: Grundprogramm Gruppenarbeit, Wuppertal 1980
Kelber, M.: Zur Begriffsklärung; in: Haus Schwalbach, Wiesbaden 1959: 19–22
Kelber, M.: Meine Gruppe, Wiesbaden 1977
Kelber, M.: Gruppenpädagogische Grundlegungen, 2 Bde. Wiesbaden 1978
Kentler, H.: Was ist Jugendarbeit? In: Müller, C. W., u. a., Was ist Jugendarbeit? München 1964: 27–88
Kentler, K.: Jugendarbeit in der Industriewelt, 2. Aufl. München 1962
Keppeler, S.: Mobile Jugendarbeit als sozialräumlicher Prozeß; in: Böhnisch, L./Münchmeier, R., Pädagogik des Jugendraums, 2. Aufl. Weinheim/München 1993: 168–179
Keupp, H.: Empowerment; in: Kreft, D./Mielenz, I. (Hg.), Wörterbuch Soziale Arbeit, 7. Aufl. Weinheim/Basel 2013: 248–251
Kilb, R.: Jugendgewalt im städtischen Raum, Wiesbaden 2009
Kilb, R./Weidner, J.: „Ich dachte, ich wäre toll …" In: Sozial extra 2-3/2003: 38–44
Kilb, R./Weidner, J.: Einführung in die Konfrontative Pädagogik, Stuttgart 2013
Klare, H./Sturm, M.: Anwälte für Veränderung; in: Sozialmagazin 10/2011: 34–38
Klawe, W./Bräuer, W.: Erlebnispädagogik zwischen Alltag und Alaska, 2. Aufl. Weinheim u. a. 2001
Klein, S.: Trainingstools, 3. Aufl. Offenbach 2012
Klein, Z. M.: Kreative Seminarmethoden, Offenbach 2003
Klippert, H.: Planspiele, 4. Aufl. Weinheim/Basel 2002, 5. Aufl. Weinheim/Basel 2008
Klose, A.: Streetwork/Mobile Jugendarbeit; in: deutsche jugend 6/2009: 259–267
Klose, A.: Treffpunkt Straße? In: sozialraum.de 2/2012; URL: https://www.sozialraum.de/treffpunkt-strasse.php (31. Juli 2018)
Kluge, O./Weigel, J.: Sozialer Trainingskurs/Anti-Aggressivitätskurs; in: Arbeiterwohlfahrt Chemnitz und Umgebung (Hg.), Das Leben hat mehr zu bieten …, Chemnitz 2008: 50–61

Knecht, A., u. a.: Mit Ressourcenansätzen soziale Welten verstehen; in: Köttig, M., u. a. (Hg.), Soziale Wirklichkeiten in der Sozialen Arbeit, Opladen/Berlin/Toronto 2014: 107–117
Knitsch, N./Auge, G.: Die Kraft des Theaterspiels, 2. Aufl. Leer 2009
Knoll, J.: Kurs- und Seminarmethoden, 10. Aufl. Weinheim/Basel 2003: 135–137
Köhler, A.-S./König, J./Schäfer, S.: Die im Dunkeln sieht man nicht; in: dreizehn. Zeitschrift für Jugendsozialarbeit 10/2013: 4–8
Kolb, D. A.: Experiential Learning, Englewood Cliffs 1984
Kolb, D. A./Fry, R.: Toward an applied theory of experiential learning; in: Cooper, C. (Hg.) Theories of Group Process, London 1975: 33–57
König, O./Schattenhofer, K.: Einführung in die Gruppendynamik, Heidelberg 2016
Konopka, G.: Soziale Gruppenarbeit, ein helfender Prozess, Weinheim 1968
Krafeld, F. J.: Geschichte der Jugendarbeit, Weinheim/Basel 1984
Krafeld, F. J.: Cliquen-orientierte Jugendarbeit, Weinheim/München 1992a
Krafeld, F. J.: Theorie Cliquen-orientierter Jugendarbeit; in: deutsche jugend, 7-8/1992b: 310 ff.
Krafeld, F. J. (Hg.): Akzeptierende Jugendarbeit mit rechten Jugendcliquen, Bremen 1992c
Krafeld, F. J., u. a.: Akzeptierende Jugendarbeit mit rechten Jugendlichen; in: Heil, H./Perik, P./ Wendt, P.-U. (Hg.), Jugend und Gewalt, Marburg 1993: 91–100
Krafeld, F. J.: Die Praxis akzeptierender Jugendarbeit, Opladen 1996a
Krafeld, F. J.: Konzeptionelle Überlegungen für die Arbeit mit Cliquen; in: Deinet, U./Sturzenhecker, B. (Hg.), Konzepte entwickeln, Weinheim/München 1996b: 35–42
Krafeld, F. J.: Cliquenorientiertes/akzeptierendes Muster; in: Deinet, U./Sturzenhecker, B. (Hg.), Handbuch Offene Jugendarbeit, Münster 1998: 180–188
Krafeld, F. J.: Der Cliquenorientierte Ansatz in der offenen Kinder- und Jugendarbeit; in: Deinet, U./Sturzenhecker, B. (Hg.), Handbuch Offene Kinder- und Jugendarbeit, 4. Aufl. Wiesbaden 2013: 271–282
Krafeld, F. J., u. a.: Kleinräumliche Jugendarbeit; in: deutsche jugend 9/1995: 381–393
Kramer, M.: Das praktische Rollenspielbuch, Gelnhausen/Berlin/Stein 1981
Kraußlach, J./Düwer, F./Fellberg, G.: Aggressive Jugendliche, München 1975
Kreidenweis, H: Digitalisierung; in: socialnet Lexikon, Bonn 2018; URL: https://www.socialnet.de/lexikon/Digitalisierung (9. Aug. 2021)
Krenz, A.: Theaterarbeit als eine wirksame Methode der Gewaltprävention; in: Neumann, U./ Wendt, P.-U.: Gewaltprävention in Jugendarbeit und Schule. Band 2, Marburg 2007: 143–154
Krieger, M.: Das sogennante Störungspostulat: „Distrubances and passionate involvements take precedence"; in: von Kanitz, A., u. a. (Hg.), Elemente der Themenzentrierten Interaktion (TZI), Göttingen 2015: 132–144
Krüger, G.: Soziale Gruppenarbeit und Konfrontative Pädagogik; in: Weidner, J./Kilb, R. (Hg.), Handbuch konfrontative Pädagogik, Weinheim/München 2011: 350–374
Krüger, G.: Anti-Aggressivitäts-Training; in: socialnet Lexikon, Bonn 2018. URL: https://www.socialnet.de/lexikon/Anti-Aggressivitaets-Training (16. Juni 2018)
Krüger, H.-H./Grunert, C.: Peergroups; in: Coelen, T./Otto, H.-U. (Hg.), Grundbegriffe Ganztagsbildung, Wiesbaden 2008: 382–391
Küchler, J.: Gruppendynamische Verfahren in der Aus- und Weiterbildung, München 1979
Kügler, H.: ES oder Thema? Plädoyer für eine präzise Begrifflichkeit; in: von Kanitz, A., u. a. (Hg.), Elemente der Themenzentrierten Interaktion (TZI), Göttingen 2015: 46–52
Kuhnt, B./Müllert, N.: Moderationsfibel Zukunftswerkstätten, Münster 1996
Lakemann, U.: Erlebnispädagogik; in: socialnet Lexikon, Bonn 2018; URL: https://www.socialnet.de/lexikon/Erlebnispaedagogik (29. Juli 2018)

Landkreis Vorpommern-Rügen (Hg.): Maßnahmebeschreibung Jugendsozialarbeit Speicher am Katharinenberg; URL: https://www.lk-vr.de/media/custom/2152_4336_1.PDF?1527600739 (21. Juli 2018)

Langenhorst, B.: Wildnisbildung und nachhaltige Entwicklung; in: Nationalparkhaus Altenau-Torfhaus (Hg.), Wildnisforum Nationalpark Harz 2007, Köln 2007: 8 f.

Langenhorst, B.: Wildnisbildung und nachhaltige Entwicklung; in: Langenhorst, B./Lude, A./ Bittner, A. (Hg.), Wildnisbildung, München 2014: 59–99

Langenhorst, B./Lude, A.: Wirkt Wildnis? In: Langenhorst, B./Lude, A./Bittner, A. (Hg.), Wildnisbildung, München 2014: 13–253

Langmaack, B.: Einführung in die Themenzentrierte Interaktion TZI, Wiesbaden 2001 und 2009

Langmaack, B./Braune-Krickau, M.: Wie die Gruppe laufen lernt, 8. Aufl. Weinheim 2010

Langmach, S.: Nichts ist so, wie es auf den ersten Blick erscheint; in: Zeitschrift für Psychodrama und Soziometrie 3/2004: 29–45

Lattke, H.: Sozialpädagogische Gruppenarbeit, Freiburg/Brsg. 1962

Lattmann, C.: Die Leistungsbeurteilung als Führungsmittel, Bern/Stuttgart/Wien 1975

Lay, R.: Führen durch das Wort, München 1978

Lay, R.: Manipulation durch die Sprache, Reinbek 1980

Lemaire, B./Lotz, W.: TZI und Soziale Arbeit – Soziale Arbeit und TZI; in: Themenzentrierte Interaktion 1/2002: 95–108, und 2/2002: 26–39

Lemaire, B./Lotz, W.: TZI und Soziale Arbeit; in Schneider-Landolf, M./Spielmann, J./Zitterbarth, W. (Hg.), Handbuch Themenzentrierte Interaktion (TZI), Göttingen 2009: 313–316

Lenz, G.: Zur Komplexität des Bedingungsgefüges öffentlicher Erziehungshilfe in privaten Pflegefamilien; in: Braches-Chyrek, R./Macke, K./Wölfel, I. (Hg.), Kindheit in Pflegefamilien, Opladen/Farmington Hills 2010: 38–52

Leontjew, A. N.: Tätigkeit, Bewusstsein und Persönlichkeit, 2. Aufl. Berlin 1982

Lewin, K.: Die Lösung sozialer Konflikte, Bad Nauheim 1953

Lewin, K./Lippitt, R.: An experimental approach to the study of autocracy and democracy: a preliminary study, in: Sociometry, Heft 1/1938

Liebig, J.: Kollegiale Beratung für Schule und Sozialarbeit, Magdeburg 2009

Lindemann, H.: Systemisch beobachten – lösungsorientiert handeln, Münster 2008

Linderkamp, R.: Kollegiale Beratungsformen, Bielefeld 2011

Lipp, U.: 100 Tipps für Training und Seminar, Weinheim/Basel 2008

Lipp, U./Will, H.: Das große Workshop-Buch, 7. Aufl. Weinheim/Basel 2004

Lippmann, E.: Intervision: Kollegiales Coaching, Berlin 2004

Lutz, M./Ronellenfitsch, W.: Gruppendynamisches Training in der Lehrerbildung, Ulm 1971

Lutz, R./Sartorius, W./Simon, T.: Lehrbuch der Wohnungslosenhilfe, 3. Aufl. Weinheim/Basel 2017

Maierhof, G.: Soziale Gruppenarbeit in Ausbildung und Lehre; in: Sozial Extra 1/2014: 41–45

Maisonneuve, J: Gruppendynamik (Orig.: La Dynamique des Groupes, Paris 1968), Stuttgart (ca. 1974)

Makarenko, A. S.: Werke, Band I, Berlin 1978a

Makarenko, A. S.: Werke, Band V, Berlin 1978b

Makarenko, A. S.: Ein pädagogisches Poem, Frankfurt/M./Berlin/Wien 1979

Maleh, C. (2001): Open Space. Effektiv arbeiten mit großen Gruppen, 2. Aufl. Weinheim

Maleh, C. (2021): Appreciative Inquiry; in: socialnet-Lexikon, 18. Aug. 2021; URL: https://www.socialnet.de/lexikon/Appreciative-Inquiry (25. Aug. 2021)

Mann, L.: Sozialpsychologie, Weinheim/Basel 1972

Manz, C. C./Sims, H. P.: Searching for the „unleader“; in: Human Relations, Heft 5/1984
Martkowicz-Olczakowa, H.: Januscz Korczak, Weimar 1973
Mattes, W.: Methoden für den Unterricht, Braunschweig 2011
Matzdorf, P./Cohn, R. C.: Das Konzept der Themenzentrierten Interaktion, in: Lohmer, C./ Standhardt, R. (Hg.), TZI. Pädagogisch-therapeutische Gruppenarbeit nach Ruth C. Cohn, Stuttgart 1992: 39–92
Mauch, E./Scholz, M.: Nur spielen! 77 erlebnispädagogische Spiele zum Aufwachen, Warmwerden, Auflockern und Runterkommen, München 2018
Mayntz, R.: Soziologie der Organisation, Reinbek 1963
Mayr, K.: Gruppenarbeit mit Schülerinnen und Schülern; in: Bassarak, H. (Hg.), Lexikon Schulsozialarbeit, Baden-Baden 2018: 216f.
Mehringer, A.: Eine kleine Heilpädagogik, 10. Aufl. München/Basel 1998
Meinhold, M.: Ein Rahmenmodell zum methodischen Handeln, in: Heiner, M., u. a., Methodisches Handeln in der Sozialarbeit, Freiburg 1996
Meis, M.-S.: Allgemeine Grundlagen der künstlerisch-ästhetischen Praxis in der Sozialen Arbeit; in: dies./Mies, G.-A. (Hg.), Künstlerisch-ästhetische Methoden in der Sozialen Arbeit, Stuttgart 2012: 17–79
Meyer, E. (Hg.): Planung und Analyse von Gruppenprozessen, Grafenau 1979
Michel-Schwartze, B. (Hg.): Methodenbuch Soziale Arbeit, Wiesbaden 2007
Michl, W.: Erlebnispädagogik, 3. Aufl. München 2015, 4. Aufl. München 2020
Michl, W./Seidel, H. (Hg.): Handbuch Erlebnispädagogik, München 2018
Mielenz, I.: Selbsthilfe/Selbstorganisation; in: Kreft, D./Mielenz, I. (Hg.), Wörterbuch Soziale Arbeit, Weinheim/Basel 2017: 802–805
Mies, G.-A.: Theater und Soziale Arbeit; in: Meis, M.-S./Mies, G.-A. (Hg.), Künstlerisch-ästhetische Methoden in der Sozialen Arbeit, Stuttgart 2012: 177–202
Mies, G.-A./Sommer, P.-J.: Über das Theater-Machen, Mönchengladbach 1999
Mills, J.: Experimental social psychology, London 1969
Mills, T. M.: Soziologie der Gruppe, München 1971
Miltner, W./Specht, W.: Definition mobiler Jugendarbeit, Forschungsbericht, Univ. Tübingen 1977
Mitscherlich, A./ Mitscherlich, M.: Die Unfähigkeit zu trauern, München 1967
Mögling, T./Beierle, S.: Einmal Straße, immer Straße? in: Forum Jugendhilfe 2/2015: 4–11
Mollenhauer, K.: Erziehung und Emanzipation, München 1968
Moreno, J. L.: Das Stegreiftheater, 1923
Moreno, J. L.: Gruppenpsychotherapie und Psychodrama, Stuttgart 1959, 1997
Moreno, J. L.: Psychodrama und Soziometrie, 2. Aufl. Opladen 1989
Moreno, J. L.: Die Psychiatrie des zwanzigsten Jahrhunderts als Funktion der Universalia Zeit, Raum, Realität und Kosmos; in: Petzold, H. (Hg.), Angewandtes Psychodrama, 4. Aufl. Paderborn 1993: 101–112
Moreno, J. L.: Die Grundlagen der Soziometrie. Wege zur Neuordnung der Gesellschaft, Opladen 1996
Morgenthaler, F.: Die Stellung der Perversionen in Metapsychologie und Technik, in: Psyche 28/1974
Moser, M.: Hierarchielos führen, Wiesbaden 2017
Mühlum, A.: Umwelt – Lebenswelt, Frankfurt/M. 1986
Müller, B./Schwabe, M.: Pädagogik mit schwierigen Jugendlichen, Weinheim/München 2009
Müller, C. W.: Gruppenpädagogik, Weinheim 1970
Müller, C. W.: Wie Helfen zum Beruf wurde, Band 2, Weinheim/Basel 1988

Müller, C. W.: Rollenspiel; in: Kreft, D./Müller, C. W. (Hg.), Methodenlehre in der Sozialen Arbeit, München/Basel 2010: 157–158

Müller, C. W.: Nachdenken über Jugendarbeit und Jugendbildung; in: Coelen, T./Gusinde, F. (Hg.), Was ist Jugendbildung? Weinheim/München 2011: 13–18

Müller, C. W.: Soziale Gruppenarbeit; in: Kreft, D./Mielenz, I. (Hg.), Wörterbuch Soziale Arbeit, 8. Aufl. Weinheim/Basel 2017a: 447 f.

Müller, C. W.: Soziales Lernen; in: Kreft, D./Mielenz, I. (Hg.), Wörterbuch Soziale Arbeit, 8. Aufl. Weinheim/Basel 2017b: 886 f.

Müller, C. W./Maasch, H.: Gruppen in Bewegung, München 1962

Muuß-Merholz, J.: Barcamps & Co. Peer-to-Peer-Methoden für Fortbildungen, Weinheim/Basel 2019

NAKOS/Nationale Kontakt- und Informationsstelle zur Anregung und Unterstützung von Selbsthilfegruppen: Selbsthilfe unterstützen, Berlin 2006

Nickel, W.: Kinder- und Jugendtheater; in: Kreft, D./Mielenz, I. (Hg.), Wörterbuch Soziale Arbeit, 8. Aufl. Weinheim/Basel 2017: 598–600

Nödl, B./Schmid, M.: Erlebnispädagogik in der Schulsozialarbeit; in: Baier, F./Deinet, U. (Hg.), Praxisbuch Schulsozialarbeit, Opladen/Farmington Hills 2011: 275–286

Nohl, H.: Die Theorie der Bildung; in Nohl, H./Pallat, L. (Hg.), Handbuch der Pädagogik. Erster Band, Langensalza 1933: 3–80

Nörber, M.: Peer Education – ein Bildungs- und Erziehungsangebot? In: ders. (Hg.), Peer Education, Münster 2003: 79–93

Nörber, M./Heitzmann, S.: Spurensicherung als Bildungspraxis verbandlicher Jugendarbeit; in: Sturzenhecker, B./Lindner, W. (Hg.), Bildung in der Kinder- und Jugendarbeit, Weinheim/München 2004: 167–179

Northoff, R.: Methodisches Arbeiten und therapeutisches Intervenieren, Weinheim/Basel 2012

Oelschlägel, D.: Emanzipation; in: Kreft, D./Mielenz, I. (Hg.), Wörterbuch der Sozialen Arbeit, Weinheim/Basel 2017: 258 ff.

Oerter, R./Montada, L. (Hg.): Entwicklungspsychologie, Weinheim 1995

Oesterreich, D.: Flucht in die Sicherheit, Opladen 1996

Opp, G.: Die Kraft der Peers nutzen; in: ders./Unger, N. (Hg.), Kinder stärken Kinder, Hamburg 2006: 49–72

Opp, G./Otto, A.: Positive Peerkultur: Kooperieren, partizipieren und inkludieren? In: Kilb, R./Peter, J. (Hg.), Methoden der Sozialen Arbeit in der Schule, 2. Aufl. München 2016: 194–200

Orlik, P., u. a.: Trainingsziele von Gruppendynamikern verschiedener „Schulen“; in: Gruppendynamik 1978

Osborg, E.: Der konfrontative Ansatz der subversiven Verunsicherungspädagogik in der Präventionsarbeit mit rechten und rechtsorientierten Jugendlichen; in: Weidner, J./Kilb, R. (Hg.), Konfrontative Pädagogik, Wiesbaden 2008: 191–209

Otto, J.: Der Freigeist. Der Pädagoge und Streetworker Ibrahim Ismail weiß, was jungen Migranten hilft, in: „Die Zeit“ vom 20. Mai 2009

Overwien, B.: Informelles Lernen; in: Coelen, T./Otto, H.-U. (Hg.), Grundbegriffe Ganztagsbildung, Wiesbaden 2008: 128–136

Owen, H.: Open Space Technology. Ein Leitfaden für die Praxis, Stuttgart 2001

Oxenknecht-Witzsch, R.: Soziale Gruppenarbeit, § 29 SGB VIII; in: Bassarak, H. (Hg.), Lexikon Schulsozialarbeit, Baden-Baden 2018: 455–457

Parsons, T.: Grundzüge des Sozialsystems; in: ders, Zur Theorie des Sozialsystems, Opladen 1976

Petermann, F./Petermann, U.: Training mit Jugendlichen; in Hundsalz, A., u. a. (Hg.), Beratung für Jugendliche, Weinheim 1995: 237–247

Petermann, F./Petermann, U.: Training mit Jugendlichen, 9. Aufl. Göttingen 2010a

Petermann, F./Petermann, U.: Training mit sozial unsicheren Kindern, 10. Aufl. Weinheim 2010b

Petersen, P., u. a.: Gruppenarbeit nach dem Jenaplan, München 1958

Peterßen, W. H.: Kleines Methoden-Lexikon, 3. Aufl. München 2009

Petertag, M.: Themenzentrierte Interaktion und Bildungstheorie; in: Soziale Arbeit 8/2015: 282–286

Petrik, A./Rappenglück, S. (Hg.), Handbuch Planspiele in der politischen Bildung, Schwalbach/Ts. 2017

Petzold, H.: Psychodrama-Therapie, Paderborn 1985

Petzold, H.: Einführung: Die Bedeutung des Psychodramas von J. L. Moreno; in: ders. (Hg.), Angewandtes Psychodrama, 4. Aufl. Paderborn 1993: 8–12

Petzold, H./Schmidt, I.: Psychodrama und Theater; in: ders. (Hg.), Angewandtes Psychodrama, 4. Aufl. Paderborn 1993: 13–44

Plate, S.: Wildnisbildung im Nationalpark Harz, Torfhaus o. J. (ca. 2012)

Plewa, M./Picker, D.: Familienrat: Deutschland entdeckt ein neues Verfahren; in: NDV 8/2010: 355–358

Plewig, H.-J.: Neue deutsche Härte: Die ‚Konfrontative Pädagogik' auf dem Prüfstand; in: Dollinger, B./Schmidt-Semisch, H. (Hg.): Handbuch Jugendkriminalität, 2. Aufl. Wiesbaden 2011: 427–439

Pluto, L., u. a. Kinder- und Jugendhilfe im Wandel, München 2007

Pluto, L./van Santen, E.: § 29 SGB VIII: Soziale Gruppenarbeit; in: Macsenaere, M., u. a. (Hg.), Handbuch der Hilfen zur Erziehung, Freiburg/Brsg. 2014: 97–120

Poffenberger, A. T.: Psychology of advertising (1932); in: Hofstätter, P. R., Gruppendynamik, 2. Aufl. Reinbek 1990

Poller, S./Brune, R.: Themenreader Kollegiale Beratung, Jena 2004

pro familia NRW/Landesverband Nordrhein-Westfalen: Was ist Sexualpädagogik? Wuppertal 2018; URL: https://www.profamilia.de/ueber-pro-familia/landesverbaende/landesverband-nordrhein-westfalen/sexualpaedagogik.html (5. Sept. 2018)

PSW/Paritätisches Sozialwerk Kinder- und Jugendhilfe Sachsen-Anhalt/Erziehungshilfeverbund Altmark: Wohngruppe für unbegleitete minderjährige Flüchtlinge – Konzeption, Magdeburg 2015

Rademacker, H.: Schulsozialarbeit in Deutschland; in: Baier, F./Deinet, U. (Hg.), Praxisbuch Schulsozialarbeit, Opladen/Farmington Hills 2011: 17–44

Raguse, H.: Verschiedene Themen in Gruppen am Beispiel der TZI; in: Themenzentrierte Interaktion 1/1992: 92–98

Rahn, H.-J.: Führung von Gruppen, Heidelberg 1987

Raithel, J./Dollinger, B./Hörmann, G.: Einführung Pädagogik. Begriffe – Strömungen – Klassiker – Fachrichtungen, 2. Aufl. Wiesbaden 2007

Rauschenbach, T.: Inszenierte Solidarität; in: Beck, U./Beck-Gernsheim, E. (Hg.), Riskante Freiheiten, Frankfurt/M. 1994: 89–111

Rauschenbach, T.: Bildung; in: Kreft, D./Mielenz, I. (Hg.), Wörterbuch Soziale Arbeit, 8. Aufl. Weinheim/Basel 2017: 211–215

Reich, K. (2007a): Open Space; in: dies. (Hg.), Methodenpool, Köln 2007 ff.; URL: http://methodenpool.uni-koeln.de (5. Aug. 2021)

Reich, K. (2007b): Zukunftswerkstatt; in: dies. (Hg.), Methodenpool, Köln 2007 ff.; URL: http://methodenpool.uni-koeln.de (5. Aug. 2021)

Reimann, B. W.: Autonomie, personale/soziale; in: Fuchs-Heinritz, W., u. a. (Hg.), Lexikon zur Soziologie, 4. Aufl. Wiesbaden 2007: 72

Reiners, A.: Praktische Erlebnispädagogik. Bd. 1, 9. Aufl. Augsburg 2013

Reiners, A.: Praktische Erlebnispädagogik. Bd. 2, 2. Aufl. Augsburg 2014

Rens, C.: Erlebnispädagogik in der Erziehungshilfe; in: Macsenaere, M., u. a. (Hg.), Handbuch der Hilfen zur Erziehung, Freiburg/Brsg. 2014: 384–390

Reuting, M.: Mobile Jugendarbeit; in: dreizehn. Zeitschrift für Jugendsozialarbeit 10/2013: 15–17

Rosenbaum, M./Kroneck, U.: Das Psychodrama, Stuttgart 2007

Roth, C.: Das Rollenspiel als Basisverfahren der Sozialen Gruppenarbeit. Vorbereitung, Durchführung und Auswertung von Rollenspielen; in socialnet-Materialien; URL: https://www.socialnet.de/materialien/29067.php (9. Aug. 2021)

Roth, E.: „Tama tu, Tama ora, Tama moe, Tama mate"; in: Hansestadt Hamburg (Hg.), Familienrat in Hamburg, Hamburg 2017: 5 f.

Rousseau, J. J.: Emile oder über die Erziehung (1762), hg. von M. Rang, Stuttgart 1963

Rubner, A. und E.: Unterwegs zur funktionierenden Gruppe, Gießen 2016

Runge, M.: Arbeit mit kleineren Gruppen in der Gemeinwesenarbeit; in: Stövesand, S., Stoik, C., Troxler, U. (Hg.), Handbuch Gemeinwesenarbeit, Opladen, Berlin und Toronto 2013: 398–404

Sarro, R.: Das Wesen des Psychodramas; in: Petzold, H. (Hg.), Angewandtes Psychodrama, 4. Aufl. Paderborn 1993: 113–124

Schäfer, E. (2021a): Begriffsverständnis und Bedeutung von lebenslangem Lernen im Kontext gesellschaftlicher und bildungspolitischer Herausforderungen; in: socialnet-Materialien, Bonn, 29. März 2021; URL: https://www.socialnet.de/materialien/29218.php (9. Aug. 2021)

Schäfer, E. (2021b): Lebenslanges Lernen; in: socialnet-Lexikon, Bonn, 29. März 2021; URL: https://www.socialnet.de/lexikon/Lebenslanges-Lernen (9. Aug. 2021)

Schäfer, K.: Jugendverbände; in: Kreft, D./Mielenz, I. (Hg.), Wörterbuch Soziale Arbeit, 7. Aufl. Weinheim/Basel 2013: 515–517

Scharer, M./Scharer, M.: Vielheit couragiert leben. Die politische Kraft der Themenzentrierten Interaktion (Ruth C. Cohn) heute, Mainz 2019

Scharer, M./Scharer, M.: Ruth C. Cohn – eine Therapeutin gegen totalitäres Denken, Ostfildern 2020

Schattenhofer, K.: Gruppendynamik als Ausdruck manifester und latenter Prozesse; in: Antons, K. u. a., Gruppenprozesse verstehen, 2. Aufl. Wiesbaden 2004: 39–44

Scheier, C.: Autonomie und Würde; in: Wendt, P.-U. (Hg.), Soziale Arbeit in Schlüsselbegriffen, Weinheim/Basel 2020: 93–97

Scheller, I.: Szenisches Spiel. Handbuch für die pädagogische Praxis, 8. Aufl. Berlin 1998

Scherpner, M./Fink, G./Kowollik, W.: Teamarbeit in der Sozialpädagogik, Tübingen 1976

Schiller, H.: Gruppenpädagogik (social group work) als Methode der Sozialarbeit, Wiesbaden-Dotzheim 1966

Schilling, J./Damm, D.: Mobile Jugendarbeit; in: deutsche jugend 6/1979: 268–276

Schmidbauer, W.: Sensitivitätstraining und analytische Gruppendynamik, München 1973

Schmidt, M.: „Klare Linie mit Herz"; in: Opp, G./Unger, N. (Hg.), Kinder stärken Kinder, Hamburg 2006: 149–161

Schmidt-Denter, U.: Soziale Beziehungen im Lebenslauf, 4. Aufl. Weinheim/Basel 2005

Schmidt-Grunert, M.: Soziale Arbeit mit Gruppen, 3. Aufl. Freiburg/Brsg. 2009

Schmölzer, W.: Erlebnispädagogik in der Sozialen Arbeit mit Jugendlichen, Saarbrücken 2014
Schneider, T.: Skinheads in der Jugendarbeit – eine Bilanz nach zehn Jahren; in: Behn, S./Heitmann, H. (Hg.), Jugendarbeit mit Skinheads, Berlin 1994: 83–91
Scholz, H./Vesper, R./Haussmann, H.: Lernlandkarte Nr. 2 – World Café, Eichenzell 2007
Schrapper, C.: Die Gruppe als Mittel zur Erziehung; in: Edding, C./Schattenhofer, K. (Hg.), Handbuch Alles über Gruppen, Weinheim/Basel 2009: 186–208
Schröder, A.: Aufsuchende Jugendarbeit; in: deutsche jugend 1/1994: 16–23
Schröder, A./Baltzer, N./Schroedter, T.: Politische Bildung auf den Prüfstand, Weinheim/München 2004
Schuhose, B.: Erlebnis-/Risikopädagogik als Maßnahmen der (primären) Gewaltprävention; in: Neumann, U.: Prävention über Bildung, Norderstedt 2016: 124–148
Schulz, W.: Freude. Abschied von der Angst durch Psychotraining, Hamburg 1971
Schütz, K. V.: Gruppenforschung und Gruppenarbeit, Mainz 1996
Schwäbisch, L./Siems, M.: Anleitung zum sozialen Lernen, 29. Aufl. Reinbek 2003
Schwarzer, R.: Stress. Angst und Hilflosigkeit, 2. Aufl. Stuttgart 2000
Schwehm, H.: Wirkfaktoren des Psychodramas bei der Behandlung Abhängigkeitskranker; in: Zeitschrift für Psychodrama und Soziometrie 2/2004: 133–151
Schwinger, T.: Psychodrama in der Sozialarbeit; in: von Ameln, F./Kramer, J. (Hg.): Psychodrama, Berlin/Heidelberg 2014: 203–217
Seidel, G.: Soziales Rollenspiel – ein pädagogischer Engpaß; in: Kochan, B. (Hg.), Rollenspiel als Methode sozialen Lernens, Königstein 1981: 189–192
Seifert, T.: „Verlässlichkeit", „Gebrauchtwerden" und „Bindung" in der Jugendarbeit; in: Böhnisch, L./Rudolph, M./Wolf, B. (Hg.), Jugendarbeit als Lebensort, Weinheim/München 1998: 207–224
Shaftel, F. R./Shaftel, G./Weinmann, W.: Rollenspiel als soziales Entscheidungsspiel, 3. Aufl. München 1976
Sherif, M.: An outline of social psychology, New York 1948, in: Witte, E. H., Lehrbuch Sozialpsychologie, 2. Aufl. 1994
Sherif, M./Sherif, C. W.: Groups in harmony and tension; in: Crott, H., Soziale Interaktion und Gruppenprozesse, Stuttgart u. a. 1979
Siebert, H.: Methoden für die Bildungsarbeit. Leitfaden für aktivierendes Lernen, Bielefeld 2010
Simon, T.: Raufhändel und Randale, Weinheim/München 1996
Simon, T.: Aktivierende und repressive Strategien: Nichts (völlig) Neues in der Wohnungslosenhilfe; in: Dahme, H.-J./Wohlfahrt, N. (Hg.), Aktivierende Soziale Arbeit, Baltmannsweiler 2005a: 150–159
Simon,T.: Gruppenpädagogische Ansätze unter besonderer Berücksichtigung der offenen Jugendarbeit, in: Braun, K. H., u. a. (Hg.), Handbuch Methoden der Kinder- und Jugendarbeit, Wien 2005b: 198–212
Simon, T.: Brauchen wir das noch? In: Forum Sozial 2/2011
Simon, T.: Jugendarbeit nach dem zweiten Weltkrieg, unveröff. Vortrag, Kehl 2013
Simon, T.: Konfrontierende Pädagogik; in: Dollinger, B./Oelkers, N. (Hg.), Sozialpädagogische Perspektiven auf Devianz, Weinheim/Basel 2015: 87–101
Simon, T.: Wer bildet heute und künftig für die Soziale Arbeit aus? In: Forum Sozial 4/2017 und 1/2018
Soppa, P. Psychodrama. Ein Leitfaden, 3. Aufl. Wiesbaden 2009
Specht, W.: Konzept und Praxis einer mobilen Jugendarbeit; in: deutsche jugend 10/1977: 458–462
Specht, W.: Jugendkriminalität und mobile Jugendarbeit, Neuwied 1979

Specht, W: Mobile Jugendarbeit; in: Eyferth, H./Otto, H. U./Thiersch, H. (Hg.), Handbuch zur Sozialarbeit/Sozialpädagogik, Neuwied 1987a: 549–557

Specht, W.: „Randgruppen“ als Herausforderung für die offene Jugendarbeit; in: neue praxis 1/1987b: 86–88

Specht, W (Hg.): Die Gefährliche Straße, Bielefeld 1987c

Speck, K./Olk, T.: Außerschulische Kinder- und Jugendbildung; in: Coelen, T./Gusinde, F. (Hg.), Was ist Jugendbildung? Weinheim/München 2011: 102–110

Speck, K.: Schulsozialarbeit; in: Coelen, T./Otto, H.-U. (Hg.), Grundbegriffe Ganztagsbildung, Wiesbaden 2008: 340–348

Spielmann, J.: Dynamische Balance; in Schneider-Landolf, M./Spielmann, J./Zitterbarth, W. (Hg.), Handbuch Themenzentrierte Interaktion (TZI), Göttingen 2009: 141–146

Stadler, C./Kern, S.: Psychodrama. Eine Einführung, Wiesbaden 2010

Stadt Wolfsburg/Geschäftsbereich Jugend: Konzeption Soziale Gruppenarbeit, Wolfsburg 2011

Staehle, W. H.: Management, 8. Aufl. München 1999

Stahl, E.: Dynamik in Gruppen, Weinheim/Berlin/Basel 2002

Stahmer, I.: Teamarbeit; in: Kreft, D./Mielenz, I. (Hg.), Wörterbuch Soziale Arbeit, 8. Aufl. Weinheim/Basel 2017: 1031 ff.

Stark, C.: Benachteiligte Jugendliche in Beteiligungsprozesse einbeziehen; in: dreizehn. Zeitschrift für Jugendsozialarbeit 19/2018: 10–12

Stark, W.: Empowerment. Neue Handlungskompetenzen in der psychosozialen Praxis, Freiburg/Brsg. 1996

Steck, B.: Soziale Kompetenz; in: Bassarak, H. (Hg.), Lexikon Schulsozialarbeit, Baden-Baden 2018: 456 f.

Steckelberg, C./Homann, K.: Jenseits pädagogischer Aufsicht: Jugendarbeit und öffentlicher Raum; in: Theorie und Praxis der Sozialen Arbeit 3/2011: 186–191

Steffan, W.: Streetwork in der Drogenszene, Freiburg 1988

Steffan, W.: Intervision; in: Kreft, D./Mielenz, I. (Hg.), Wörterbuch Soziale Arbeit, 7. Aufl. Weinheim/Basel 2013: 459–462

Steffan, W.: Straßensozialarbeit/Streetwork; in: Kreft, D./Mielenz, I. (Hg.), Wörterbuch Soziale Arbeit, 8. Aufl. Weinheim/Basel 2017: 1002–1004

Steimle, H.-E.: Spezifische Angebote von freien Trägern und Einrichtungen der Jugendsozialarbeit am Übergang Schule – Beruf; in: Archiv für Wissenschaft und Praxis der sozialen Arbeit 3/2015: 38–46

Stein, A: Das Sozialtherapeutische Rollenspiel; in: Aschenbrenner-Egger, K./Schild, W./Stein, A. (Hg.), Praxis und Methode des Sozialtherapeutischen Rollenspiels in der Sozialarbeit und Sozialpädagogik, Freiburg/Brsg. 1987a: 9–12

Stein, A.: Das Sozialtherapeutische Rollenspiel als Mittel der Praxisberatung und Supervision; in: Aschenbrenner-Egger, K./Schild, W./Stein, A. (Hg.), Praxis und Methode des Sozialtherapeutischen Rollenspiels in der Sozialarbeit und Sozialpädagogik, Freiburg/Brsg. 1987b: 49–61

Stein, C.: „Ey, was guckst du so blöd?“ In: Neumann, U., u. a. (Hg.), Gewaltprävention in Jugendarbeit und Schule (Bd. 1), Marburg 2002: 113–126

Steinebach, C., u. a.: Positive Peer Culture, Weinheim/Basel 2018

Steinebach, C./Steinebach, U.: Hilfsbereitschaft statt Gewalt; in: Unsere Jugend 7-8/2008: 312–320

Steinebach, C./Steinebach, U.: Resilienzförderung im Jugendalter; in: Hackauf, H./Ohlbrecht, H. (Hg.),: Jugend und Gesundheit, Weinheim/München 2010: 304–320

Steinmann, J.: Was ist TZI? In: Schneider-Landolf, M./Spielmann, J./Zitterbarth, W. (Hg.), Handbuch Themenzentrierte Interaktion (TZI), Göttingen 2009: 15 ff.

Stimmer, F.: Grundlagen des methodischen Handelns in der Sozialarbeit, Stuttgart/Berlin/Köln 2000

Stollberg, D. (2015a): „Wer den Globe nicht kennt, den frisst er". Zur Bedeutung des Umfeldes in der themenzentriert-interaktionellen Arbeit; in: von Kanitz, A., u. a. (Hg.), Elemente der Themenzentrierten Interaktion (TZI), Göttingen 2015: 33–45

Stollberg, D. (2015b): Ich leite, du leitest – wer leitet? In: von Kanitz, A., u. a. (Hg.), Elemente der Themenzentrierten Interaktion (TZI), Göttingen 2015: 64–74

Stollberg, D./Schneider-Landolf, M.: Lebendiges Lernen; in Schneider-Landolf, M./Spielmann, J./Zitterbarth, W. (Hg.), Handbuch Themenzentrierte Interaktion (TZI), Göttingen 2009: 147–153

Stoner, J. A. F.: A comparison of individual and group decisions involving risk; in: Herkner, W., Einführung in die Sozialpsychologie, 3. Aufl. Bern 1983

Stracke-Baumann, C.: Zukunftswerkstatt; in: Buchkremer, H. (Hg.), Handbuch Sozialpädagogik, Darmstadt 2009: 425–428

Stracke-Baumann, C.: Zukunftswerkstatt als Methode der Gemeinwesenarbeit; in: Stövesand, S./Stoik, C./Troxler, U. (Hg.), Handbuch Gemeinwesenarbeit Opladen, Berlin/Toronto 2013: 419–424

Stracke-Baumann, C.: Visuelle Synektik – Zukunftswerkstatt – Open Space. Bürgerbeteiligung mit Partizipationsmethoden nachhaltig gestalten; in: Benz, B., u. a. (Hg.): Politik Sozialer Arbeit. Band 2: Akteure, Handlungsfelder und Methoden, Weinheim/Basel 2014: 314–328

Struck, N./Trenczek, T.: Zu § 29 SGB VIII/Soziale Gruppenarbeit; in: Münder, J./Meysen, T./Trenczek, T. (Hg.), Frankfurter Kommentar SGB VIII/Kinder- und Jugendhilfe, 7. Aufl. Baden-Baden 2013

Stürmer, S./Siem, B.: Sozialpsychologie der Gruppe, München/Basel 2013

Stüwe, G./Ermel, N./Haupt, S.: Lehrbuch Schulsozialarbeit, Weinheim/Basel 2015

Stüwe, G.: Erlebnispädagogik; in: Kreft, D./Mielenz, I. (Hg.), Wörterbuch Soziale Arbeit, Weinheim/Basel 2013: 257–260

Teichmann, J.: Von Mopeds und Plüschdrachen; in: Opp, G./Unger, N. (Hg.), Kinder stärken Kinder, Hamburg 2006: 136–148

Tenorth, H. E./Tippelt, R. (Hg.): Lexikon Pädagogik, Weinheim/Basel 2007

Teutsch, H.-R./Pölzl, G.: Sozialpsychologische Wurzeln und Aspekte der Methode, in: Majce-Egger, M. (Hg.), Gruppentherapie und Gruppendynamik, Wien 1999/2013

Thesing, T.: Leitideen und Konzepte bedeutender Pädagogen, Freiburg 2001

Thiersch, H.: Lebensweltorientierte Soziale Arbeit, Weinheim/München 1992

Thiersch, H.: Lebensweltorientierung in der Sozialen Arbeit – als radikalisiertes Programm; in: ders., Positionsbestimmungen der Sozialen Arbeit, Weinheim/München 2002: 29–51

Thiersch, H.: Nähe und Distanz in der Sozialen Arbeit; in: ders., Schwierige Balance, Weinheim/München 2009: 121–141

Thiersch, H./Grunwald, K./Köngeter, S: Lebensweltorientierte Soziale Arbeit; in: Thole, W. (Hg.), Grundriss Soziale Arbeit, Opladen 2002: 161–178

Thiesen, P.: Spielen; in: Kreft, D./Mielenz, I. (Hg.), Wörterbuch Soziale Arbeit, 8. Aufl. Weinheim/Basel 2017: 969–973

Tietze, K.-O.: Kollegiale Beratung, 2. Aufl. Reinbek 2007

Tilian, S.: … weil jeder Mensch eine Rolle spielt. Psychodrama mit alten Menschen, Saarbrücken 2010

Tillmann, F./Gehne, C.: Situation ausgegrenzter Jugendlicher. Expertise unter Einbeziehung der Perspektive der Praxis (hg. durch BAG Katholische Jugendsozialarbeit/BAG KJS e.V. im Rahmen des Kooperationsverbundes Jugendsozialarbeit), Düsseldorf 2012

Tippelt, R.: Bildung als pädagogisches Anliegen; in: Lindner, W./Thole, W./Weber, J. (Hg.), Kinder- und Jugendarbeit als Bildungsprojekt, Opladen 2003: 33–16

Tschöpe-Scheffler, S.: Konzepte der Elternbildung – eine kritische Übersicht, Opladen 2006

Tschöpe-Scheffler, S./Wirtz, W.: Familienbildung – institutionelle Entwicklungslinien und Herausforderungen; in: Diller, A./Heitkötter, M./Rauschenbach, T. (Hg.), Familie im Zentrum, München 2008: 157–178

Tuckman, B.W.: Development sequence in small groups, Psychological Bulletin 63/1963, in: H. Crott, Soziale Interaktion und Gruppenprozesse, Stuttgart u.a. 1979

Turzer, I.: Beschreibung und Interpretationsversuche des Rockerphänomens, Magisterarbeit Univ. Göttingen 1979

Ulrich, M.: Sind Planspiele langwierig und kompliziert? In: Blötz, U. (Hg.), Planspiele in der beruflichen Bildung (CD-Rom), 4. Aufl. Bonn 2008

Unger, N.: Positive Peerkultur entwickeln; in: Opp, G./Unger, N. (Hg.), Kinder stärken Kinder, Hamburg 2006: 168–196

Universität Koblenz-Landau: Vom Falleingang bis zur Kollegialen Beratung, Koblenz o.J. (ca. 2006)

Valtenbergwichtel e.V.: Mobile Jugendarbeit im Oberland, Neukirch 2018

van Rießen, A.: Zur Vielfalt außerschulischer Maßnahmen – ein Ausschnitt; in: Enggruber, R./ Fehlau, M. (Hg.), Jugendberufshilfe, Stuttgart 2018: 156–164

van Rießen, A.: Subjekt- und Ressourcenorientierung; in: Wendt, P.-U. (Hg.), Soziale Arbeit in Schlüsselbegriffen, Weinheim/Basel 2020: 78–82

Vinter, R.D.: Beiträge zur Praxis der Sozialen Gruppenarbeit, 2. Aufl. Freiburg/Brsg. 1973

Vogel, P.: Bildung, Lernen, Erziehung, Sozialisation; in: Coelen, T., und Otto, H.-U. (Hg.), Grundbegriffe Ganztagsbildung, Wiesbaden 2008: 118–127

von Ameln, F./Gerstmann, R./Kramer, J.: Psychodrama, Heidelberg 2004 (Nachdruck 2005)

von Bodelschwingh, G.: Friedrich von Bodelschwingh – ein Lebensbild, Bethel 1922

von Uexküll, J.: Staatsbiologie, Hamburg 1933

von Werder, L.: Die Methode „Zukunftswerkstatt" in der Sozialpädagogik, 2. Aufl. Berlin 1999

von Wolffersdorff, C.: Soziales Training mit benachteiligten Jugendlichen; in: Gericke, T., u.a. (Hg.), Jugendliche fördern und fordern, München 2002: 23–36

von Wolffersdorff, C.: Jugendkriminalität; in: Schröer, W./Struck, N./Wolff, M. (Hg.), Handbuch Kinder- und Jugendhilfe, 2. Aufl. Weinheim/Basel 2016: 627–663

Vorrath, H./Brendtro, L.: Positive Peer Culture, 2. Aufl. New York 2007

Wahl, W.: Erlebnispädagogik, Weinheim und Basel 2021

Wahren, H.-K.: Zukunftskonferenz; in: Rationalisierungs- und Innovationszentrum der Deutschen Wirtschaft (Hg.), Erfolgreich durch Lernen, Köln 1999: 49–72

Walter, F.: Appreciative Inquiry; in: Stiftung Mitarbeit/Österreichische Gesellschaft für Umwelt und Technik (Hg.), Bürgerbeteiligung in der Praxis. Ein Methodenhandbuch, Bonn 2018: 37–44

Weber, M.: Wirtschaft und Gesellschaft, Tübingen 1921, 1972

Weidner, J.: Anti-Aggressivitätstraining für Gewalttäter, 4. Aufl. Bonn 1997

Weidner, J.: Konfrontation mit Herz; in: ders./Kilb, (R.), Konfrontative Pädagogik, 2 Aufl. Wiesbaden 2006: 11–25

Weidner, J.: Das Anti-Aggressivitäts-Training (AAT) in der Konfrontativen Pädagogik; in: ders./ Kilb, R. (Hg.), Handbuch konfrontative Pädagogik, Weinheim/München 2011: 13–29

Weidner, J.: Anti-Aggressions-Training/Coolness-Training; in: Kreft, D./Mielenz, I. (Hg.), Wörterbuch Soziale Arbeit, 8. Aufl. Weinheim/Basel 2017: 98–101

Weidner, J./Kilb, R. (Hg.), Konfrontative Pädagogik, 3. Aufl. Wiesbaden 2008

Weidner, J./Kilb, R./Kreft, D.: Gewalt im Griff, Weinheim/München 2002

Weidner, J./Sames, K.-H.: Curriculum und Methodik des Anti-Aggressivitäts-Trainings; in: Weidner, J./Kilb, R. (Hg.), Handbuch konfrontative Pädagogik, Weinheim/München 2011: 126–131

Weigand, W.: Die Gruppe als Resonanzraum und Mittel zur Beratung; in: Edding, C./Schattenhofer, K. (Hg.), Handbuch Alles über Gruppen, Weinheim/Basel 2009: 209–257

Weimer, H.: Geschichte der Pädagogik, 19. Aufl. Berlin/New York 1992

Weisbord, M. R., und Janoff, S.: Future Search. Die Zukunftskonferenz, Stuttgart 2008

Weisbord, M. R., und Janoff, S.: Future Search, San Francisco 2010

Weitz, L. (2018a): Open Space; in: Stiftung Mitarbeit/Österreichische Gesellschaft für Umwelt und Technik (Hg.), Bürgerbeteiligung in der Praxis. Ein Methodenhandbuch, Bonn 2018: 197–201

Weitz, L. (2018b): Planspiel – Simulation; in: Stiftung Mitarbeit/Österreichische Gesellschaft für Umwelt und Technik (Hg.), Bürgerbeteiligung in der Praxis. Ein Methodenhandbuch, Bonn 2018: 207–211

Wellhöfer, P. R.: Gruppendynamik und soziales Lernen, 5. Aufl. München 2018

Welzer, H.: Täter. Wie aus ganz normalen Menschen Massenmörder werden, Frankfurt/M. 2006

Wendt, P.-U.: Unaufdringliche Jugendarbeit; in: Jugendhilfe 3/1993: 170–179

Wendt, P.-U.: „Wildnis macht stark“; in: deutsche jugend 5/2014: 221–229

Wendt, P.-U. (Hg.): Wildnis macht stark, Marburg 2015a

Wendt, P.-U.: Wildnis macht stark! In: ders. (Hg.), Wildnis macht stark, Marburg 2015b: 118–165

Wendt, P.-U.: „Ich habe es genossen, die Natur in Ruhe zu beobachten“; in: deutsche jugend 3/2016: 115–124

Wendt, P.-U.: Lehrbuch Methoden der Sozialen Arbeit, 2. Aufl. Weinheim/Basel 2017, 3. Aufl. Weinheim/Basel 2021

Wendt, P.-U.: Lehrbuch Soziale Arbeit, Weinheim/Basel 2018, 2. Aufl. Weinheim/Basel 2021

Wendt, P.-U.: Soziale Gruppenarbeit als Teilhabeförderung, Forschungsbericht Hochschule Magdeburg 2019

Wendt, P.-U. (2020a): Emanzipation – Teilhabe und Empowerment; in: ders. (Hg.), Soziale Arbeit in Schlüsselbegriffen, Weinheim/Basel 2020: 134–140

Wendt, P.-U. (2020b): Methodisches Handeln; in: ders. (Hg.), Soziale Arbeit in Schlüsselbegriffen, Weinheim/Basel 2020: 141–145

Wendt, W. R.: Das ökosoziale Prinzip, Freiburg/Brsg. 2010

Wendt, W. R./Weimann, A.: Was sich anbietet, hilft: Soziale Gruppenarbeit und ihre Nutzer; in: Blätter der Wohlfahrtspflege 3/2004: 100–103

Wenzl, U.: Planspiele in der Jugendarbeit, Östringen 1995

Wenzl, U.: Handbuch Cyberdingen, Stuttgart 2004

Wenzl, U.: Planspiele; URL: http://www.udowenzl.de/index.php/planspiele.html (8. Juli 2018)

Weymann, A.: Lebensphase Erwachsenenalter; in: Abels, H., u. a.: Lebensphasen, Wiesbaden 2008: 158–234

Wiegerling, K.: Wissen; in: Jordan, S., und Schlüter, M. (Hg.), Lexikon Pädagogik, Stuttgart 2010: 303–307

Wiesner, R.: Soziodrama praktisch, München 2001

Willms, B.: Streetworker im Kontakt mit Jugendlichen in Wochenendszenen; in: deutsche jugend 9/2006: 373–382

Witt, K.: Politische Bildung in der kulturellen Jugendbildung; in: Forum Jugendhilfe 3/2017: 38–44

Witte, E. H.: Lehrbuch Sozialpsychologie, 2. Aufl. Weinheim 1994

Wittinger, T. (Hg.): Handbuch Soziodrama, Wiesbaden 2005

Wolfer, D.: Qualitäts- und Fachstandards von Streetwork/Mobiler Jugendarbeit; in: deutsche jugend 7-8/2009: 319–326

Wolf-Hollander, J./Wiehe, O.: Leitungsinterventionen; in Schneider-Landolf, M./Spielmann, J./ Zitterbarth, W. (Hg.), Handbuch Themenzentrierte Interaktion (TZI), Göttingen 2009: 189–194

Wurtzbacher, J.: Partizipation; in: Deutscher Verein für Öffentliche und private Fürsorge (Hg.), Fachlexikon der Sozialen Arbeit, 7. Aufl. Baden-Baden 2011: 634

Zimbardo, P. G.: The human choice; in: Arnold, W. J./Levine, D. (Hg.), Nebraska symposium on motivation, Lincoln 1969

Zimbardo, P. G.: Das Stanford Gefängnis Experiment, 3. Aufl. Goch 2005

zur Bonsen, M./Maleh, C.: Appreciative Inquiry (AI): Der Weg zu Spitzenleistungen, 2. Aufl. Weinheim/Basel 2013

zur Bonsen, M: Zukunftskonferenz; in: socialnet-Lexikon, 16. Juni 2021; URL: https://www.socialnet.de/lexikon/Zukunftskonferenz (9. Aug. 2021)

Peter-Ulrich Wendt
Lehrbuch Soziale Arbeit
Reihe „Studienmodule Soziale Arbeit“
2. Aufl. 2021, 310 Seiten, broschiert
ISBN: 978-3-7799-3095-2
Auch als E-BOOK erhältlich

Vor dem Hintergrund der aktuellen gesellschaftlichen Aufgabenstellungen thematisiert das Lehrbuch die Entwicklung der Sozialen Arbeit zur eigenständigen Profession, ihre Themen und Zielgruppen sowie die wichtigsten Arbeitsfelder und die dort tätigen relevanten Akteure. Der Autor stellt zahlreiche Materialien zur Verfügung, die Studierenden der Sozialen Arbeit helfen, eine Haltung zu den für Profession wie Disziplin zentralen Fragestellungen in einer sich differenzierenden und durch sozialen Ausschluss gekennzeichneten Gesellschaft herauszubilden.

www.beltz.de
Beltz Juventa · Werderstraße 10 · 69469 Weinheim